Die Näherin

Das Buch

Eine junge Frau erlebt die Schrecken der Judenverfolgung – und sie überlebt. Mit der Machtübernahme der Nationalsozialisten in Deutschland nahm der Haß gegenüber den Juden auch in Osteuropa zu. Fast noch ein Kind, muß Sara mit ansehen, wie der Vater, ihre Geschwister, Verwandte und Freunde auf grausame Art sterben. Sie selbst wird jahrelang erniedrigt und mißhandelt.

Erstaunlich gefaßt und beinahe nüchtern erzählt Sara Tuvel Bernstein die Geschichte ihres Überlebens. Als sie nach Jahrzehnten des Schweigens beginnt, ihren Leidensweg zu reflektieren, sind da weniger Wut und Verbitterung. Vor allem ist es eine tiefe Traurigkeit, die sie empfindet, denn die Jahre ihrer Jugend hat man ihr unwiederbringlich geraubt.

Die Autorin

Sara Tuvel Bernstein entschloß sich erst sehr spät, ihre schrecklichen Erlebnisse niederzuschreiben. Mit Hilfe ihrer Tochter Marlene und vor allem Louise Loots Thornton, einer Verwandten und Freundin, die den Text nach intensiven Gesprächen mit Sara Bernstein niederschrieb, gelang es ihr, das Geschehen in den Konzentrationslagern für sich persönlich aufzuarbeiten. Sara Tuvel Bernstein starb, noch bevor ihr Manuskript von Edgar Bronfman gelesen und endlich veröffentlicht wurde.

Sara Tuvel Bernstein
mit Louise Loots Thornton und
Marlene Bernstein Samuels

Die Näherin

Erinnerungen einer Überlebenden

Mit einem Vorwort von Edgar M. Bronfman

Aus dem Amerikanischen von Annette Hahn

List Taschenbuch

List Taschenbücher erscheinen im Ullstein Taschenbuchverlag, einem
Unternehmen der Econ Ullstein List Verlag GmbH & Co. KG, München
2. Auflage 2001

Titel der amerikanischen Originalausgabe: The Seamstress – a Memoir of Survival
(G. P. Putnam's Sons, Penguin Putnam Inc., 1997)
Übersetzung: Annette Hahn
Übersetzung des Vorwortes von Louise Loots Thornton: Martin Bauer
Umschlagkonzept: HildenDesign, München – Stefan Hilden
Umschlaggestaltung: Init GmbH, Bielefeld
Titelabbildung: Die Autorin als Sechzehnjährige in Rumänien
Druck und Bindearbeiten: Ebner Ulm
Printed in Germany
ISBN 3-548-60114-6

Für meine Schwester Esther und
meine Freundin Ellen, die trotz ihrer Jugend
so tapfer die Greuel und den Schmerz
überlebten, und zur Erinnerung an all die Männer
und Frauen, die in den verschlossenen Waggons
ums Leben kamen, als unser Zug am 29. April 1945 in
Schwabhausen bombardiert wurde.

VORWORT

Als ich *Die Näherin* von Sara Tuvel Bernstein gelesen hatte, bedauerte ich sehr, daß ich diese bemerkenswerte Frau nie kennenlernen durfte. Ihre Autobiographie ist eine brillant erzählte Geschichte vom Überleben. Sie handelt außerdem von Grausamkeit, von Frauen, von Liebe und Familie und vom schrecklichen Antisemitismus, der in der Zeit zwischen den beiden Weltkriegen nicht nur Deutschland, sondern ganz Mittel- und Osteuropa verseuchte und seinen unausweichlichen Höhepunkt im Holocaust fand.

Seren Tuvel wuchs in Rumänien in einer Großfamilie auf, als Tochter eines Sägemühlenbesitzers und dessen zweiter Frau, die seine Kinder aus erster Ehe sowie ihre eigenen aufzog. Seren war ein von Natur aus intelligentes und freiheitsliebendes Kind. Sie besteht die Aufnahmeprüfung eines Gymnasiums in Bukarest – eine große Chance für eine gute Ausbildung –, das sie jedoch verläßt, weil ihr Religionslehrer immer wieder diffamierende Bemerkungen über Juden macht. Mit ihren dreizehn Jahren erregt sie sich so sehr darüber, daß sie ihr Tintenfaß nach ihm wirft. Sie beginnt eine Schneiderlehre und eignet sich mit großem Fleiß hervorragende Fertigkeiten auf diesem Gebiet an, die ihr im weiteren Verlauf des Lebens immer wieder zugute kommen.

Als die Nazis in Deutschland die Macht übernehmen, überschwemmt der Haß gegenüber Juden nach und nach auch Rumänien. Serens Familie wird staatenlos, als das

Gebiet um ihr Heimatdorf an Ungarn überschrieben wird, denn die Ungarn geben nur Nichtjuden die ungarische Staatsbürgerschaft. Im folgenden sehen wir eine neue, heldenhafte Seren – stark und gleichzeitig liebevoll besorgt um ihre Eltern, Geschwister, Freunde und um ihr Volk. Seren wird gemeinsam mit ihrem Vater wegen Spionageverdachts verhaftet und wieder freigelassen – ihr Vater stirbt. In Budapest wird sie mit einer ihrer Schwestern wegen Verlassens des Ghettos verhaftet, in ein Arbeitslager gebracht und wieder freigelassen – ihre Schwester stirbt. Nach Monaten der Zwangsarbeit im besetzten Budapest und einem Gewaltmarsch durch Österreich landet sie, gemeinsam mit einer anderen Schwester und zwei Freundinnen, im Lager Ravensbrück.

Mehr will ich nicht verraten. Diese Geschichte über Verfolgung, Brutalität und Kriegsgreuel ist gerade aufgrund ihres schlichten, nüchternen Stils so besonders eindringlich. Man spürt Serens Schmerz, ihre Weisheit und ihren enormen Willen zu überleben.

Edgar M. Bronfman,
Vorsitzender des Jüdischen Weltkongresses

Einleitung

An einem warmen Juniabend im Jahr 1978 freuten mein Mann Doug und ich uns auf ein gemütliches Abendessen mit Dougs Schwester Linda Bernstein und ihrem Mann Jake. Ich hatte Linda immer gemocht, und auch Jake war mir schnell ans Herz gewachsen, er ist einer der witzigsten Menschen, die ich je getroffen habe.

Linda und Jake holten uns mit ihrem Auto ab, und wir waren kaum losgefahren, als Jake mich fragte: »Willst du etwas Unglaubliches hören?« Er drückte die Start-Taste des Kassettenrekorders, und die sanfte Stimme einer Frau erfüllte das Auto. Mit einem europäischen Akzent sagte sie:

»Bevor der Krieg anfing, führte ich ein ziemlich normales Leben. Ich war recht glücklich, doch 1939 veränderte sich alles. Über die Jahre von 1939 bis 1944 schweige ich lieber. Ich beginne meine Geschichte einfach im Dezember 1944, in Ravensbrück. Ravensbrück ist nur wenigen ein Begriff, und das hat hauptsächlich einen Grund: Nicht viele Menschen haben Ravensbrück überlebt. Und wer es nicht mit eigenen Augen gesehen hat, kann sich keine Vorstellung machen. In allen Konzentrationslagern geschahen schreckliche Dinge, doch Ravensbrück war etwas ganz Besonderes. Ein riesiges Lager, nur Frauen, in der Nähe Berlins. Wir waren nur wenige Jüdinnen – alle aus Rumänien –, die anderen Frauen waren Christinnen. Sie kamen aus Frankreich, Italien und Polen, es befanden sich sogar Nonnen darunter.«

Ich hörte völlig gebannt zu. Als Jake das Band anhielt, fragte ich: »Wer ist das?« Und Jake sagte: »Sara, meine Mutter. Meine beiden Eltern haben die Konzentrationslager überlebt.«

Ich hatte Sara auf der Hochzeit von Jake und Linda getroffen. Die zierliche Frau hatte ein selbstgemachtes Spitzenkleid getragen, ihre Haare waren hellbraun, fast blond, und ihre Augen blitzten. »Willkommen in unserer Familie!« hatte sie gerufen und mich in ihre Arme geschlossen. Ich freute mich: *Wie schön! Jetzt haben wir Jake und sie in der Familie!*

Jake riß mich aus meinen Erinnerungen, als er sagte: »Sie will über ihre Erlebnisse ein Buch schreiben. Ich glaube, sie hat lange versucht, alles zu verdrängen. Doch irgendwann, ungefähr 1965, besuchte sie eine Vorlesung über den Holocaust, die von einem Gastprofessor gehalten wurde. Und der behauptete, daß der Holocaust längst nicht so schlimm gewesen sei, wie die Juden es immer wieder darstellten. Natürlich habe es Konzentrationslager gegeben, aber die Juden übertrieben ihr Leiden ganz gewaltig, damit die Leute Mitleid bekämen und in ihren Geschäften einkauften.« Ich konnte mich nicht zurückhalten: »So etwas Unglaubliches!« Jake meinte: »Das fand meine Mutter auch. Sie war richtig wütend, als sie von der Vorlesung nach Hause kam. Sie konnte einfach nicht glauben, daß jemand so einfach leugnen konnte, was sie erlitten hatte. Niemand sollte vergessen, was geschehen war. An diesem Abend beschloß sie, ein Buch zu schreiben. Willst du jetzt den Rest der Kassette hören?«

Und dann füllte wieder die ruhige Stimme Saras das Auto. In einem ganz sachlichen Ton erzählte sie von Schrecken und Tod. Immer wieder dachte ich mir: *Wer hätte das geahnt? Wer hätte vermutet, daß diese zierliche, lebenslustige Person, die mich in ihre Arme geschlossen hatte, solches Leid erfahren hatte? Wie hatte sie das nur ertragen, ohne zu zerbrechen oder zu verbittern?*

Einige Wochen später fragte mich Jake: »Erinnerst du dich noch an das Band?« »Natürlich«, sagte ich, »es ist mir tagelang nicht aus dem Sinn gegangen.« »Und hättest du Interesse, mit Sara zusammen das Buch zu schreiben?« Zuerst wollte ich meinen Ohren nicht trauen. So ein wunderbarer Vorschlag! Trotzdem lehnte ich ab: »Tut mir leid, aber das könnte ich nicht.« Jake ließ nicht locker: »Von wegen! Hast du nicht gerade erst einen Uni-Abschluß in Creative Writing gemacht?« Ich blockte weiter ab: »Das war etwas ganz anderes. Ich habe einfach alle meine Scheine gemacht, da mußten sie mir das Diplom geben. Es tut mir wirklich leid. Aber deine Mutter findet bestimmt jemanden.«

Ein paar Monate später zogen wir – mein Mann, unsere drei Kinder und ich – in ein kleines Städtchen in der Nähe von Santa Cruz (Kalifornien). Im Januar 1979 rief Jake an und berichtete: »Meine Mutter konnte niemanden finden. Einer der Kandidaten wollte das Buch so schreiben, wie *er* es sich vorstellte, ein anderer Kandidat meinte, daß niemand die Geschichte glauben würde, die Sara ihm da erzählte. Meine Mutter würde wirklich gerne mit dir das Buch schreiben.« Ich entgegnete: »Aber ich bin doch keine Schriftstellerin!« – »Sara hat da eine ganz andere Meinung!« – »Woher sollte *sie* das wissen? Sie kennt mich doch kaum.« Doch Jake gab einfach nicht auf: »Meine Sekretärin hat eine Niederschrift des Tonbands gemacht. Willst du sie nicht erst einmal durchlesen, bevor du dich endgültig entscheidest?« Ich dachte mir: *Was kann das schon schaden?* Ohne daß ich es wußte, waren Sara und ich zu diesem Zeitpunkt schon unentwirrbar miteinander verknüpft: durch ihr Verlangen, ihre Geschichte zu erzählen, und durch meine erwachte Neugier, diese außergewöhnliche Frau näher kennenzulernen.

Als ich die Niederschrift dann las, wunderte ich mich über die Emotionslosigkeit, mit der Sara über die schrecklichen Dinge sprach, die sie erlitten hatte. Ich fragte mich, was mit ihren Gefühlen passiert war. Hatte sie sie verdrängen müssen, um überleben zu können? Oder konnte sie ihre Geschichte nur mit dieser Distanz erzählen? Und würde ich mit diesem Material arbeiten können? Ein Tagebucheintrag aus dem Januar 1979 zeigt, welche Gedanken mich bewegten:

»Das Hauptproblem liegt im Ansatz für das Buch. Es muß realistisch werden, es muß die Leser fesseln, es muß aufrütteln.

Aber – das ist ein weiteres Problem – gleichzeitig muß ich meine Distanz wahren, meine eigene Persönlichkeit behalten, während ich versuche, mich in Saras Leben hineinzudenken. Wie bringe ich unsere zwei Persönlichkeiten unter einen Hut? Und will ich das überhaupt? Ich würde sehr viel Zeit und Mühe in dieses Projekt stecken müssen, ich würde tief in Leid und Schrecken eintauchen müssen. Dabei würde ich sehr viel über mich selbst erfahren. Sehen wir die gleiche Welt, sie, die durch ihren unbeugsamen Willen das Lager überlebt hat, und ich, die ich wahrscheinlich schon nach ein paar Tagen gestorben wäre?«

Trotz aller Schwierigkeiten wollte ich es versuchen. Ich nahm mir also einen kleinen Abschnitt des Tonbands vor und schrieb ihn in etwa drei Seiten Fließtext um. Ich formulierte in der ersten Person, als ob ich Sara wäre, als ob ich selbst das Konzentrationslager erlebte. Ich schickte Sara diese drei Seiten und fragte sie, ob sie sich das Buch ungefähr so vorgestellt hatte. »Ganz hervorragend«, antwortete sie mir, »genau so ist es passiert!« Sara willigte ein, uns im April zu besuchen und noch mehr Tonbänder aufzunehmen. Die Näharbeiten für ihre Kunden würden einfach für ein paar Tage warten müssen.

Sie reiste zusammen mit Linda, der Schwester meines Mannes, und als sie ankam, begrüßte sie zuerst unsere Kinder, die sie gleich ins Herz schloß. Dann wandte sie sich mir zu und meinte: »Okay, fangen wir an! Linda kümmert sich einstweilen um ihre Nichten und ihren Neffen. Hast du ein Aufnahmegerät?« Ein Aufnahmegerät – natürlich würden wir eines brauchen! Das hatte ich ganz vergessen. »Keine Angst«, sagte ich, »wir besorgen eines.« Wir fuhren zu Sears, und sie kaufte mir einen kleinen Kassettenrekorder. Während der Rückfahrt sagte sie ein wenig wehmütig: »Vor dem Krieg war mein Leben so schön. Und dann kam der Krieg dazwischen. All die verlorene Zeit, in der ich arbeiten und mein Leben hätte genießen können! Darum würde ich das Buch gerne *Meine verlorenen Jahre* nennen.« Ich war sprachlos. Ich konnte einfach nicht verstehen, daß sie die Periode des Kriegs und der Judenverfolgung als verschwendete Zeit betrachtete und nicht als abscheuerregende Jahre unentschuldbarer Grausamkeiten! Natürlich verurteilte sie die Verbrechen der Nazis, aber auf einer persönlichen Ebene beklagte sie hauptsächlich, daß ihr viel Zeit gestohlen wurde, mit der sie Besseres hätte anfangen können.

»Also, was willst du wissen?« fragte sie mich, kaum hatten wir uns zum Arbeiten hingesetzt. Vor allem beschäftigte mich eine Frage: Warum hatte gerade sie überlebt? Ich ahnte, daß die Gründe dafür in der Zeit vor dem Krieg lagen. Ihre Kindheit, ihre Familie, ihre ganze Lebensauffassung hatten sie meiner Meinung nach gerettet. Um diese These zu bestätigen, mußte ich mehr über ihr Leben herausfinden.

Ich bat sie: »Erzähl mir von deiner Jugend.« Und so begannen wir unsere gemeinsame Reise.

Am ersten Tag erinnerte sie sich an das Glück ihrer Kindheit, an die Schwägerin, die so gerne verrückte Hüte schneiderte, an ihre Mutter, die sie auch noch auf den Schoß nahm, als Sara schon groß war. Aber sie erinnerte sich auch an die Zeiten der Angst, als die Juden des Dorfes bedrängt und verfolgt wurden. Am zweiten Tag tasteten wir uns an die Kriegsjahre heran, die sie am liebsten verdrängt hätte. In der Zeit von 1939 bis 1944 hatte sie beide Eltern verloren, drei Brüder und zahllose Onkel, Tanten, Nichten, Neffen und Cousins. Während sie davon erzählte, vergoß sie Tränen, die sie 35 Jahre lang zurückgehalten hatte. In der nächsten Nacht fand sie selbst mit einer Schlaftablette keine Ruhe, und wenn sie kurz einnickte, überfielen sie Alpträume.

Als das Wochenende vorüber war, reiste Sara wieder ab: »Meine Kunden warten schon.« Am nächsten Tag begann ich damit, die Tonbänder abzuschreiben und einen zusammenhängenden Text zu formulieren.

Während das Buch langsam Gestalt annahm, schickte ich Sara die fertigen Manuskriptseiten – die dann wochenlang in irgendwelchen Schubladen verschwanden. Irgendwann rief sie dann an: »Bitte entschuldige die Verspätung, endlich bin ich dazu gekommen, dein Manuskript zu lesen. Bei manchen Sachen konnte ich mich gar nicht mehr erinnern, sie dir erzählt zu haben. Du beschreibst alles genau, wie es passiert ist. Manchmal glaube ich fast, du warst damals dabei.« Manchmal glaubte ich das selbst.

Als ich etwa die Hälfte des Buchs fertiggestellt hatte, erkannte ich, daß einige Vorfälle sich zeitlich nicht korrekt in die Erzählung einfügen ließen. Ich sprach Sara darauf an, und etwas zögernd gab sie zu, mir einige Dinge verschwiegen zu haben, die mit dem Tod ihrer Schwester, Zipporah, zusammenhingen. Sie fühlte sich schuldig, weil es ihr nicht gelungen war, sie zu retten.

Auch einige andere Ereignisse habe ich auf Saras ausdrücklichen Wunsch hin übergangen; sie sagte, sie habe niemandem sonst davon erzählt, und so solle es auch bleiben.

Als ich das Buch 1980 fertigstellte, war Sara begeistert. Im Manuskript korrigierte sie nur einige kleine Ungenauigkeiten, ansonsten hielt sie es für eine treffende Beschreibung ihres Lebens. Eines Tages verkündete sie: »Ich wünsche mir einen neuen Titel für das Buch: *Alle meine Brüder und Schwestern*, in Erinnerung an meine Familie, an alle Menschen, die während des Krieges gestorben sind.« Ich schlug ihr statt dessen *Meine Brüder, meine Schwestern* vor, doch am Ende wählte der Putnam-Verlag den endgültigen Titel: *Die Näherin*.

Ich glaube nicht, daß Sara sich für etwas Besonderes hielt. 99 von 100 Frauen haben die Konzentrationslager nicht überlebt. Warum ausgerechnet Sara? Sie selbst sagte dazu nur: »Reines Glück! Ich wurde einfach nicht erschossen.« Natürlich gehörte Glück dazu, aber das ist nicht alles. In Ravensbrück waren viele Frauen im Schlaf gestorben, als ob sie so dem Hunger und der Gewalt entkommen wollten. Sara aber hatte beschlossen, zu leben, ihren Peinigern den Sieg nicht zu gönnen. Sara hatte unbedingt erleben wollen, wie alles enden würde.

Fünfzehn Jahre nach Saras Tod vertraute mir ihre Tochter Marlene folgendes an: »Die Episoden aus dem Buch kannte ich alle schon, aber es überrascht mich, welche Vorfälle sie dir verschwiegen hat. Vor allem zwei Dinge haben sie so stark beschäftigt, daß ich mich frage, warum sie sie im Buch ausgelassen hat.« Ich war völlig erstaunt und wollte natürlich wissen, welche Lücken sie meinte. Marlene erzählte: »Sie hat ihr Bein nicht erwähnt. Sie ist einmal zusammengeschlagen worden, dabei wurde ihr Bein gebrochen. Trotz des Bruchs lief sie aber normal weiter; hätte sie gehumpelt, wäre sie erschossen worden. Das Bein wuchs zwar wieder zusammen, doch danach war es über drei Zentimeter kürzer als das andere. Sie hatte ihr Leben lang Probleme damit, ständig schmerzte ihre Wirbelsäule. Treppensteigen fiel ihr schwer, radfahren konnte sie gar nicht. Ich verstehe nicht, warum sie das verschwiegen hat!« *O Sara*, dachte ich wehmütig. Dann fragte ich: »Und was noch?« »Als sie sie ein anderes Mal zusammenschlugen, haben sie ihr eine Brustwarze abgerissen.« Instinktiv hob ich den Arm schützend vor meine Brust, Tränen schossen mir in die Augen. »Warum?« fragte ich. »Einmal war Sara eingeteilt, ein Proviantboot zu entladen. Dabei stahl sie etwas zu essen, wurde erwischt und schwer mißhandelt. Ein anderes Mal ging sie in die Büsche, weil sie dringend auf die Toilette mußte, und sie haben sie entdeckt. Wie gesagt, diese Vorfälle haben sie extrem mitgenommen! Als Jake auf die Welt kam, hatte sie große Schwierigkeiten, weil sie ihn nur mit einer Brust stillen konnte. Ich verstehe das nicht! Warum wollte sie diese Dinge nicht im Buch haben?« Ich suchte eine Erklärung, fand aber keine befriedigende. Manche Züge Saras werden mir auf ewig unergründlich bleiben.

Als wir unser Buchprojekt begannen, einigten wir uns auf folgende Arbeitsteilung: Ich würde es schreiben, Sara würde einen Verleger suchen. Als sie keinen fand, versuchte auch ich es, scheiterte aber ebenfalls. 1982 beschlossen Sara und ihr Mann, endgültig in Rente zu gehen. Sie schlossen die

Nähstube und zogen nach Florida. Ich war darüber etwas verwirrt, denn Sara hatte mir gegenüber einmal bekräftigt: »Ich werde mich nie zur Ruhe setzen! Dafür arbeite ich einfach zu gerne.« Aber vielleicht hatte sie ja nur beschlossen, neue Aufgaben anzupacken. Zum Beispiel konnte sie ihr Bein endlich operieren lassen, es mußte gebrochen und dann neu gerichtet werden. Also ging sie in ein Krankenhaus. Mir sagte sie nur: »Ich habe da ein kleines Problem. Nichts, das mich umbringt.«

Doch im Krankenhaus stellten die Ärzte fest, daß der hartnäckige Husten, der Sara seit Monaten plagte, nicht von einer verschleppten Erkältung herrührte, sondern von einem Tumor in der Lunge (weder sie noch ihr Mann hatten je geraucht). Der Tumor hatte bereits Metastasen in ihrem Rückgrat gebildet.

Ich dachte: *Sie steht das durch, wie alles andere auch!* Ich konnte mir einfach nicht vorstellen, sie sterben zu sehen. Marlene flog jedes Wochenende nach Florida und kümmerte sich um ihre Mutter, sie hoffte, daß Sara ihre Hochzeit im August noch erleben würde. Doch Ende Juli verschlechterte sich Saras Zustand rapide, und ihre Schwester Esther – die einzige Schwester, die Sara damals hatte retten können – brachte sie nach Chicago, damit sie sich von ihrem Sohn Jake und seiner Familie verabschieden konnte.

Ich nutzte diese letzte Chance, sie zu sehen, und flog ebenfalls nach Chicago. Als ich Saras Zimmer betrat, schauderte ich unwillkürlich. *So muß sie direkt nach dem Krieg ausgesehen haben*, dachte ich. In drei Jahren war Sara um 20 gealtert, ihre Haare waren jetzt ganz weiß, strähnig und kurz geschnitten. Ihr Gesicht war eingefallen, man konnte fast die einzelnen Knochen sehen. Ihre Hände waren noch immer schön und zierlich, doch ihre Arme und Beine bestanden nur noch aus Haut und Knochen. Sara trug einen dünnen, blumenbedruckten Morgenmantel mit weißen Bändchen, ihre Füße steckten in lächerlich aussehenden grauen Wollsocken.

»Mit mir geht es zu Ende«, sagte sie. Ich entschuldigte mich bei ihr, daß ich noch keinen Verleger gefunden hatte. Doch sie wollte davon nichts hören: »Du hast dir wirklich Mühe gegeben. Jeder, der das Buch nicht liest, verpaßt etwas! Ich hatte es im Krankenhaus dabei, es lag auf meinem Nachttisch. Irgendwann einmal gab ich es dann meinem Doktor: ›Das sollten sie lesen. Nehmen Sie es ruhig mit nach Hause.‹«

Wir plauderten ein wenig über die anstehende Hochzeit Marlenes, was Sara das Stichwort für eine kleine Geschichte gab: »Vor 20 oder 25 Jahren ist Meyer, mein Mann, einmal wütend geworden, und irgendwie kam sein Fuß an den Topf mit Erbsen, die ich gerade für das Abendessen zubereitete. Die Erbsen rollten über den gesamten Küchenboden, doch ich lief einfach um sie herum und kochte das Essen fertig. Die ganze nächste Woche tänzelten wir beide in der Küche um diese Erbsen herum, die immer noch am Boden lagen. Meyer wollte mir die Schuld an den verschütteten Erbsen in die Schuhe schieben, aber das ließ ich mir nicht gefallen. Irgendwann hat er dann Schaufel und Besen aus dem Schrank geholt und die Erbsen zusammengekehrt.«

Als ich sie das letzte Mal sah, beugte ich mich zu ihr herunter, um sie auf die Wange zu küssen. Doch sie wandte mir ihren Kopf zu und sah mich mit ihren strahlend blauen Augen an. Da wußte ich, daß sie mir einen Abschiedskuß geben wollte. Sanft küßte ich ihre weichen, trockenen Lippen und versuchte verzweifelt, die Tränen zurückzuhalten. »Wenn das Buch erst einmal veröffentlicht ist«, sagte sie, »werde ich dort glücklich sein, wo ich sein werde, und du wirst hier glücklich sein.«

Durch reine Willenskraft lebte sie noch, bis Marlenes Hochzeit vorüber war.

In der Nacht nach ihrem Tod hatte ich einen bemerkenswerten Traum: Ich stand zusammen mit drei weiteren Frauen an Deck eines Schlachtschiffs, das mit voller Kraft in eine

Kampfzone fuhr. Wir flohen vom Schiff, sprangen ins Wasser und kletterten auf ein Floß. Als wir schließlich sicher an einem osteuropäischen Strand landeten, rief eine der Frauen: »Es ist noch nicht vorbei! Wir müssen noch Hunderte Kilometer weiter.« Als ich erwachte, wußte ich, daß Saras Seele mich begleiten und durch alle Stürme meines Lebens führen würde.

1992 besuchte ich zwei Konzentrationslager, Dachau und Ravensbrück. Nach Dachau war Sara erst gegen Ende des Krieges verfrachtet worden, und als ich dort ankam, konnte ich das Lager kaum betreten. Ich fürchtete, daß der Schrecken mich überwältigen würde, der von jedem Stückchen Stacheldraht, von jedem Flecken dieses blutgetränkten Bodens ausgehen mußte. Doch als ich das Eingangstor durchschritten hatte, kam ich mir vor wie in einem Park. Ich sah breite, sattgrüne Rasenflächen und stattliche Bäume, die noch von Lagerinsassen gepflanzt worden waren. Alles war wie erstarrt: die Schwarzweiß-Fotografien einzelner Menschen, die in den Lagern ermordet worden waren, die gold-grün-weißen Banner mit ihren hebräischen Schriftzügen, die Frau, die vor einer Madonnenstatue leise weinte.

Im Inneren des Museums hing eine Karte, auf der alle Konzentrationslager eingezeichnet waren – es waren so schrecklich viele! Und da, nördlich von Berlin, lag Ravensbrück. Im ganzen Museum fand ich nur ein einziges Foto von Ravensbrück, denn die Ausstellung behandelte das Leiden und den Tod in Konzentrationslagern allgemein, auf einzelne Lager ging sie nicht ein. Da wandte ich mich an den Kurator, ob er denn überhaupt Material zu Ravensbrück habe. Kurz darauf brachte mir ein Angestellter eine kleine Schachtel mit der Aufschrift »Ravensbrück«.

In der Schachtel lagen einige Fotografien von Frauen in gestreiften Gewändern. (Ich erfuhr, daß alle Gefangenen von Ravensbrück diese gestreiften Kleider trugen – außer den Jüdinnen. Die Jüdinnen waren also immer als solche erkennbar gewesen und wurden noch schlechter behandelt als alle anderen.) Die Fotos zeigten weibliche Gefangene, die eine Straße entlang gingen oder Schubkarren voller Steine schoben. Ich sah mir die Gesichter genau an, in der Hoffnung, Sara zu erkennen. Nichts. Da wurde mir bewußt, daß ich nach Ravensbrück fahren mußte.

Wie hatte ich mir Ravensbrück vorgestellt? Vielleicht als eine verlassene, brachliegende Fläche mit zahllosen Reihen von halbverfallenen Baracken. Das ehemalige Lager war in meiner Phantasie von einem Wald umgeben, damit niemand die Grausamkeiten sehen konnte, die sich darin abspielten. Statt dessen folgte ich in Ravensbrück einer ganz normalen Dorfstraße. Ein Schild wies mir den Weg zu der »Nationalen Mahn- und Gedenkstätte Ravensbrück«, die ich unmittelbar darauf erreichte. Ich parkte mein Auto und stand direkt vor einem soliden, dreistöckigen Gebäude mit zwei Seitenflügeln und Ziergiebeln über den Fenstern, das vollständig mit braungrauen Kacheln verkleidet war. Der Eingangsbereich mit seinen Stufen und dem von vier Säulen getragenen Vordach sah aus wie der einer Bank, eines Museums oder einer Schule. In Wirklichkeit – das erfuhr ich später – hatte dieses Haus die Lagerleitung beherbergt. Vom Gebäude aus sah man nach vorne auf die Straße, die zu den soliden, gelb angestrichenen Unterkünften der SS-Offiziere führte, nach hinten blickte man auf eine breite Ziegelmauer, die die Kommandantur vom Zellenbau trennte, wo die Frauen gefoltert und ermordet worden waren.

Auf dem Lagergelände stieß ich auf ein knapp zwei Meter hohes Denkmal, auf dem ein Zitat von Anna Seghers stand. Es begann mit: »Sie sind unser aller Mütter und Schwestern.« Ich stand lange davor und dachte über den Sinn dieser Worte nach. Die Mädchen und Frauen, die Mütter, Schwestern und Töchter, die hier umgekommen waren, waren in einem weiteren Sinn auch meine Ahninnen, und wir hatten sie unwiederbringlich verloren.

Ein wenig weiter fand ich zwei beeindruckende Frauenstatuen. Die Frauen waren überlebensgroß und hatten stämmige Körper, kräftige Arme und feste, gesunde Füße. Diese Frauen sind sicherlich nicht verhungert. Ich glaube, der Künstler wollte so die seelische Kraft der Insassinnen von Ravensbrück darstellen. Rechts von diesen Statuen lagen große Beete voller roter Blumen. Diese Beete bedeckten ein Massengrab, das sich entlang einer Ziegelmauer erstreckte. (Das Krematorium wurde erst 1943 gebaut.) Das Grab war in zahlreiche Abschnitte unterteilt: Albanien, Belgien, Dänemark, Deutschland, Frankreich, Griechenland, Großbritannien, Holland, Italien, Jugoslawien, Norwegen, Österreich, Polen, Rumänien, Spanien, Tschechoslowakei, Ungarn, UdSSR – als ob die Leichen der einzelnen Frauen nach Nationalität getrennt begraben worden wären. In der Mitte des an die Massengräber grenzenden Platzes stand eine wuchtige Säule mit der Statue einer Frau, die eine andere in ihren Armen trägt. Ein wenig weiter führten Stufen hinunter zum Schwedtsee, der die gleiche blaßblaue Farbe hatte wie der Himmel. Braune Enten schwammen geräuschlos herum. Gegenüber waren die Ortschaft Ravensbrück, einige weiße Häuschen mit roten Ziegeldächern und eine silberne Kirchturmspitze inmitten saftig grüner Bäume. Während Sara und die anderen Gefangenen hier unter großen Mühen die Versorgungsschiffe entladen hatten, war im Dorf auf der anderen Seite des Sees das normale Leben weitergegangen. Hatten die Anwohner eigentlich den grauen Film bemerkt, der seit 1943 auf dem See lag? Er stammte von der Asche, die vom nahe gelegenen Krematorium direkt in den See geleitet wurde.

Als das Museum öffnete, bat ich eine nette junge Angestellte um Unterstützung. Ich fragte: »Könnten Sie einmal nachsehen, ob sie irgendwelche Unterlagen über meine Bekannte haben, die hier gefangen war?« Doch dafür brauchte sie Saras Häftlingsnummer, die ich vergessen hatte. Auch die Unterkünfte konnte ich mir nicht ansehen, sie waren von den Russen niedergerissen worden. Und ich konnte noch nicht einmal über den Boden laufen, auf dem Sara früher gestanden hatte: »Es tut mir leid, aber der Bereich ist momentan geschlossen«, sagte die Museumswärterin. »Als die Sowjets dieses Museum einrichteten, wollten sie damit vorrangig die russischen Mädchen ehren, die nicht in die Jugendorganisation der Nationalsozialisten eingetreten waren. Die Mädchen wurden verhaftet und hier in das Jugend-KZ gesteckt. [Das Jugend-KZ Uckermark war Teil des Lagers Ravensbrück.] Sie wohnten in Unterkünften östlich der anderen Baracken. Natürlich kamen auch viele von ihnen um. Noch sind auf dem Gelände des früheren KZ Truppen der GUS stationiert; wenn sie nächstes Jahr endgültig abziehen, bauen wir das Museum um, dann wollen wir der Frauen *aller* verfolgten Gruppen und aller Länder gedenken. Und dann öffnen wir die gesperrten Bereiche.«

Ich würde also in ein paar Jahren wiederkommen müssen, um den Boden betreten zu können, über den auch Sara gegangen war. In der Kommandantur besichtigte ich die riesigen Tische aus poliertem Holz, an denen die SS-Leute gesessen hatten. An den Wänden hingen zahlreiche Bilder, auf einigen waren die Hütten zu sehen: zwei strenge Reihen, 15 oder 16 Hütten auf jeder Seite, dazwischen ein unbewachsener Streifen Erde, wahrscheinlich der Zählplatz. Um das Gelände zieht sich eine stacheldrahtbewehrte Betonmauer, auf den Wachtürmen stehen Soldaten mit Maschinengewehren. Dahinter, außerhalb des Lagers, kann man eine idyllische hügelige Waldlandschaft sehen, die sich bis zum Horizont erstreckt.

Auf allen anderen Fotografien sind Frauen. Ein endloser Zug von Gefangenen, die in Fünferreihen an Soldaten mit angelegten Gewehren vorbeimarschieren. Frauen, die in einer Grube stehen und sich auf ihre Schaufeln stützen. Ein schönes Mädchen mit dunklen Augen und schwarzen, starken Augenbrauen, das nackt auf einer Bank sitzt, ihren Unterleib mit ihren schlanken Händen bedeckt und beschämt zur Seite blickt. Dunkle Narben entstellen ihre rechte Brust, die linke Brust hängt bis zur Taille – das Ergebnis irgendeines schrecklichen »Experiments«. Fünf Frauen knien mit verbundenen Augen vor einem Exekutionskommando, der Einschlag der Kugeln wirbelt Staub auf, die Körper werden nach hinten geworfen.

Doch es gibt nicht nur Fotos vom Lagerleben, sondern auch Zeichnungen. Trotz der schwierigen Umstände ist es manchen Frauen gelungen, kleine Skizzen ihrer Gefangenschaft zu machen. In »Krankenstation« von Violette Lecoq zum Beispiel sieht man eine endlose Reihe von ausgezehrten, nackten, kahlgeschorenen Frauen, die kerzengerade entlang einer Mauer stehen, während sie auf den Arzt warten. Die vierte in der Reihe sitzt am Boden und hält etwas im Arm, vielleicht ein Baby. (Im Lager kamen zwischen 1943 und 1945 über 800 Kinder zur Welt, von denen laut Museumskatalog »nur wenige überlebten«.)

In einer anderen Zeichnung stehen die Frauen aufgereiht zum Zählappell, während eine weibliche Wache eine Gefangene befragt – wobei die Wache aber seltsamerweise keine Uniform trägt. Eine andere Skizze zeigt zwei Gefangene, die gerade eine Tote aus ihrer Schlafkoje herunterheben, in der sie während der Nacht gestorben ist. Die anderen Frauen schlafen noch, zwei oder drei pro Bett. Auf dem nächsten Bild stapeln sich tote Frauen neben der geöffneten Tür des Krematoriums. Ganz in der Nähe liegt eine Frau auf einer Bahre – als ob die Wachen sich dadurch Arbeit sparen wollten, daß sie die Gefangene gleich hierher brachten, obwohl sie noch lebte.

Ich streifte durch den Zellenbau, in dem Vertreter fast aller europäischen Länder Räume zum Gedenken an ihre Toten eingerichtet haben. Einige Gefangene hatten kleine Puppen gebastelt oder Taschentücher bestickt, doch ich fand nichts, das mich an Sara erinnert hätte, nicht einmal in der Zelle, die dem Andenken der rumänischen Insassinnen gewidmet war.

Im gesamten Lager kamen nur 110 Frauen aus Rumänien, darunter 79 Jüdinnen. Aus den Transportunterlagen geht hervor, daß insgesamt 55 549 Frauen hier gefangengehalten wurden. Wie viele von ihnen erschossen oder vergast wurden, kann man heute nicht mehr ermitteln. Doch allein Anfang 1945, als sich bereits abzeichnete, daß Deutschland den Krieg verlieren würde, wurden 6 000 Frauen vergast, vergiftet oder erschossen. Im April 1945 übergaben die Nazis 7 500 Insassinnen an das Internationale Rote Kreuz, das sie nach Schweden brachte. Am 27. und 28. April 1945 räumten die Nazis das Lager, wobei sie 3 000 schwerkranke Frauen einfach zurückließen. Den Rest sperrten sie in Güterwaggons, die später tragischerweise bombardiert wurden. Niemand weiß, wie viele Gefangene dabei so kurz vor Ende des Krieges umkamen.

Ich hatte es so lange wie möglich hinausgeschoben, aber jetzt mußte es sein: Ich ging zu den Verbrennungsöfen hinüber. Sie standen im Freien, ich konnte also frische Luft atmen. In Dachau war das Krematorium ein geschlossener Raum, dort hatte mich Panik erfaßt. In jedem Ofen lag eine zarte weiße Blüte auf den rußgeschwärzten Ziegelsteinen. Den ganzen Morgen war ich wie betäubt gewesen, erst hier konnte ich weinen. Ich flüsterte: »Dich haben sie nicht erwischt, Sara. Ich trauere um alle anderen, aber dich haben sie nicht erwischt.«

Erst jetzt erkannte ich: Ich hatte Sara nicht finden können, weil sie nicht hier war. Sie hatte den Mördern nicht erlaubt, ihre Persönlichkeit zu zerstören, und als sie fortging, hatte sie ihre Seele mitgenommen.

Nach Saras Tod ordnete Marlene den Nachlaß. Sie fand auch das Manuskript zu diesem Buch, doch sie schenkte dem ungeordneten Papierhaufen wenig Beachtung. Marlene erriet, daß es sich dabei um die Erinnerungen ihrer Mutter handelte, aber sie las sie nicht. »Zum Thema Holocaust darf ich nichts lesen oder hören, sonst kann ich nicht mehr schlafen«, sagte sie mir. Also räumte sie das Manuskript auf das oberste Brett ihres Bücherregals und vergaß es – bis sie im Jahr 1994 Edgar

Bronfman traf, den Vorsitzenden des Jüdischen Weltkongresses. Wie ihr Vater hatte Bronfman die Judenvernichtung überlebt und interessierte sich für alle Berichte über den Holocaust: »Hat Ihr Vater seine Erlebnisse niedergeschrieben?« fragte er. Als er hörte, daß Marlenes Mutter ein Buch geschrieben hatte, wollte er es sofort sehen. Er fand es sehr bewegend und las es in einem Zug durch. Nur wenig später fragte er bei Marlene an, ob er das Manuskript zu Putnam schicken dürfe. Er durfte, und der Verlag nahm es an. Marlene investierte viel Zeit, redigierte das Manuskript, recherchierte den genauen Zeitrahmen der Ereignisse und ermittelte noch fehlende Details – einige Seiten des Originalmanuskripts waren verlorengegangen, darunter auch das Titelblatt, das mich als Autorin auswies. Doch nachdem man bei Putnam von meinem Beitrag erfahren hatte, wurde ich neben Marlene auch als Autorin aufgeführt.

An einem Spätnachmittag im Juni 1980 gingen Sara und ich spazieren. Nach einem langen Arbeitstag genossen wir die Ruhe und den Schatten des Waldes um uns herum. Das Licht strömte in gewaltigen weißen Strahlen durch die mächtigen Bäume und erinnerte Sara an den dichten Wald, der die Mühle ihres Vaters in Siebenbürgen umgeben hatte. »Am meisten bedauere ich die Verschwendung«, sagte sie leise, »schon vor dem Krieg. Diese Verschwendung von menschlichem Potential war das Schlimmste. Ich wünschte, ich hätte aus meinem Leben etwas machen können. Ich wünschte, ich wäre jemand gewesen.«

Sara war einer der stärksten und mutigsten Menschen, die ich je getroffen habe. All das Leid, das sie erlebt hatte, hatte sie nicht gebrochen oder ihr Herz verschlossen. Ihre Liebe und ihr tiefstes Mitgefühl galt allen, die sie mochte, und allen, die litten und starben. Ich vermisse sie.

Shalom.

Louise Loots Thornton
im Juni 1998

1. Teil

Sara in Rumänien.
Sie ist etwa dreiundzwanzig Jahre alt.
Es war diese Aufnahme,
die ihr Neffe Joseph ständig bei sich trug
und ihr nach dem Krieg übergab.

Prolog

Eines späten Abends wurde meine Mutter von Fußgetrappel und lauten aufgebrachten Stimmen vor dem Haus aufgeschreckt. Erschöpft von der schweren Hausarbeit und ihrer dritten Schwangerschaft, erhob sie sich langsam aus dem Bett und schlurfte zur Tür. Draußen standen einige Arbeiter aus dem Sägewerk, das mein Vater leitete.

»Ist Ihr Mann hier?« fragte einer der Männer aufgeregt. »Die Bauern haben schon wieder einen Aufstand organisiert. Sie drohen, uns und alle anderen Juden anzugreifen.«

»Er ist nicht da«, erwiderte meine Mutter. »Er ist im Norden von Siebenbürgen, um Holz zu kaufen.«

»Aber wir brauchen seine Hilfe!« rief der Mann. Dann wurde seine Stimme argwöhnisch. »Ist er auch bestimmt nicht hier?«

»Nein, wirklich. Ich bin ganz allein mit meinen zwei kleinen Jungen.«

Der Mann drehte sich abrupt zu den anderen um. »Ich bin nicht sicher, ob er wirklich weg ist«, sagte er. »Wahrscheinlich liegt er nur im Bett und will nicht aufstehen – der alte Mann!«

Nach einigem verärgerten Gemurmel zogen die Männer davon. Meine Mutter ging wieder ins Bett und versuchte, sich zu beruhigen. Doch die wütenden Arbeiter und die Drohungen der Bauern hatten ihr Angst eingejagt, und sie konnte nicht mehr schlafen. Nach einer halben Stunde spürte sie eine erste Wehe, dann eine zweite, obwohl sie erst im achten Monat ihrer Schwangerschaft war. Sie überlegte, wen sie zu Hilfe holen könnte, aber da war niemand. Die Hebamme war nur mit Pferd und Wagen zu erreichen, und der nächste Nachbar wohnte fünf Kilometer entfernt hinter einem Berg.

Die Wehen wurden immer stärker, während der kalte Nachtwind gegen die Scheiben drückte. Mit jedem neuen Windstoß wurde meiner Mutter mehr und mehr bewußt, daß sie es nicht wagen konnte, in die Dunkelheit hinauszugehen. Nach einigen Stunden gebar sie ihr Kind, mich, ganz allein in jener stürmischen Nacht des 25. April 1918. Mein schwaches, klägliches Schreien erhob sich gegen das Heulen des Windes, der durch die Bäume peitschte und um das einsame kleine Häuschen am Fuße des Berges toste.

1. Kapitel

Als ich um die Wegbiegung kam, sah ich sie – die lange Karawane bunt bemalter Wagen. Langsam rollten sie den gewundenen Pfad bis zum Dorfrand entlang. Ein alter Mann mit schwarzem Turban, der eine lange schwarze Pfeife rauchte, stapfte neben dem Leitpferd einher. Hinter ihm zuckelten elf weitere Pferde und Wagen, in denen Töpfe und Pfannen klapperten.

Am Feldrand blieb ich stehen und versteckte mich hinter dem größten Baum. Einer der Wagen fuhr nur wenige Meter von mir entfernt vorbei. Ein dunkelgelockter Mann mit buschigem Bart sprang herab und blickte sich mit glitzernden Augen um. Ich duckte mich. *Was, wenn er mich gesehen hat!* dachte ich, und mein Herz fing wild zu klopfen an. Die Warnung meines Vaters klang mir im Ohr. »Geh nicht zu den Zigeunern!« hatte er beim Frühstück gerufen. »Sie entführen kleine Kinder. Willst du etwa, daß wir dich tot in einer Bergschlucht finden?«

Der Zigeuner sagte etwas in einer Sprache, die ich nicht verstand, und die leise Stimme einer Frau antwortete ihm. Das Lachen eines Babys schallte durch die warme, stehende Luft. Ich spähte wieder hinaus. Der Mann zog mit flinken Bewegungen Holzpfähle hinten aus dem Wagen, wobei sein weißer Kittel und die weiten Hosen flatterten. Binnen weniger Minuten hatte er die Pfähle so zusammengestellt, daß sie das Gerüst eines großen Zeltes bildeten. Die Frau warf schwere grün-goldene Decken darüber, und das Baby wurde in eine Wiege gelegt, die von einem der Pfähle herabhing und sanft schaukelte.

Es wurde dunkel. Die Frau hängte einen schwarzen Kessel über ein Eisengestell und fing an, darin zu rühren. Der Mann stellte sich mit einer Geige in der Hand neben sie. Als das Feuer unter dem Kochtopf zu knistern und zu züngeln begann, strich er seinen Bogen über die Saiten. Melancholische Töne drangen in die aufsteigende Dämmerung. Auf einmal wurde die Musik festlicher. Der Mann wiegte seinen Körper im langsamen Tanz zum Feuer hin und wieder zurück und rief die anderen Männer herbei. Die verließen ihre Wagen und stimmten ihre eigenen Fiedeln an, stimmten in die Melodie ein, variierten sie in hohen, schwungvollen Bögen und kehrten zu ihr zurück.

Plötzlich fiel mir ein, daß es schon sehr spät sein mußte. Vater war bestimmt aus der Mühle zurück; meine älteren Halbgeschwister sowie meine richtigen Brüder und meine Schwester saßen sicherlich am Tisch, hatten das Gebet gesprochen, und meine Mutter rang die Hände und fragte: »Was ist nun schon wieder mit ihr passiert?«

Ich kroch vom Baum fort und rannte los, über den Pfad, der von den Laternen der Bauernhäuser erhellt war.

»Hoppla!« rief da jemand.

Ich sah auf. Mein ältester Halbbruder Herman stand am Weg. »Du hättest mich beinahe umgerannt«, sagte er. Ich wußte, daß man ihn geschickt hatte, um nach mir zu suchen, und ich war froh, daß er es war. Obwohl Herman ebenso groß und blond wie mein Vater war, besaß er nicht dessen Temperament. »Ich wette, ich weiß, wo du gewesen bist«, neckte er mich. »Du hast dir die Zigeuner angeguckt, und einer hat dich gefragt, ob du ihn heiraten und mit ihm fortlaufen willst.«

Ich antwortete nicht.

»Wie heißt er denn?« fuhr Herman fort.

»Hat er mir nicht gesagt«, antwortete ich. »Und ich habe nicht gefragt.«

Herman lachte, ein volles, kehliges Lachen tief aus der Brust. »Tja, Vater wird bestimmt seinen Teil dazu zu sagen haben.«

»Ist er sehr böse?«

»Sagen wir mal, er ist nicht bester Laune. Na komm, lauf los! Ich fang dich!«

Als ich an unserem langgestreckten roten Haus ankam, das die Holzgesellschaft uns zur Verfügung stellte, saßen alle am Tisch, der sich fast über die gesamte Länge der Küche erstreckte. »Seht mal, wer da kommt!« rief Mendel, mein zweitältester Halbbruder. »Das wird aber auch langsam Zeit!«

»Sie sollte eine Tracht Prügel bekommen!« meinte Rosa, meine jüngste Halbschwester. »Wenn sie meine Tochter wäre, würde ich ihr kräftig den Hintern versohlen. Gott sei Dank will ich selbst nie Kinder haben!«

»Sie hat nicht mal einen Pullover an!« rief Louise, die mittlere Halbschwester. »Kein Wunder, daß sie ständig krank ist. Sie zieht sich nicht richtig an, und dann rennt sie weg, bis es dunkel ist. Wer weiß, wo sie hingeht oder was sie tut?«

Wenn Vater nur nicht all diese anderen Kinder hätte! wünschte ich mir zum hundertsten Male. *Wenn er nur jung und allein gewesen wäre, als er meine Mutter traf, statt ein alter Mann mit sieben verzogenen Gören. Wenn sie nur alle heiraten und fortziehen würden …*

»Ruhe!« brüllte mein Vater da. Stille breitete sich in der sonst so geräuschvollen Küche aus.

»Wo … bist … du … gewesen?« fragte er dann, mit einer Pause zwischen jedem Wort.

Ich sah zu Boden; mir fiel nichts ein, was ich hätte sagen können. Ich konnte ihm doch nicht erzählen, daß ich zu den Zigeunern gelaufen war, nachdem er es verboten hatte.

»Da du mir nicht antwortest, wirst du ohne Abendbrot zu Bett gehen«, sagte mein Vater. »Sofort!«

Ich verließ die Küche und fühlte mich einsam und ohne Freunde. Später kam Mama leise zum Bett, das ich mir mit meiner kleinen Schwester Zipporah teilte, und flüsterte: »Ich habe dir etwas Brot und Käse und ein bißchen Milch mitgebracht.«

»Danke, Mama«, flüsterte ich zurück.

»Du mußt deinem Vater gehorchen. Das weißt du doch, oder?«

»Ja, Mama.«

»Versprichst du es?«

»Ja, Mama.«

»Gut. Schlaf schön«, sagte sie und beugte sich über mich, um mir einen Gutenachtkuß zu geben. Als sie das Zimmer verließ, dachte ich: *Ich werde Mama nie verlassen. Niemals!*

Als ich am nächsten Morgen in die Küche kam, erwartete ich eigentlich, daß alle wieder mit mir schimpften. Doch statt dessen redeten meine Mutter und meine drei Halbschwestern miteinander, alle auf einmal.

»Noch zwei Wochen bis zur Hochzeit«, sagte Louise.

»Es wird schon gehen«, erwiderte Mama. »Ich fange heute mit den Pasteten an. In der Speisekammer halten sie sich gut, da ist es immer noch eiskalt. Die Kuchen backe ich nächste Woche. Die Einladungen sind schon verschickt, und alle Nachbarn sind bereit, Gäste aufzunehmen.«

»Wo wird Belas Familie unterkommen?« wollte Louise wissen.

»Bei den Gutmanns.«

»Da wird er wahrscheinlich das Bett zerbrechen«, lachte Mendel dazwischen.

»Ach, sei still!« rief Rosa. »Bela ist schwer, aber immerhin nicht so ein fauler Knochen wie du!«

»Bitte redet nicht so über meinen Verlobten«, schalt Louise mit zitternder Stimme. Sie war die zarteste und kleinste meiner drei Halbschwestern. Keiner konnte verstehen, warum sie sich den dicken, riesenhaften Bela als Mann ausgesucht hatte.

»Ist schon g-g-gut«, sagte Berta und legte den Arm um Louise. »B-B-Bela ist ein guter Mann. Wir mögen ihn. Und du hast ihn ohne H-H-Heiratsvermittler gefunden!«

Berta war meine älteste Halbschwester und, wie ich fand, die netteste. Obwohl viele Mädchen schon mit fünfzehn oder sechzehn heirateten, wohnte sie mit ihren beinahe Dreißig immer noch zu Hause. Je älter ich wurde, desto mehr erkannte ich, wie intelligent sie war. Aber mit ihrem runden Gesicht war sie nicht so hübsch wie Louise oder Rosa, und sie stotterte.

»Die Schneiderin muß noch die letzten Änderungen an meinem Kleid vornehmen«, sagte Louise. »Ich glaube, sie wartet schon.«

»Oh, darf ich zusehen?« bat Rosa. »Ich wünschte, ich wäre an deiner Stelle. Ich kann es gar nicht erwarten, bis ich dran bin!«

Die drei Mädchen liefen in das Zimmer, in dem die Schneiderin seit einigen Wochen arbeitete und Louises Hochzeitskleid, ihre gesamte Aussteuer, die Festkleidung der restlichen Familie sowie andere benötigte Kleidungsstücke angefertigt hatte.

Meine drei Halbbrüder Herman, Meyer und Mendel schlenderten in den Vorgarten, und meine Mutter blieb mit der ganzen Arbeit allein. Sie würde nicht im Traum daran denken, einen ihrer Stiefsöhne zum Wasserholen zu schicken oder eine ihrer Stieftöchter mit Teigkneten zu beauftragen, um nicht als böse Stiefmutter zu gelten. Und freiwillig boten die ihr auch keine Hilfe an. Statt dessen bekamen wir, ihre vier eigenen Kinder, viele der anfallenden Arbeiten übertragen. »Pflücke Bohnen für das Abendessen«, konnte sie Eliezer bitten, meinen um zwei Jahre älteren Bruder, »und laß dir von Seren helfen.« Shlomo, der älteste Sohn meines Vaters und meiner Mutter, war auf die *Yeshiva*, die orthodoxe Talmudschule, geschickt worden, um Rabbi zu werden. Er kam nur in den Ferien nach Hause. Shlomo war neun Jahre alt, Eliezer sieben, ich fünf und Zipporah drei. Im nächsten Jahr zu Ostern sollte dann das letzte Kind, Esther, geboren werden.

An jenem Morgen war ich sicher, daß ich zum Helfen beordert werden würde. Also stopfte ich mir meine Puppe unter den Pullover und schlich verstohlen zur Haustür, um in mein neues Versteck im Heuschober zu fliehen. Dort fiel das Licht in gelben Streifen auf mich herab, auf die Puppe in meinem Arm und auf die Säcke voller Gänsedaunen um mich herum. Nichts mochte ich lieber, als dort im süß duftenden Heu zu liegen und von der Zeit zu träumen, wo ich endlich zur Schule gehen und lernen könnte, eine bedeutungsvolle Persönlichkeit zu werden.

»Seren«, rief meine Mutter, als ich an der Tür war.

Meine gute Laune schwand. Sie hatte mich entdeckt. »Ja, Mama?« antwortete ich.

»Ich weiß, daß du gerne spielen möchtest, aber ich brauche deine Hilfe. Ich muß heute vier verschiedene Pasteten backen. Würdest du wohl auf Zipporah aufpassen?«

»Ja, Mama.«

»Du bist ein braves Kind.«

Nein, ich bin kein braves Kind, dachte ich bei mir. Ich hatte Zipporah nicht immer lieb. Obwohl ich zwei Jahre älter war als sie, hörte sie nie auf mich. Wenn ich ihr sagte, sie solle vom Werkshof fernbleiben oder aufhören, die Gänse zu jagen, lachte sie immer nur und tat weiter das, was sie wollte. Das machte mich wütend.

In den nächsten zwei Wochen paßte ich fast ständig auf Zipporah auf, während sich die Pasteten und Kuchen und Brote in den Regalen unserer Speisekammer immer höher stapelten. Die Hochzeitsfeier sollte drei Tage und Nächte dauern – lang genug, um all die Sachen und noch mehr zu essen. Die alte Mutter meiner Mutter und auch ihr Bruder, mein Onkel Louie, würden kommen. Alle Leute aus dem Gottesdienst des Sägewerks, die mein Vater auf ein Glas Wein und ein Stück Kuchen eingeladen hatte, würden kommen. Sogar entfernte Verwandte wollten uns besuchen und eine richtige Ferienreise aus dem Ereignis machen, indem sie so lang blieben, wie sie konnten.

Der erste Tag der Hochzeit war klar und strahlend. Die *Chuppah*, der traditionelle Hochzeitsbaldachin, wurde im großen Hof neben dem Garten aufgebaut, und während der Zeremonie wehte der Duft der Lilien durch die Luft. *Louise ist so hübsch,* dachte ich, während sie siebenmal unter der *Chuppah* um ihren Bela kreiste, Rosa rechts und Berta links von ihr, und ihr langes schwarzes Haar wie ein Schatten unter dem Schleier lag, der ihren Kopf und ihre Augen verhüllte. *Ich weiß nicht, ob ich eines Tages einmal heiraten möchte,* dachte ich und betrachtete das seidene, glänzende Kleid, *aber ich würde gern so ein Kleid haben.*

Als die Zeremonie vorüber war, begann das Fest mit der

Musik. Drei Tage und Nächte streifte ich umher und hörte hauptsächlich meinem Vater und Onkel Louie beim Streiten zu. Ich war erstaunt, daß jemand es wagte, eine andere Meinung zu äußern als mein Vater. Daß Onkel Louie Sachen wie »Der Gottesdienst ist komplette Zeitverschwendung. Ich glaube nichts davon!« sagte, erschütterte mich zutiefst. Mein Vater hörte sich dieses Sakrileg an und erklärte: »Wenn du nicht der Bruder meiner Frau wärst, würde ich dir das Haus verbieten!« Onkel Louie lächelte nur und nahm sich noch ein Stück *Challah*, das er dick mit Butter bestrich.

Abends kamen die Zigeuner. Wir versammelten uns in der großen, offenen Halle des Sägewerks, in der samstags auch immer die Tanzabende stattfanden. Der erste Geiger begann mit einer schnellen Weise, der Akkordeonspieler fiel ein, und unverzüglich fingen alle meine Brüder und Schwestern zu tanzen an: Herman mit seiner jungen Frau Tamara, der die Bänder ihres neuen Huts um das lange wehende Haar flatterten; Mendel, der Casanova der Familie, der natürlich das hübscheste Mädchen des Dorfes im Arm hielt; Meyer, mein stiller Bruder, der mit einem ebenso stillen Mädchen tanzte; Berta, die mit irgendeinem netten Onkel, der sie aufgefordert hatte, bedächtig hin und her schaukelte; Rosa, die den ganzen Abend von einem jungen Mann zum nächsten flog; und Louise, die von ihrem frischvermählten Ehemann Bela wie eine Porzellanpuppe festgehalten wurde. Meine Mutter saß glücklich auf der Seite und sah allen zu, während Zipporah auf ihrem Schoß lag und schlief. Mein Vater hielt sich an seine Gewohnheit, nur auf Hochzeiten zu tanzen, und führte irgendwann mitten am Abend seinen speziellen ›Tuvel-Hochzeitstanz‹ vor.

Shlomo, der zu Besuch war, wirbelte über den Tanzboden und boxte hie und da einen Verwandten mit den Fäusten, bis ein Onkel kam und ihn am Hosenboden hochhob. Eliezer saß still neben meiner Mutter und sagte den ganzen Abend kaum zwei Worte. Mama nannte ihn oft ›*la ceas o lingurita*‹ (jede Stunde ein Teelöffel voll). Er sprach so selten, daß man meinen konnte, jedes einzelne Wort werde als Almosen vergeben. Obwohl Eliezer und ich recht verschieden waren, hatte ich ihn sehr lieb.

Am letzten Abend der Hochzeitsfeier, einem Donnerstag, ging ich zu ihm hin, als er so allein dasaß, und sagte: »Komm, Eliezer, tanz mit mir!«

Er blickte hinunter auf seine Schuhe, und sein Nacken färbte sich tiefrot.

»Möchtest du?« fragte ich nach.

Er sah weiter zu Boden und rührte sich nicht. »Nein, danke«, sagte er schließlich.

»Na gut«, meinte ich. »Dann gehe ich hinaus.«

Ich spazierte an den vielen Wagen entlang, die alle am Weg zum Sägewerk standen und für die Heimfahrt bereits angespannt hatten. Nach der Feier würden alle Gäste ihre Heimreise antreten, und manche von ihnen mußten die ganze Nacht über fahren. Ich blieb hinter einem Wagen stehen und betrachtete sehnsüchtig den Stapel weicher Daunendecken, der auf einer Strohmatratze lag. Da ich von den langen Tagen und späten Nächten erschöpft war, wollte ich mich für eine Weile in diesem Wagen ausruhen. Ich legte mich unter den Kutschbock und zog eine Decke über mich. Durch ein Astloch in einem der Bretter sah ich einen einzelnen Stern funkeln.

»David!« rief eine Frau. »Oh, David! Wer ist das?«

Ich öffnete die Augen. Die Sonne blendete mich, und ich mußte blinzeln. Schnell schlug ich die Decke zurück und krabbelte unter dem Kutschbock hervor. Anscheinend war ich nicht zu Hause.

»Ist das nicht ein Tuvel-Kind?« meinte ein Mann.

»Ja, tatsächlich. Das ist Miriams und Abrahams kleines Mädchen. Aber wie kommt sie hierher?«

»Sie muß letzte Nacht hineingekrabbelt und eingeschlafen sein. Wir hatten einen blinden Passagier!«

»Wir müssen sie sofort zurückbringen«, sagte die Frau.

»Das können wir nicht, Rebeccah. Wenn wir jetzt zurückfahren, müssen wir am Sabbat reisen, und das ist verboten.«

»Aber was sollen wir sonst tun? Miriam und Abraham werden sich bestimmt doch Sorgen machen, oder? Werden deine Eltern sich nicht sorgen?« fragte sie mich.

»Vielleicht vermissen sie mich gar nicht«, sagte ich. »Ich habe doch noch so viele Brüder und Schwestern.«

Der Mann lachte und hob mich mit großen starken Armen vom Wagen. »Hast du Hunger?« wollte er wissen.

»Ein bißchen«, antwortete ich.

»Komm her, Kind. Wie heißt du?« fragte die Frau.

»Seren.«

»Komm, Seren. Ich werde dir ein Frühstück machen. Wir werden dich erst am Sonntag zurückbringen können, also übermorgen. Ich hoffe sehr, deine arme Mutter wird nicht krank vor Sorge.«

Zwei Tage lang stopfte ich mich mit Kartoffelklößen und Schokoladenkuchen voll. Nachmittags spielte ich stundenlang mit einem Wurf junger Katzen in der Scheune, deren plüschige Körper sich wie weiche Bälle in meinen Händen anfühlten. Es war wunderbar, das einzige Kind zu sein – von Rebeccah Nachtisch angeboten zu bekommen, selbst wenn ich nicht alle Karotten aufgegessen hatte, und abends von David auf den Schoß genommen zu werden und lustige Geschichten erzählt zu bekommen.

Schließlich, am frühen Sonntagmorgen, brachen wir nach Fulehaza auf, und erst in der Abenddämmerung rumpelten wir in den Hof. Obwohl ich nur drei Tage fort gewesen war, wirkte das Haus nicht mehr vertraut. Ich kam mir vor wie eine Fremde, die es zum erstenmal sah – das weitläufige Holzhaus mit der langen Küche an der einen Seite, die Mühle dahinter, die Holzstapel, die langen, flachen Unterkünfte der Arbeiter und den Fluß Mureş, der ständig den Berg hinabrauschte.

Ich rannte zum Haus, während David das Pferd anband und Rebeccah einige Schachteln aus dem Wagen lud. Leise öffnete ich die Tür und schlich in den Flur, um eventuell hören zu können, was beim Essen gesprochen wurde und ob Vater böse war. Doch da war kein Klirren von Geschirr, kein Auskratzen der Schüsseln. Statt dessen hörte ich ein tiefes Brummen aus dem Wohnzimmer gegenüber der Küche ertönen. Ich erkannte einige Worte des *Kaddish*, des Totengebets. *Jemand ist gestorben!* dachte ich voller Entsetzen. *Vielleicht Großmutter. Sie war so alt. Sie muß es gewesen sein.*

Ich schlich zur Tür. Alle meine älteren Geschwister, meine Mutter und mein Vater saßen auf niedrigen Schemeln, die Füße nur mit Socken bekleidet, und hielten die Köpfe gebeugt. Die Anzugjacke meines Vaters war zerrissen und die von Meyer, Herman und Mendel ebenso. Mama und meine Schwestern weinten, die Tränen rannen ihnen auf die Kragen. Ja, sie waren in tiefer Trauer. Großmutter mußte gestorben sein, da war ich sicher. Auch mir lief eine Träne über die Wange.

Leise betrat ich das Zimmer und kniete mich vor die Füße meiner Mutter. Da hörte ich, wie jemand laut nach

Luft schnappte, und ehe ich mich versah, schlang meine Mutter von hinten die Arme so fest um mich, daß ich kaum noch Luft bekam.

»Seren ... Seren ... Seren ...«, sagte sie immer wieder, während die Tränen über ihr Gesicht liefen.

Das Gesicht meines Vaters tauchte vor mir auf, er war seltsam blaß. »Wo kommst du her?« fragte er, und seine Stimme war viel ruhiger, als ich sie in Erinnerung hatte.

Nun waren Rebeccah und David hereingekommen. »Ihr seid in Trauer«, sagte Rebeccah. »Bitte vergebt uns, daß wir euch stören. Darf ich fragen, wer gestorben ist?«

Da fing Herman an, vor unterdrücktem Lachen zu zittern. Dann brach es aus ihm heraus, und er lachte und lachte vor Freude, daß es in dem stillen Zimmer widerhallte. David und Rebeccah starrten ihn an, als wäre er vor Kummer verrückt geworden. »Ja, wißt ihr denn nicht, was passiert ist?« fragte Herman schließlich.

David und Rebeccah schüttelten stumm die Köpfe.

»Seren ist verschwunden!« rief Herman zwischen Anfällen von Gelächter. »Wir konnten keine Spur von ihr entdecken.«

»Und weil die Zigeuner gerade im Ort kampierten, als sie verschwand, und am nächsten Morgen fort waren«, fügte Tamara hinzu, »waren wir sicher, sie hätten sie entführt, weil sie ihnen nachspioniert hat. Wir dachten, sie sei tot – und in irgendeine Grube geworfen worden, wo wir sie niemals finden würden.«

Ich sah meine Mutter an, sah die tiefen Ringe unter ihren geröteten Augen. »Hast du wirklich gedacht, ich bin tot, Mama?« fragte ich.

Sie drückte mich wieder an sich. »Ich glaube, ja. Ich glaube, das habe ich gedacht«, sagte sie. »Aber jetzt bist du ja wieder da. Das ist alles, was zählt!«

2. Kapitel

Es war Sommer im Jahr 1924. Ich war sechs Jahre alt, und der Tag begann wie jeder andere Tag in Fulehaza – klar und etwas frisch. Doch gegen Mitte des Vormittags, als die Sonne über die Berggipfel gestiegen war und die Luft erwärmt hatte, sollte ich zum erstenmal die Angst und Sorge zu spüren bekommen, die daher rührten, daß ich zu den relativ wenigen jüdischen Menschen in einer Nation mit griechisch-orthodoxer Staatsreligion gehörte.

Als ich gerade hinauslief, um auf der Schaukel in unserem Garten zu spielen, kam einer der Männer aus dem Sägewerk zum Haus gerannt. »Wo ist dein Vater?« fragte er mich keuchend. Doch ehe ich etwas sagen konnte, trat meine Mutter, die ihn gehört hatte, aus dem Haus. »Was ist los? Was ist mit Herrn Tuvel? Ist er verletzt?«

»Nein, nein. Ich muß ihn finden. Ist er nicht hier?«

»Er ist frühmorgens losgefahren, um sich Holz anzusehen, und müßte bald zurück sein. Was ist denn passiert?« wollte meine Mutter wissen.

»Ich habe gerade gesehen, wie alle Männer aus der Polizeiwache in den Zug stiegen und die Stadt verließen. Sicher sind wieder die Studenten auf dem Weg hierher. Wir müssen entscheiden, was wir tun sollen.«

Meine Mutter wurde blaß.

»Ich komme in ein paar Minuten wieder«, rief der Mann und lief zum Werk zurück.

»Wer sind die Studenten?« fragte ich meine Mutter,

während ich ihr ins Haus folgte. »Kommen sie aus der Schule im Dorf?«

»Nein«, erwiderte sie. »Das sind ältere Studenten aus dem Gymnasium in Bukarest. Wenn sie sich in den Sommerferien langweilen, schließen sie sich zusammen und ziehen von Dorf zu Dorf.«

»Was machen sie in den Dörfern?«

Meine Mutter blickte in die Ferne und schwieg. Schließlich nahm sie mich in den Arm und sagte: »Ist schon gut. Mach dir keine Sorgen. Alles wird gut.«

Ich glaubte ihr natürlich nicht und tat so, als ginge ich wieder hinaus zur Schaukel. Doch ich lief zum Sägewerk, wo ich eine Gruppe Männer zusammenstehen sah. Jetzt wußte ich, daß etwas Schlimmes geschehen würde, denn die Strenge meines Vaters war immer im Werk zu spüren, auch wenn er nicht anwesend war; keiner stand während der Arbeitsstunden einfach so herum.

»Überlegt doch, was in dem Dorf meines Vetters geschehen ist!« rief einer der Arbeiter namens Albert. »Als die Meute kam, wüteten sie die ganze Nacht hindurch. Keine jüdische Familie blieb verschont. Mein Vetter und seine Leute sind nur knapp mit dem Leben davongekommen. Nachdem sie ihre Häuser verlassen hatten, mit nichts weiter bei sich als den Kleidern, die sie am Leib trugen, stiegen sie auf den Hügel, von dem aus sie das Dorf überblicken konnten. Überall in der Dunkelheit loderten Feuer, wo kurz zuvor noch ihre Häuser gestanden hatten. Die einzigen Häuser, die nicht brannten, waren die Hütten der Nichtjuden am Dorfrand. Gott sei Dank hatte mein Bruder genug Platz, um alle aufzunehmen!«

»Aber glaubst du denn, sie werden das hier auch tun?« fragte einer der neuen Arbeiter. »In meinem Dorf hat man die Juden nie angegriffen. Und wir sind hier im Werk so abgelegen und so wenige. Sie könnten doch denken, daß wir die Mühe gar nicht wert sind.«

»Nicht die Mühe wert?« rief Albert. »Eine Handvoll Juden ist sehr wohl ihre Mühe wert! Schon ein einzelner Jude ist ihre Mühe wert. Wir können nicht einfach herumstehen und nichts tun. Warum, denkt ihr, haben der Wachtmeister und seine Leute das Dorf verlassen? Um den Studenten freie Bahn zu lassen – darum! Sie haben einen Tag frei, und den Juden wird gleichzeitig eine Lektion erteilt.«

Dies war weit mehr, als ich hören wollte. Ich wollte mir nicht vorstellen, wie mein Zuhause in Flammen aufging und meine Familie nirgends hingehen konnte. Wir waren so viele – wer würde uns aufnehmen? Plötzlich fiel mir meine Puppe ein und all die Kleider, die ich so mühsam für sie angefertigt hatte. Ich rannte, so schnell ich konnte, zum Haus zurück und in mein Zimmer. Meine Puppe war noch da! Aber wo sollte ich sie verstecken, damit die Studenten sie nicht fanden? Einen Platz nach dem anderen verwarf ich, bis ich mich schließlich für das Loch in einem der Apfelbäume im Garten entschied. Ich nahm nur ihre schönsten Kleider mit, wickelte alles in eine alte Decke, lief zu dem Baum und steckte das Bündel ins Loch. »Keine Angst«, beruhigte ich meine Puppe. »Alles wird gut.«

Als ich wieder zum Haus kam, war ich erleichtert, meinen Vater zu sehen, der mit einigen Männern aus dem Sägewerk sprach. Mein Vater würde niemandem so einfach erlauben, alles zu zerstören, was wir hatten. Und die Arbeiter auch nicht. Ich hatte meinen Vater einmal sagen hören, wie glücklich er sei, ergebene und hart arbeitende Juden einstellen zu können. Da es Juden dem Gesetz nach verboten war, Land zu besitzen oder einen Regierungsposten zu bekleiden, arbeiteten viele junge Männer, die sich keine höhere Schulbildung in der Stadt leisten konnten, bei meinem Vater und lernten ihr Handwerk von einem der besten Sägewerksleiter in ganz Rumänien.

Unsere Familie und die Arbeiter mußten den Studenten ein besonderer Dorn im Auge sein, da es in Fulehaza und seiner Umgebung keine anderen jüdischen Familien mehr gab; sie waren alle in größere Städte wie Tîrgu-Mureş geflohen, wo sie unter vielen Juden lebten und sich sicherer fühlten.

»Das beste ist«, sagte mein Vater, »wenn jeder nach Einbruch der Dunkelheit zu uns ins Haus kommt. Die kleinen Kinder werden wir wegbringen für den Fall, daß sie es in Brand stecken. Aber ich glaube nicht, daß dies geschehen wird. Wir werden uns verbarrikadieren. Wenn sie die Tür einbrechen, werden wir kochendes Wasser auf sie schütten. Dann werden sie schon von uns ablassen. Laßt uns jetzt also soviel Wasser wie möglich ins Haus schaffen.«

Der restliche Tag verging wie im Flug. Gleich nach dem Abendbrot wurden Eliezer, Zipporah, das Baby Esther und ich von Hermans Frau Tamara in den Garten gebracht. Sie breitete ein paar Decken unter der riesigen Eiche am hinteren Ende aus. »Legt euch hin und versucht zu schlafen«, sagte sie. »Soll ich euch etwas vorsingen? Es ist ein schöner Abend – ich singe euch ein Abendlied.« Und sie hob zu singen an, eine sanfte Weise vom Sonnenuntergang über den ruhigen Wiesen.

Ich hatte nicht vor einzuschlafen. Eliezer und Zipporah lagen neben mir auf der Decke, und Tamara lag um das Baby gerollt auf einer anderen. Alle schliefen fest, und ihr tiefer, friedlicher Atem mischte sich mit dem Rascheln der Blätter im kühlen Abendwind. Wenn ich nur etwas hätte sehen können! Doch die Lichter im Haus waren gelöscht, damit es so aussah, als schliefen alle schon. Das einzige helle Licht war das vor der Haustür, das automatisch um Mitternacht ausgehen würde.

Stunde um Stunde verging, während ich das flackernde Licht in der Dunkelheit beobachtete. Manchmal dachte ich, es wäre ganz ausgegangen, aber dann tauchte es hinter einem Büschel Blätter wieder auf, das davorgeweht war. Schließlich wußte ich, daß ich nicht länger liegenbleiben konnte. Behutsam kroch ich von der Decke.

Dann lief ich schnell durch den Garten zum Haus. Alles war ruhig; selbst die Grillen auf der Wiese hatten zu zirpen aufgehört. Dann überkam mich ein schrecklicher Gedanke: Die Studenten waren durch eines der hinteren Fenster eingedrungen und hatten sie alle überrascht. Alle da drin waren tot! Voller Angst griff ich nach dem Türriegel, doch er befand sich oberhalb meines ausgestreckten Armes. Mit kleinen Sprüngen versuchte ich ihn zu erreichen, und jedesmal schlug meine Hand gegen die Tür.

Plötzlich wurde die Tür nach innen geöffnet. Ich fiel über die Schwelle und sah einen riesigen dampfenden Wasserkessel über meinem Kopf schweben.

»Halt! Halt! Kein Wasser!« brüllte mein Bruder Meyer. »Es ist Seren.«

»Seren!« rief mein Vater. »Was um alles in der Welt tust du denn hier? Warum bist du nicht bei den anderen im Garten geblieben, wie wir es dir gesagt haben? Du hättest verbrüht werden können, wenn das Licht nicht mehr gebrannt hätte.«

Er zog mich ins Haus, und alle waren erleichtert, daß ich es war. Sie hielten weiter Wache, während ich friedlich in meinem eigenen Bett schlief. Einmal schreckte ich hoch und dachte: *Meine Puppe! Sie ist immer noch in dem Baum!* Doch gleich darauf fiel ich wieder in tiefen Schlaf. Die

Studenten kamen nicht mehr, aber später erfuhren wir, daß sie ein nahegelegenes Dorf mit vielen jüdischen Einwohnern komplett verwüstet hatten.

Das restliche Jahr über dachte ich immer wieder: *Nur noch ein Jahr, und ich darf in Fulehaza zur Schule gehen!* Der Gedanke, meine Mutter zu verlassen und den ganzen Tag mit fremden Kindern zu verbringen, machte mir etwas angst. Aber ich konnte es kaum erwarten, so bald wie möglich alles zu lernen, was es zu wissen gab.

Als ich acht wurde, erlaubte mir meine Mutter schließlich, zur Schule zu gehen. Bis dahin hatte sie mich noch für zu klein gehalten. Nun aber machte ich mich an einem kühlen Herbstmorgen im Jahr 1926 eifrig mit Eliezer auf den vier Kilometer langen Weg. »Wie ist der Lehrer denn so?« fragte ich meinen Bruder aus. »Ist er sehr streng?«

Nach einer Weile, die mir wie eine Ewigkeit vorkam, antwortete Eliezer in seiner ruhigen, langsamen Art: »Er ist in Ordnung.«

»Und wie sind die anderen Kinder? Sind sie nett?«

Wieder zögerte er, diesmal noch länger. »Sie sind … Du wirst schon sehen.« Das war alles, was ich aus ihm herausbekam.

Als wir zu dem Gebäude mit nur einem einzigen Klassenzimmer kamen, spielten die anderen Kinder draußen auf dem Schulhof. Ich erkannte fünf oder sechs Mädchen und Jungen aus dem Gottesdienst wieder. Sie waren etwas älter als ich, also ging ich nicht zu ihnen hin. Alle anderen Schüler waren Kinder von rumänischen oder ungarischen Bauern, die am Fuße der Berge wohnten. Ein Bauernmädchen streckte mir die Zunge heraus, als ich an ihr vorbeiging. *Warum tut sie das nur?* dachte ich. *Sie kennt mich doch gar nicht.* Ich beschloß, sie nicht weiter zu beachten.

Dann liefen die Kinder in das Schulgebäude, und ich folgte ihnen und setzte mich im hinteren Teil des Zimmers auf eine Holzbank hinter einem langen Tisch.

Ich sah mich um. Vorne war der Raum durch ein Podest erhöht, und darüber hing ein großes Holzkreuz mit einem Gipsmann daran. Er sah leblos aus und war fast nackt. *Warum haben sie da einen toten Mann hingehängt, den wir ständig ansehen müssen?* fragte ich mich. Vor mir erstreckten sich weitere Reihen von Bänken und Tischen.

Während ich sie zählte, kam ein Mann mit einem langen schwarzen Gewand und einigen seltsamen Ketten um den Hals aus einer Seitentür in den Raum und trat auf das Podest. »Ruhe!« rief er. Ich preßte meine Lippen sofort fest zusammen, damit mir ja kein Laut entwich. Der Lehrer war sehr dünn und blaß. Ich hoffte, er würde mich mögen.

Nachdem er unsere Namen aufgeschrieben und uns gesagt hatte, wieviel Geld wir für die Bücher mitbringen müßten, begann die erste Unterrichtsstunde. »Wie viele von euch haben daran gedacht, heute ihre Bibel mitzubringen?« fragte der Lehrer. Etwa die Hälfte der Kinder hob die Hand. »Gut. Zumindest sind nicht alle von euch Dummköpfe. Wir fangen an«, fuhr er fort, »und lesen im ersten Korinther die Verse zweiundzwanzig und dreiundzwanzig.«

Er hielt also eine Religionsstunde ab. Die anderen jüdischen Kinder und ich mußten jeden Tag eine Stunde lang diesem Unterricht beiwohnen, auch wenn wir nicht daran teilnahmen.

Die Schule war viel weniger aufregend, als ich gedacht hatte. Die anderen jüngeren Kinder und ich mußten uns in die ersten Reihen setzen, die um ein Jahr älteren direkt hinter uns und so weiter. Dann wurden Unterrichtsstunden in Mathematik, Geschichte, Lesen und Erdkunde abgehalten, indem der Lehrer immer von einer Altersgruppe zur nächsten schritt.

Endlich, als ich schon dachte, der erste Tag würde niemals enden, wurden wir entlassen. Als ich nach draußen kam, wartete am Ende des Schulhofs eine Gruppe Bauernjungen in zerrissenen, schlammverdreckten Kleidern auf mich. »Stinkender Jud!« kreischten sie mir zu. »Schmutziger, stinkender Jud!« Dann rannten sie lachend davon. Ich beeilte mich, meinen Bruder einzuholen, aber der war schon weit vor mir, und den ganzen Heimweg über sah ich ihn nur von hinten.

Sobald ich im Haus war, hob ich meinen Kleidersaum hoch und roch daran, dann an meinen Ärmeln. Der saubere, kühle Duft von Himmel und Regen lag in dem Kleid, das frisch gewaschen und am Flußufer getrocknet worden war.

Meine Mutter kam ins Zimmer. »Seren, du bist ja zu Hause«, sagte sie. Dann hielt sie inne. »Was, um Himmels willen, tust du da?«

»Stinkt mein Kleid, Mama?« fragte ich.

»Wie kann es stinken? Du hast es doch heute morgen erst ganz frisch angezogen.«

»Ein paar der Bauernkinder haben mich einen stinkenden Jud genannt.«

»Ach, das«, meinte meine Mutter und winkte ab. »Hör einfach nicht auf sie. Es hat nichts zu bedeuten. Komm, setz dich hin und iß etwas, und dann gehst du zum Hebräischunterricht.«

Also gesellte ich mich zu den anderen sieben oder acht jüdischen Kindern, deren Väter im Sägewerk arbeiteten. Die Familien bezahlten einen Hebräischlehrer, und das Werk stellte für den Unterricht einen Raum zur Verfügung. Wir versammelten uns dort gleich nach dem Frühstück, um unser Morgengebet zu sprechen, ehe wir in die Schule ins Dorf wanderten. Nach der Schule trafen wir uns wieder und lernten, Hebräisch zu lesen und zu schreiben und die Thora zu studieren.

Einige Wochen lang folgte Eliezer und mir nach der Schule immer dieselbe Gruppe von großen stämmigen Bauernburschen nach Hause und ärgerte uns den ganzen Weg über. Allmählich fürchtete ich mich schon, wenn ich sie nur sah. Dann, eines Tages im Frühjahr, kam keiner der Jungen zur Schule. Ich konnte unser Glück gar nicht fassen. »Wo sind die Jungen wohl hingegangen?« fragte ich Eliezer schließlich.

»Ich glaube, sie müssen auf den Feldern arbeiten«, antwortete er. »Es ist Pflanzzeit.«

»Dann werden sie ja bis zum nächsten Schuljahr fort sein!« jubelte ich.

Während diese Plagegeister jedes Frühjahr und manchmal auch im Herbst zur Erntezeit verschwanden, war unser tyrannischer Priesterlehrer ständig da. Wir mußten jeden Tag zur Schule gehen, sogar am Sonnabend. Wenn wir zu Hause blieben, um unseren Sabbat zu feiern, wurden wir als fehlend eingetragen und bekamen an dem Tag in allen Fächern schlechte Noten. Deshalb gingen wir oft trotz des Feiertags zur Schule, obwohl wir nichts schreiben durften, weil uns am Sabbat jegliche Arbeit verboten ist. Wenn ein jüdischer Feiertag wie *Rosh Hashanah*, das Neujahrsfest, oder *Yom Kippur*, der Versöhnungstag, kam, ging unser Rabbi zur Schule, um uns für diesen speziellen Tag zu entschuldigen. Ich kann mich noch erinnern, wie er verärgert und mit heftig flatternder Robe wieder aus dem Klassenzimmer stürmte, weil der Priester keine Entschuldigung gelten ließ.

An Sonntagen versammelten wir Kinder uns im Klassenzimmer und gingen gemeinsam zur Kirche. Das Singen und Beten machte mir nichts aus, aber den Behälter, der an einer langen goldenen Kette hing und einen starken Geruch verströmte, mochte ich gar nicht. Der Priester schwenkte ihn hin und her, wenn er durch die engen Bankreihen zum Altar schritt, und zielte dabei oft in meine Richtung. Der Geruch verursachte mir häufig Kopfschmerzen.

Die Predigten verliefen immer ähnlich. Einmal sah der Priester einem Bauern, der mit seiner Frau in der Bank saß, direkt in die Augen. Die Frau trug nur ein sehr dünnes, ausgebleichtes Baumwollkleid, obwohl es Winter war. »Fragt ihr euch jemals, warum euer Leben so hart ist?« hob der Priester an. »Fragt ihr euch jemals, warum ihr nie genug zu essen habt, warum ihr all euer Getreide für wenig Geld verkaufen und von Maismehl leben müßt? Warum ihr von Sonnenaufgang bis weit in die Dunkelheit arbeiten müßt und kaum eure einfachen, kalten Hütten erhalten könnt? Warum nur ein oder zwei eurer Kinder im Winter warme Schuhe haben? Ich bin sicher, ihr fragt euch, wie Gott euch so im Stich lassen, wie Er euch unter solchen Bedingungen und ohne Hoffnung für die Zukunft leben lassen kann. Nun, ich will euch versichern, daß Gott keine Schuld trifft, denn Gott ist voller Güte. Preiset den Herrn! Die Schuld an eurem Leid tragen allein die Mörder Christi – die Juden!«

Er sprach das Wort ›Juden‹ aus, als sei es ein Synonym für ›Schlange‹. Und genauso fühlte ich mich dabei – wie die Schlange in der Geschichte von Adam und Eva. Ich wollte am liebsten unter die Bank kriechen und mich dort verstecken, bis wir wieder nach Hause gehen durften. Ich wollte nicht, daß jemand auf meine saubere, warme Kleidung sah und sie mit dem zerrissenen Kleid des Bauernmädchens verglich, das neben mir saß.

Ein Jahr später ging auch Zipporah mit uns zur Schule. Eines Tages im Spätherbst, als wir auf dem Heimweg waren, kamen wir zu der langen Flußbrücke, die zwischen dem Dorf und unserem Haus lag. Da uns die Bauernjungen an dem Tag nicht belästigt hatten, fühlten wir uns sicher. Doch dann sahen wir sie: vier große grobschlächtige Jungen standen mitten auf der Brücke. Erst wollten wir wieder umkehren. Aber dann, als hätte jeder von uns es imselben Moment entschieden, gingen wir direkt auf die Jungen zu. Wir nahmen unsere Schulranzen ab, legten sie auf den Boden und bauten uns breitbeinig und mit erhobenen Fäusten vor ihnen auf.

Die Jungen sahen uns einen Moment lang verächtlich an. Dann sagte einer von ihnen: »Dreckige J...« Doch noch ehe er das Wort zu Ende sprechen konnte, schlug Eliezer dem Jungen mit der Faust ins Gesicht. Sofort stürzte ich mich auf einen anderen Jungen und bearbeitete ihn mit den Fäusten. Zum Glück hatte ich einen entdeckt, der genauso klein war wie ich, so daß ich ohne Schwierigkeiten seine Ohren erreichte, auf die ich einschlug, so fest ich konnte. Zipporah trug ihre guten festen Stiefel, mit denen sie um sich trat und einen Jungen am Knie, einen anderen an der Wade traf.

»Oh! Halt! Au! Au!« fing der Junge zu schreien an, den ich schlug. Ich hörte einen Augenblick auf und sah dabei, wie all meine Bücher über das Brückengeländer flogen, hinunter in den reißenden Fluß. *Meine Bücher!* dachte ich bestürzt. *O weh, meine Bücher!* Doch ich beschloß, mir später darüber Sorgen zu machen, und widmete mich wieder dem Jungen, den ich so fest schlug, daß meine Hand weh tat. Im nächsten Augenblick rannten die vier Burschen blitzschnell davon und verschwanden in einen Weg auf der anderen Brückenseite. Wir konnten es kaum glauben. Wir hatten gewonnen!

Als wir nach Hause kamen, verrieten unsere zerknitterten Kleider und blutigen Gesichter natürlich sofort, was vorgefallen war. Meine Mutter scheuchte uns schnell zum Waschtrog, damit wir uns das Blut und den Schmutz abwaschen konnten. Mein Vater sagte dazu kein Wort. Dennoch spürte ich, daß es ihm insgeheim gefiel, wie wir uns zur Wehr gesetzt hatten. Als ich ihn am nächsten Morgen um Geld bat, damit ich die verlorenen Bücher ersetzen könnte, gab er es mir ohne Zögern, obwohl es alles Geld war, das er bei sich trug.

Als ich dann allerdings dem Lehrer das Geld für neue Bücher geben wollte, sah er mich mit zusammengekniffenen Augen an und sagte: »Du kannst im Schuljahr keine Bücher kaufen, nur am Anfang. Das wird dir eine Lehre sein, in Zukunft mehr darauf aufzupassen!« So blieb ich den Rest des Schuljahres ohne Bücher. Die Jungen jedoch belästigten uns nie mehr.

3. Kapitel

Der Frühling, in dem ich elf Jahre alt wurde – der letzte, den meine Familie beim Sägewerk des kleinen Dorfes Fulehaza verbrachte –, wurde von Hochwasser eingeleitet. Während das Passahfest näher rückte, füllte sich unser Haus mit allen verheirateten Kindern und deren Familien. Als wir am zweiten Morgen des *Seder* nach draußen blickten, sahen wir, daß unser Haus eine Insel geworden war. Eine Woche Tauwetter, gefolgt von heftigen Regengüssen, hatte unseren Fluß in einen reißenden Schmelzwasserstrom verwandelt.

Wir liefen von einem Fenster zum nächsten und sahen auf das graue, schlammige Wasser. Zipporah und ich betrachteten die Bäume, die aus dem Strom ragten und von herabgefallenen Zweigen und Blättern umspült wurden. Auf einmal schwammen unsere Gänse vorbei.

»Sieh nur!« rief ich. »Das gefällt ihnen. Wärst du jetzt nicht auch gern eine Gans? Ich schon!«

»Du *bist* doch eine Gans«, lachte sie und lief weg.

»Und du bist eine alte Kuh!« rief ich zurück, aber sie war schon im nächsten Zimmer und tat, als hörte sie mich nicht.

Da kam die vierjährige Esther, unser allseits geliebtes, blondgelocktes Familienbaby, zu mir gelaufen. »Komm und sieh dir das an«, sagte sie. »Da schwimmen Häuser auf dem Fluß.«

Wir liefen nach hinten ins Schlafzimmer meiner Eltern,

das zum Fluß hinausging. Meine älteren Halbschwestern standen alle dichtgedrängt am Fenster.

»Seht die Hütte da drüben«, sagte Berta. »Ein Mann und eine Frau sitzen auf dem Dach. Hoffentlich fallen sie nicht runter.« Ich versuchte, mich nach vorn zu drängeln, aber keine ließ mich durch.

»Da schwimmt ein Hühnerhaus vorbei!« rief Rosa. »Und die Hühner sind noch drin.«

»Ja, wirklich«, meinte Tamara. »Könnt ihr euch vorstellen, wie die Eier hin und her rollen?«

Ich versuchte, hinter meinen großen Schwestern hochzuspringen, wie Esther es tat.

»Und seht ihr das da?« rief Louise in ungläubigem Staunen. Das reichte. Ich nahm Esther bei der Hand, und wir krabbelten auf allen vieren zwischen den Beinen hindurch. Dann richteten wir uns kniend auf und schoben die unteren Vorhänge beiseite. Überall auf dem schlammigen Wasser trieben ganze Häuser flußabwärts.

Eine kleine Hütte mit ein paar Leuten auf dem Dach wurde gefolgt von einer umgekippten Scheune und dann einem Schuppen, der in der Strömung auf und ab wippte. Zwischen all den Hütten und Schuppen und Ställen schwammen Pferde und Kühe. Und es trieben große Eisblöcke vorbei, die aus den Gletscherfeldern oben in den Bergen herausgebrochen waren. Ich starrte lange Zeit wie hypnotisiert auf dieses Schauspiel. Eines Morgens wacht man auf, und das ruhige und friedvolle Leben, das man kannte, hat sich über Nacht geändert.

Als sich 1929 die Depression in Rumänien ausbreitete, mußte die große Holzgesellschaft, der neben vielen anderen Sägewerken auch das gehörte, das mein Vater leitete, nach und nach ihre Werke schließen. Im Werk meines

Vaters wurde zunächst ein Arbeiter nach dem anderen entlassen, bis schließlich das gesamte Werk geschlossen wurde.

Aber bald kam die gute Nachricht, daß die Holzgesellschaft die Arbeit meines Vaters so sehr schätzte, daß sie ihm die Leitung eines anderen, modernen Sägewerks etwa hundertfünfzig Kilometer nördlich von uns übertrug, im Dorf Lunca de Mijloc, was ›Feld in der Mitte‹ heißt. Ich überlegte, wie es wohl aussah, dieses Feld in der Mitte. Gab es dort keine Berge, sondern nur Felder? Würde unser Haus so schön sein wie das am Fluß, das ich so sehr liebte?

Sobald wir mit all unseren Sachen in das neue, größere Dorf einfuhren, wußte ich, daß ich Fulehaza zwar vermissen, mich in Lunca de Mijloc jedoch sehr wohl fühlen würde. Es lag in einer weiten Ebene zwischen zwei Bergketten. Am neuen Haus angekommen, liefen wir hinter unserem Vater her in den großen Garten. Er zeigte auf all die Apfel- und Birnbäume, den großen Gemüsegarten und die nahegelegenen Häuser. Da das Sägewerk sich direkt am Dorfrand befand, wohnten wir ganz nah der Dorfmitte, und ich mußte nicht mehr so weit zur Schule laufen.

Am ersten Tag in der neuen Schule war ich überrascht, daß unser Lehrer lächelte und uns willkommen hieß. *Kann das unser richtiger Lehrer sein?* fragte ich mich. *Nein, er ist viel zu jung*, entschied ich, *und der richtige Lehrer wird morgen kommen.* Am nächsten Tag jedoch war der junge Mann wieder da und an den folgenden Tagen auch. Seine Freundlichkeit und sein Enthusiasmus schienen die Kinder anzustecken, denn niemand hänselte uns. Eines Tages kamen nach der Schule ein paar Mädchen zu mir, und eines fragte nach meinem Namen.

»Ich heiße Seren Tuvel«, sagte ich. »Und du?«

»Annie Lietze«, antwortete sie. »Wo wohnst du?«

»Am Dorfrand, beim Sägewerk. Mein Vater leitet es. Er ist ein Fachmann.«

»Das ist ein jüdisches Sägewerk«, sagte sie. »Stimmt's?«

»Ja«, erwiderte ich.

»Aber du bist doch keine Jüdin«, fuhr Annie fort. »Du hast blondes Haar und blaue Augen. Du siehst überhaupt nicht wie die dreckigen Juden aus. Und Tuvel ist auch kein jüdischer Name. Sag, daß du kein dreckiger Jud bist, und ich bin deine Freundin.«

Ich sah sie einige Minuten schweigend an. Sie war hübsch und immer von Freundinnen umringt. Es hätte mir gefallen, in diesen Kreis aufgenommen zu werden.

»Sag, daß du keine Jüdin bist«, wiederholte Annie.

Ich wandte mich ab.

»Kommt mit«, rief sie ihren Freundinnen zu. »Wer braucht schon einen stinkenden Jud?«

Sie gingen ans andere Ende des Schulhofs und riefen mir immer wieder zu: »Stinkender Jud … Stinkender Jud … Stinkender Jud …«

Da ich keine Freunde hatte, lernte ich um so eifriger, und ich fand die Schule aufregend und interessant. Die dritte Klasse schloß ich mit sehr guten Noten ab und war auch in der vierten Klasse bei den Besten, als wir schwierige Dinge lernten wie Algebra und Deutsch. Rumänische Geschichte war auch schwer – es gab Hunderte von Königen, die viele große Kriege ausgefochten hatten, und wir mußten wissen, welcher König zu welchem Krieg gehörte. Wir lernten auch die Geschichte aller anderen Länder der Welt, vor allem die der Vereinigten Staaten. Ich erfuhr vom Fluß Mississippi, von den riesengroßen Städten, von den hart arbeitenden Menschen, die ein gutes und freies Land wollten, aber ich las auch *Onkel Toms Hütte* und mußte weinen. Es klang so, als wären die Vereinigten Staaten ein Land, das man unbedingt besuchen sollte. Aber ich dachte, ich wäre bestimmt auch dann glücklich, wenn ich immer nur in Siebenbürgen leben könnte.

Besonders aufregend in dem Schuljahr war der Wettbewerb im Frühling. Jedes Jahr mußte jede Schule in Siebenbürgen den besten Viertklässler in die Provinzhauptstadt Tîrgu-Mureş schicken, damit einer von ihnen das Stipendium für das Gymnasium in Bukarest gewinnen konnte. Ich interessierte mich sehr dafür, denn am Ende der vierten Klasse mußte sich jeder entscheiden, ob er in die Stadt auf das Gymnasium gehen oder noch drei Jahre in der Dorfschule bleiben wollte. Wenn man eine allgemeine Ausbildung wollte, blieb man in der Dorfschule und erhielt nach drei Jahren einen hochwertigen Abschluß; unsere Schulen waren sehr anspruchsvoll, und man konnte in sieben Jahren das lernen, was ein Kind heute in zwölf Jahren lernt. Wenn man aber studieren wollte, verließ man nach der vierten Klasse das Dorf und ging aufs Gymnasium. Keiner in unserer Familie hatte das je getan. Meine älteren Brüder waren zufrieden damit, nach ihren sieben Schuljahren im Sägewerk meines Vaters oder in einem anderen Beruf zu arbeiten. Meine älteren Schwestern dachten nur an Ehe und Kinder. Vielleicht hätte Berta gern studiert, wenn sie in einer anderen Zeit großgeworden wäre, aber das war sie nicht.

Ich wußte, mein Vater würde mich nicht gehen lassen. *Aber*, so dachte ich, *wenn ich das Stipendium gewinne, wird er seine Meinung vielleicht ändern. Darüber mache ich mir später Gedanken.*

Endlich kam der Morgen, an dem unser Lehrer, Herr Tepes, den Schüler aufrief, der am Wettbewerb teilnehmen durfte. Ich rannte zur Schule, so schnell ich konnte.

Mir schien, daß Herr Tepes mich besonders freundlich anlächelte. *Vielleicht hat er Mitleid mit mir*, dachte ich, *weil ich nicht teilnehmen darf.* Nachdem er die Glocke geläutet hatte, um uns zur Ordnung zu rufen, sagte er: »Ich habe entschieden, wer am Wettbewerb in Tîrgu-Mureş teilnehmen wird.« Er sah mich an. »Seren, kein anderer Schüler kommt auch nur annähernd an deine Noten heran. Du wirst gehen.« Mein Herz schien mir vor Freude aus der Brust zu springen. »Komm bitte nach dem Unterricht zu mir«, fuhr er fort, und dann begann die Stunde.

Der Rest des Schultags verging sehr langsam, aber nachdem endlich alle anderen Kinder gegangen waren, setzten Herr Tepes und ich uns zusammen hin. Er erklärte mir, daß dies erst sein zweites Jahr als Lehrer sei und daß er seine Schüler zu guten Leistungen anspornen wolle. Indem er mich auswählte, so dachte er, hätte unsere Schule eine sehr gute Chance, daß eine ihrer Schülerinnen das Stipendium gewänne.

»Jetzt wollen wir zwei Dinge hoffen«, sagte er weiter. »Erstens, daß du dich in dem Wettbewerb so sehr anstrengst wie hier in der Schule. Und zweitens, daß du mit deinen blonden Haaren und blauen Augen so sehr wie ein kleines rumänisches Mädchen aussehen wirst, vor allem in deiner Nationaltracht, daß niemand auch nur daran denken wird, dich nach deiner Rasse zu fragen. Du mußt nämlich wissen, daß das Stipendium noch nie an einen jüdischen Schüler vergeben wurde.« Er hielt inne und lächelte mich an. »Ich bin überzeugt, daß du gut sein wirst.«

Nach Hause schwebte ich geradezu! Ich konnte es kaum erwarten, meiner Mutter davon zu erzählen. Sie wurde sehr aufgeregt, als ich ihr den Wettbewerb erklärte, und fing sofort an, mein Trachtenkostüm zu waschen und zu bügeln. Mein Vater war wie immer reservierter. Seine Meinung war: Laß sie einfach diese Dummheit ausleben, und wenn alles vorüber ist und sie nicht gewonnen hat, wird sie die Sache mit dem Gymnasium schon vergessen.

Am Tag des Wettbewerbs kamen Herr Tepes und seine Frau früh am Morgen zu unserem Haus, um mich nach Tîrgu-Mureş zu bringen. Meine Mutter war vor Sonnenaufgang aufgestanden, um mir ein warmes Frühstück zu machen, aber ich brachte nichts hinunter.

»Laß dich ansehen«, sagte meine Mutter, als ich aufgeregt durch die Küche wirbelte und die kurzen, bestickten schwarzen Schürzen vorne und hinten an meinem Rock um mich herumflatterten. Die leuchtend blauen und roten Blumen, die am Hals und an den Ärmeln auf meine weiße Bluse gestickt waren, gefielen mir an der Tracht am besten. An jedem Nationalfeiertag trug ich sie und lief mit den anderen Schulkindern in der Parade. Ich fühlte mich geehrt, daß ich die Tracht heute tragen durfte und die anderen nicht.

»Ah …«, meinte meine Mutter lächelnd. »Du siehst hübsch aus!« Dann gab sie mir einen Abschiedskuß, und Herr Tepes und seine Frau gingen mit mir zum Bahnhof.

Der Wettbewerb dauerte drei Tage und bestand aus schriftlichen Prüfungen in Mathematik, rumänischer Geschichte, Erdkunde, Religion, Lesen und einer Fremdsprache, entweder Französisch oder Deutsch. Die Aufgaben in Algebra löste ich sehr schnell, überprüfte meine Antworten nochmals und sah mich dann um. Die anderen Teilnehmer, hauptsächlich Bauernjungen, saßen noch mit gebeugten Köpfen und rechneten, wobei sie ihre Augen zusammenkniffen und mit den Stiften über das Papier kritzelten. Ich fragte mich, wie sie überhaupt etwas hatten lernen können, wo sie doch durch die Pflanz- und Erntezeiten soviel Unterricht ausfallen lassen mußten.

Am Ende des ersten Tages verkündete einer der Prüfer, wer bei welcher Familie die Nacht verbringen würde. Als er meinen Namen und den der Familie vorlas, bei der ich schlafen sollte, kam Herr Tepes zu mir und flüsterte: »Nein, du bleibst hier mit mir und meiner Frau. Ich habe Angst, daß du dich vergißt und verrätst, daß du Jüdin bist.« Ich nickte, obwohl mir nicht klar war, wo wir schlafen sollten.

In der Nacht streckten wir uns auf den harten Bänken aus. Frau Tepes schien es nicht besonders bequem zu haben, aber am nächsten Morgen heiterte sie sich damit auf, mein langes Haar zu bürsten und zu frisieren. Sie war unsere Handarbeitslehrerin und hatte mir nach der Stunde schon oft die Haare gekämmt. Blondes, welliges Haar war in unserer Region selten, deshalb erregte ich oft Aufmerksamkeit.

Ein Tag folgte dem nächsten, und am Ende erfuhren wir, daß der Gewinner benachrichtigt werde, sobald alle Prüfungen ausgewertet seien. Es gab nichts weiter zu tun, als nach Hause zurückzukehren. Jeden Tag lief ich in die Schule und fragte Herr Tepes vor der ersten Stunde: »Wissen Sie schon, wer den Wettbewerb gewonnen hat?« Und jeden Tag antwortete er: »Nein, aber ich werde es dir sofort sagen.« Eine zweite Woche verging, aber jetzt fragte ich ihn nur noch jeden zweiten Morgen. Schließlich dachte ich, daß ich bestimmt nicht gewonnen hatte, und wollte den ganzen Wettbewerb vergessen.

Doch dann, eines Tages, als wir uns in unsere Bänke gesetzt hatten, verkündete Herr Tepes: »Gerade habe ich die Nachricht erhalten, wer den Wettbewerb der Viertklässler im letzten Monat gewonnen hat.«

Ich sah auf. *Einer der Bauernjungen muß ihn gewonnen haben*, dachte ich.

»Die Gewinnerin kann sich sehr glücklich schätzen«, fuhr er fort. »Sie darf das Gymnasium besuchen und bekommt Lehrgeld und Unterkunft bezahlt.«

Es ist also ein Mädchen! dachte ich. Ich erinnerte mich, daß außer mir nur zwei andere Mädchen dabeigewesen waren, und fragte mich nun, wer die Gewinnerin war.

»Sie hat dieser Schule große Ehre gemacht«, sagte der Lehrer, »denn es ist niemand anders als unsere Seren!«

Die Klasse fing an zu klatschen, während ich dasaß und rote Backen bekam. *Ist das möglich? Was wird mein Vater sagen? Sicher wird er sich für mich freuen.*

Zu Hause lief ich sogleich zu meiner Mutter in den Garten und erzählte ihr die Neuigkeit. Sie nahm mich in den Arm, und ich fragte sie: »Wird Vater mich gehen lassen? Ich möchte so gerne!«

»Warum fragst du ihn nicht nach dem Abendessen, wenn er in guter Stimmung ist?« entgegnete sie. »Seine Laune ist immer besser, wenn er einen vollen Magen hat.«

Am Abend stocherte ich aufgeregt in meinem Essen herum und wartete darauf, daß es endlich vorbei wäre. Schließlich legte mein Vater Messer und Gabel fort und blieb ruhig und mit gefalteten Händen am Tisch sitzen. Ich sah meine Mutter an. Sie nickte.

»Vater«, begann ich vorsichtig.

»Sprich lauter!« sagte er. »Was ist?«

»Ich habe den Wettbewerb in Tîrgu-Mureş gewonnen. Ein volles Stipendium für das Gymnasium in Bukarest.«

»Was?« entfuhr es ihm. »Du wirst es nicht annehmen! In die Stadt zu fahren und an einem Wettbewerb teilzunehmen, ist eine Sache. Das Haus zu verlassen und nach Bukarest zu gehen, eine andere. Du wirst nicht gehen!«

Meine Hoffnung sank. Es war also alles umsonst gewesen. Dann sagte meine Mutter ruhig: »Es ist eine große Chance für Seren. Sie ist ein sehr intelligentes Kind und war in der Schule immer gut.«

»Dann weiß sie ja schon alles, was sie wissen muß!« rief mein Vater. »Wenn sie so klug ist, sollte sie ganz von der Schule abgehen. Die Ausbildung eines Mädchens ist Verschwendung. Laß einen Jungen ihren Platz einnehmen. Sie kann zu Hause bleiben und lernen, was sie wirklich wissen muß – etwa wie man sparsam anständiges Essen kocht. Ich bin sicher, das ist etwas, was sie noch nicht kann, oder?«

»Sie wird alles zu gegebener Zeit lernen«, erwiderte meine Mutter, obwohl sie genau wußte, daß ich zwar gerne aß, aber nicht einmal Tee kochen konnte.

»Selbst wenn sie ginge, wie soll sie essen?« fuhr mein Vater fort. »Es wird nirgends koscheres Essen geben. Wenn wir einen anderen Familiennamen hätten, hätten sie ohnehin gleich gewußt, daß sie Jüdin ist, und ihr das Stipendium gar nicht erst gegeben. Ich nehme an, daß sie es jetzt nicht mehr zurücknehmen können, aber sie werden sich bestimmt nicht um koscheres Essen für sie kümmern. Nein, sie kann nicht gehen. Ich will nicht weiter darüber sprechen!«

Vollkommen entmutigt ging ich am nächsten Tag in die Schule. In den letzten Wochen vor den Sommerferien und im Herbst des Schuljahres versuchte ich, mich voll und ganz auf das Lernen zu konzentrieren. Jeden Tag nahmen wir Dinge durch, die ich mir schon vor Monaten selbst beigebracht hatte, da ich jedes Buch las, das mir in die Finger kam. Als das Jahr sich schließlich dem Ende zuneigte, entschied ich, daß es nichts mehr gab, was ich in dieser Schule lernen könnte, und daß ich es verdient hatte, aufs

Gymnasium zu gehen. Ich hatte das Stipendium gewonnen, ich wollte gehen.

Mein Entschluß verärgerte meinen Vater sehr. Er sagte, ich werde nicht nur meinen Körper verunreinigen, wenn ich nicht-koscheres Essen zu mir nähme, sondern auch sehr enttäuscht sein, wenn ich durch irgendein Wunder tatsächlich den Abschluß schaffte. Da das Stipendium für angehende Lehrer gedacht war und Lehrer Staatsangestellte seien, könne die Regierung sie überall hinschicken, so erklärte er. Die wenigen jüdischen Studenten, die ihre Ausbildung überhaupt hätten beenden können, seien in die entlegensten Dorfschulen beordert worden. »Und wer weiß, was ihnen dort passiert!« wiederholte mein Vater immer wieder. Er änderte seine Meinung nicht. Ich aber wußte nur, daß ich soviel lernen mußte, wie es nur irgend ging.

Im Spätherbst des Jahres 1931, als ich dreizehn war, brach ich also eines Morgens allein zum Bahnhof auf. Von meiner Mutter hatte ich mich schon verabschiedet, als sie meinem Vater das Frühstück bereitete. »Komm so oft nach Hause, wie du kannst«, sagte sie dabei immer wieder.

»Das werde ich«, versprach ich ihr.

»Wenn sie das tut, wirst aber nur du mit ihr reden«, rief mein Vater vom Tisch aus. »Ich will nichts mehr mit ihr zu tun haben.«

Der erste Anblick des Gymnasiums erfüllte mich mit großen Hoffnungen. Es war ein riesiges Gebäude mit einzelnen Zimmern für jede Klasse und verschiedenen Lehrern für die verschiedenen Unterrichtsfächer. Die Unterkünfte der Mädchen und Jungen lagen nicht weit entfernt. Ich bekam ein sauberes Zimmer für mich allein und durfte meine Mahlzeiten in der Kantine einnehmen. Ich wußte, ich würde nicht verhungern. Und ich war sicher, daß ich hier allein überleben konnte. Ich fühlte eine neue Stärke in mir.

Am nächsten Tag, als der Unterricht begann, erlebte ich meine erste Enttäuschung: Ich war das einzige jüdische Mädchen der gesamten Schule. Der einzige andere Jude war ein Junge, der mich nicht im geringsten beachtete. Ich würde vermutlich keine Freunde finden.

Meine zweite Enttäuschung erlebte ich im Religionsunterricht. In den anderen Fächern hatten wir normale Lehrer, die so waren wie Herr Tepes, aber Religion wurde von einem älteren Priester unterrichtet. Er verwies auf eine Bibelstelle und sagte: »Und hier ist die Stelle, wo Jesus von den Juden umgebracht wird.« Er wußte, daß der andere Junge und ich Juden waren, aber er änderte deswegen nichts an seinem Unterricht. Ich saß in der ersten Reihe, hörte ihm Woche für Woche zu und fragte mich, wie lange ich das wohl aushalten könnte.

Eines Tages, zwei Monate später, begann der Priester seinen Unterricht mit den Worten: »Ich will, daß ihr heute abend alle sehr vorsichtig seid. Morgen beginnt das Passahfest, und wir alle wissen, daß die bösen Juden christliches Blut benutzen, um ihre Matzen zuzubereiten. Was immer ihr tut, geht heute abend nicht in die Nähe von Juden. Sie werden euch töten!«

Da stand ich auf. Ich ergriff das Tintenfaß auf meinem Pult und sah mir selbst dabei zu, wie ich es auf den Priester schleuderte. Es flog gegen die Tafel, und die Tinte ergoß sich in dicken, schwarzen, wunderbar wohltuenden Flecken über das Gewand des Priesters. Ich drehte mich um, stürmte aus dem Klassenzimmer und der Schule und begann einen neuen Lebensabschnitt.

2. Teil

Eine Nähklasse rumänisch-jüdischer Mädchen, 1936
(aus den Archiven des
Instituts für jüdische Forschung, YIVO)

4. Kapitel

Ich wußte, ich würde nie mehr auf das Gymnasium zurückkehren. In meinem Zimmer warf ich hastig alle meine Kleider in einen Koffer und ging zu Fuß ins Stadtzentrum von Bukarest. Der Gedanke, nach Hause zurückzukehren, kam mir nicht eine Sekunde. Die Dorfschule hatte mir nichts mehr zu bieten, und die Vorstellung, Tee zu trinken und Bettwäsche zu besticken, während ich auf den richtigen Mann wartete, der um meine Hand anhielt, war entsetzlich. Ich fühlte mich seltsam beschwingt. Hier stand ich nun in der Hauptstadt des Landes, in ›Klein-Paris‹, einer großen Stadt mit breiten, gepflasterten Straßen, und war ganz allein auf mich gestellt.

Die Idee, Schneiderlehrling zu werden, kam mir ganz allmählich, während ich durch die Straßen wanderte. Schon immer hatte ich gern Dinge aus Stoff gefertigt. Zuerst lief ich die Straße der Hutmacher entlang, die Sepcari, dann die Straße der Kürschner, Blanari. Durch die Fenster hindurch sah ich gutgekleidete Kunden, die lebhaft mit den Besitzern diskutierten. Meine älteren Schwestern hatten davon gesprochen, wie modisch die Menschen in Bukarest herumliefen, und nun sah ich hier tatsächlich elegante Frauen, die ihre Wintermäntel in Auftrag gaben, während ihre Limousinen am Straßenrand warteten.

Ich ging um die nächste Ecke und kam auf die Strada Domneascu, wo ich einen der größten Schneidersalons der

Stadt erblickte. Es war mitten am Tag, und die Lehrlinge strömten durch die Türen hinaus – junge Mädchen im Alter von etwa dreizehn oder vierzehn. Vermutlich eilten sie zum Mittagessen nach Hause. Ich zählte zehn und wußte, daß ich an den richtigen Salon geraten war – groß genug, um noch einen Lehrling aufzunehmen. Während man von den jungen Männern in der Stadt erwartete, daß sie ihre schulische Ausbildung fortführten, gingen die meisten jungen Frauen in irgendeinem Handwerksbetrieb oder Büro in die Lehre. In kleinen Dörfern war das anders, weil das Arbeiten sich für junge Damen nicht schickte. Keine meiner älteren Schwestern hatte sich eine Arbeit gesucht, und ich hatte auch von keinem anderen Mädchen in unserem Dorf gehört, das das tat. *Ich werde die erste sein!* entschied ich.

Die Besitzerin des Schneidersalons, eine große, kräftig gebaute Frau, mußte sofort gemerkt haben, was für ein naives und unerfahrenes Ding ich war, denn sie kam auf mich zu und fragte: »Bist du etwa gekommen, um dich als Lehrling in *meiner* Schneiderei zu bewerben?«

»Ja, wenn Sie mich unterbringen können«, antwortete ich mit leicht belegter Stimme, was mich überraschte.

»Bist du von zu Hause weggelaufen?« fragte sie weiter, als sie meinen Koffer neben mir stehen sah.

»Nein«, erwiderte ich. »Meine Eltern wissen, daß ich hier bin. Ich komme aus dem Dorf Lunca de Mijloc.«

»Wie hart kannst du arbeiten?« wollte sie wissen.

»Sehr hart«, entgegnete ich. »Und nähen kann ich seit meinem vierten Lebensjahr.«

»Nun, ein Lehrling faßt hier im ersten Lehrjahr keine Nadel an!« sagte sie. »Wenn ich dich nehme, bekommst du freie Kost und Logis für alle Arbeiten, die hier im Laden oder in meiner Wohnung oben verrichtet werden müssen. Dazu gehört auch Fußböden fegen und aufwischen, Kleidungsstücke ausliefern, die Näherinnen bedienen, Besorgungen machen und andere Dinge. Im zweiten Jahr wirst du anfangen, an Kleidungsstücken zu arbeiten. Am Ende des zweiten Jahres, wenn du die Prüfung bestehst, wirst du eine Schneiderlizenz erhalten. Erst dann bekommst du Geld für deine Arbeit. Bist du bereit, dich darauf einzulassen? Ich kann nur gute Arbeiterinnen gebrauchen.«

»Ja«, antwortete ich schnell, ehe ich es mir anders überlegen konnte.

»Gut. Dann möchte ich, daß du einen Lehrlingsvertrag unterschreibst. Der wird von der Regierung anerkannt und ist ein offizielles Dokument. Du solltest nur unterzeichnen, wenn du wirklich überzeugt bist, zwei Jahre durchhalten zu können.«

»Ich bin sicher«, sagte ich und unterschrieb den Vertrag.

»Komm mit nach oben«, sagte sie dann. »Ich zeige dir dein Zimmer. Es wohnt noch ein anderes Mädchen vom Land mit in meiner Wohnung. Dann werden wir essen und mit der Arbeit beginnen.«

Der Rest des Tages verging wie im Flug. Die anderen Lehrlinge und ich arbeiteten im Hinterzimmer mit den angehenden Schneiderinnen. Denen gefiel es natürlich, uns herumzukommandieren, da sie selbst erst vor kurzem vom ersten ins zweite Lehrjahr gewechselt hatten. Ich verbrachte den Großteil des Nachmittags damit, den Fußboden aufzuwischen, aber das machte mir nichts aus. Kleine und größere bunte Stoffetzen – blaue Seide, weicher grauer Flanell, buntkarierte Wollstoffe – lagen auf dem Boden verstreut, und die ganze Zeit dachte ich: *In einem Jahr werde ich auch mit diesen schönen Stoffen arbeiten dürfen!*

Es gefiel mir, in der Schneiderei zu arbeiten. Die anderen Mädchen waren nett, und obwohl unsere Chefin, die Besitzerin, sehr viel von uns verlangte, war sie eine gute Geschäftsfrau und sehr gerecht. Wir hatten keine festen Arbeitszeiten. Wenn es viel zu tun gab – im Frühjahr etwa, wenn alle Kundinnen ihre Sommerkleider bis Ende Mai fertig haben wollten –, arbeiteten wir von halb sieben oder sieben Uhr morgens bis spät in den Abend. Je mehr ich mich in den Straßen von Bukarest auskannte, desto häufiger wurde ich geschickt, um Kurzwaren zu besorgen oder Kleider auszuliefern. Als ich das erste Mal ein schönes Kleid an die Tür eines sehr vornehmen Hauses brachte, dachte ich: *Wie schön, durch solch elegante Straßen zu gehen!* Die Dame des Hauses kam zur Tür, lächelte und sagte: »Merci.« Wie ich herausfinden sollte, sprachen fast alle reichen Leute Französisch. Als ich mich zum Gehen wandte, streckte sie ihre Hand aus und legte ein paar Münzen in meine. Ein Trinkgeld! Ich bekam also doch eigenes Geld, ehe meine Lehrzeit vorüber war.

Nachdem ich einige Trinkgelder gespart hatte, erlebte ich, wie schön es ist, Geld zu besitzen, das man nach eigenem Belieben ausgeben kann. Die Kleidervorschrift war 1931 in Bukarest sehr streng; eine junge Frau ging niemals ohne Handschuhe, Hut und ordentliche Schuhe aus dem Haus. Als erstes kaufte ich mir eine Baskenmütze, wie die anderen Mädchen sie trugen, dünne Lederhandschuhe und ein Paar Pumps mit Riemchen und dünnen, hohen Absätzen. Später kaufte ich noch ein leuchtend rotes Kleid mit weitem Kragen und engen, abknöpfbaren Ärmeln unter den regulären Ärmeln. Als ich älter wurde, trug ich dieses Kleid oft zu Abendessen und Tanzveranstaltungen. Einmal, Jahre später, ließ ich ein Foto von mir in diesem Kleid machen, das ich so sehr liebte.

Ehe ich mich versah, war das Frühjahr vorüber. Die Arbeit in der Schneiderei war im mancher Hinsicht der Schule sehr ähnlich: Wenn wir wollten, konnten wir den ganzen Sommer freinehmen, da das Geschäft in diesen Monaten sehr flau war – die meisten unserer Kunden verbrachten die heiße Jahreszeit in ihren Ferienhäusern irgendwo in den Karpaten. Ich wollte natürlich gern nach Hause, da alle meine älteren Geschwister mit ihren Familien zu Besuch sein würden. Meine Eltern dachten natürlich, daß ich noch immer auf das Gymnasium ging und sie in meinen Sommerferien besuchen kam.

Als ich nach der langen Reise aus dem Zug stieg, liefen Hermans Söhne Miksha und Ernie mir entgegen. Bald fand ich wieder Gefallen an der täglichen Gartenarbeit neben meiner Mutter und lauschte in der Küche den Gesprächen von Herman und Tamara, Louise und Bela, Rosa und ihrem Ehemann Eugen sowie Berta und ihrem Ehemann Morris, die alle gleichzeitig zu reden versuchten, während die Kinder zwischen ihnen herumtobten. Alle fragten mich nach meinem Vorankommen in der Schule, wie das unter Verwandten so üblich ist.

»Wie läuft es in der Schule?« fragte beispielsweise Eugen.

»Gut«, antwortete ich.

»Lernst du auch fleißig?«

»Ja.«

»Das ist schön.«

Als der nächste Verwandte kam, wiederholte sich das gleiche Gespräch. Ansonsten wurde nicht über die Schule geredet. Mein Vater hätte normalerweise mein Zeugnis sehen wollen, aber da ich im Ungehorsam das Haus verlassen hatte, zeigte er keinerlei Interesse.

Der Sommer war viel zu schnell vorüber, und ich fing

an, meine Rückkehr nach Bukarest vorzubereiten. Und obwohl mein Vater in meinen Ferien kaum zwei Worte mit mir gewechselt hatte, widmete er mir nun plötzlich seine Aufmerksamkeit.

»Du bist zu Hause. Bleib zu Hause!« sagte er eines Abends nach dem Essen.

»Es tut mir leid, Vater, ich kann nicht«, erwiderte ich.

»Denkst du etwa, du bist zu gut für uns? Ist es das? Jetzt gehst du aufs Gymnasium und kannst nicht mehr bei uns leben?«

Ich wußte nicht, was ich darauf antworten sollte. Ich ging ja nicht einmal mehr auf die Schule. Und selbst wenn, so hätte ich mich gewiß nicht als etwas Besseres gefühlt als mein Vater, der sieben Sprachen beherrschte. Aber ich wußte nicht, wie ich ihm das sagen sollte.

»Schärfer als der Biß einer Schlange ist ein undankbares Kind«, meinte er daraufhin, sehr leise. Beinahe wäre ich zu ihm gerannt und hätte ihm alles gebeichtet, aber ich wußte, dann würde ich meine Chance verschenken, etwas zu lernen und auf eigenen Füßen zu stehen. So drehte ich mich nur um und verließ schweren Herzens das Zimmer, um meine Sachen zu packen.

Als ich in den Schneidersalon zurückkehrte, nahm ich meine gewohnte Arbeit wieder auf. Inzwischen kannte ich die meisten Kundinnen und Kunden und sah gerne zu, wenn für ein neues Kleid Maß genommen wurde. Am liebsten mochte ich die Angehörigen des Königshofs von Carol II., dem Sohn König Ferdinands I.. Carol II. war dessen Thronfolger gewesen, hatte sich aber einige Jahre zuvor in eine Halbjüdin verliebt, Madame Lupescu, und mußte dem Thron entsagen. An seiner Stelle hatte sein unmündiger Sohn Michael I. die Regierung übernommen, doch 1930 hatte Carol mit Hilfe der Bauernpartei den Thron zurückerobert und sich zum König erklärt.

Wir wurden recht oft zur Anprobe in den Palast gerufen. Entweder brauchte die Königinmutter Maria ein elegantes Kleid für ein vornehmes Staatsdiner oder Elisabeth, die Schwester des Königs, ein neues Ballkleid. Unsere Chefin sammelte dann die neuesten Entwürfe aus Paris zusammen sowie sämtliche Schachteln mit Seide, Spitze und Bordüren und ging mit mir in den königlichen Palast. Meine Aufgabe war es, die Schachteln zu tragen.

Bei unserer Ankunft im Palast wurden wir in ein spezielles Nähzimmer geführt. Dort legte ich alle Stoffe in glänzenden Stapeln auf den Boden und hängte die Modelle auf. Maria und Elisabeth wählten jeweils ein Modell und einen Stoff, aus dem das Kleid gefertigt werden sollte, und stellten sich dann auf einen Stuhl, um Maß nehmen und die Musterstücke zusammenstecken zu lassen. Zu meinen Aufgaben gehörte auch das Bereithalten der Stecknadeln, die immer in ausreichender Anzahl vorhanden sein mußten. Danach kehrten wir in die Schneiderei zurück, und die königlichen Herrschaften konnten sicher sein, daß keine andere Frau mit so schönen Kleidern bei einem öffentlichen Staatsereignis zu sehen sein würde. Unser Salon folgte einem strikten Gesetz: Jedes Kleid mußte ein Einzelstück sein. So wußte eine Kundin, daß ihr Kleid sich von allen anderen unterschied und die gebührende Aufmerksamkeit hervorrufen würde.

Herbst und Winter gingen friedlich und schnell vorüber, und bald endete mein erstes Lehrjahr. Die anderen Mädchen und ich fingen unter den wachsamen Augen der geprüften Schneiderinnen mit dem Nähen an. Natürlich fertigten wir nicht sofort die Kleider unserer exklusivsten Kundinnen wie der königlichen Familie oder ausländischer

Diplomatenfrauen an, sondern steigerten unsere Fertigkeiten ganz allmählich. Ich stellte fest, daß mir das Nähen gar keine Mühe bereitete, und fühlte mich bald so sicher, daß ich beschloß, meiner Mutter und mir zwei gleiche Kleider zu nähen.

Als ich wieder einmal für ein Wochenende nach Hause fuhr, nahm ich also ein großes Stück braunweißkarierten Flanellstoff mit. Ich sagte meiner Mutter, daß ich in der Schule Nähen lernte – was ja die Wahrheit war, nur nicht so, wie sie dachte –, und bat sie, auf einen Stuhl zu klettern, damit ich den Stoff abstecken könne.

»Wie glücklich ich doch bin«, meinte sie lachend. »Meine Tochter wird mir ein Kleid nähen!« Mein Herz krampfte sich ein wenig zusammen. Ich liebte meine Mutter so sehr.

»Für mich werde ich das gleiche Kleid nähen«, erklärte ich, »dann haben wir Mutter-Tochter-Kleider.«

»Wie schön!« rief meine Mutter. »Was trägt man denn so in Bukarest? Siehst du auch hin und wieder ein paar elegante Damen?«

»O ja, hin und wieder«, antwortete ich. »Einige von ihnen lieben geraffte Kleider, die in einem Stück von der Schulter bis zum Boden gehen und sehr schön sind. Prinzessin Elisabeth habe ich in solch einem Kleid gesehen.«

»Oh, du hast sie gesehen? Hat sie euer Gymnasium besichtigt?«

»Ich weiß nicht mehr genau, wo ich sie gesehen habe. Du solltest mal all die schlanken Taillen der Damen sehen!« fuhr ich hastig fort. »Viele der Mädchen tragen auch Kleider mit gepolsterten Schultern, so daß die Taille noch schmaler aussieht. Sie sind so dünn!« Ich dachte daran, daß meine Chefin mich häufig in ihr Ankleidezimmer rief, damit ich ihr das Korsett schnürte. Dazu mußte ich meinen Fuß in ihren Rücken stemmen und so fest an den Schnüren ihres steifen Korsetts ziehen, wie ich nur konnte. Der Gedanke an meinen Kampf mit den Haken brachte mich zum Lachen.

»Lachst du über mich?« wollte meine Mutter wissen.

»Nein, nein«, erwiderte ich. »Ich dachte nur an die engen Korsetts, die einige Frauen tragen.«

»Tja, zum Glück bin ich recht schmal gebaut«, meinte meine Mutter. »Wie sollte ich so ein Mieder tragen und dabei noch kochen und saubermachen?«

Sobald ich wieder in Bukarest war, setzte ich mich jeden Abend hin und nähte an unseren Kleidern. Zuerst nähte ich das meiner Mutter, denn ich wollte es ihr mitbringen, wenn ich im Juni wieder nach Hause fuhr. Alles ging gut, bis ich zu den Ärmeln kam. Sie waren oben gefältelt, und ich bekam die Falten einfach nicht richtig hin. Ich versuchte es wieder und wieder und schob die Ärmel dabei immer höher, bis sie schließlich in die Armausschnitte paßten. Als ich sie eingenäht hatte, merkte ich aber, daß das Kleid dadurch viel zu schmale Schultern bekommen hatte. *Vielleicht geht es auch so*, dachte ich etwas enttäuscht und nähte noch mein eigenes Kleid fertig.

Wir Lehrlinge beendeten unsere Frühjahrsaufträge, und dann ließ das Geschäft wie immer nach – ich war frei. Den Sommer hatte ich schon verplant: Einen Monat lang wollte ich meine Eltern besuchen und dann Meyer und Lottie, die im letzten Jahr geheiratet hatten und in Galati wohnten.

Zu Hause packte ich sogleich die selbstgenähten Kleider aus. Meine Mutter freute sich sehr und zog ihres sofort an, obwohl sie gerade dabei war, *Challah* für den Sabbat zu backen. Als ich in die Küche kam, sah ich sofort, wie schlecht die Schultern saßen. *Das Kleid ist ganz und gar mißlungen*, dachte ich. *Wie dumm von mir zu glauben, ich könnte nähen!*

»Es ist wunderschön«, sagte meine Mutter und drehte sich. »Das Karo gefällt mir. Oh, jetzt habe ich es ganz voll Mehl gestäubt!« Sofort fing sie an, das Kleid auszuklopfen, und ich half ihr dabei. Dann nahm sie mich fest in die Arme. »Danke, Seren«, sagte sie. »Ich werde es morgen in den Gottesdienst anziehen.«

Sie trug es tatsächlich am nächsten Tag, trotz seiner Schönheitsfehler, und noch viele Male danach. Nie hatte ich sie mehr lieb als dann, wenn ich sie in dem Kleid mit den schmalen Schultern und hochragenden Ärmeln sah.

Im jenem Frühjahr 1933, kurz nach meinem fünfzehnten Geburtstag, beendete ich meine zweijährige Lehre, bestand die Prüfung und wurde lizensierte Schneiderin. Endlich bekam ich ein regelmäßiges Gehalt und konnte aus dem Haus meiner Chefin in ein eigenes Zimmer umziehen. Ich fand Unterkunft bei einer netten nichtjüdischen Familie, verbrachte dort aber nicht viel Zeit, da ich tagsüber ja arbeitete und an den Wochenenden zu meinen neuen Freundinnen aus dem Schneidersalon eingeladen wurde.

Es war herrlich, soviel Freiheit zu haben – kommen und gehen zu können, wie es mir gefiel, und eigene Sachen kaufen zu können. Ich überlegte, was für Geschenke ich meinen Eltern mitbringen könnte, und entschied mich für einen Spitzenschal für meine Mutter und eine blaue Seidenkrawatte für meinen Vater. Meiner Mutter hatte ich nach dem Nähen ihres Kleides gestanden, daß ich in einer Schneiderei arbeitete, aber mein Vater dachte immer noch, ich ginge aufs Gymnasium. Nun, da ich Geld verdiente und mich selbst ernähren konnte, dachte ich, es wäre an der Zeit, es auch ihm zu sagen. Ich wollte ihm die Krawatte geben und sagen: »Vater, die habe ich dir von meinem Geld gekauft, das ich selbst verdiene.« Ich hoffte, das Geschenk würde ihn von der Schande ablenken, daß seine Tochter sein Haus verlassen hatte, um zu arbeiten, und nicht, um zu heiraten.

Der Plan ging vollkommen daneben. Als ich meinen Satz aufgesagt und meinem Vater das Geschenk überreicht hatte, machte er es auf, betrachtete die hübsch gefaltete Krawatte nur flüchtig und stellte das Kästchen ohne ein Wort auf den Tisch. Er sah mich nicht an, verließ das Zimmer und schlug die Tür hinter sich zu.

Eine Woche später jedoch, als mein Vater in den Hof kam, wo wir uns zur Abfahrt für einen Besuch bei Herman und Tamara bereitmachten, trug er die Krawatte. Die satte blaue Farbe zu seinem weißen Hemd betonte die Farbe seiner Augen, die so dunkelblau waren wie der Sommerhimmel. »Du siehst gut aus«, sagte meine Mutter und wischte ihm einen Fussel von der Schulter. Er schwieg, wie immer, wenn jemand ihm ein Kompliment machte, aber er sah kurz zu mir herüber, ob ich es bemerkt hätte. Ich lächelte ihn an. Danach trug er die Krawatte häufig.

Im darauffolgenden Jahr zogen meine Eltern erneut um. Es sollte das letzte Mal sein, denn dort wurde mein Vater später verhaftet und meine Mutter gezwungen, ihr Heim für immer zu verlassen. Vielleicht wäre es einfacher gewesen, einen Ort zu verlassen, der nicht so schön war, nicht so grün und üppig bewachsen, denn dort lag ich manchmal im hohen Gras neben der Quelle und beobachtete die Wolken, die wie durchsichtige Schatten über den Baumwipfeln vorbeizogen, und dachte, daß es im Garten Eden auch nicht schöner hätte sein können.

Das Dorf hieß Valea Uzului und lag im Tal des Uz, eines so breiten und klaren Flusses, daß man all die glatten Steine auf seinem Grund sehen konnte. Oben in den Karpaten, vierundzwanzig Kilometer oberhalb des Dorfes, hatte ein reicher jüdischer Baron eine mittelalterliche Burg entdeckt. Dieser Baron hatte vormals in Deutschland gelebt, war jedoch 1930 von dort geflohen, als der Antisemitismus spürbar zunahm. Er errichtete ein Sägewerk, baute die Burg in ein Wohnhaus um und lebte wie im Paradies. Er fühlte sich sicher, so wie die meisten rumänischen Juden, die nicht glauben konnten, daß das, was so weit entfernt in Deutschland passierte, sie hier in irgendeiner Weise beeinträchtigen würde. Auch mir, die ich die neue Eiserne Garde durch Bukarests Straßen hatte marschieren sehen, erschien dieses abgelegene Dorf sicher.

Im Jahr 1934 bot der Baron meinem Vater die Leitung des Sägewerks an. Meine Familie war überglücklich. Die meisten anderen Sägewerke in Siebenbürgen hatten aufgrund der Depression nach und nach schließen müssen, und auch mein Vater hätte jederzeit seine Arbeit verlieren können. Das neue Sägewerk war sehr modern und groß und beschäftigte ungefähr eintausendfünfhundert Arbeiter, von denen jedoch wenige eine Familie hatten. Die meisten Arbeiter waren alleinstehende Männer, die zwei oder drei Jahre im Werk arbeiten, ihr Geld sparen und dann in ihre Heimat zurückkehren wollten.

Ich konnte es kaum erwarten, das neue Zuhause meiner Eltern zu besuchen. Meine Mutter hatte all die moderne Ausrüstung im Sägewerk beschrieben – riesige elektrische Sägen, die den ganzen Tag lang rotierten. »Wir haben hier noch niemandem erzählt, daß du als Schneiderin arbeitest«, schrieb sie dazu. »Könntest du deinem Vater bitte den Gefallen tun und es auch niemandem sagen? Deine

Arbeit ist eine große Blamage für ihn. Ich weiß, daß er sehr altmodische Ansichten über arbeitende Frauen hat, aber so ist er eben. Er findet, daß es seiner Verantwortung obliegt, für die Familie zu sorgen.«

Ach, Vater, dachte ich. *Ich werde dich nicht verraten.*

In jenem Sommer nahm ich den Zug von Bukarest aus nach Norden und dann Richtung Westen zum äußersten Ende der Karpaten in das Dorf Valea Uzului. Im Dorf selbst bestieg ich einen kleineren Frachtzug für Holz, der zwischen der Bahnstation und dem Sägewerk pendelte. Die Dampflok keuchte langsam den steilen Berg hinauf und wand sich zwischen den schlanken Fichten entlang. Nach einigen Kilometern kamen wir an eine Lichtung, und dort sah ich die Burg, die sich wie im Märchen über die Baumwipfel erhob und von wunderschönen Blumengärten und Ziersträuchern umgeben war. Nach der nächsten Kurve entdeckte ich ein weiteres Schmuckstück: eine winzige Kapelle aus Holz, die halb versteckt hinter den Bäumen lag. Ich wußte, ich würde immer wieder dorthin fahren, um das alles anzuschauen, und das tat ich auch, besonders die Kapelle. In ihrem Innern waren die wunderschönsten Wandgemälde, die ich je gesehen hatte. Wenn ich an stillen Nachmittagen darin saß und die Sonne in langen Strahlen durch die schmalen Fenster fiel, schienen die Farben fast zu glühen. Falls ich je den Mut aufbringen sollte, wieder nach Rumänien zu fahren, würde ich diese Kapelle gern wieder besuchen – mit ihrem tiefen Rubinrot, dem Kobaltblau und dem Licht, das durch die Stille dringt.

5. Kapitel

Mein siebzehntes Lebensjahr war ein Jahr voller Freude. Ich hatte mittlerweile sehr viele Freundinnen und Freunde – viele Schneiderinnen, aber auch junge jüdische Männer und Frauen aus anderen Berufen. Am Abend trafen wir uns vor den Geschäften und gingen oft als große Gruppe in ein nahes Restaurant.

Die Samstage verbrachten wir ebenfalls zusammen, trafen uns vormittags in der Stadt und besuchten nachmittags ein Theater oder eine Literaturveranstaltung. Abends gingen wir in ein Gartenrestaurant mit Tanzboden. Wenn es warm war, saßen wir draußen, wo zwischen lila Lavendel, rosa Petunien und pinkfarbenen Geranien die Springbrunnen plätscherten. Die Musik drang durch die laue Luft zu uns heraus, mischte sich mit dem Rauschen der Brunnen und unserem Gelächter und Geplapper, ob das gebratene Fleisch hier oder im letzten Restaurant besser gewesen sei.

Mein Lieblingsessen sah aus wie ein Hot Dog, bestand aber aus Hackfleisch, das an einem Spieß gebraten wurde. Ich freute mich immer auf die Samstage, weil ich es dann wieder bestellen konnte. In den kälteren Monaten setzten wir uns nach drinnen, aber dort war es ebenso lustig. Wir plapperten wie die Spatzen, aßen zusammen und tanzten mit verschiedenen Partnern, bis das Restaurant schloß und wir widerstrebend hinaus- und in unsere Unterkünfte zurückgingen.

Bei Frühlingsbeginn 1935 ahnte ich zum erstenmal, daß diese Art zu leben bedroht wurde, daß alles um uns herum einstürzen würde.

Jeden Mittag, wenn ich den Schneidersalon verließ, sah ich die Eiserne Garde mitten auf der Straße entlangmarschieren. Ihre hohen schwarzen Stiefel stampften auf das Kopfsteinpflaster. Die Männer trugen dunkelgrüne Hemden und braune Hosen, düster und einschüchternd wie das Metall von Waffen, aber an ihren Ärmeln fiel mir eine rote Banderole auf. Sie war leuchtendrot, blutrot, und in ihrer Mitte befand sich ein schräggestelltes blaues Hakenkreuz auf einem gelben Kreis. Das gleiche Hakenkreuz war auf den flatternden Fahnen zu sehen, die einige der Marschierenden hochhielten. *Was bedeutet es nur?* dachte ich. In den Jahren, als ich noch auf die Dorfschule ging, wurden solche Kreuze auch bei Angriffen auf Juden zur Schau getragen, und die Erinnerung ließ mich erschauern.

Andere in meinem Freundeskreis fühlten sich allmählich ebenso unwohl wie ich. Während unserer Literaturtreffen an Samstagnachmittagen vergaßen wir immer häufiger, über das Buch zu diskutieren, und sprachen statt dessen über unsere wachsende Beklommenheit. Einmal kam Rivkele ins Zimmer gestürmt und rief: »Ich hätte es beinahe nicht geschafft!« Ihre Augen waren vor Schreck weit aufgerissen, und ihre Lippen zitterten. Auf ihrem Gesicht zeichneten sich rote Flecken ab, die vom Nasenrücken bis zu ihrem Hals verliefen.

»Was ist passiert?« fragte einer von uns.

»Ich war auf dem Weg hierher«, begann sie. »Als ich zur Capcaristraße kam, marschierte dort gerade die Eiserne Garde entlang. Ich war spät dran, also wartete ich nicht, bis sie vorbei war, sondern lief vor ihnen hinüber. Ich lief, so schnell ich konnte. Ich dachte gar nicht daran, daß sie mich sehen würden. Als ich die andere Straßenseite erreicht hatte, wurde ich plötzlich von hinten gepackt. Ein Mann in Uniform drückte mich an eine Hauswand.« Ihr versagte die Stimme, sie begann zu weinen und schluchzte einige Minuten lang.

»Er brüllte mich an: ›Du Sau! Du jüdische Sau! Die Zeit für euch Abschaum ist gekommen.‹ Dann schlug er mir ins Gesicht und warf mich zu Boden. Ehe er wegging, spuckte er mich noch an. Er hat mich angespuckt!« Sie schluchzte wieder. Einige der Mädchen gingen zu ihr, um sie zu trösten, und brachten sie ins Nebenzimmer, wo sie sich auf die Couch legen konnte.

»Sie breiten sich über ganz Rumänien aus. Ich habe gehört, daß sie in andere Städte einmarschieren. Sie tragen immer dieses Symbol – das Hakenkreuz«, sagte Abram.

»Ach, so heißt dieses blaue Zeichen?« fragte ich.

»Ja«, antwortete Abram. »Anscheinend ist das ihr Erkennungszeichen.«

»Und was sind das für Leute?« wollte Ben wissen.

»Schlimmer als Pest und Seuche, das kannst du mir glauben.«

»Ja, ich glaube dir«, sagte Edna, eine meiner Freundinnen aus dem russischen Sektor von Bukarest. »Ich habe schon lange Angst vor ihnen. Meine Schwester und ich haben Pässe beantragt, um nach Palästina auszuwandern.«

»Nach Palästina!« rief ich. »Ich kenne niemanden, der wirklich einmal dort gewesen ist. Ist es wirklich ein so schönes Land, in dem Milch und Honig fließen?«

»Na ja, das weiß ich nicht«, erwiderte sie. »Ich weiß aber wohl, daß uns dort kein luxuriöses Leben erwartet. Wenn wir überhaupt das Glück haben, die Pässe zu bekommen, werden wir für sechs Wochen in ein Vorbereitungslager irgendwo in Rumänien geschickt, wo wir

Landarbeit lernen werden. Das Ganze wird von einer zionistischen Organisation geleitet.« Sie hielt inne und lachte. »Könnt ihr euch mich als Landarbeiterin vorstellen?«

»Warum Landarbeit?« fragte eines der Mädchen.

»Weil es dort viel Land gibt«, antwortete Edna. »Palästina steht unter englischem Mandat. Die Menschen dort haben nicht viel, aber sie dürfen Land bewirtschaften. Sie brauchen junge Leute, die das Land fruchtbar machen.«

»Wann, glaubst du, wirst du gehen können?« fragte ich sie.

»Sobald die Pässe da sind«, meinte sie. »Ich hoffe, meine Schwester will auch wirklich mit, denn seit sie diesen Hiram kennengelernt hat, läuft sie nur noch mit verträumten Augen durch die Gegend. Man könnte meinen, sie hätte noch nie zuvor einen Mann gesehen.«

»Ich glaube, es ist sehr klug von dir wegzugehen«, sagte Abram. »Wenn meine Mutter nicht so alt wäre, würde ich für uns auch Pässe beantragen. Ich würde gern nach Palästina gehen, aber ich kann meine Mutter nicht allein lassen.«

Auszuwandern schien das einzig Vernünftige zu sein, vor allem, seit man hörte, was sich in Deutschland zutrug. Seit Hitler Kanzler geworden war, kamen immer wieder Gerüchte wie beißender Rauch im kalten Winterwind zu uns herübergeweht – Gerüchte, daß endlose Kolonnen braungekleideter Männer mit ebendiesem Hakenkreuz auf ihren Ärmeln durch die Straßen marschierten und von Menschenmassen bejubelt wurden. Die Rufe *Deutschland erwache! Juda verrecke!* wurden durch die kalten Nächte über die Felder und Wälder Deutschlands hinweggetragen, über die Ebene von Ungarn bis ins Herz von Rumänien. Was, wenn diese Worte irgendwann *Europa erwache! Juda verrecke!* hießen?

Einige Monate später traf ich Edna, die eines Abends nach der Arbeit auf mich wartete. Ihr Gesicht war gerötet, und ihre Augen funkelten. »Sie sind da!« flüsterte sie aufgeregt. »Die Pässe sind gekommen … aus Palästina. Aber meine Schwester hat sich verlobt und will nicht mitgehen. Kannst du dir das vorstellen? Jetzt möchte ich dich fragen, ob du nicht mitkommen willst. Willst du? Bitte sag ja.«

Ich starrte sie ein oder zwei Minuten lang an. »Du fragst mich, ob ich mit dir kommen will?« wiederholte ich. »Du würdest mir den Paß deiner Schwester geben?«

»Ja!« rief sie. »Kommst du mit?«

»Das würde ich sehr gern«, antwortete ich. »Ja, ich komme mit! Ich komme mit!«

»Ich bin ja so froh!« rief Edna. »Es wird herrlich werden – ein ganz neues Leben.«

In der Nacht überlegte ich mir die Sache noch einmal genauer und grübelte über die Konsequenzen meiner Entscheidung. Wenn ich Rumänien verließ, dürfte ich nie mehr zurückkehren – das war die Bedingung der zionistischen Organisation. Da Palästina unter englischem Mandat stand, wurden nur sehr wenige Pässe ausgegeben. Wenn ich einen annahm, müßte ich für immer in Palästina bleiben und könnte nie wieder die Karpaten sehen, die in den Himmel ragen, und die Wolken, die darüber hinwegziehen, und ich könnte nie wieder den Fluß hören, der nahe bei unserem Haus durch das hohe Gras den Berg hinunterlief. Ich würde meine Familie nie wiedersehen. Das Bild meiner Mutter stieg vor mir auf. Könnte ich es ertragen, sie zu verlassen?

Am nächsten Wochenende fuhr ich nach Hause, um meinen Eltern von meiner Möglichkeit der Auswanderung zu erzählen. Ich hatte kaum ausgeredet, als mein Vater rief: »Nein! Nein! Das verbiete ich!«

»Aber Vater, ich habe ja noch gar nicht erklärt ...«

»Ich sagte nein!« unterbrach er mich. »Es ist schon schlimm genug, daß du darauf bestehst, mich durch deine Arbeit in Bukarest zu beleidigen. Jetzt willst du auch noch nach Palästina weglaufen.«

»Darf ich dir zumindest erzählen, warum ich gehen will?« rief ich.

»Das darfst du wohl. Aber ich werde meine Meinung nicht ändern.«

Ich dachte an all die Dinge, die ich ihm erzählen könnte – die täglichen Paraden der Eisernen Garde; die jüdischen Geschäfte, die in großen roten Buchstaben mit dem Wort ›Jude‹ beschmiert und in der Woche darauf geschlossen wurden, konfisziert von Nichtjuden; die wachsende Angst, die meine Freunde und mich beschlich, wenn wir durch die Stadt gingen. Doch ich fürchtete, er könnte sagen, daß das Leben in der Stadt immer gewalttätiger sei als auf dem Lande und dies meine gerechte Strafe dafür wäre, daß ich nicht zu Hause lebte. Also erzählte ich, was ich von einem Freund gehört hatte, der gerade aus Deutschland zurückgekehrt war.

»Für die Juden in Deutschland ist das Leben fast unerträglich geworden«, begann ich. »Viele verlassen das Land auf dem schnellsten Weg. Ein Mann namens Hitler ist zum Führer ernannt worden. Er könnte allen Juden sehr gefährlich werden.«

»Ach, Deutschland!« schnaubte mein Vater. »Was hat das denn mit uns zu tun?«

»Hitler hat den Juden dort Stück für Stück alles weggenommen. Sie dürfen nicht mehr als Lehrer, Ärzte, Anwälte oder sogar Künstler arbeiten – selbst wenn sie nur einen jüdischen Großvater oder eine jüdische Großmutter hatten und ansonsten von Nichtjuden abstammen. Er hat sogar ein Gesetz verabschiedet, daß ein Deutscher niemanden heiraten darf, der auch nur einen Tropfen jüdisches Blut in den Adern haben könnte. Er hält uns für ›Untermenschen‹ und nennt uns ›Ungeziefer‹, ›Rassenschänder‹ und ›Volksschädlinge‹. Juden werden in Bussen und Zügen von Nichtjuden getrennt und dürfen nach Sonnenuntergang nicht mehr auf die Straße gehen. Überall stehen Schilder: ›Juden unerwünscht‹. Ein Freund von mir ist dort gewesen und konnte kein Restaurant oder Hotel finden, das ihn einließ. Es war demütigend. Nach wenigen Tagen kehrte er hierher zurück.«

»Nun, das sollte ihn lehren, zu Hause zu bleiben«, entgegnete mein Vater. »Aber warum sich Sorgen machen über etwas, das so weit weg passiert? Sicher wird dort bald irgend jemand den Juden helfen. Mach dir darüber doch keine Gedanken.«

»Bisher hat ihnen noch niemand geholfen. Niemand rührt auch nur den kleinsten Finger. Hitler kann tun und lassen, was er will, und wird dafür nicht zur Rede gestellt. Wer hat denn je den Juden geholfen? Niemand wird uns retten. Wir müssen uns selbst retten. Deshalb will ich nach Palästina gehen, solange ich noch Gelegenheit dazu habe.«

»Du bist zu ängstlich. Hier in Rumänien sind wir immer noch sicher. Hier ist nicht Deutschland.«

»Aber solche Dinge passieren auch schon in Bukarest«, erwiderte ich. »Letzte Woche ging Levi, ein Freund von mir, nach seiner Arbeit in einer Wollspinnerei nach Hause. Er tat nichts Unrechtes, sondern saß nur ruhig im Bus. Ein Mann in der Uniform der Eisernen Garde wollte seinen Ausweis sehen. Als er das Wort ›Jude‹ auf dem Papier erblickte, packte er Levi am Kragen und schrie: ›Wußtest du nicht, daß ein verdammter Jude nie in einem Bus sitzen darf, wenn Nichtjuden stehen? Kein schmutziger Jude darf in diesem Bus fahren!‹ Als der Bus an der nächsten Ecke hielt, wurde Levi auf den Bürgersteig geworfen. Ein paar uniformierte Männer traten auf ihn ein, bis er das Bewußtsein verlor. Zum Glück sah ihn ein Bekannter in der Blutlache liegen und brachte ihn nach Hause. Levi ist immer noch sehr krank. Er blutet und blutet. Der Arzt kann die Blutungen nicht stoppen.«

»Nun, er kann einem leid tun«, sagte mein Vater. »Aber Juden sind schon immer geprügelt worden. Weißt du noch damals, als die Politiker nach Fulehaza kamen und die Bauern aufwiegelten? Diese Treffen führten immer zu Angriffen auf den einen oder anderen Juden. Willkürliche Verfolgung ist nichts Neues. Ich sehe immer noch keinen Grund, warum du nach Palästina auswandern solltest. Ich habe genug gehört. Du wirst nicht gehen! Und bring das Thema nie wieder zur Sprache.«

Ich sah meine Mutter an. Sie saß in ihrem Stuhl am Tisch und tat so, als sei sie mit Nähen beschäftigt. Sie hatte sehr wenig gesprochen, seit ich mit der Nachricht über meine Auswanderung in die Küche gestürmt war. Jetzt spürte sie wohl meinen Blick, denn plötzlich sah sie auf. Ihre Augen waren feucht, und sie blinzelte heftig. Sie erlaubte es sich nicht zu weinen, aber die Schlacht war vorüber. Ich hatte verloren. Meinen Vater konnte ich ignorieren, so wie damals, als ich von zu Hause fort- und aufs Gymnasium ging. Den Schmerz in den Augen meiner Mutter aber konnte ich nicht ignorieren. Ich gab meine Hoffnung auf ein neues, freies Leben in Palästina also auf und kehrte nach Bukarest zurück.

6. Kapitel

Die nächsten vier oder fünf Jahre lang steckte ich all meine Energie ins Nähen. Viele unserer Kundinnen kamen, um mein Urteil zu hören. Es war sehr schmeichelhaft, wenn eine modebewußte Frau sich für ein Modell entschied und mich dann aus dem Arbeitsraum ins Hinterzimmer rufen ließ, um meine Meinung zu hören. Ich stellte fest, daß ich auch bereits fertiggenähte Kleider für jede Frau so ändern konnte, daß sie ihr paßten und gut standen. Diese Fähigkeit vermittelte mir nicht nur Stolz auf meine Arbeit, sondern brachte mir auch zusätzliches Geld ein, denn wenn ich ein Kleid aus der Pariser Kollektion oder eines von unseren erfolgreich geändert hatte, bekam ich ein großzügiges Trinkgeld.

Inzwischen hatte ich mir einen zweiwöchigen bezahlten Urlaub erarbeitet. Den wollte ich zuerst nehmen und mich dann anschließend wie immer im Juni, Juli und August erholen. Trotz der wachsenden Angriffe auf unsere Freiheit durften wir Juden noch immer durch ganz Rumänien reisen.

Meine liebe Freundin Rachel, die auch Schneiderin in unserem Salon war, lebte mit ihrer Familie in Bukarest. Oft verbrachte ich die Wochenenden bei ihr, aß mit ihrer Familie das Sabbatmahl und fühlte mich ganz wie zu Hause. Im späten Frühjahr nahmen sie und ich immer unsere freie Sommerzeit, holten unsere Ersparnisse von der Bank, packten die Koffer und gingen zum Bahnhof.

Das Zugfahren war recht billig, und wir fuhren immer so weit, bis wir an eine Stadt oder ein Dorf kamen, die interessant aussahen. In Siebenbürgen hatten die meisten Orte Bahnhöfe mit Gitterarkaden, von denen der Wein üppig bis auf die Gehsteige hinunterrankte und einen grünen Bogengang bildete. Wenn wir einen erblickten, der besonders dicht und schön wuchs, sahen wir einander an. Eine fragte dann: »Hier?«, und die andere antwortete: »Ja!« Schnell stiegen wir aus dem Zug und spazierten Arm in Arm unter dem Wein entlang. Abends suchten wir uns für ein oder – wenn das Dorf interessant war – auch zwei Nächte eine Herberge. Wenn es uns nicht so gut gefiel, stiegen wir am nächsten Morgen wieder in den Zug und fuhren zum nächsten Ort.

Auf diese Weise reisten wir wochenlang durch die Gegend und ernährten uns manchmal von nichts anderem als Pflaumen, Brot und Käse. In den Zügen gab es keine Speisewagen, und wir konnten uns keine teuren Restaurants leisten, aber immer gab es an den Bahnhöfen Händler, die Obst und Säfte verkauften. Während der Zug still und dampfend am Bahnsteig stand, lehnten wir uns aus dem Fenster und streckten dem Verkäufer mit den Pflaumentüten aus zusammengerollten Zeitungen unsere Arme entgegen. Manchmal gab es auch Äpfel oder frische, harte Birnen. Zu dieser Zeit hatten wir viel Freude an einfachen Dingen – in einen saftigen Apfel zu beißen, während wir an einem kühlen Fenster lehnten, die Hügel und Dörfer vorbeiziehen sahen und zuversichtlich waren, daß unser nächstes Ziel schön sein würde.

Dann, wenn Rachel und ich genug von unserem Vagabundenleben hatten, fuhr sie zurück nach Bukarest und ich nach Valea Uzului, um meine Eltern in den Urlaub zu begleiten. Als wir noch alle zu Hause lebten, konnte mein

Vater seinen bezahlten Urlaub nie nutzen; mit uns allen in einen Ferienort zu fahren, wäre viel zu teuer gewesen. Aber jetzt, da meine älteren Halbgeschwister alle verheiratet waren, konnte er seine Ferien endlich genießen. Auch meine richtigen Brüder wohnten nicht mehr zu Hause. Shlomo hatte eine junge Frau aus einer Stadt kennengelernt, die tausend Kilometer von Valea Uzului entfernt lag, und sie dort geheiratet. Meine Mutter war die einzige der Familie gewesen, die an ihrer Hochzeit hatte teilnehmen können. Eliezer hatte mich einige Male in Bukarest besucht, war aber jetzt in der rumänischen Armee. So lebten also nur noch Esther und Zipporah zu Hause.

Obwohl ich jetzt mein eigenes Geld verdiente, lud mein Vater mich ein, mit ihm und meiner Mutter in die Ferien zu fahren, während Esther und Zipporah sich um das Haus kümmerten. Nach all den Jahren, da ich eines der kleinen Kinder gewesen war, die kaum beachtet wurden, und dann die einzige ungehorsame Tochter, konnte ich es kaum glauben, daß ausgerechnet mir die Ehre zuteil wurde, den Urlaub mit meinen Eltern zu verbringen. Stundenlang lagen wir in Mineralbädern, und ich erzählte von meiner Arbeit, meinen Freunden und meinen Reisen. Meine Mutter mußte oft lachen, wenn ich meine Geschichten zum besten gab. Manchmal schnippte sie mit der Hand über das warme Wasser und spritzte mir ins Gesicht. Ich wollte zurückspritzen, aber sie sprang immer blitzschnell aus dem Wasser und brachte sich auf dem Gras in Sicherheit. »Ich bin noch nicht so alt. Siehst du?« rief sie dann jedesmal.

Manchmal, am späten Nachmittag, während meine Mutter mit einer neugewonnenen Freundin plauderte, ging ich mit meinem Vater spazieren. Oft hatte es zuvor stundenlang geregnet, und nun brachen plötzlich die Wolken auseinander, und die Sonne kam hervor und glitzerte in den Wassertropfen, die noch immer an den Blättern hingen. Die Welt schien dann wie neu erschaffen. Der Geruch von Erde und Regen mischte sich mit dem Licht, und tiefhängende Wolkenfetzen trieben über den wasserblauen Himmel.

Während mein Vater und ich spazierengingen, erzählte er mir Dinge, die er vermutlich meinen anderen Geschwistern gegenüber nie erwähnt hatte – wie es in seinem Elternhaus zugegangen war, was er als Junge gern getan hatte, was er über seine Verantwortung dachte. »Manche Menschen nehmen ihre Eltern nicht ernst«, sagte er eines Tages. »Doch es gibt nichts Wichtigeres, als die Familie zusammenzuhalten. Das war mir immer wichtiger als alles andere. Selbst das Sägewerk bedeutet mir nicht so viel wie meine Familie.« So lernten mein Vater und ich uns unter dem strahlenden rumänischen Himmel allmählich gegenseitig schätzen, und keine Erinnerung bedeutet mir soviel wie diese Spaziergänge.

Gegen Ende des Jahres 1937 wurde offensichtlich, daß die relativ friedliche Zeit der letzten Jahre endgültig vorüber war. Im Dezember wurde die gemäßigte Nationalliberale Partei besiegt und der Weg für die mächtigen rechtsgerichteten Gruppen geebnet. Aus Angst vor ihnen löste König Carol das Parlament auf und erklärte im April 1938 die Diktatur. Er wollte die Eiserne Garde zurückdrängen, aber deren Mitglieder reagierten mit immer neuen Märschen und Angriffen.

Eines Tages trafen Rachel und ich uns mit zwei Freunden und gingen in ein Lokal. Wir lebten nun ganz anders. Meine Freunde und ich waren ›verdächtige Personen‹, und deshalb trafen wir uns nur noch an abgelegenen, ruhigen Orten, wo wir keine Aufmerksamkeit erregten. An jenem Abend begann unser Gespräch mit dem vertrauten Thema: die Ungeheuerlichkeit der neuesten Gerüchte. »Habt ihr gehört?« fragte Simon, Rachels Begleiter. »Sie sind in alle jüdischen Geschäfte in Deutschland eingebrochen – haben alle Fenster mit ihren Gewehren zertrümmert.«

»Nein«, sagte Rachel, »das kann ich nicht glauben.«

»Es ist wahr! Ganze Läden wurden zerstört. Soldaten haben die Synagogen angezündet. Die Rabbis liefen durch die Straßen, aber sie konnten sie nicht aufhalten.«

Als er das erzählte, sah ich die bärtigen Rabbis in ihren langen Gewändern vor mir, wie sie über die spitzen Glasscherben auf den Straßen liefen, wie die siebenarmigen Leuchter und Schriftrollen in die schmutzigen Gossen geworfen wurden. Das konnte nicht wahr sein! Ich konnte mir nicht vorstellen, daß Synagogen zerstört wurden. Die kleinen Bethäuser an den Sägewerken meines Vaters waren nie angegriffen worden. »Vielleicht ist das nur wieder ein Gerücht der Eisernen Garde, um uns zu erschrecken«, sagte ich.

»Nein, es ist wirklich passiert!« rief Simon. »Die Juden wurden aus ihren Häusern gezerrt und all ihre Bücher aufgestapelt und verbrannt!«

»Aber warum sollten die Deutschen so etwas tun? Welchen Grund haben sie dafür?« fragte Rachel.

»Irgendein armer Jude, der die Verfolgung nicht länger ertragen konnte, hat den deutschen Abgesandten in Paris ermordet. Er hätte nichts Schlimmeres tun können. Die Nazis nahmen es als Vorwand dafür, jedes jüdische Viertel in den Großstädten zu zerstören.«

»Ich glaube das immer noch nicht«, sagte ich. »Kein menschliches Wesen würde anderen Menschen so etwas antun. Vielleicht passierten solche Dinge vor vielen hundert Jahren, aber doch heute nicht mehr. Wir sind zivilisiert. Wir haben Radio und Telefon.« Doch selbst als ich sie aussprach, glaubte ich meine eigenen Worte nicht. Schon vor drei Jahren hatte mein Instinkt mir geraten, nach Palästina auszuwandern.

Dann, an einem Frühjahrstag im Jahr 1939, kam Rachel nicht zur Arbeit in den Salon. Am nächsten Tag blieb sie ebenfalls fort. Ich sagte mir, daß sie wohl krank sei und bald wiederkommen werde, aber die Tage vergingen, und sie tauchte nicht wieder auf. Da ich endlich wissen wollte, was los war, ging ich eines Abends nach Arbeitsschluß zu ihrem Haus. Niemand war dort. Das Haus lag verschlossen und still, und ich sah einen zerbrochenen Stuhl im Eßzimmer liegen. Ich ging von Fenster zu Fenster, um einen Hinweis darauf zu finden, daß die Familie nur verreist war – eine Nachricht an der Hintertür, einen Koffer, der zurückgelassen worden war. Doch ich fand nichts und ging wieder nach Hause. Ich sah Rachel nie wieder.

In meinen Sommerferien fuhr ich sofort nach Hause. Rachel war verschwunden, und ich hatte keine Lust, ohne sie auf Reisen zu gehen. Die Fahrt von Bukarest zu meiner Familie in die Berge hoch über dem stillen Tal erschien mir mehr und mehr wie das Aufwachen aus einem Alptraum in ein Märchenland hinein. Doch selbst im Märchen gibt es hungrige Wölfe, und während diese Bestien auf Beutezug durch Europa strichen, verschloß meine Familie noch immer allem gegenüber die Augen.

Als ich wieder einmal unruhig durch das Haus wanderte und Rachel ganz schrecklich vermißte, schlug meine Mutter vor, doch besser meine Arbeit in Bukarest aufzugeben und bei ihnen zu bleiben, wo es sicherer sei.

»Aber wie lange wird es hier noch sicher sein?« fragte

ich sie. »Auf dem Weg von Bukarest hierher komme ich durch sieben Dörfer nacheinander, in denen keine einzige jüdische Familie mehr lebt. Ich weiß das, weil ich überall schon einige Male halt gemacht und den Stationsvorsteher gefragt habe: ›Wohnt hier eine jüdische Familie?‹ Ich hätte darum gebeten, daß sie mich ein oder zwei Stunden beherbergen, bis der nächste Zug geht. Doch in allen sieben Dörfern hat der Stationsvorsteher mich nur argwöhnisch angeschaut und gesagt: ›Nein, die einzigen Juden hier in der Nähe leben beim Sägewerk.‹«

»Ja, ich weiß«, erwiderte meine Mutter. »Wenn ich nicht soviel Arbeit damit gehabt hätte, euch großzuziehen, hätte ich mich sicher einsam gefühlt bei so wenigen jüdischen Familien um uns herum. Aber uns ist nie etwas geschehen. Selbst damals, als wir dachten, die Studenten kommen, und du fast verbrüht worden wärst, ist nichts passiert. Es war nur ein Gerücht. Ich sehe dich immer noch über die Türschwelle stolpern!« Sie begann zu lachen und drückte mich an sich. »Ach, Seren, warum bleibst du jetzt nicht bei uns?«

»Ich muß zurückfahren«, entgegnete ich. »Meine Arbeit wartet auf mich. Sie ist mir zu wichtig, als daß ich sie aufgeben könnte.«

»Nun, ich kann dich nicht überreden«, sagte meine Mutter. »Du bist schon immer mein kleiner Vogel gewesen, der sich die Flügel nicht stutzen lassen will. Aber denk daran, daß wir immer hier sein werden. Du kannst jederzeit nach Hause kommen, wenn du es dir anders überlegst.«

Ende August 1939 kehrte ich mit dieser Gewißheit nach Bukarest zurück. Am 1. September marschierte Deutschland in Polen ein. Wenige Tage später waren die Straßen voll polnischer Soldaten und ihren Familien. Sie waren vor den vorrückenden deutschen Truppen geflohen, wie immer es ihnen möglich war – in Autos, Lastwagen und Panzern, auf Motorrädern und Fahrrädern. Ganze Haushalte waren in Kisten gestopft, auf Wagendächer gebunden und in Lastwagen geworfen worden, wurden an Lenkstangen balanciert oder in winzigen Schubkarren über das unebene Pflaster geschoben. Eines Nachmittags rempelte mich ein kleines Mädchen an, das neben seiner Mutter herstolperte. Mit der einen Hand hielt sie sich an deren Mantelsaum fest, mit der anderen wischte sie sich die Tränen aus den Augen. Sie sah erschöpft aus. *Zumindest habe ich keine Kinder,* dachte ich. Ich war einundzwanzig und mußte mir weder um einen Ehemann noch um Kinder Sorgen machen. *Wenn ich mich nur weiter um mich selbst kümmern kann,* entschied ich, *wird es mir schon gutgehen.*

Als ich an jenem Abend in mein Zimmer kam, tauchte plötzlich wieder das Bild dieses Kindes vor meinen Augen auf. Ich wurde ganz traurig und warf mich auf mein Bett. Die ganze Nacht über weinte ich – um das Kind, um alle Kinder, um alle Mütter und Väter in Kriegszeiten, um Rachel und um mich selbst.

Den ganzen Winter über und auch im Frühjahr 1940 rechneten wir jeden Augenblick damit, daß auch bei uns der Krieg ausbrechen würde. Das mächtige Hitler-Deutschland im Westen und Stalins Rußland im Norden und Osten schienen nur darauf zu warten, in Rumänien einzufallen, vor allem, da die Mächte jetzt verbündet waren und Rumänien als unbedeutendes Land dazwischenlag.

Nach und nach verschwanden immer mehr von meinen Freunden. Die eine Woche debattierte Abram noch mit uns, in der nächsten war keine Spur mehr von ihm zu entdecken. Als nächster verschwand Simon und dann zwei meiner Freundinnen aus dem Schneidersalon. Ich wußte nicht, ob sie nachts aus der Stadt geflohen und in Sicherheit oder ob sie von der Eisernen Garde verhaftet und in eine Zelle gesteckt worden waren.

Im Juni begann Rumänien auseinanderzubrechen. Rußland verlangte die Abtretung Bessarabiens und der nördlichen Bukowina und bekam beides. Im August folgte der Verlust von drei Fünfteln Siebenbürgens an Ungarn. Meine schlimmsten Befürchtungen bewahrheiteten sich nun; der Krieg erreichte unser Zuhause in Valea Uzului. Meine Familie lebte nicht länger auf rumänischem Boden. Das Dorf Valea Uzului blieb Teil Rumäniens, das Sägewerk in den Bergen aber gehörte zu dem Landstrich, der an Ungarn ging, und die neue Grenze verlief genau dazwischen. Meine Familie war zwischen zwei Nationen gefangen, die einander spinnefeind waren. Die Rumänen dachten, daß Rußland und Ungarn ihnen das Land stahlen – die Ungarn dachten, daß sie lediglich das Land zurückerhielten, das sie im Ersten Weltkrieg verloren hatten.

Und die Juden wurden der Sündenbock für all diesen Haß. Drei Monate, nachdem Rumänien Bessarabien an Rußland verloren hatte, ging ich in Bukarest durch einen Stadtteil, in dem zwei meiner Freundinnen wohnten. Dieses Viertel war von Juden aus Bessarabien besiedelt worden und hieß nun der ›russische Sektor‹. Ich wollte diese beiden Freundinnen unbedingt sehen, denn sie waren die einzigen, die mir in der ganzen Stadt noch geblieben waren. *Vielleicht haben sie Nachricht von Bekannten erhalten, die verschwunden sind,* dachte ich, *und wir können uns gegenseitig trösten und ermutigen.* Während ich so durch die Straßen ging, erfüllten mich diese Gedanken mit Hoffnung, und zum erstenmal bemerkte ich das leuchtende Rot und Orange der Herbstblätter. Ich konnte sogar von irgendwoher ein Feuer riechen und freute mich über die Vorstellung, daß jemand seinen Garten aufräumte, als würde nicht alles auseinanderfallen. Wenn ein Mann oder eine Frau Blätter verbrannte, dann war das Leben immer noch irgendwie normal.

Als ich mich dem russischen Sektor näherte, merkte ich, daß ich mich nicht stärker hätte irren können. Es waren nicht Blätter, die brannten, sondern Häuser, die angezündet worden waren und immer noch rauchten. Wohin ich auch blickte, überall waren geschwärzte Gebäude zu sehen, verlassene Hüllen, die sich in der Dämmerung in Asche verwandelten. Ein Gefühl der Leere überkam mich. Niemand ging hier mehr nach einem Arbeitstag in der Stadt nach Hause, niemand öffnete eine Tür, niemand schöpfte die Abendsuppe in die Teller. Schnell lief ich in die Straße, wo meine Freundinnen wohnten, weil ich hoffte, ihre Häuser wären verschont geblieben. So hatten wir uns in diesem Krieg bisher immer gegenseitig beruhigt: jemand anderem widerfährt Schmerz und Entsetzen, aber irgendwie wird es mich oder meine Bekannten nicht berühren. Die Seele versucht auf diese Weise immer wieder, sich zu schützen.

Doch als ich an die Stelle kam, wo ihre Häuser hätten stehen sollen, sah ich lediglich einen Haufen verkohlter Bretter und einen verrußten Kamin. Lange Zeit stand ich einfach nur da, bis mir auf einmal sehr kalt wurde. Jetzt erst merkte ich, daß die Dunkelheit hereingebrochen war. Ich drehte mich um und lief nach Hause. *Laß sie in Sicherheit sein! Laß sie in Sicherheit sein! Laß sie in Sicherheit sein!* flehte ich im stillen immer wieder.

Jeden Tag danach dachte ich: *Bin ich verrückt, daß ich hierbleibe? Sollte ich nach Hause fahren?* Dann sagte ich mir:

Zu Hause wäre es auch nicht besser. Es gibt keinen sicheren Ort mehr. Ich blieb in Bukarest und ließ jeden Tag auf mich zukommen. Inzwischen hatte Rumänien ein drittes Gebiet verloren: Bulgarien hatte das südliche Dobrudscha erhalten.

Dann erzählte mir eines Tages ein Mädchen in der Schneiderei: »Die Eiserne Garde hat angefangen, alle stadtbekannten Juden in Bukarest festzunehmen.«

»Bist du sicher?« fragte ich zurück.

»Ja. Mein Vater arbeitet für die Jüdische Gesellschaft. Gestern kamen Soldaten mit Hakenkreuzen an den Ärmeln in das Zimmer, in dem sie eine Versammlung abhielten, und schnappten sich alle Vorstandsmitglieder der Gesellschaft. Zum Glück ist mein Vater nur ein einfacher Angestellter, deshalb ließen sie ihn in Ruhe. Aber er hat Angst. Er wollte nicht, daß ich heute zur Arbeit gehe, aber ich habe ihn beruhigt. ›Um mich kümmert sich niemand‹, habe ich ihm gesagt.«

»Ich glaube das einfach nicht«, sagte ich.

»Mein Vater hat von anderen gehört, die auch festgenommen wurden – Herr Bergblatt, der Geschäftsführer des großen Warenhauses in der Innenstadt, und Herr Stein, der Fabrikbesitzer. Er glaubt, die Eiserne Garde wird bald auch bekannte Ärzte und Anwälte verhaften. Bist du nicht froh, daß du nur eine einfache kleine Schneiderin bist? Niemand interessiert sich für uns. Wir sind nicht wichtig genug.«

»Wie kannst du sagen, daß sich niemand für uns interessiert?« entgegnete ich. »Rachel ist verschwunden. Die meisten der anderen Mädchen sind verschwunden. Du und ich sind praktisch die einzigen, die noch übrig sind. Und ich weiß nicht, wo meine Freunde stecken.«

»Oh, sie müssen etwas Schlimmes getan haben, von

dem wir nichts wissen. Aber wir haben nichts getan. Wir sind unwichtig. Sie haben keinen Grund, uns festzunehmen, also werden sie es auch nicht tun.«

Ich konnte ihren Optimismus nicht teilen. Meine Freunde waren allesamt anständige und gesetzestreue Menschen gewesen. Und ich wußte, daß jeder Jude ohne weitere Angabe von Gründen verfolgt werden konnte. Ich war grundlos von meinen Klassenkameraden verprügelt und wiederholt von Lehrern gedemütigt worden und hatte meine beste Freundin ohne ersichtlichen Grund verloren. Ich bekam schreckliche Angst.

Am nächsten Morgen stieg ich auf dem Weg zur Arbeit in einen Straßenbahnwagen. Sobald ich saß, musterte ich die anderen Passagiere; ich war sicher, daß mich jemand beobachtete. Ich rutschte tiefer in meinen Sitz und wünschte, ich könnte ganz darin verschwinden. Obwohl ich durch mein blondes Haar und meine blauen Augen nicht wie eine Jüdin aussah, wurde mir allmählich klar, daß die Regierung sehr wohl wußte, daß ich Jüdin war. Vielleicht fielen ihnen gerade heute meine Papiere in die Hände, und ich würde heute abend ein Klopfen an der Tür hören, aus dem Bett gezerrt und in eine Gefängniszelle gestoßen werden.

Als ich mir das vorstellte – die unerbittlichen Gesichter der Soldaten, die kalte, dunkle Zelle –, fing eine Frau vorne im Wagen zu schreien an. Die anderen Passagiere und ich drehten uns alle in unseren Sitzen herum und versuchten zu erkennen, wer da schrie und warum. Wurde die Frau angegriffen? Verhaftet? Dann sagte der Mann neben mir mit vor Entsetzen fast unhörbarer Stimme: »Oh, mein Gott!« Er deutete aus dem Fenster. Ich blickte hinaus und sah erst nur Bäume und Bänke. Wir durchquerten gerade den kleinen Park, der ›Platz des 8. Juni‹ hieß. Dann sah ich es – ein Schild an zwei Pfosten, auf dem in großen roten Buchstaben stand: ›Koscheres Fleisch zu verkaufen‹. Dahinter hingen an großen, dicken Fleischerhaken die Leichen von Männern, jüdischen Männern, schief und mit zur Seite hängenden Köpfen, die Arme schlaff gegen die Oberschenkel schaukelnd. Der Schnee der vergangenen Nacht haftete an ihren dunklen Wollmänteln, ihren baumelnden Beinen, ihren nutzlos gewordenen Schuhen, die mit den Spitzen zu Boden zeigten.

Ich erkannte einige der Männer als Anführer der Jüdischen Gesellschaft, andere sahen wie Ärzte oder Geschäftsleute aus. Dann, so schnell, wie das Bild aufgetaucht war, war es wieder verschwunden. Die Straßenbahn war vorbeigefahren und hatte sich bald eine Straße, dann zwei Straßen vom Park entfernt. Ich sank auf meinen Sitz zurück und schloß die Augen. Ich konnte nicht glauben, was ich da eben gesehen hatte. Ständig tauchten die toten Männer wieder vor mir auf. Es mußten zwanzig gewesen sein, die da in einer Reihe nebeneinandergehangen hatten. Vor meinem inneren Auge schwangen sie immer noch hin und her, aufgespießt auf die scharfen Fleischerhaken.

Plötzlich war mir, als müßte ich mich übergeben. Sobald die Straßenbahn hielt, stürzte ich aus dem Wagen und rannte, so schnell ich konnte, rannte wie blind durch die Straßen.

7. Kapitel

Der Gedanke, auch nur einen Tag länger in Bukarest zu bleiben, wurde mir unerträglich. Ich mußte fort. Ich wünschte mir nichts mehr, als zu Hause zu sein. In ihrem letzten Brief hatte meine Mutter geschrieben:

Liebe Seren, mein Kind!

Willst du dich nicht doch entschließen und zu uns nach Hause kommen? Bitte! Jetzt, wo die Grenze verschoben wurde, sind wir ganz und gar vom Dorf abgeschnitten. Deine beiden Schwestern und ich verbringen die meiste Zeit im Haus, während dein Vater die letzten Fuhren Holz fertig macht.

Um deinen Bruder Eliezer mache ich mir große Sorgen. Herman hat ein Gerücht gehört, daß Eliezer von der Armee desertiert ist. Eines Nachts kamen Soldaten der Eisernen Garde in seine Unterkunft und fingen an, die Juden auszumustern. Sie brachten sie nach draußen und schossen sie einen nach dem anderen nieder. Eliezer kroch zur Hintertür hinaus und lief weg, ehe sie ihn schnappen konnten. Niemand weiß, wo er ist. Ich habe solche Angst, daß er umgebracht wird.

Es ist sehr kalt geworden. Nachts kommen die Wölfe aus dem Wald direkt vor unsere Schlafzimmerfenster. Ich habe solche Angst, wenn ich ihre Augen sehe, die im Dunkeln leuchten.

Ich bitte dich nun noch einmal, und dann höre ich auf zu schreiben. Bitte komm zu uns nach Hause. Wir alle schicken dir liebe Grüße.

Mama

Ich wußte nicht genau, wie ich dort hinkommen sollte, denn manche der Züge verkehrten nicht mehr, und ich wußte auch nicht, ob ich hinter dem Dorf die Grenze überqueren könnte. Aber irgendwie würde ich meine Mutter, meinen Vater und meine Schwestern schon erreichen und liebevoll zu Hause aufgenommen werden.

Ich entschied, daß ein Koffer zu unpraktisch war, und packte meine Sachen lieber in einen Rucksack, mit dem ich notfalls auch längere Strecken zu Fuß bewältigen konnte. Während ich die Schubladen leerte, klopfte meine Wirtin leise an die Tür. Ich erschrak, schob den Rucksack hastig unter das Bett und sagte so ruhig wie möglich: »Herein.«

Langsam öffnete sie die Tür, als wüßte sie, daß sie gerade störte, und setzte sich auf die Bettkante. Sie betrachtete eine Weile schweigend ihre gefalteten Hände. Dann sagte sie: »Seit einiger Zeit schon möchte ich Ihnen etwas sagen, aber ich wußte nicht, wie ich es anfangen sollte. Ich …« Sie hielt einen Moment inne, dann fuhr sie fort: »Die Dinge, die den Juden hier passieren, sind entsetzlich. Entsetzlich … Ich schäme mich so.« Sie hielt erneut inne. Schließlich hob sie den Kopf und sah mich direkt an. »Ich mache mir Sorgen um Sie. Wenn es nach mir ginge, würde nichts von alledem geschehen.«

»Ich gehe fort«, erwiderte ich. »Heute abend noch. Ich war gerade beim Packen, als Sie anklopften.« Ich zog eine Schublade auf, als müßte ich sie überzeugen, und sah meinen weizenfarbenen Wollpullover darin liegen. Er war so dick und weich wie die Daunen, auf denen ich dereinst in der Scheune in Fulehaza gelegen und vor mich hingeträumt hatte. »Möchten Sie diesen Pullover haben?« fragte ich sie. »In meinem Rucksack würde er zuviel Platz wegnehmen.«

»Was haben Sie vor?« fragte sie.

»Ich werde heute abend den Zug nehmen.«

»Das ist zu gefährlich!« entgegnete sie sofort. »Mein Sohn Nicolai, der in der Armee ist, kam gestern abend nach Hause. Er kann nur einen Tag bleiben. Oh, wie ich diesen Krieg hasse! Jedenfalls kam er mit dem Zug aus Braşov und sagte, daß die Eiserne Garde alle Züge kontrolliert. Überall suchen sie nach Juden.«

»Aber ich muß nach Hause!«

»Ich habe eine Idee«, sagte meine Wirtin da. »Nicolai muß sich heute bis Mitternacht zurückmelden. Er kann Sie begleiten, zumindest bis Sie in den Zug gestiegen sind. Mit Ihrem blonden Haar und der hellen Haut könnten Sie seine Schwester sein.«

»Wird er das denn tun? Er kennt mich doch gar nicht. Ich glaube, er hat mich kaum ein paar Minuten gesehen.«

»Natürlich wird er das tun!« entgegnete sie. »Seit wann darf ein Sohn die Bitte seiner Mutter abschlagen? Aber ich bin überzeugt, er würde es auch so tun, selbst wenn ich ihn nicht darum bitte. Er hat es sich nicht ausgesucht, in diesem Krieg zu sein. Er ist ein guter Mensch ... freundlich, hilfsbereit, wie sein Bruder.« Sie sah eine Weile schweigend zu Boden.

Ich nahm den weizenfarbenen Pullover, legte ihn ihr in die Arme. »Ich wäre sehr dankbar, wenn Ihr Sohn mit mir zum Bahnhof gehen würde.«

Schließlich sagte sie: »Wissen Sie noch, als mein anderer Sohn Pietru letztes Jahr geheiratet hat? Ich fuhr zu seiner Hochzeit in ein Dorf an der russischen Grenze und war eine Woche lang fort.«

»Ja, ich erinnere mich.«

»Er hat ein jüdisches Mädchen geheiratet. Sie heißt Anna und ist sehr hübsch, mit dichtem dunklen Haar, das ihr in langen Wellen über den Rücken fällt. In sechs Monaten erwarten sie ein Baby.« Ihre Stimme versagte. »Ich habe solche Angst um sie«, fuhr sie fort. »Sie halten sich in der Nähe von Annas Heimatdorf versteckt. Ich wollte, daß sie zu mir kommen, aber Pietru meinte: ›Nein, nein, die Eiserne Garde wird nicht außerhalb der Dörfer suchen.‹ Ich kann sie nicht einmal besuchen! Mein erstes Enkelkind …«

»Es tut mir so leid«, sagte ich. Dann fiel mir ein, daß ich fertig packen mußte. »Bitte behalten Sie auch alles andere, was ich dalasse«, bat ich sie.

»Ich werde alles für Sie aufheben. Wenn der Krieg vorbei ist, können Sie kommen und wieder bei uns wohnen. Sie waren eine gute Mieterin. Dann werden wir uns besser kennenlernen.«

»Ja«, antwortete ich. »Ich komme wieder, wenn der Krieg vorbei ist.«

Sobald es dunkel wurde, brachen Nicolai und ich zum Bahnhof auf. Er ging steif in seiner Uniform neben mir und sprach nach seiner anfänglichen Warnung kaum noch ein Wort. »Denken Sie daran. Sie sind meine Schwester und wollen unsere kranke Großmutter besuchen. Sagen Sie nichts. Und verhalten Sie sich normal.« Ich dachte: *Aber was ist normal? Ich habe vergessen, wie es ist, keine Angst zu haben.*

Am Bahnhof kaufte Nicolai meine Fahrkarte und legte meinen Rucksack im letzten Wagen neben das andere Gepäck hinten in eine Ecke. »Folgen Sie mir«, sagte er, kletterte die Treppe eines Passagierwaggons hinauf und marschierte den Gang entlang.

Auf einmal blieb er stehen. Ich konnte es kaum fassen. Da war er den ganzen Gang entlang bis zum anderen

Waggonende gelaufen, an allen zivilen Passagieren vorbei, und blieb ausgerechnet vor zwei Soldaten der rumänischen Armee stehen. Ihnen gegenüber saß eine nette ältere Dame mit einem Korb auf dem Schoß, und ich hätte mich gern sofort auf den freien Platz neben ihr gesetzt. Doch Nicolai sagte zu einem der Offiziere: »Dies ist meine Schwester. Sie fährt unsere Großmutter besuchen, die sehr krank ist und die sie pflegen muß. Könnten Sie wohl auf sie aufpassen? Sie ist bisher noch nie allein verreist.« Er nahm meinen Arm und schob mich sanft nach vorne.

Der Offizier erhob sich. »Natürlich!« antwortete er. »Sie kann hier zwischen uns sitzen. Wird sie weit reisen?«

»Nach Valea Uzului.«

»Ah, so weit! Nun, bei uns ist sie gut aufgehoben. Gut, daß Sie sie zu uns gebracht haben. Wer weiß, was ihr passieren könnte, solange sie noch Juden in die Züge lassen. Je eher wir die loswerden, desto besser!«

»So ist es«, erwiderte Nicolai. Dann drehte er sich zu mir um. »Ich wünsche dir eine gute Reise, und grüß bitte Großmutter von mir. Ich hoffe, daß sie bald wieder gesund wird.« Damit salutierte er, machte auf dem Absatz kehrt und marschierte schnell den Gang weiter.

Ich setzte mich und preßte die Arme fest vor meinen Körper, damit ich die beiden uniformierten Schultern neben mir nicht berühren mußte. Die Männer beachteten mich nicht weiter. Der Offizier links von mir war in ein Buch vertieft, der auf der rechten Seite, der mit Nicolai gesprochen hatte, lehnte seinen Kopf gegen das Polster und schloß die Augen. Ich seufzte erleichtert auf, denn ich war sicher, daß meine Tarnung auffliegen würde, sobald mich jemand etwas fragte. *Wenn ich nur hier sitzen kann, während die langen Stunden vorüberkriechen, wird alles gut werden*, dachte ich.

Der Zug hatte den Bahnhof noch nicht verlassen, als ich aus dem Augenwinkel sah, wie eine Gruppe von Männern in den dunkelgrünen Hemden und braunen Hosen der Eisernen Garde den Bahnsteig entlangmarschiert kamen. Vier von ihnen stiegen in unseren Waggon und liefen den Gang entlang. *Sie kommen, um mich zu holen!* dachte ich, während mein Herz wild zu klopfen begann. *Irgend jemand hat mich erkannt, als Nicolai und ich hierher kamen. Sie haben mich angezeigt! Vielleicht hat Nicolai mich angezeigt!*

Meine Hände wurden so schweißnaß, daß sie sich wie Eisklumpen anfühlten, und ich hätte sie gern unter meinen Mantel gesteckt, doch ich befürchtete, daß die kleinste Bewegung die Aufmerksamkeit der Männer auf mich ziehen würde. Sie marschierten jeweils zu zweit die Sitze entlang und riefen mit harscher Stimme: »Ihre Papiere bitte!« Alle Passagiere streckten ihnen ihre Ausweise entgegen, und ihre Augen flehten: *Bitte, laß sie in Ordnung sein!*

In der ersten Waggonhälfte waren anscheinend alle Papiere in Ordnung. Dann nahm einer der Soldaten den Ausweis eines sehr alten Mannes, der sein Reisebündel fest umklammert hielt, und starrte eindringlich darauf. Wenige Sekunden später packte er den Mann am Kragen und zog ihn aus seinem Sitz.

Das Bündel fiel zu Boden, und fünf oder sechs Packen Fotos verteilten sich auf den Planken. Dicht neben meinen Füßen sah ich die Schwarzweiß-Fotografie eines jungen Mannes, der barfuß auf einem Waldpfad stand. Er trug eine Jacke, Kniehosen und eine kleine Mütze, die er in den Nacken geschoben hatte. Er sah direkt in die Kamera und lächelte. Gerade als ich mich bücken und die Fotos für den alten Mann aufheben wollte, brüllte der Soldat der Eisernen Garde: »Dreckiges Pack! Dreckiges Judenpack!« Dann schob er den Alten vor sich her und zwang ihn dabei, auf seine Fotos zu treten. Eine Minute später wehte ein kalter Luftzug durch den Raum, als die hintere Tür geöffnet wurde. Wir hörten einen hohen und langgezogenen Schrei, der ein paar Sekunden lang hinter dem Zug hergellte und sich dann in der Dunkelheit verlor.

Der rumänische Offizier links von mir sprach zum ersten Mal. »Diese Männer der Eisernen Garde sind für meinen Geschmack viel zu grob. Man sollte meinen, daß sie bessere Methoden finden könnten, um die Juden loszuwerden. Wir sollten so etwas nicht mitansehen müssen. Was sollen denn die Frauen denken?« Er sah mich kurz an, und ich begann zu zittern. Ich wußte nicht, ob ich mich gleich übergeben oder ohnmächtig werden würde. *Bleib ruhig! Bleib ruhig!* ermahnte ich mich. Ich hörte, wie die Soldaten zurückkamen. Es war niemand mehr übrig, der seinen Ausweis zeigen mußte, außer den beiden rumänischen Offizieren und mir. *Ich werde warten, bis sie mich fragen*, beschloß ich. *Ich werde hier ganz still sitzen, bis sie mich fragen.*

Dann marschierten die Soldaten an uns vorbei. Sie fragten mich nicht. Schlagartig wurde mir bewußt, daß sie annahmen, ich gehörte zu den Offizieren und könnte deshalb auf keinen Fall eine Jüdin sein.

Die ganze Nacht über saß ich zitternd da. Ich wußte, daß jederzeit andere Soldaten einsteigen konnten und ich dann dieselbe Angst wieder und wieder durchstehen müßte. Ich konnte nicht einmal früher aussteigen, da Nicolai den Offizieren mein Fahrziel genannt hatte. Ich zählte die Bahnhöfe, einen nach dem anderen. *Sieh zu, daß du es von hier bis Ploieşti schaffst*, sagte ich mir. *Denk nicht an den Rest der Fahrt. Denk nur an Ploieşti.* Als der Zug dann in Ploieşti einfuhr, dachte ich nur an Moieşti und so weiter. Endlich, gegen Morgen, erreichten wir Valea Uzului.

Als ich ausstieg, war bereits ein schwacher Lichtschimmer am Horizont zu erkennen. Am liebsten hätte ich mich auf der Stelle hingelegt und ausgeruht, bis meine Aufregung nachließ, aber ich war noch nicht am Ziel. Ich mußte noch mit dem kleinen Güterzug in die Berge hinauf zum Sägewerk fahren. Ich holte meinen Rucksack, ging zur verschlossenen Tür des Güterbahnhofs und hockte mich wartend in die kalte Dämmerung.

Schließlich hörte ich den Güterzug heranrumpeln. Ich sprang hoch und stampfte mit den Füßen auf den Boden, da meine Füße und Zehen vom langen Warten ganz taub geworden waren. Als der Zug anhielt, wollte ich in das Führerhäuschen klettern, wo ich bisher immer mitgefahren war. Der Zugführer, ein neuer, den ich noch nie gesehen hatte, stellte sich vor die Treppe.

»Heda! Wo willst du hin?« fuhr er mich an.

Ich zuckte zusammen und stammelte: »Zum Sägewerk.«

»Nichts da. Niemand darf die Grenze passieren.«

»Aber ich wohne dort! Ich meine: meine Familie wohnt dort. Mein Vater leitet das Sägewerk.«

»Das Werk ist geschlossen. Und jetzt runter vom Zug!«

»Ich bin aber immer mit diesem Zug gefahren, wenn ich meine Eltern besucht habe!«

»He, Gregor!« rief der Maschinist einem anderen Mann zu, der Kisten auf einen Waggon lud. »Kennst du die Kleine hier? Sie sagt, sie wohnt beim Sägewerk.«

Der Mann starrte mich eine Weile an. Seine Kleider waren voller Schmiere und sein Haar ölig und voller Dreck. Ein dünner Schnurrbart verlief rechts und links von seinen Mundwinkeln bis zum Kinn. »Näh«, sagte er dann. »Hab sie noch nie geseh'n. Aber ich nehm' sie gern mit zu mir nach Hause. Komm her, meine Süße!«

Ich drehte mich abrupt um und rannte vor den Männern davon, die lauthals hinter mir herlachten. Bald erreichte ich am Fuße des Berges den Wald. Irgendwo zwischen hier und dem Sägewerk verlief die Grenze – ich wußte nur nicht genau, wo. Doch ich dachte, daß ich diese Berge besser kannte als irgendein Grenzsoldat und nur aufpassen müßte, ihnen aus dem Weg zu gehen. Ich wollte den Berg bis zu der Straße hinaufsteigen, die der Sägewerksbesitzer für sein Auto gebaut hatte, und ihr einfach bis nach Hause folgen.

Ich begann den Aufstieg zwischen Farnen und Efeu und war froh, daß ich feste Schuhe und nur den Rucksack trug. In der ersten Wegstunde ragten rechts und links von mir die schlanken Fichten auf, und ich lief über das weiche Bett trockener Nadeln, die bei jedem Schritt leise knirschten. Es wäre leichter gewesen, den Schienen zu folgen, aber da der Zug den steilen Hang nicht geradewegs hinauffahren konnte, schlängelten sich die Gleise in großen Kehren den Berg hinauf. Ich wählte einen direkteren Weg, der allerdings ziemlich steil war und bald immer steiniger wurde. Schroffe Felshänge ragten hervor, tief unter ihnen das Tal. Keuchend kletterte ich dort hinauf, zog mich über den Rand der Klippe und lehnte mich erschöpft gegen einen Granitblock. Unten im Tal lag das Dorf vor mir. Rauch stieg aus den Schornsteinen der Bauernhütten. Zwei Bussarde kreisten und kreuzten in der Luft.

Allmählich kam ich mir vor wie der einzige Mensch da oben. Doch dann hörte ich in der Ferne krachende Geräusche und versteckte mich hinter einem Baum. Eine Gruppe von Männern mit gelben Armbinden und dem Davidstern darauf lief vorbei, begleitet von Soldaten. *Das muß die Arbeitseinheit sein*, dachte ich, denn die Männer trugen allesamt Schaufeln, Hacken und Äxte. Sie marschierten schnell und zertraten krachend Zweige.

Am Nachmittag erreichte ich einen dichten Zaun aus Stacheldraht. Das mußte die Grenze sein, aber da waren keine Wachposten zu sehen. Ich schlich den Zaun entlang und kam zu einem Tor, das nur mit einem Riegel verschlossen war. *Was, wenn das ein Trick ist?* dachte ich. *Vielleicht verstecken sich die Wachen im Wald und ergreifen mich, sobald ich das Tor öffne und die Grenze überschreite!* Vorsichtig blickte ich in jede Richtung, und als ich niemanden entdecken konnte, öffnete ich ganz behutsam das Tor, trat hindurch und schloß es hinter mir wieder.

Ich lief weiter und kam endlich zu der schmalen Straße, an deren Ende die Burg des Sägewerksbesitzers lag mit ihren schönen Gärten voller Blumen und Erdbeeren und daneben das Werk selbst und unser Haus. Es dämmerte bereits, als ich schließlich die Umrisse der Werksgebäude durch die Bäume schimmern sah und um die letzte Wegbiegung kam. Meine Mutter wollte gerade durch die Küchentür ins Haus gehen, als sie meine Schritte hörte und sah, wie ich kurz vor der Vordertreppe zusammenbrach.

»Seren! Oh, Seren! Wo kommst du denn her?«

Ich lag keuchend da und brachte kein Wort heraus. »Bist du durch den Wald gekommen?« Ich nickte. Da kam sie zu mir gelaufen. »Die Wölfe!« rief sie. »Die Wälder sind voller Wölfe. Sie hätten dich auffressen können!«

»Ach, an die Wölfe habe ich gar nicht gedacht«, sagte ich. »Die habe ich ganz vergessen.«

»Du hast sie vergessen?« rief meine Mutter und lachte los. »Du hast sie vergessen!« Sie nahm mich fest in die Arme und drückte mich, während ihr Oberkörper vor Lachen zitterte. So saßen wir eine lange Zeit, umarmten uns und lachten im schwindenden Licht des Herbstabends.

3. TEIL

Sara, Esther und Alfred in Rumänien.
Sara war etwa achtzehn Jahre alt, als das Foto aufgenommen wurde.

8. Kapitel

Am Abend saßen meine Mutter, mein Vater und ich bis weit in die Nacht am Eßtisch und genossen einfach das Beisammensein. Esther und Zipporah waren nicht zu Haus, weil sie bei Freundinnen übernachteten. Meine Mutter und mein Vater … meine Mutter und mein Vater – ich sah von einem zum anderen und konnte mich gar nicht an ihnen sattsehen.

Meine Mutter mußte immer wieder lächeln. Sie war noch immer eine junge Frau und sprang leichtfüßig um den Tisch, wenn sie uns einen neuen Laib Brot aus dem Ofen holte oder eine Kanne frischen Tee hinstellte. Die fünfundzwanzig Jahre Ehe hatten sie nur wenig altern lassen, und sie wirkte manchmal noch wie die junge Braut, die mein Vater zu seinen vielen Kindern als neue Mutter nach Hause gebracht hatte. Mein Vater saß still da, strich sich von Zeit zu Zeit bedächtig über den Ziegenbart, aber seine Hand zitterte leicht, und seine Augen glänzten feucht. Ich griff über den Tisch, streichelte seinen Arm, der so stark und fest war wie der eines jungen Mannes, und fragte: »Wie geht es dir, Vater?«

»Oh, es geht mir gut«, antwortete er. Und es schien zu stimmen. Obwohl mein Vater nun schon siebenundsechzig war, sah er zwanzig Jahre jünger aus. Sein Haar war noch voll und so hell, daß man kein Grau darin erkennen konnte, und er hatte den festen Gang eines Mannes im Vollbesitz seiner Kräfte.

»Du hast versucht, mit dem Güterzug zu fahren?« fragte er nun.

»Ja, das wollte ich. Wie sonst auch.«

»Dann hätten sie dich verhaftet«, sagte er. »Zwischen dem Sägewerk und Valea Uzului hält dieser Zug an der Grenze und wird von Grenzposten kontrolliert. Sie hätten sicher angenommen, daß du eine Spionin bist.«

»Aber wie kann ich eine Spionin sein? Ich wollte doch nur nach Hause.«

»Jeder, der versucht, die Grenze zu überqueren, ist für die Ungarn ein Spion. Niemand kommt von einer Seite zur anderen. Seit diese Grenze errichtet wurde, sind wir vom Dorf und vom restlichen Rumänien komplett abgeschnitten.«

»Dann können wir niemanden besuchen?« fragte ich.

»Nein, niemanden. Meine Familie darf ihr eigenes Zuhause nicht mehr besuchen. Meyer und Lottie, Louise und Bela, Berta und Morris, Herman und Tamara ... die Kinder. Wer weiß, wann wir sie wiedersehen werden.«

»Irgendwann wird der Krieg vorbei sein«, meinte meine Mutter und legte ihren Arm um ihn. »Sicher wird die Grenze dann geöffnet, wir werden alle wieder vereint sein. Aber jetzt laßt uns zu Bett gehen. Die Nachtruhe wird uns guttun, und die Welt sieht morgen früh viel besser aus.«

Die Welt sah am nächsten Morgen allerdings nicht besser aus, und das sollte sie auch für eine lange Zeit nicht tun. Esther, Zipporah und ich durften zwar noch ein Jahr mit unseren Eltern verbringen, die Familie als Ganzes sollte jedoch nie mehr zusammenkommen.

Selbst die Familienmitglieder, die auf unserer Seite der Grenze wohnten, konnten wir nicht sehen. Alle Juden in den Dörfern Siebenbürgens, die nun zu Ungarn gehörten, wurden aufgefordert, in größere Städte zu ziehen. Sie mußten sich eine Aufenthaltsgenehmigung für die ihnen zugeteilte Stadt besorgen und durften sie dann nicht mehr verlassen. Herman, Tamara und ihre drei Söhne sowie Eugen, Rosa und ihre fünf Kinder zogen allesamt aus unserem Nachbardorf in die Stadt Reghinul-Såsesc; Eugen und Rosa hatten zuvor Braşov verlassen, als Eugen aufgrund der Depression seine Anstellung in der Bank verlor und Herman ihm Arbeit in seinem Sägewerk verschaffen konnte. Wir erhielten immer noch Post von allen, auch von Shlomo und seiner Frau, aber das gab uns wenig Trost. Die Briefe waren von den Behörden zensiert und vermittelten uns nur noch mehr das Gefühl von Einsamkeit.

Obwohl ich den Frieden der ruhigen Tage und Nächte nach all dem Aufruhr in Bukarest sehr genoß, merkte ich bald, wie lang ein Tag wurde, wenn man nichts hatte, worauf man sich freuen konnte: keine Arbeit, keine Vergnügungen, keine Freunde. Es waren nicht einmal mehr Arbeiter im Werk. Als die Ungarn diesen Teil Siebenbürgens besetzten, wurde jeder Nichtjude binnen weniger Tage automatisch ungarischer Staatsbürger. Da die jungen Arbeiter im Werk aus verschiedenen Ländern stammten, kehrten die meisten von ihnen vor Schließung der Grenze in ihr Heimatland zurück. Nur ein paar ältere Juden, die mit ihren Familien hier waren, blieben, denn als Jude hatte man kein Heimatland, in das man fliehen konnte. Wir wurden also keine ungarischen Staatsbürger wie die anderen Rumänen, die in Siebenbürgen lebten. Kein Staat wollte uns haben, weder Rumänien noch Ungarn, und überall wurden wir als Ausländer angesehen. Plötzlich waren wir ein Volk ohne eigenes Land.

Die Zeit verstrich in quälendem Trübsinn. Etwa sechs

Monate lang ging mein Vater noch jeden Tag ins Sägewerk, um die Verladung der letzten Bestellungen zu beaufsichtigen. An manchen Tagen, wenn ich die endlosen, langweiligen Nachmittage im Haus nicht länger ertragen konnte, spazierte ich zum Werkshof hinüber. Die großen Sägen ruhten, kalt und schweigend. Die Luft stand still. Die Plätze, wo früher das aufgestapelte Holz gelegen hatte, waren leer.

Zipporah, Esther und ich versuchten, unsere Eltern zu trösten, so gut es ging. Eines Tages gab es eine überraschende Neuigkeit: die Arbeitseinheit nahm ganz in unserer Nähe eine neue Arbeit auf. Dieselben Männer, die ich im Oktober im Wald gesehen hatte, kamen wieder, um eine Straße um die Berge zu bauen. Zipporah war natürlich die erste, die sie bemerkte. Eines Spätnachmittags Anfang April kam sie plötzlich aufgeregt zum Haus gelaufen.

»Ihr werdet es nicht glauben!« rief sie.

»Was denn? Ist ein Wunder geschehen und die Grenze geöffnet?« erwiderte ich.

»Die Arbeitseinheit baut eine Straße ganz um den Berg herum.« Sie drehte sich mehrmals um sich selbst, bis ihr schwindelig wurde und sie aufhören mußte. Die tiefstehende Sonne leuchtete dabei in ihrem dunklen, wehenden Haar. »Die Männer werden monatelang ganz nahe bei unserem Haus sein. Es sind zweihundert Kilometer um den Berg herum. Ein Mann hat mir das gesagt.«

»Was für ein Mann?«

»Ach, ein Mann eben ... ein sehr gutaussehender Mann. Ich habe ihn zum Abendessen eingeladen.«

»Einfach so?«

»Einfach so.«

»Darf er denn kommen? Ich meine, werden die ungarischen Aufseher ihm erlauben, das Lager zu verlassen?«

»Er sagte, er dürfe ganz bestimmt kommen. Was soll ich nur anziehen? Ich habe überhaupt nichts Schönes zum Anziehen. Darf ich deine blaue Bluse nehmen? Oh, und ich muß mein Haar richten!« Sie lief in ihr Zimmer, noch ehe ich protestieren konnte.

Am Abend klopfte der junge Mann an unserer Tür und brachte noch einige andere Männer aus seiner Einheit mit. Mir fiel auf, daß Zipporah ein schönes junges Mädchen geworden war. Ihr Haar war sehr lang und glänzte durch das tägliche ausgiebige Bürsten, und ihr Gesicht hatte seine Kindlichkeit verloren. Sie bewegte sich wie eine große, schlanke Tänzerin, leichtfüßig und schnell, und war so lebhaft, daß alle jungen Männer sie ausnahmslos fasziniert beobachteten. Alle Stunde einmal wandte sich einer der Männer höflichkeitshalber auch mir zu und sagte etwas wie: »Das war aber ein kalter Winter, nicht wahr?«, doch ehe ich antworten konnte, lag sein Blick schon wieder auf Zipporah, und ich war vergessen.

Dennoch leisteten die Männer uns angenehme Gesellschaft. Meine Mutter freute sich ebenso wie wir auf die gemeinsamen Abende, denn nun hatte sie einen Grund, extra Kuchen oder Pasteten zu backen. Mein Vater sprach mit den Männern über Budapest, wo sie vor dem Krieg gelebt hatten, und auch ich erkundigte mich nach ihren Familien, ihrer Arbeit und ihren Ferien vor dem Krieg. Mit ihnen verging die Zeit viel schneller, und bald war es Sommer.

Doch dann zogen sie in einen anderen Teil Siebenbürgens, um dort eine Straße für die Armee zu bauen, und wir waren wieder allein. Allmählich schrumpften unsere Vorräte. Als das Sägewerk noch lief, hatte mein Vater ausreichend Geld verdient, um uns zu versorgen, aber jetzt hatten wir keine Einnahmequelle mehr. Aus der Speisekammer, die meine Mutter wie immer im Herbst aufgefüllt hatte, konnten wir uns den Frühling über versorgen, und danach wurde der Garten wieder bepflanzt, aber es gab nicht mehr so viel wie vorher.

An *Shavuot*, dem Wochenfest zur Feier der Übergabe der Gesetzestafeln, holten wir Blumen, Pflaumenzweige und Apfelblüten ins Haus, doch sie machten uns wenig Freude. Trotz des neu erwachenden Grüns schien die Welt immer grauer zu werden. Der Sommer verging ohne große Ereignisse, und als im Herbst *Yom Kippur* kam, waren unsere Hoffnungen weiter gesunken. Wieder ein langer, dunkler Winter, der vor uns lag. Es war, als trieben wir auf einer Eisscholle im einsamen arktischen Meer.

Eines frühen Morgens im Oktober 1941 wurde schlagartig alles anders. Lautes Klopfen ertönte an der Eingangstür und hörte nicht auf, während wir Mädchen uns unter den warmen Decken verkrochen und nicht auf den kalten Boden hinausspringen wollten. Dann hörten wir die schweren Schritte unseres Vaters, der in Stiefeln zur Tür eilte, und Stimmen. Ich lief zum Fenster, aber die Scheibe war zugefroren, so daß ich nichts sehen konnte. Als ich wieder ins Bett schlüpfen wollte, rief mein Vater die Treppe hinauf: »Seren! Seren! Komm herunter. Seren!« Mein Herz schien stillzustehen. Das laute Klopfen an der Tür konnte doch nichts mit mir zu tun haben!

Schnell zog ich ein Kleid, Strümpfe, Schuhe und einen warmen Pullover an und lief unfrisiert die Treppe hinunter. An der Haustür standen zwei große, kräftige Männer mit dunkelgrünen Uniformen und schwarzen Mützen mit hochragenden Straußenfedern – die ungarische Polizeiuniform. Einer der Männer hielt ein Gewehr mit Bajonett auf meinen Vater gerichtet. Ich erschrak. Da richtete der andere Mann sein Bajonett auf mich. Meine Mutter und meine Schwestern kamen gerade die Treppe herunter, als einer der Männer fragte: »Welche von ihnen ist Seren?«

»Diese hier«, antwortete mein Vater und zeigte auf mich.

»Wie alt sind die anderen Mädchen?«

»Sie sind noch Kinder, wie Sie sehen können.« Mit offenem Haar und in ihrem Nachthemd sah Zipporah tatsächlich noch sehr jung aus, und Esther schien nicht älter als zwölf.

»Dann kommen Sie und Seren mit uns. Sofort!«

Die Polizisten ritzten mit ihren Bajonetten schon fast unsere Hälse. Mein Vater und ich holten schnell unsere Mäntel und Schals und zogen sie in Windeseile über. Ich folgte meinem Vater hinaus. Die Männer blieben direkt hinter uns und dirigierten uns in die Mitte des Werkshofs. Kurze Zeit später wurden noch fünf weitere jüdische Männer und drei ihrer Töchter, die in der Nähe des Sägewerks lebten, auf die gleiche Weise in den Hof gescheucht.

Dann riefen die ungarischen Polizisten: »Marschiert! Los!«

Wir stellten uns in einer Reihe auf, die Männer vorn, die Töchter dahinter, und neben jedem ging ein Polizist her, der sein Bajonett auf dessen Brust richtete. Ich wagte kaum zu atmen. Ich wußte, daß meine Mutter und Schwestern beobachteten, was geschah, aber ich wagte nicht, sie anzublicken. War es so auch meiner Freundin Rachel in Bukarest ergangen, fragte ich mich. War auch sie abgeholt worden, ohne sich noch einmal verabschieden zu können?

Wir marschierten also im Gänsemarsch, die Polizisten neben uns, um den Berg herum. Alle paar Kilometer kamen wir an einer strohgedeckten Bauernhütte vorbei, aber niemand war zu sehen, niemand, der sich wundern konnte, wohin wir wohl gebracht wurden. Die Mittagszeit verstrich, und wir marschierten immer weiter.

Endlich, als es schon fast dunkel war und ich im Wald die Augen eines wilden Tieres aufleuchten sah, bekamen wir den Befehl, am Rande eines kleinen Bauernhofes stehenzubleiben. In einem der Fenster brannte eine Laterne, und ich stellte mir die warme Küche vor, das knisternde Feuer, einen Topf dampfend heißer Suppe. Zwei Polizisten klopften mit ihren Gewehren an die Tür, und der Bauer und seine Frau öffneten. »Schließt eure Scheune auf!« rief ein Polizist. Der alte Bauer kam in Hemdsärmeln heraus, schlurfte zur Scheune und schob das Tor auf.

»Rein mit euch! Alle!« befahlen die Polizisten. Wir gehorchten und drängten uns zwischen den Kuhställen und Futtertrögen zusammen. »Was habt ihr in eurer Bruchbude zu essen?« fragten die Polizisten den Bauern.

»Etwas Brot ... und Milch«, antwortete der Mann. Er war ärmlich gekleidet, seine Schuhe wurden durch Bindfäden zusammengehalten. »Nicht viel, fürchte ich.«

»Bringt alles her! Wir werden die Nacht in eurer Scheune verbringen. Und seht zu, daß ihr zum Frühstück etwas Anständiges besorgen könnt!«

Der Bauer und seine Frau brachten die Nahrungsmittel, und wir erhielten jeder ein kleines Stückchen Brot und eine Tasse Tee, nachdem die Polizisten sich selbst versorgt hatten. Dann wurde der Riegel wieder vor die Scheune geschoben, und die Polizisten hielten draußen Wache. Wir konnten hören, wie sie in der Dunkelheit auf und ab marschierten.

Unsere Väter beratschlagten sich flüsternd und suchten dann einen Schlafplatz, wo kein Kuhmist auf dem Boden lag. Einer fand frisches Stroh, und wir verteilten es leise, da wir Angst hatten, draußen in der Kälte schlafen zu müssen, falls wir Lärm machten. Mein Vater rief mich zu sich, und ich legte mich neben ihn, mit meinem Schal als Kopfkissen.

»Geht es dir gut?« flüsterte er.

»Ja«, antwortete ich.

»Ist dir kalt?«

»Nein, nur an den Füßen. Sie fühlen sich an wie Eisklumpen.«

»Komm, leg sie unter dem Stroh neben meine.« Bald wurde mir ein wenig wärmer.

»Was glaubst du, wohin sie uns bringen?« fragte ich ihn.

»Ich weiß nicht genau. Vielleicht in ein Arbeitslager. Vielleicht nirgendwohin. Es hat wohl etwas damit zu tun, daß wir so nahe an der Grenze wohnen.« Er hielt inne. »Vielleicht erfahren wir, was mit Eliezer geschehen ist.« Er machte wieder eine Pause und seufzte. »Ruh dich jetzt aus, Seren. Wir werden unsere Kraft für morgen brauchen.«

Ich schloß die Augen und fragte mich, ob meine Mutter jetzt wohl wach lag. Dann fiel ich in einen erschöpften Schlaf, während die Kühe in ihren Ställen raschelten.

Am nächsten Morgen wurden wir beim ersten Lichtschimmer von den Polizisten geweckt.

»Raus mit euch! Raus!« riefen sie. Wir bekamen ein Stück Brot mit Käse und eine Tasse heißes Wasser, das ein wenig nach Kaffee schmeckte. Nachdem wir jeder das Toilettenhäuschen benutzen durften, mußten wir uns wieder in einer Reihe aufstellen und weitermarschieren.

Der Tag verging wie der vorige. Wir schliefen in einer anderen Scheune und bekamen vom Bauern zu essen. Tag für Tag wanderten wir die Straße entlang, um die Karpaten herum, die steil in den kalten, grauen Oktoberhimmel aufragten. Eines der Mädchen, Ruth, bekam große Blasen an den Füßen, da sie keine festen Schuhe angezogen hatte. Sie humpelte, und ständig rannen ihr die Tränen über das Gesicht.

Schließlich, nach einer Woche, hatten wir die Berge umrundet und kamen in die neue Hauptstadt dieser Provinz, Miercurea-Ciuc. Ganze zweihundert Kilometer waren wir gelaufen. Die Straße führte in die Stadtmitte, und wir waren erleichtert, da unser Marsch im beißenden Wind nun bald ein Ende zu haben schien, fürchteten uns aber auch vor dem, was nun kommen mochte.

»Halt!« brüllte einer der Polizisten. Vor einem dreistöckigen Gebäude aus dicken grauen Ziegeln, dunkel vor Feuchtigkeit und Alter, blieb er so abrupt stehen, daß die Feder an seiner Mütze zitterte. Dort mußten wir zwei lange Stunden warten, während uns die Polizisten bewachten. Manchmal kam ein Passant vorbei, aber niemand sah uns an; alle gingen eilig und mit gesenktem Blick weiter.

Schließlich trat ein Polizist aus dem Gebäude und rief: »Bewegt euch! Hinein!« Wir kamen in einen langen dunklen Gang, der nach Feuchtigkeit und Moder roch. Das Gebäude war ein Gefängnis. Die Männer wurden in eine große Zelle gestoßen und die Tür verschlossen. Wir Mädchen mußten zu einer anderen Zelle am Ende des Ganges weitergehen. Sie schoben uns durch die Tür und verriegelten sie mit einem lauten Knall, der noch lange durch die Stille hallte.

9. Kapitel

Früh am nächsten Morgen, als wir noch schliefen, kam ein Wärter zu uns in die Zelle. Ruth, Mozelle, Leah und ich lagen zusammengekauert auf Strohmatten auf dem Boden. »Ruth Bergmann!« rief er. Sie erhob sich zitternd und zog vor Kälte die Schultern nach oben. Ruth war die größte von uns, aber als sie stand, wirkte sie wie ein kleines Kind, das sich in seinem langen Mantel versteckte.

Der Wärter schaute sie einen Augenblick lang schweigend und mit zusammengekniffenen Augen an, dann uns, dann sah er wieder zu Ruth. »Du wirst erwartet«, sagte er und führte sie hinaus. Wir hörten die beiden den Gang entlanggehen, an der Zelle mit unseren Vätern vorbei, um die Ecke, irgendwohin.

Eine Stunde später kamen sie zurück. Ruths Gesicht war rot und geschwollen, ihre Augen naß vor Tränen. Ohne uns anzusehen, hockte sie sich abseits von uns in eine Ecke und vergrub das Gesicht in den Händen. »Leah Handler!« rief der Wärter. »Du bist die nächste.« Leah klammerte sich an Mozelles Arm fest; die beiden waren Freundinnen und den ganzen Weg über immer zusammen gewesen. »Geh lieber«, flüsterte Mozelle, und Leah löste sich von ihr und verließ die Zelle, wobei sie eine Hand fest auf den Mund preßte.

Ich ging zu Ruth, die leise vor sich hin weinte. »Haben sie dir weh getan?« fragte ich.

Sie schüttelte den Kopf, ohne mich anzusehen.

»Haben sie deinem Vater weh getan?«

Diesmal antwortete sie nicht. Plötzlich bekam ich Angst, daß ihr Vater und alle unsere Väter mißhandelt würden.

»Ist es so?« fragte ich nochmals nach.

»Ich weiß nicht. Ich habe ihn nicht gesehen.« Sie begann zu schluchzen. Ich wußte nicht, was ich tun oder sagen sollte. Dann kam der Wärter mit Leah zurück, und noch ehe er meinen Namen sagte, wußte ich, daß nun ich an der Reihe war.

Ich folgte ihm den Gang entlang, wie die anderen es getan hatten, und warf einen kurzen Blick zu der Zelle unserer Väter hinüber. Doch die Tür war verschlossen und das Sichtfenster zugeschoben. Wir kamen in ein Zimmer mit einem kleinen, hölzernen Schreibtisch auf einer Seite und einem Metallstuhl in der Mitte. Sonst gab es nichts – keine weiteren Stühle, keine Schränke, keine Lampen. Sogar der Tisch war vollkommen leer. Der Wärter befahl mir, mich auf den Stuhl zu setzen, und schloß die Tür. Mir schien, daß ich eine sehr lange Zeit allein dasaß und wartete. Dann öffnete sich die Tür wieder, und zwei Polizisten kamen, schlugen die Tür zu und stellten sich rechts und links von meinem Stuhl auf.

»Wie heißt du?« fragte der auf der rechten Seite.

»Seren Tuvel.«

»Wo wohnst du?«

»Valea Uzului.«

»Falsch! Wo wohnst du?«

Ich sah zu ihm auf. Der Mann war ein ungarischer Polizist, ebenso wie die Männer, die uns verhaftet hatten. Er mußte also wissen, wo ich wohnte.

»Valea Uzului«, wiederholte ich, diesmal etwas lauter.

»Wo genau wohnst du?«

»In der Nähe von Valea Uzului ... beim Sägewerk in den Bergen.«

»Du wohnst in der Nähe der Grenze. Ist das korrekt?«

»Ja.«

»Tatsächlich wohnst du fast auf der Grenze.«

»Ja.«

»Und du wohnst dort schon seit einigen Jahren.«

»Ja.«

»Du bist Ausländerin, keine ungarische Staatsbürgerin.«

Der zweite Polizist, der bis eben ruhig gewesen war, beugte sich plötzlich vor und schrie mir ins Gesicht: »Du bist eine Spionin!«

Ich saß wie betäubt. Eine Spionin? Aber für wen? Ich war doch nie außer Landes gewesen.

»Gib's zu! Du bist eine Spionin!«

»Ich bin keine Spionin«, erwiderte ich ruhig und mit gesenktem Blick.

»Gib's zu!«

»Ich bin keine Spionin.« Ich hob den Kopf und sah ihn direkt an. »Ich weiß nicht, was Sie meinen.«

»Du bist eine dreckige Jüdin ... eine verdammte kommunistische Jüdin! Eine Verräterin!« fuhr der zweite Polizist fort.

»Du weißt ganz genau, was wir meinen! Du bist eine Kollaborateurin. Du lebst doch nicht einfach zum Spaß an der Grenze!« brüllte der erste Polizist. »Du wirst ein Papier unterschreiben und das zugeben.«

Ich sah von einem zum anderen und dann wieder auf meine Hände, die verkrampft auf meinem Schoß lagen. Ich wußte nicht, was ich antworten sollte. Die Befragung ging noch eine halbe Stunde so weiter, mit immer denselben Beschuldigungen, bis ich ganz benommen war. Fast kam es mir so vor, als könnte ich irgendwie von außen in den Raum und auf mich selbst sehen, wie ich mit gesenktem Kopf und geschlossenen Augen dasaß. Schließlich brüllte der erste Polizist: »Sieh mich an!« Ich hob den Blick zu ihm auf. »Wir sind noch nicht fertig mit dir. Du wirst deine Verbrechen zugeben! Du wirst bestraft werden!«

Er drehte sich um und ging, und der andere Polizist folgte ihm. Sofort kam der Wärter und brachte mich zu den anderen Mädchen zurück. Erleichtert, wieder bei ihnen zu sein, sank ich auf die Strohmatte.

Nachdem die Polizisten uns alle verhört hatten, kamen die Wärter in unsere Zelle, gaben uns Eimer und Wischmops und scheuchten uns auf die Straße. Zuerst gingen wir zum Bahnhof, wo die Reisenden uns neugierig anstarrten: ein Gruppe junger Frauen mit Schrubbern, Besen und Putzlumpen, begleitet von Soldaten mit blanken Bajonetten. Am liebsten hätte ich mich unter einer Bank verkrochen. Ich, die in Bukarest selbstbewußt durch die Straßen gelaufen war, zum Schneidersalon, zu meinen Aufträgen, die ich stolz auf meine Fähigkeit war, meine Kundinnen zu verschönern und glücklich zu machen, ging hier als Putzfrau, ja, als Kriminelle durch die Öffentlichkeit.

Wir vier Mädchen wurden zur Damentoilette geführt und mußten die Schüsseln und den Boden schrubben. Überall lag schmutziger Abfall, und Kakerlaken krabbelten aus jeder Ecke vor unsere Füße. Die Kloschüsseln starrten vor Dreck; während ich sie putzte, war ich ständig kurz davor, mich zu übergeben.

Vom Bahnhof marschierten wir zum Regierungsgebäude, wo wir weitere Toiletten und Fußböden schrubben mußten. Die Wärter blieben ständig bei uns und beobachteten jedes Wischen unserer Mops, jedes Schieben unserer Eimer. Als die Dämmerung hereinbrach und alle Toiletten und Fußböden sauber waren, brachten sie uns wieder in unsere Zelle und gaben uns das einzige Essen des Tages: eine Schüssel Brühe und ein Stückchen Brot.

Am nächsten Morgen wurde wiederum jede von uns einzeln abgeführt und in dem kleinen Zimmer verhört. Sie stellten dieselben Fragen und beharrten darauf, daß wir dieselben Verbrechen eingestanden. Der Nachmittag verlief wie der vorige; wir mußten wieder Toiletten und Fußböden schrubben. Als das die nächsten drei Tage so weiterging, begriff ich, daß die Ungarn uns anscheinend nicht so hemmungslos verfolgen konnten wie die Eiserne Garde. Während die Eiserne Garde die Juden ohne weiteres Zögern und ohne Grund eingesperrt und ermordet hatte, suchten die ungarischen Polizisten nach einem bestimmten Grund, uns zu verhaften, denn in Ungarn gab es viele Mischehen zwischen Nichtjuden und Juden, vor allem in Budapest, und selbst der Reichsverweser hatte eine jüdische Schwiegertochter. Die täglichen Verhöre sollten uns dazu bringen, daß wir uns als Verräter bekannten, damit sie einen Vorwand hatten, uns zu verfolgen.

Dann, am fünften Tag, brachten die Wachen uns nach dem Verhör keine Putzsachen. Es war Sonntag und die Büros, die wir geputzt hatten, nicht geöffnet. Am Nachmittag durften wir statt dessen eine Stunde lang in den Gefängnishof, wo ich meinen Vater zum erstenmal seit unserer Verhaftung wiedersah. Er saß mit den anderen Männern in der Sonne, und ich konnte deutlich die Veränderung erkennen, die in den wenigen Tagen mit ihm stattgefunden hatte: sein Bart und sein Haupthaar hatten weiße Strähnen bekommen, und er saß vornübergebeugt und mit hängenden Schultern. Als er mich sah, lächelte er.

»Seren«, sagte er.

»Hallo, Vater. Wie geht es dir?« fragte ich besorgt.

»Es geht mir ... gut. Und dir?«

»Auch gut.«

Ich setzte mich neben ihn, und wir sahen uns eine Weile nur an. »Stimmt das auch wirklich?« fragte er dann nach.

»Ja, wirklich.« Die Wärter waren, wie immer, auch da und marschierten mit ihren Gewehren auf und ab.

»Sie beschuldigen uns ...«, flüsterte ich.

»Ja, ich weiß«, flüsterte er zurück, ehe ich den Satz beenden konnte.

»Wart ihr auch am Bahnhof?«

»Nein, wir mußten die Straßen fegen«, antwortete er.

Den Rest der Stunde saßen wir einfach nur da, hielten uns an den Händen und träumten jeder für sich von zu Hause, von Esther und Zipporah, von meiner Mutter. Dann wurden wir wieder in unsere Zellen gebracht.

Eine weitere Woche verging, und die Tage verschmolzen zu ständigen Verhören, ständigem Putzen im Bahnhof und im Regierungsgebäude und erschöpftem Ausruhen in der Zelle. Jeden Tag wurden mir immer wieder dieselben Fragen gestellt. Jeden Tag wurde ich aufgefordert, mich als Spionin zu bekennen. Obwohl ich nichts gestehen wollte, das ich nicht getan hatte, wußte ich auch nicht, wie ich etwas hätte unterschreiben sollen, denn nie wurde mir auch nur irgendein Dokument gezeigt.

Eines Morgens, als ich wieder auf dem metallenen Verhörstuhl saß und zu begreifen versuchte, was für ein Verbrechen ich angeblich begangen haben sollte, nahm ich aus dem Augenwinkel eine schnelle Bewegung wahr, und ehe ich zusammenzucken konnte, spürte ich auf der Wange so etwas wie eine Explosion. Noch nie hatte ich einen so heftigen Schmerz verspürt. Mein ganzer Körper schien nur noch aus meinem Kopf zu bestehen, aus dem sich der Schmerz ausbreitete und alle anderen Empfindungen verdrängte. Dann spürte ich, daß etwas Warmes meine Wange hinunterrann, und berührte sie vorsichtig. Meine Hand war rot – Blut.

Dann folgte ein neuer Schmerz, diesmal an meiner Schulter. Alle paar Sekunden drang ein lautes Brüllen durch die stechenden Schmerzen, und schließlich merkte ich, daß die Männer mich immer wieder anschrien. Einer von ihnen griff in mein langes Haar, wickelte es sich um die Hand und zog so fest daran, daß ich dachte, er würde mir die Haut vom Kopf reißen. Irgendwann ließ er los, und ich sackte auf dem Boden zusammen. Ein Polizist trat mich mit seinem spitzen Stiefel in die Seite und brüllte: »Raus mit dir! Raus mit dir!« Ich stolperte zurück in unsere Zelle.

Am Nachmittag wurden wir wieder auf die Straße gescheucht. Die Passanten hatten sich mittlerweile an unseren Anblick gewöhnt, denn wir waren seit fast zwei Wochen wie Kriminelle herumgeführt worden, doch diesmal sahen sie mich an, als wäre ich plötzlich aus dem Nichts aufgetaucht. Ein Mann, der wie ein Geschäftsmann im schwarzen Anzug gekleidet war, kam auf mich zu und blieb stehen, als er meine geschwollene und verletzte Wange sah. Als er weiterging, spürte ich plötzlich etwas Feuchtes, Schleimiges auf der Backe. Während ich mir die Spucke abwischte, kam eine Gruppe lärmender und lachender Schulkinder vorbei. Die Bajonette der Soldaten faszinierten sie, und ein oder zwei kamen zurückgelaufen, um uns noch einmal anzusehen. Ein alter Mann schlurfte vorbei und keifte: »Verdammte Drecksjuden. Aus dem Weg mit euch!« Da trat einer der Schuljungen Mozelle gegen das Schienbein, und als sie aufschrie, warf er einen

Blick auf den Wachposten, der sich jedoch abwandte. Da trat der Junge sie schnell noch einmal und lief weg, wobei er immer wieder »Drecksjuden, Drecksjuden« sang.

Endlich war wieder Sonntag, und ich konnte meinen Vater sehen. Die ganze Woche lang war ich immer wieder geschlagen und an den Haaren gezogen worden, und einmal war die Haut hinter meinem Ohr gerissen und das Blut meinen Hals entlanggelaufen. Jetzt sah ich meinen Vater auf einer Bank neben Reuben Handler sitzen und konnte nicht glauben, daß es mein Vater war. Sein Haupthaar und sein Bart waren ganz und gar weiß geworden, und er saß zusammengekrümmt wie ein Greis. Ich starrte ihn eine Weile aus der Ferne an, dann ging ich zu ihm, lächelte, setzte mich neben ihn und nahm seine Hände fest in meine.

»Ein schöner Tag heute«, sagte ich.

»Ja«, erwiderte er leise.

»Die Sonne ist warm.«

»O ja.«

»Ich bin so froh, dich zu sehen.«

»Danke.« Er schwieg und sah mich an. Das strahlende Blau seiner Augen, sonst klar wie der Himmel über den Bergen nach einem Regen, sah ganz blaß und verwaschen aus. »Wie geht es dir, Seren?«

»Ach, ganz gut. Ich komme schon klar.« Ich sagte nichts über seine Veränderung, seinen Verfall. So saßen wir beisammen, seine Hände in meinen, und genossen schweigend die Nähe des anderen, so lange es uns erlaubt war.

Am nächsten Morgen, als ich wieder ins Verhörzimmer gebracht wurde, war ein Soldat da, in einer fremden Uniform, die aussah wie von der Eisernen Garde: hohe schwarze Stiefel, in denen die steife Hose steckte; ein schwarzer Gürtel über einer Militärjacke; eine dunkle, schrägsitzende Kappe mit einem Adler und diesem Hakenkreuz darauf. Er sprach mit den Polizisten auf deutsch und sagte: »Laßt mich allein mit ihr! Ich werde schon mit ihr fertig.« Die anderen Männer gingen hinaus, und sofort fing er an, auf deutsch auf mich einzubrüllen. Ich hatte die Sprache in der Schule gelernt und verstand die Bedeutung der Worte, aber trotzdem konnte ich nicht begreifen, was er von mir wollte.

»Du bist eine Spionin. Gib's zu! Sofort!« verlangte er.

Ich saß nur da und überlegte, was ich sagen sollte.

»Gib's zu!« brüllte er wieder und schlug mich auf die Schulter.

»Ich weiß nicht, wann ich eine Spionin gewesen sein soll. Ich weiß nicht, was ich zugeben soll«, sagte ich leise.

»Spiel hier keine Spielchen mit mir! Vor dir steht ein Offizier des Dritten Reiches, und ich werde all die Lügen, die du den dummen ungarischen Polizisten erzählt hast, nicht dulden. Hast du verstanden?«

Er hielt inne und wartete auf eine Antwort. Dann schlug er mich erneut. »Hast du verstanden?«

»Ja«, sagte ich.

»Gut. Man hat mich vor dir gewarnt. Du bist die schlimmste dieses ganzen stinkenden Packs. Du hast nicht nur auf der Grenze gelebt, bist nicht nur eine Spionin für unsere russischen kommunistischen Feinde, sondern hast die Grenze auch überquert. Du bist vor einem Jahr illegal in Ungarn eingedrungen. Du bist als Spionin aus Bukarest gekommen und hast dich über die Grenze geschlichen. Du arbeitest für die kapitalistischen, kommunistischen Teufel, die die Welt in ihrem gottlosen Atheismus übernehmen wollen. Es gibt nichts Schlimmeres als einen gemeinen Juden, einen Christusmörder, der nicht nur Gott, sondern auch sein Land verraten hat!« Auf diese Weise brüllte er immer weiter, immer wieder dasselbe und marschierte vor mir auf und ab, über eine Stunde lang. Ich versuchte, nicht hinzuhören, aber ich verstand trotzdem all seine Worte; sie hallten durch meinen Kopf wie Hammerschläge, und ich konnte sie nicht verdrängen.

Schließlich hörte die Tirade auf, hörte das Marschieren auf. Ich sah ihn an. Da fiel er über mich her, schlug mit beiden Fäusten in mein Gesicht, traf meine Augen, meine Wangen, meinen Kiefer, und bei jedem Schlag stieß er wüste Beschimpfungen aus. Ich versuchte, die Arme vors Gesicht zu heben, aber er stieß sie weg und hielt sie hinter meinem Rücken fest, während er mit der anderen Hand weiter auf mich einschlug. Dann wurde ich bewußtlos und hörte nur noch die Worte »Du wirst erschossen. Erschossen!« in einem endlos langen, dunklen Tunnel verhallen.

Als ich wieder zu mir kam, lag ich im Dunkeln auf dem Boden. Mein Kopf schmerzte so stark, daß ich ihn nicht anheben konnte. Ich merkte, daß ich nicht bei den anderen Mädchen in unserer Zelle lag, aber ich wußte nicht, wo ich war, wie spät es war oder ob wir noch denselben Tag hatten. Dann muß ich wieder eingeschlafen sein, denn als ich mich das nächste Mal umsah, fiel ein schwacher Lichtschimmer durch ein kleines Fenster oben an der Wand der winzigen Zelle. Als ich den Kopf hob, fing der Raum an, sich zu drehen, und meine Schläfen pochten. Ich verlor das Bewußtsein.

Als ich wieder erwachte, hatte der Schmerz in meinem Kopf etwas nachgelassen, und ich konnte mich aufsetzen, ohne daß mir sofort wieder schwindelig wurde. Ein Auge konnte ich jedoch nicht öffnen. Ich kroch zum Fenster und blickte mit dem anderen Auge hinaus. Vor mir lag der Gefängnishof, und Schnee fiel auf die Bänke, wo mein Vater und ich zusammengesessen hatten. Ich war im Keller des Gefängnisses. Vorsichtig tastete ich mich an der Wand entlang, einmal um die Zelle, und entdeckte eine Matratze auf dem Boden, eine Kloschüssel, ein Waschbecken und einen kleinen Metallspiegel. Ich sah hinein. Ein aufgedunsener Fleischklumpen starrte zurück, rot, mit offenen Wunden, ein Auge rot marmoriert, das andere vollkommen zugeschwollen. Tränen stiegen in mir auf, doch weinen konnte ich nicht.

Zwei Wochen lang blieb ich in dieser Zelle eingesperrt. Jeden Abend schob ein Wärter mir wortlos mein Essen hin. Ich zählte die Tage, sah das Licht kommen und gehen, den Schnee lautlos niedersinken, schlief und hatte schreckliche Angst, daß ich dort niemals wieder hinauskommen, niemals meine Mutter und meinen Vater wiedersehen würde.

Dann, eines Nachmittags, hörte ich ein quietschendes Geräusch im Gefängnishof. Es kam von einer Wasserpumpe in der Nähe meines Fensters, und ich sah Herrn Bergmann den Schwengel bedienen. Die anderen Männer schlurften langsam darauf zu und zogen ihre Hemden aus. Anscheinend war Sonntag, und die Gefangenen durften sich waschen. Da kam mein Vater an meinem Fenster vorbei. Sein Rücken war geschwollen, blau und voller Striemen vom Hals bis zur Hüfte. Getrocknetes Blut klebte an jeder eiternden Wunde. Er ging noch gebeugter als das letzte Mal, und sein Gesicht war schmal, die Wangen eingefallen. »Oh, Vater«, flüsterte ich, und die Tränen liefen mir in Strömen über das Gesicht.

Am nächsten Morgen öffnete ein Wärter die Zellentür und befahl mir, ihm zu folgen. *Entweder werde ich wieder geschlagen, weil mein Gesicht inzwischen fast verheilt ist, oder ich werde erschossen*, dachte ich. Aber ich wurde zurück in unsere gemeinsame Zelle geführt, wo man uns sagte, daß wir alle in ein Gefängnis in Budapest verlegt würden. Vorher jedoch sollten wir Mädchen noch einmal nach Hause gebracht werden und unseren Familien beim Umzug helfen, da sie nicht länger an der Grenze leben durften.

»Oh, Seren«, rief Mozelle, sobald der Wachmann uns allein ließ, »wir dachten, du wärst tot.«

»Nein, ich lebe noch!« erwiderte ich und lachte, hörte aber sofort auf, als meine Wange wieder zu schmerzen begann.

»Warum dürfen nur wir Mädchen zurück nach Hause?« wollte Mozelle wissen. »Warum können unsere Väter nicht mitkommen?«

»Habt ihr sie nicht gesehen?« fragte ich zurück. »Sie wollen bestimmt nicht, daß irgend jemand sieht, wie sie unsere Väter geschlagen haben.«

»Aber wo sollen unsere Familien hinziehen?« fragte Leah. »Wir haben keine Erlaubnis, uns irgendwo niederzulassen.«

»Wir müssen uns eben etwas einfallen lassen«, meinte ich.

Wir vier Mädchen machten uns also wieder auf den langen Weg zurück nach Valea Uzului, begleitet von denselben Polizisten, die uns einen Monat zuvor von dort weggeholt hatten. Inzwischen war es Ende November und bitterkalt. Wir hatten vierzehn Tage Zeit, um nach Hause zu gelangen, ein neues Heim für unsere Familien zu finden und wieder zum Gefängnis in Miercurea-Ciuc zurückzukehren. Falls wir dort nach Ablauf dieser Zeit nicht erschienen, würde ein Haftbefehl auf uns ausgestellt werden, und jeder Polizist hätte das Recht, uns zu erschießen. Wir hasteten voran, übernachteten wieder in Scheunen und Schuppen und waren nach fünf Tagen nur noch wenige Kilometer von Valea Uzului entfernt. Am letzten Bauernhof beschlagnahmten die Polizisten Pferd und Wagen für den Umzug unserer Familien. Am Sägewerk entließen sie uns dann, jedoch nicht ohne ein weiteres Mal auf die gesetzte Frist hinzuweisen.

Sobald die Polizisten fort waren, lief ich zu unserem Haus und riß die Tür auf. Meine Mutter stand am Herd und rührte gedankenverloren in einem Topf. Als sie die Tür hörte, blickte sie auf. »Du!« rief sie aus, lief zu mir und nahm mich fest in die Arme. »Wo ist dein Vater? Geht es ihm gut? Wo ist er?«

»Er ist im Gefängnis ... in Miercurea-Ciuc«, erwiderte ich. »Auch ich bin dort gewesen.«

»Geht es ihm gut?«

»Er ist ...«

»Geht es ihm gut? Sag es mir!«

»Er konnte nicht kommen. Sie haben ihn nicht gehen lassen. Aber es geht ihm gut – er ist ein wenig verletzt, aber sonst geht es ihm gut.«

Sie fing an zu weinen und zog mich wieder an sich. Ich konnte ihr nicht erzählen, daß sie uns geschlagen hatten, daß mein Vater fast über Nacht ein verhärmter alter Mann geworden war. Vielleicht spürte sie so etwas, denn sie weinte lange Zeit in meinen Armen. Dann richtete sie sich auf und sagte: »Wie lange kannst du bleiben? Bist du jetzt frei?«

»Nein, ich kann nur kurze Zeit bleiben. Ende nächster Woche muß ich wieder zurück sein.«

»Warum haben sie dich gehen lassen?«

»Um euch beim Umzug zu helfen. Wir dürfen hier nicht mehr wohnen bleiben.«

»O nein! Nicht das auch noch!« Meine Mutter warf einen Blick durch die Küche, in der all ihre vertrauten schwarzen Töpfe auf dem Ofen standen und der lange

Tisch, an dem wir an so manchem fröhlichen Feiertag zusammengesessen hatten. »Aber wo sollen wir hin?« wollte sie wissen. »Wir dürfen doch nirgends wohnen.«

»Wir müssen uns eben irgendwie eine Erlaubnis beschaffen. Vielleicht in Reghinul-Såsesc, wo Herman und Tamara und Eugen und Rosa wohnen. Wie findest du die Idee? Es wäre nicht ganz so schlimm, wenn du bei ihnen leben könntest.«

»Nein, nein ... das wäre nicht so schlimm. Aber mein Haus ... Kommt das, weil wir so nahe an der Grenze wohnen?«

»So haben sie es gesagt.«

»Ach, Seren! Glaubst du, wir dürfen jemals wieder hierher zurückkehren? Hast du irgend etwas vom Krieg gehört?«

»Einmal habe ich gehört, wie die Wärter miteinander sprachen. Sie meinten, es gäbe Pläne, alle Juden auszusiedeln, auf die Insel Madagaskar. Vielleicht werden wir irgendwann alle dort landen. Vielleicht werden wir nach dem Krieg wieder alle vereint sein.«

»Ja, vielleicht. Aber trotzdem ... Tja, wir können nur das Beste hoffen. Etwas anderes bleibt uns nicht übrig. Jetzt sagen wir lieber Esther und Zipporah Bescheid und fangen an zu packen.«

Am nächsten Morgen führten wir Pferd und Wagen von Haus zu Haus und luden überall nur ein oder zwei Kisten und einen Korb auf, denn es waren sechs Familien, die umziehen mußten.

Schließlich konnten wir die lange Reise durch die Berge antreten. Wir hatten vor, mit Pferd und Wagen nach Miercurea-Ciuc zu gehen, um die Männer im Gefängnis zu besuchen. Von dort aus würde jede Familie ihren eigenen Weg gehen.

Am frühen Nachmittag brachen wir auf. Ira Bergmanns Frau saß mit ihren zwei kleinen Töchtern auf dem Kutschbock und hielt die Zügel fest in den Händen, während das Pferd langsam vorwärtszuckelte; hinter ihr saß die alte Frau Stern eingemummelt auf einem großen Holzstuhl, während die schmächtige Frau von Samuel Mosheh auf einem Stapel Decken lag. Hinter ihnen standen die Kisten, die Weidenkörbe, die verschnürten Bündel, und ganz hinten lag ein Nest aus Kissen und Decken für die kleinen Kinder, die nach einigen Kilometern zu weinen begannen und reiten wollten und sich einbildeten, sie wären noch immer zu Hause in ihren warmen Betten.

Meine Mutter blieb zunächst alle paar Meter stehen und blickte zu unserem Haus und dem Sägewerk zurück, bis es schließlich in weiter Ferne hinter einer Wegbiegung verschwand.

Die Reise war langsam und beschwerlich; wir mußten häufig anhalten und ausruhen, ein weinendes Kind beruhigen, Wasser und Nahrung suchen. Geld hatten wir nur sehr wenig dabei – das Geld, das unsere Väter gespart und auf rumänische Banken gebracht hatten, war für immer verloren. Wir bezahlten für Essen und für unsere Übernachtungen in Scheunen. Als alles Geld ausgegeben war, tauschten wir Familienschmuck ein. Vor unserem Aufbruch hatte meine Mutter mir ihren Smaragdring gegeben, den ich an einer Kette unter meinem Kleid trug. Allen anderen Schmuck, den mein Vater ihr geschenkt hatte, trug sie in einem Seidentäschchen bei sich. An einem Bauernhof gab sie eine Silberkette für Essen, an einem anderen einen goldenen Ring.

Hin und wieder fiel schon Schnee, und der Wind trieb die Flocken zu Schneewehen zusammen, die das Pferd nur mühsam durchqueren konnte. Wir halfen ihm dabei; die

Frauen schoben den Wagen an den Seiten, wir Mädchen von hinten, bis wir es geschafft hatten und die nächste Schneewehe vor uns lag. Wir schoben und ruhten, ruhten und schoben, die kleinen Kinder kletterten auf den Wagen, um zu schlafen, dann wieder hinunter, um an der Hand ihrer Mutter zu laufen. Zipporah stapfte erst neben einem, dann einem anderen Mädchen her und plapperte die ganze Zeit. Schwerer war es für Esther, die als Jüngste der Familie immer ein wenig verwöhnt worden war. Sie hatte morgens immer lange schlafen dürfen und nur wenig im Haushalt helfen müssen – jetzt schlief sie in einem kalten Stall und bekam nicht einmal eine Tasse Tee. Dafür besaß Esther einen Liebreiz, der Zipporah abging, und mit ihrem lieben Lächeln und schweigsamen Erdulden mochte ich sie noch lieber als sonst.

Endlich erreichten wir Miercurea-Ciuc und hasteten durch die Straßen, die mein Vater und die anderen Männer jeden Tag kehren mußten. Die Frauen hofften natürlich, ihre Männer sehen zu können, aber am Gefängnis sagte man uns, daß dies unmöglich sei, und wenn wir nicht sofort eine Unterkunft fänden, würde man uns alle einsperren. So blieb uns nichts anders übrig, als in den nächsten Zug nach Reghinul-Såsesc zu steigen in der Hoffnung, daß Herman oder Eugen Aufenthaltsgenehmigungen beschaffen könnten. Die anderen Familien fuhren in andere Städte, zu anderen Verwandten, aber mit demselben Ziel – ein Bett, einen Ofen, ein einfaches Zimmer zu bekommen, wo niemand sagte: »Ihr seid hier nicht willkommen!«

Als der Zug am Bahnhof hielt, ließ ich meine Mutter und meine Schwestern erst einmal dort stehen und lief durch die Straßen, um Herman ausfindig zu machen; er war in der Stadt sicher gut bekannt, da er ein freundlicher und hilfsbereiter Mensch war und sicher viele Freunde hatte. Und tatsächlich erfuhr ich bald, in welchem Gebäude und unter welcher Wohnungsnummer er wohnte. Gemeinsam suchten wir es auf – es war ein altes Gemäuer aus Ziegelsteinen, das von vielen der gleichen Art umgeben war. Kurz vor Hermans Wohnungstür zögerten wir jedoch.

»Was, wenn es doch nicht die richtige Wohnung ist?« meinte Esther. »Vielleicht werden wir eingesperrt, wenn wir jemanden stören.«

»Jetzt sind wir schon hier. Wir müssen es riskieren und anklopfen«, entgegnete ich. »Ich weiß nicht, was wir sonst tun sollen.«

Da sagte meine Mutter: »Hört doch nur! Hört!« Und durch das Brausen der Autos auf der Straße hindurch, durch das Gezwitscher der Vögel auf dem Dach, konnten wir die Klänge einer Gitarre hören und eine klare, kräftige Stimme.

»Das ist Tamara!« rief Zipporah.

»Ja, das ist Tamara«, bestätigte meine Mutter und lächelte zum ersten Mal, seit wir unser Haus verlassen hatten.

Noch aber waren unsere Probleme nicht gelöst. Meine Mutter und meine Schwestern brauchten amtliche Genehmigungen, daß sie bei Herman und Tamara oder Rosa und Eugen bleiben konnten, aber auch damit hatten sie kaum einen Platz für sich. Herman und Tamara wohnten mit ihren drei fast erwachsenen Söhnen Miksha, Ernie und Joseph in einem Zimmer mit kleiner Küche. Eugen und Rosa hatten im selben Gebäude mit ihren fünf Kindern sogar noch weniger Raum zur Verfügung. Alle sieben – die Eltern, die fünfzehnjährige Emma, der vierzehnjährige

Alfred, die dreizehnjährige Magda und noch zwei kleine Mädchen – schliefen, aßen, nähten, lasen und spielten in einem einzigen Raum.

Wir beschlossen, daß meine Mutter bei Rosa und Eugen blieb, um ihnen mit den Kindern zu helfen. Zipporah sollte bei Herman und Tamara wohnen und Esther zu Shlomo nach Satu-Mare gebracht werden, so daß jede Familie nur eine Person aufnehmen mußte.

An jenem Abend kam Herman aus dem Sägewerk außerhalb der Stadt zurück, wo er und Eugen Arbeit gefunden hatten. Er war fröhlich und ausgelassen und begrüßte uns, als hätte er einen Palast anzubieten statt einer kleinen Zimmerecke.

»Ich werde Aufenthaltsgenehmigungen für dich und Zipporah bekommen«, versicherte er meiner Mutter. »Mach dir keine Sorgen. Alles wird gut werden!«

Er war groß und kräftig und schlank wie eine Tanne, und mich überkam große Trauer bei der Erinnerung daran, daß unser Vater einmal ganz genauso ausgesehen hatte.

Am nächsten Tag brachte Herman, wie versprochen, die Genehmigungen nach Hause. Ich habe keine Ahnung, wie er das fertigbrachte, denn die Behörden stellten sicher nichts mehr für Juden aus. Esther und ich gingen zum Bahnhof, wo ich mit ihr auf den Zug nach Satu-Mare wartete.

»Was ist, wenn Shlomo und seine Frau mich nicht aufnehmen wollen?« fragte sie.

»Wieso sollten sie dich nicht wollen? Du bist ihre Verwandte. Außerdem haben Shlomo und Zipporah sich nie so richtig verstanden, sondern immer nur gestritten. Dich aber mochte er immer gern. Und wer sollte dich nicht mögen?« versuchte ich sie aufzumuntern und hob die Hand, um ihre Wange zu streicheln, denn sie war größer als ich.

Sie lächelte zaghaft. »Wirst du mir schreiben?«

»Natürlich.«

Sie winkte mir aus dem geöffneten Abteilfenster zu. Während ich auf den Zug wartete, der mich zurück zu meinem Vater, zurück ins Gefängnis bringen würde, hatte ich dieses Bild lange vor Augen – ihre Hand, die langsam auf und ab winkte, bis sie nur noch ein kleiner Fleck am langen schwarzen Zug war, der in die Ferne entschwand.

10. Kapitel

Drei Tage später wurden mein Vater, ich und die anderen acht vom Sägewerk aus dem Gefängnis in einen Zug nach Budapest gebracht. Es war mittlerweile Anfang Dezember, und ein eisiger Wind drang durch die Fensterritzen. Obwohl wir gegen die Kälte ankämpften und immer wieder fest mit den Füßen aufstampften, die Finger in unseren Handschuhen bewegten und die Mäntel fest um den Körper zogen, wurde uns nicht warm. Auch die schmalen, harten Bänke ohne Kissen waren kalt und unbequem.

Da ich schon oft Zug gefahren war, hatte ich mir vorstellen können, was uns erwartete, und für meinen Vater ein Kissen mitgebracht. Ich wußte, daß er zu groß war, um sich wie die anderen auf einer Bank zusammenzurollen.

»Hier, Vater«, sagte ich, »das habe ich dir mitgebracht.«

Er öffnete die Augen und sah mich eindringlich an, als wollte er fragen: *Hast du denn die Wunden auf meinem Rücken gesehen, die ich so sorgsam vor dir versteckt gehalten habe?*

»Ich will, daß du es bequem hast«, sagte ich schnell. »Ich brauche kein Kissen.«

»Danke, Seren«, flüsterte er. Dann legte er sich zurück, das weiße Haar fiel ihm ins Gesicht, und er stöhnte: »Ich werde alt … so alt …«

Ich nahm seine Hand, setzte mich stumm neben ihn und beobachtete die vorbeiziehenden Felder.

Acht Tage lang reisten wir durch Siebenbürgen. Jeden Nachmittag oder frühen Abend fuhr der Zug in eine Stadt ein, verlangsamte und hielt am Bahnhof. Es war immer dasselbe, nur die wechselnden Städtenamen zeigten uns, daß wir uns immer weiter vom Rest unserer Familien entfernten, ohne zu wissen, ob wir sie jemals wiedersehen würden. Jedesmal, wenn wir in eine neue Stadt kamen, wurden wir der örtlichen Polizei übergeben, die uns für ein paar Stunden oder die Nacht über in Gewahrsam nahm.

Wir zehn Gefangenen redeten nicht viel; es saßen noch andere, nichtjüdische Passagiere im Zug, und jeder von uns hing lieber seinen eigenen Gedanken nach und scheute sich, die Ängste auszusprechen, die ihm durch den Kopf gingen. Ein- oder zweimal versuchte ich, ein paar Worte mit Nehamias zu wechseln, dem Arzt, der bei meinen Besuchen zu Hause immer nett zu mir gewesen war. Jetzt saß er allein da, ohne seine Frau und seine kleinen Kinder, die er hatte zurücklassen müssen, und war oft reglos in den Anblick seiner Hände versunken. Ich hatte sie auch einige Male kurz angesehen, wenn ich dachte, er würde es nicht merken. Sie waren dunkelrot verfärbt, von glänzenden rosa Flecken bedeckt und die Finger steif und verkrümmt.

Eines Tages sprach er mich plötzlich an, so als wäre ich ihm eben im Traum erschienen. »Wußtest du, daß jedes Land seine eigene Foltermethode hat?« fragte er leise und ganz bedächtig.

Ich sah ihn an und wußte, daß er ebenso gelitten haben mußte wie mein Vater.

»Die Chinesen haben die Wasserfolter, die Franzosen die Streckbank. Weißt du, was die Ungarn mit einem machen?«

Ich schüttelte den Kopf.

»Sie legen ein Ei in kochendes Wasser und lassen es darin, bis es nicht mehr heißer werden kann. Dann legen sie das Ei in deine Hand. Sie schließen die Hand darüber und halten sie geschlossen, während die Hitze sich mit einem einzigen langen Brennen ins Fleisch bohrt. Wenn das Ei abgekühlt ist, legen sie es wieder ins kochende Wasser und wiederholen das Ganze mit der anderen Hand. Wenn die Hände irgendwann so verbrannt sind, daß sie sich nicht mehr öffnen lassen, legen sie das kochendheiße Ei unter deine Achselhöhlen.«

Er hielt abrupt inne und schloß die Augen. Seine ruhelosen Hände zitterten noch im Schlaf.

Acht Tage, nachdem wir Miercurea-Ciuc verlassen hatten, erreichte der Zug die alte Grenze zwischen Ungarn und Siebenbürgen. Wir wurden der ungarischen Polizei übergeben, die uns den Rest des Wegs bis Budapest begleiten sollte. Während die anderen Mädchen und ich vorher immer gemeinsam in einem großen Raum untergebracht worden waren, steckte man uns jetzt in einzelne Zellen. Ich verstand erst nicht, warum wir so isoliert wurden, aber dann fiel mir ein, daß die Polizisten, die uns bewacht hatten, nicht vor dem Morgen wieder aufbrechen würden. Und ich hatte mitbekommen, wie sie uns Mädchen während der Fahrt immer angestarrt hatten. Es waren alte, fette, widerliche Männer.

In der Nacht entkleidete ich mich nicht und legte mich auch nicht schlafen, sondern saß stundenlang auf meinem Bett und lauschte. Dann, lange nach Mitternacht, hörte ich schwere Schritte auf meine Tür zukommen und das Klirren eines Schlüsselbunds. Schnell lief ich zum Fenster, das seltsamerweise nicht verschlossen war, und sprang aus dem ersten Stock hinunter. Ich landete auf den Füßen, verlor das Gleichgewicht und schürfte mir beim Umfallen auf dem harten Zement das Bein auf. Ich entdeckte, daß ich ganz in der Nähe des Kohlenschachts gelandet war, der in den Keller des Gebäudes führte, rutschte hinunter auf einen Haufen Kohle und konnte in der pechschwarzen Dunkelheit nichts sehen und hören – nur das wilde Klopfen meines Herzens. Als ich schließlich sicher war, daß ich nicht verfolgt wurde, rollte ich mich auf der Kohle zusammen und schlief.

Am nächsten Morgen suchten die Wärter nach mir und fanden mich verdreckt und durchgefroren auf der Kohle liegen. Die Polizisten waren fort. Ich weiß nicht, was Ruth, Mozelle und Leah in jener Nacht zustieß; ich fragte sie nie, und sie sagten auch nichts. Keine von uns konnte unser Schicksal verhindern, aber zumindest konnte jede den anderen die zusätzliche Last des eigenen Leidens ersparen.

Schon den ersten Teil unserer Reise hatten wir für unerträglich gehalten, doch bald mußten wir feststellen, daß die Weiterreise sogar noch beschwerlicher wurde. Wenn die Siebenbürgener uns auch verachteten und jeden Kontakt mieden, schienen sie uns doch nicht unbedingt zu hassen. Bei den Ungarn war das anders.

Wir wurden in einen Waggon vorne im Zug gesteckt, der keine Toilette hatte. Wenn einer von uns auf die Toilette gehen wollte, mußten wir alle zehn zusammen gehen. Die Wärter führten uns durch den ganzen Zug, an allen Passagieren vorbei, bis zur Toilette im letzten Waggon. Wenn wir an den anderen Fahrgästen vorbeikamen, traten sie uns, spuckten uns ins Gesicht, schlugen uns auf den Rücken und riefen: »Schmutzige Juden! Verdammtes, dreckiges Judenpack!«

In jedem Waggon war es dasselbe, auf dem Weg nach hinten und auf dem Weg zurück, Tag für Tag, bis meine Beine ganz blau und mein Gesicht voll angetrockneter Spucke war.

Einer der schlimmsten Folterknechte war eine Ungarin, die wohl kurz vor der Entbindung stand; ihr Bauch wölbte sich dick unter ihrem Mantel hervor. Immer wenn wir an ihr vorbeikamen, hob sie ihre zwei kleinen Kinder auf die Arme. Das kleine Mädchen spuckte uns an, und der Junge trat mit den Füßen nach uns. Die Mutter feuerte sie dabei an und schrie: »Abschaum! Abschaum! Abschaum!«

Der Zug rollte über die weiten Ebenen von Ungarn, riesige wüstengleiche Gebiete, nur Schnee und Himmel, so weit man sehen konnte. In der dreizehnten Nacht mußte einer der Männer irgendwann auf die Toilette; er hatte den ganzen Tag lang an sich gehalten, so wie wir alle, um uns den quälenden Gang durch den Zug zu ersparen, aber nun konnte er nicht mehr. In den ersten beiden Waggons wurden wir wie immer getreten und beschimpft, aber im dritten kümmerte sich niemand um uns. Alle Passagiere drängten sich um die schwangere Frau, die jammernd um sich schlug und immer wieder laut aufheulte. Eine alte Frau wischte ihr den Schweiß von der Stirn, eine andere beruhigte ihre Kinder.

Kurz nachdem wir in unser Abteil zurückgekehrt waren, kam einer der ungarischen Polizisten zu uns und fragte: »Wer von euch ist der Arzt?«

»Hier gibt es keinen Arzt«, sagte Nehamias leise.

»Lüg mich nicht an! In den Papieren steht, daß einer von euch Dreckschweinen Arzt ist. Also, wer ist es?«

»Ich war einmal Arzt«, fuhr Nehamias fort, »aber ich bin es nicht mehr ...« Er hob kurz die Hände und ließ sie dann in den Schoß fallen.

»Trotzdem wirst du sehen, ob du etwas tun kannst, Dreckschwein! Die Frau bekommt ihr Baby und schreit sich fast die Seele aus dem Leib. Sieh zu, daß du sie zum Schweigen bringst.« Damit packte er Nehamias am Kragen und zog ihn aus dem Abteil.

Wir saßen einige Stunden lang schweigend und in Gedanken versunken, während die Räder unaufhaltsam durch die Dunkelheit ratterten. Schließlich kam Nehamias zurück und sank auf seine Bank. Lange Zeit sagte er nichts, sondern starrte nur hinaus in die Dunkelheit.

»Sie ist tot«, meinte er schließlich zu niemand Bestimmtem. »Sie ist gestorben. Das Baby auch. Ich konnte nichts tun.«

Er verfiel wieder in Schweigen und schlief dann ein. Seine Hände zuckten einmal und noch ein zweites Mal zu seinem Gesicht hoch, dann lagen sie ruhig.

11. Kapitel

Am nächsten Morgen erreichten wir Budapest. Wir mußten aussteigen und uns am Bahnsteigende in einer Reihe aufstellen. Dann marschierten wir los. Vom langen Sitzen auf den harten Bänken waren wir ganz steif, und das Gehen schmerzte.

Nach einigen Stunden kamen wir an einen hohen Stacheldrahtzaun, und dahinter, im trüben Dezemberlicht kaum zu erkennen, lag eine Gruppe von Gebäuden. Ein, zwei Stunden lang standen wir zitternd und frierend im kalten Schneeregen vor dem Eingang des Gefängnisses – das, wie wir später erfuhren, Kistarcha hieß –, bis wir schließlich in unsere neuen Zellen geführt wurden. Die Männer kamen zusammen in eine Zelle, wir Mädchen in eine andere.

Wieder wurden wir verhört, als Spione angeklagt, bedroht. Diesmal jedoch schien es eine reine Formalität zu sein, denn am Ende des zweiten Tages kam ein ungarischer Wärter zu uns, der sagte: »Raus mit euch! Wir wollen euch hier nicht, ihr dreckigen Schweine. Schert euch fort!«

»Sind wir frei?« fragte ich.

»Könnt ihr nicht hören? Ich sagte, raus mit euch, oder etwa nicht?«

»Oh, ich kann es kaum erwarten, meinen Vater zu sehen. Er wird sehr froh sein, daß wir wieder zurück nach Siebenbürgen dürfen!« rief Mozelle.

»Wer hat etwas von euren Vätern gesagt?« meinte der Wärter. »Die bleiben hier. Das ist ein Männergefängnis. Jüdische Huren wollen wir nicht haben. Raus mit euch! Schert euch fort! Fort!«

Er ging mit erhobenem Gewehr auf uns zu. Schnell warfen wir unsere Mäntel über und rannten mit wehenden Schals zur Tür. Draußen rannten wir weiter, den Wärter bis zum Tor immer auf den Fersen, und aus dem Lager hinaus auf die schneebedeckten leeren Felder.

Mozelle begann zu weinen. »Was sollen wir jetzt tun?« schluchzte sie. »Wir sind mitten im Nirgendwo, so weit weg von zu Hause. Wir haben nicht einmal mehr ein Zuhause. Was sollen wir nur tun?«

»Wenn wir Geld hätten, könnten wir zu unseren Müttern fahren«, sagte Leah. »Bleiben wir hier, wird uns die ungarische Polizei wieder festnehmen.«

»Meine Mutter hat mir ihren Smaragdring gegeben«, sagte ich und zog die Kette unter meinem Kleid hervor. »Laßt uns nach Budapest laufen. Dort werde ich ihn verkaufen, und wir haben genug Geld für Zugfahrkarten.«

Und genau so machten wir es. Ich verkaufte den Ring, wir stiegen wieder in den Zug und fuhren die lange, lange Strecke zurück. Ob wir unsere Väter jemals wiedersehen würden, wußten wir nicht.

Als ich in Reghinul-Såsesc ankam, ging ich sofort zu Herman und Tamara.

»Seren, du bist zurück!« rief Tamara. »Wie schön! Haben sie dich gehen lassen?«

»Ja, aber Vater nicht.«

»Oh, das tut mir furchtbar leid … aber zumindest bist du hier. Du kannst auch bei uns wohnen, und wir werden eine schöne Zeit haben! Ich habe für heute abend ein paar Freunde zum Singen eingeladen. Du wirst sie mögen.«

»Nein. Nein. Ich werde eine neue Wohnung für Mutter, Zipporah und mich finden. Ihr habt ja kaum genug Platz für euch allein.«

»Wir wollen aber, daß du bleibst! Je mehr wir hier sind, desto besser gefällt es mir. Dann vergesse ich, daß Krieg ist«, entgegnete sie.

»Ich will euch aber nicht noch mehr aufbürden. Wir haben noch etwas Schmuck, den wir verkaufen können, und dann suche ich uns für das Geld ein eigenes Zimmer.«

»Aber was wollt ihr tun, wenn euer Geld alle ist?«

»Dann werde ich arbeiten. Irgend jemand wird mich schon einstellen. In Bukarest habe ich viel gelernt«, sagte ich.

»Hier stellt niemand jemanden ein. Herman und Eugen können froh sein, daß sie im Sägewerk Arbeit gefunden haben. Alle jüdischen Frauen, die dich früher vielleicht eingestellt hätten, um für sie zu nähen, haben nun Angst, ihr Geld zu verschwenden. Niemand weiß, was geschehen wird. Sie sparen ihr Geld, sofern sie überhaupt noch welches haben, und alle jüdischen Geschäfte sind geschlossen.« Sie lächelte mich an und zog ihre Gitarre hervor. »Bitte bleib bei uns. Ich werde für dich singen. Zipporah ist so oft unterwegs, daß sie mir kaum Gesellschaft leisten kann.«

»Danke für dein Angebot, aber ich kann nicht«, erwiderte ich.

»Dann bleib zumindest, bis du etwas anderes gefunden hast.«

»Gut, einverstanden.«

»Das ist schön! Und jetzt hör dir das neue Lied an, das eine Freundin mir beigebracht hat.«

Sie sang ein Lied über den Frühling und blühende Blumen und sang und sang, bis ich beinahe vergaß, daß mein

Vater im Gefängnis, unser Zuhause fort, Eliezer womöglich tot und der Rest der Familie in alle Winde zerstreut war.

Früh am nächsten Morgen klapperte ich die Straßen von Reghinul-Såsesc ab, um eine Unterkunft zu finden. Ich suchte tagelang und fragte überall, aber niemand wußte von einem freien Zimmer. Dann jedoch, als ich eines Morgens durch eine Straße alter Häuser kam, sah ich eine ältere jüdische Dame einen Zettel an ihre Tür heften. Ich ging zu ihr und fragte: »Darf ich das Zimmer sehen?«

Sie sah mich erschrocken an. »Warum sollten Sie ein Zimmer bei mir mieten wollen?« entgegnete sie und sah immer wieder auf mein helles Haar und meine blauen Augen.

»Ist schon gut«, beruhigte ich sie, als ich merkte, daß sie mich für eine Nichtjüdin hielt. »Ich bin auch Jüdin. Ich brauche ein Zimmer für meine Mutter, meine Schwester und mich.«

»Dann kommen Sie mit«, sagte die Dame und drehte sich um.

Ich folgte ihr in das kleine Holzhäuschen, wo sie die Tür zu einem ihrer beiden Zimmer öffnete. »Hier ist es.« Ich sah mich um. Grüne Farbe blätterte von der Decke, den Wänden, dem Fensterbrett und gab den Blick auf die dunkelgraue Grundierung frei. Das kleine Fenster gegenüber der Türseite war in einer Ecke beschädigt und mit schmutzigem braunen Sackleinen zugestopft. Das Zimmer selbst war leer, ohne einen Stuhl oder ein Bett auf dem durchgetretenen Fußboden.

»Wird es denn nicht möbliert vermietet?« wollte ich wissen.

»Nein, ich habe kein Geld, um Möbel zu kaufen. Aber

Sie können die Küche benutzen«, erwiderte sie. Mir fiel ein, daß ich im anderen Zimmer einen Kühlschrank, einen alten Eisenherd und einen Tisch mit zwei kleinen Stühlen gesehen hatte. »Meine Tochter wohnt nebenan, und ich kann bei ihr essen.«

Es mußte gehen, entschied ich und gab der Frau das Geld für die erste Monatsmiete.

»Danke«, sagte sie. »Ich bin Witwe. Es ist sehr schwer für mich geworden, aber das wird mir helfen.« Sie lächelte schüchtern und schloß die Tür.

Am nächsten Tag kehrte ich mit zwei Bänken zurück, die Rosa und Eugen nicht brauchten, sowie einigen verwitterten Brettern, die Herman im Sägewerk aufgestöbert hatte. Ich legte die Bretter über die Bänke und baute so ein Bett, das ich mit Strohsäcken bedeckte. Tamara hatte mir ein paar Kissen gegeben und Rosa einige Laken. Dann wischte ich den Boden auf und konnte nun meine Mutter und Zipporah aus ihren überfüllten Unterkünften herbringen.

Am Abend zogen wir mit unseren wenigen Habseligkeiten ein – wir hatten jede nur ein Kleid und einige Paar Strümpfe zum Wechseln. Doch Zipporah sah sich nur kurz um und rief dann: »Ihr erwartet doch nicht, daß ich hier wohne, oder? Das ist ja ein Schweinestall!«

»So schlecht ist es nicht«, sagte meine Mutter.

»Ach nein? Es sind ja nicht einmal Möbel da! Ich gehe zurück zu Herman und Tamara«, schrie sie und marschierte zur Tür.

»Aber ich habe überall gesucht! Es gibt nichts anderes!« schrie ich zurück. »Du solltest nicht länger bei Herman wohnen, wir haben sie lange genug belästigt!«

»Ich werde ihn fragen«, entgegnete sie. »Es wird ihm nichts ausmachen. Er ist mein Bruder.«

»Aber Zipporah! Du weißt doch, er würde nie nein sagen, selbst wenn es ihm etwas ausmacht. Dazu ist er viel zu gutmütig.«

»Aber es macht ihm nichts aus. Hier bleibe ich nicht!« Sie stampfte zu einer Kiste in der Ecke und setzte sich darauf.

Zu erschöpft, um weiter auf sie einzugehen, kroch ich in das provisorische Bett. Meine Mutter, die es schon vor langer Zeit aufgegeben hatte, mit Zipporah zu streiten, folgte mir. Zipporah blieb auf der Kiste sitzen, verschränkte die Arme vor der Brust und sagte immer wieder: »Hier bleibe ich nicht … Hier bleibe ich nicht.« Schließlich, nach ein paar Stunden, legte auch sie sich aufs Bett und schlief ein.

Am nächsten Morgen kehrte Zipporah wieder in Hermans Ein-Zimmer-Wohnung zurück, meine Mutter machte sich in der Küche zu schaffen, und ich ging auf Arbeitssuche. Ich beschloß, zuerst in den Schneidersalons zu fragen, die zwar klein und nicht so nobel wie die in Bukarest waren, aber es ging mir ja nicht um Eleganz. Viele der Geschäfte waren geschlossen, und das Wort ›*Juden*‹ stand in großen roten Buchstaben auf der Tür. An einem Geschäft hing ein Zettel: ›*Wer beim Juden kauft, ist ein Volksverräter.*‹ Auf der Straße, in der die meisten jüdischen Läden gewesen waren, lagen lauter zerbrochene Stühle, Tische, Regale und die Scherben der eingeschlagenen Fensterscheiben. Das permanente Klappern ausgehängter Fensterläden mischte sich unter das Heulen des Windes.

Am Abend hatten meine Mutter und ich nichts zu essen. Wir kochten einen Tee und wärmten unsere Hände an den heißen Bechern. »Ich werde Arbeit finden«, sagte ich. »Es ist nur eine Frage der Zeit.«

»Ja, ich weiß«, antwortete sie. »Ein bißchen Fasten hat noch niemandem geschadet.«

»Herman und Rosa haben selbst so wenig. Ich will sie nicht um Essen bitten. Wenn sie es uns geben, dann nehmen wir es Miksha, Ernie und Joseph weg.«

»Ich weiß. Ich weiß ... Aber es ist schon gut. Du hast bisher noch niemals aufgegeben, wenn du dir einmal etwas in den Kopf gesetzt hast«, sagte sie lachend und kniff mich in die Wange.

Am nächsten Tag ging ich von Tür zu Tür und fragte, ob es wohl etwas zu nähen gäbe, doch überall schickte man mich wieder fort. Dann, am Abend, kam ich zu einem Haus, das etwas abseits auf einem Hügel lag. Es hatte einen großen Garten, an dessen Seite zwei Holzschuppen standen. Ein hagerer alter Mann öffnete die Tür. »Was ist?« fragte er unwirsch.

»Ich suche Arbeit«, erwiderte ich. »Ich bin Schneiderin ... eine gute!« Ich lächelte ihn an, obwohl mein Herz vor Aufregung raste und meine Handflächen ganz feucht waren.

»Können Sie Männerhemden nähen?« fragte er.

»Natürlich«, sagte ich, obwohl ich noch nie etwas für einen Mann genäht hatte.

»Ich habe die Erlaubnis, Armeehemden zu nähen, und brauche noch jemanden. Aber ich kann nicht viel zahlen, eigentlich fast gar nichts ... zwei Forint pro Hemd.«

»Ich mache es«, sagte ich schnell.

Am nächsten Morgen holte mein neuer Arbeitgeber zwei Ballen dunklen Stoff und zwei Nähmaschinen und marschierte damit in einen der kleinen Holzschuppen am Fuße des Hügels. »Hier kann niemand wohnen«, sagte er, »sonst hätte ich es schon längst vermietet. Aber Sie können hier nähen, oder?«

»Ja, sicher«, erwiderte ich.

»Hier ist das Hemd, das Sie nähen sollen, und hier ist der Stoff. Im Haus habe ich noch Garn, das werde ich Ihnen bringen.«

»Gut.«

Er ließ mich im staubigen Schuppen mit den Tretmaschinen, Stoffballen und dem Hemd allein. Ich hatte kein Muster, nach dem ich nähen sollte, ja, ich hatte nicht einmal einen Arbeitstisch. Aber in einer Ecke fand ich zwei Sägeböcke und eine alte Tischplatte, die mir nach einigem Putzen als Arbeitstisch dienen konnten. Nachdem ich eine der Nähmaschinen auf einem anderen alten Tisch aufgebaut hatte, trennte ich die Nähte des Hemdes auf. Wenn ich alle Teile auseinandernahm, hatte ich mein Muster. Als mein Arbeitgeber mit dem Garn wiederkam, war ich bereits beim Zuschneiden. Er nickte zufrieden, und bis zum Abend hatte ich einige Hemden fertiggenäht.

Als ich eine Woche später von der Arbeit nach Hause kam, fand ich dort Esther am Tisch mit meiner Mutter sitzen. Shlomo war wenige Tage zuvor von der ungarischen Polizei verhaftet worden. »Ach, Shlomo, Shlomo«, weinte meine Mutter verzweifelt vor sich hin. »Erst Eliezer, dann euer Vater und jetzt auch er. Wann wird das alles ein Ende haben?«

»Was ist mit seiner Frau und dem Baby?« fragte ich Esther. »Sie sind doch nicht auch mitgenommen worden?«

»Nein, sie wohnen jetzt bei ihren Eltern«, antwortete Esther. »Aber ich wollte nicht auch noch dort bleiben, denn sie haben kaum genug Platz für sich. Also kam ich her.«

»Ich bin sehr froh, daß du wieder hier bist«, sagte ich. »Wir haben dich alle vermißt. Und wir haben jetzt ein eigenes Zimmer. Du kannst hierbleiben, und ich habe sogar Arbeit für dich. Mein Arbeitgeber kann sicher noch eine Näherin gebrauchen.«

»Aber ich kann doch gar nicht nähen!« rief Esther.

»Das ist nicht so schwer. Versuch es einfach.«

»Ich würde gern mit dir arbeiten ... wenn du meinst, daß ich das kann.«

»Na, wunderbar! Du wirst es schnell lernen. Ich bin eine gute Lehrerin«, sagte ich lachend und nahm sie in den Arm. Endlich hatte ich meine kleine Schwester wieder.

Am nächsten Tag nahm ich Esther zur Arbeit mit und zeigte ihr, wie man die Hemden zuschneidet; sie schnitt zu, und ich nähte. Sie lernte so schnell, daß mein Arbeitgeber mich fragte, ob ich nicht noch ein Mädchen finden könnte, und mir fiel Emma ein, Rosas älteste Tochter. Sie war fünfzehn, zwei Jahre jünger als Esther, und würde sich bestimmt sehr freuen, wenn sie etwas Geld für ihre Familie verdienen könnte. Bald arbeiteten wir drei zusammen, und jeden Abend hatten wir genug Geld, um ein paar Lebensmittel für unser Essen zu kaufen – manchmal nur eine oder zwei Kartoffeln, aber immerhin mußten wir nicht hungern.

So arbeiteten wir den ganzen Winter 1942 hindurch. Ich schaffte es, jeden Monat pünktlich die Miete zu bezahlen. Wir wären sicher einigermaßen zufrieden gewesen, wenn man das so nennen konnte, hätten wir nicht in dem ständigen Bewußtsein gelebt, daß unser Vater noch immer ohne jede Hoffnung auf Entlassung im Gefängnis war und es ihm ständig schlechter ging. Am Anfang, im Dezember 1941, schrieb er noch klare, verständliche Briefe, in denen er sich nach der Familie erkundigte oder von anderen Insassen erzählte. Einen Monat später schien er verwirrter zu sein und fragte nach Ereignissen, die sich schon vor langer Zeit zugetragen hatten. ›Habt ihr von Herman gehört?‹ schrieb er. ›Sagt ihm, ich verbiete, daß er wieder von der Armee desertiert.‹ Ein anderes Mal bat er mich, mit dem Vormann des Sägewerks über eine Ladung Holz zu sprechen, die nach Bulgarien geschifft werden sollte. Jedesmal, wenn ein Brief kam, hatte ich Angst, ihn zu öffnen. Angst, daß er nicht von dem Mann stammte, den ich als meinen Vater kannte, sondern von jemandem, der in seiner eigenen Realität lebte. Ende Januar bestätigten sich meine Ängste, denn wir erhielten einen Brief von der Gefängnisleitung, daß mein Vater einen Nervenzusammenbruch erlitten habe und in eine Budapester Nervenheilanstalt verlegt worden sei.

Zipporah nahm sich neben ihren täglichen Treffen mit Freunden auch hin und wieder Zeit, uns zu besuchen. Einmal, als ich wie so oft noch an Hemden nähte, die ich von der Arbeit mitgebracht hatte, kam sie in unsere Küche gestürzt. Ihr Gesicht war von der Kälte gerötet, und sie hatte einen leuchtend roten Schal um sich drapiert.

»Mama!« rief sie. »Wo bist du? Ich möchte, daß du jemanden kennenlernst.«

Meine Mutter kam aus unserem Zimmer gelaufen, in dem sie ein Nickerchen gehalten hatte. »Ich bin hier. Wer ist es denn?«

»Das wirst du gleich sehen. Warte einen Moment.« Sie huschte hinaus und kam mit einem jungen Mann im Schlepptau wieder, der so groß war, daß er sich in der Tür ducken mußte.

»Mama, das ist Samuel Stein«, sagte sie und lächelte zu ihm auf.

»Freut mich, Sie kennenzulernen.«

Samuel gab meiner Mutter die Hand. »Jetzt weiß ich, wem Zipporah für ihre Schönheit danken kann«, sagte er.

»Ach, was für ein Charmeur, Zipporah! Wo hast du ihn denn kennengelernt?«

»Bei Herman und Tamara. Samuels Bruder Joshua ist ein Freund von Herman«, antwortete sie. »Sieht er nicht gut aus?«

Das tat er. Selbst ich, die normalerweise nicht viel für Zipporahs Freunde übrig hatte, mußte zugeben, daß er recht attraktiv war. Er hatte dunkle, weiche Locken, einen breiten Rücken und einen schlanken, muskulösen Körper.

»Und wer sind Sie?« fragte er plötzlich in meine Richtung.

»Ach, das ist meine Schwester Seren«, sagte Zipporah. »Meine ältere Schwester.«

Er streckte die Hand aus. »Noch eine Schönheit! Sie haben wunderbares Haar! Lange goldene Haare haben mir schon immer gut gefallen. Und wem sehen Sie ähnlich?« wollte er wissen.

Ich war mir nicht sicher, ob er das alles ernst meinte, und sah ihn skeptisch an. »Unserem Vater, nehme ich an.«

»Da könnt ihr Mädchen aber glücklich sein – beide so hübsch!« sagte er.

»Tja, wir sind auf dem Weg zu einem anderen Freund«, unterbrach Zipporah schnell. »Euer Haus lag auf dem Weg, deshalb haben wir vorbeigeschaut. Auf Wiedersehen, Mama. Bis bald.« Kurz darauf waren die beiden wieder verschwunden.

»Diese Zipporah!« Meine Mutter lachte. »Sie amüsiert sich immer, egal, was passiert!«

Nach getaner Arbeit stiegen Esther, Emma und ich am nächsten Abend bei Anbruch der Dämmerung den Hügel zum Haus unseres Arbeitgebers hinauf, um ihm die fertigen Hemden zu bringen.

»Was für ein Tag!« seufzte Emma. »Wie viele Hemden haben wir heute überhaupt geschafft?«

»Siebzehn«, sagte Esther.

»Siebzehn! Kein Wunder, daß meine Hände sich anfühlen, als würden sie gleich abfallen.«

»Seht mal!« rief Esther. »Da kommt ein Mann den Hügel herauf. Ist das nicht Zipporahs Freund Samuel?«

»Ja, ich glaube, das ist er«, sagte ich. »Warum er nur hier ist? Hoffentlich ist Zipporah nichts passiert!« Ich drehte mich um und lief zu ihm. »Wo ist Zipporah? Geht es ihr gut?«

»Ja, es geht ihr gut«, erwiderte er. »Sie ist bei Herman.«

»Oh, ich dachte, daß sie vielleicht verhaftet wurde und Sie deshalb zu uns kommen«, sagte ich.

»Nein, es geht ihr wirklich gut. Ich bin gekommen, um Sie zu sehen«, entgegnete er.

»Mich?«

»Ja. Überrascht Sie das?«

»Warum wollten Sie mich sehen?«

»Warum nicht?«

»Aber Sie sind doch Zipporahs Freund.«

»Kann ich nicht auch Ihr Freund sein?«

»Doch … das nehme ich an.«

»Gut! Darf ich Sie nach Hause begleiten?«

»Ja … das nehme ich an.«

»Nehmen Sie auch an, daß Sie mich morgen abend auf einen Spaziergang am Flußufer begleiten können? Ich möchte, daß Sie die Lichter sehen, die sich dort im Wasser spiegeln.«

»Nun ja … wenn Sie mich morgen nach der Arbeit hier abholen, nehme ich das wohl an.«

Er lachte – ein klangvolles Lachen, das tief aus seiner Brust kam.

Am nächsten Abend war Samuel wieder da, am Abend danach auch und die ganze restliche Woche über. Wir gingen am Flußufer spazieren, durch die stillen Straßen, über die Felder am Stadtrand, unter den fernen Sternen. Der Gedanke, mit jemandem reden zu können, der intelligent und amüsant war, ließ die Arbeit im Nu vergehen.

Die Tage wurden allmählich wärmer, und die Lilien blühten. Wir drei Mädchen arbeiteten unermüdlich. An Samstagabenden besuchten wir oft Herman und Tamara, die den Frühling auch in ihren lustigen Liedern erblühen ließ. Sie lud eine Frau ein, die sie auf dem Markt kennengelernt hatte, und eine andere, die sie im Garten getroffen hatte. Herman brachte Kollegen aus dem Sägewerk mit. Es kamen so viele Leute, daß wir einander fast auf dem Schoß saßen. Dann war Tamara glücklich. Sie sang bis spät in die Nacht, bis sie heiser wurde und wir alle gähnten und beinahe einschliefen.

An einem Abend kam sie während einer Gesangspause zu mir. Sie trug die Jacke, die ich ihr einige Jahre zuvor aus beige-braunem Karostoff genäht hatte. Man sah, daß sie aus einer Zeit stammte, als wir alle noch genug zu essen gehabt hatten, denn sie war ein wenig weit geworden. Aber der Schnitt der Jacke, die schmale Taille und die leicht ausgestellten Hüften, schmeichelten noch immer Tamaras Figur.

»Du trägst die Jacke ja immer noch«, sagte ich.

»Natürlich! Ich liebe sie, vor allem, weil du sie mir genäht hast. Aber«, fuhr sie fort und nahm meine Hände in ihre, »ich muß dir etwas Aufregendes erzählen!«

»Was denn?«

»Samuel liebt dich. Er will dich heiraten.«

»Und das ist aufregend?«

»Aber ja! Er sieht so gut aus, so attraktiv. Findest du nicht?«

»Er ist nett«, erwiderte ich.

»Nett?«

»Nett.«

»Aber er will dich heiraten! Willst du sonst nichts dazu sagen?«

»Warum hat er darüber mit dir gesprochen? Warum nicht mit mir?« wollte ich wissen.

»Er sagt, daß du immer nur über die Arbeit redest, Arbeit, Arbeit, nichts als Arbeit. Er wußte nicht, ob du ihn wirklich magst oder nicht. Also hat er mich gefragt, was ich denke, daß du sagst, wenn er dich fragt, ob du ihn heiraten willst. Und ich sagte, daß jedes Mädchen sich glücklich schätzen könnte, ihn als Ehemann zu bekommen.«

»Ich aber nicht. Ich habe keine Zeit, an Heirat auch nur zu denken!«

»Keine Zeit? Wie kannst du keine Zeit zum Heiraten haben? Du bist schon vierundzwanzig, falls ich das einmal sagen darf. Viele jüngere Mädchen sind schon seit Jahren verheiratet. Ich war praktisch ein Kind, als ich deinen Bruder heiratete.«

»Das weiß ich ja. Aber ich muß arbeiten. Wer wird meine Mutter versorgen, wenn ich es nicht tue? Dich und Herman will ich nicht fragen. Ihr habt ohnehin schon so wenig. Ich kann arbeiten, und ich tue es gern.«

»Das ist ja schön und gut, aber wie kannst du einem so guten Mann wie Samuel einen Korb geben? Außerdem – wenn ihr heiratet, kann er für dich und deine Mutter sorgen.«

»Darauf will ich mich nicht verlassen. Überleg doch, was mit meinem Vater passiert ist, mit Shlomo und all den anderen Männern!«

»Ja, aber das muß doch nicht zwangsläufig mit Samuel geschehen. Wahrscheinlich wird er nicht verhaftet werden.«

»Vielleicht aber doch. Mir ist einfach nicht danach, mich zu verloben. Es ist das letzte, woran ich denke. Der Krieg geht immer weiter, wir haben kaum etwas zu essen, und mein Vater ist weit weg im Gefängnis. Jeden Tag mache ich mir mehr Sorgen um ihn ... Ich kann mich jetzt nicht mit Samuel oder sonst jemandem verloben.«

Tamara hatte mir ungeduldig zugehört und eine Hand in die Hüfte gestemmt. Jetzt nahm sie ihre Gitarre wieder auf und wandte sich halb um. »Tja, mit dir kann man einfach nicht reden!« sagte sie. Sie ging zu ihren Freunden auf der anderen Seite des Raumes zurück und sah mich den restlichen Abend kaum noch an.

Ihre Versuche, mich zur Heirat mit Samuel zu überreden, ließen jedoch nicht nach. Als ich Tamara das nächste Mal traf, begann sie mit großem Enthusiasmus von neuem. Noch dazu spannte sie auch sonst jeden ein, den wir in Reghinul-Såsesc kannten: Herman, Rosa, Eugen, meine Vettern, meine Mutter, Samuels Bruder. Ich konnte nirgends mehr hingehen, ohne daß jemand mit einschmeichelndem, süßlichen Singsang bemerkte: »Samuel ist ein so feiner junger Mann«, oder: »Ein feiner Kerl ist das, dieser Samuel!«

Zipporah hingegen war nicht gerade begeistert, daß sie Samuel als festen Freund verloren hatte, und starrte mich wütend an, während die anderen mich ermutigten, seine Verlobte zu werden. An einem Sonntagnachmittag, als meine Mutter und ich gemütlich zusammensaßen – sie flickte eines von Esthers Kleidern, und ich nähte an meinen Hemden –, kam Zipporah plötzlich zu uns in die Küche.

»Hallo, Mama«, sagte sie mit gepreßter Stimme.

Noch ehe unsere Mutter etwas erwidern konnte, drehte Zipporah sich zu mir, die dunklen Augen zu Schlitzen verengt. »Ich will, daß du aufhörst, dich mit Samuel zu treffen!« rief sie von der Tür aus. »Ich meine es ernst, Seren!« Mit einer schnellen Kopfbewegung warf sie ihr dunkles Haar über die Schulter zurück. Dann sah sie mir direkt in die Augen und fragte: »Hast du verstanden?«

»Samuel ist ganz von sich aus zu mir gekommen«, erwiderte ich. »Ich habe ihn nicht ...«

»Er gehört mir!« unterbrach sie mich. »Er war mit mir zusammen, lange bevor er dich überhaupt gesehen hat! Ich werde es nicht zulassen, daß du ihn mir wegnimmst.«

»Zipporah, ich hatte nie vor, ihn dir wegzunehmen. Eines Abends nach der Arbeit stand er plötzlich da. Er fragte, ob er mich nach Hause bringen dürfe. Kann ich etwas dafür, daß er lieber mit mir zusammen ist als mit dir? Außerdem – denk doch mal an die vielen Männer, die du mir auf den Tanzabenden des Sägewerks immer weggenommen hast. Als ich dich bat, damit aufzuhören, hast du immer gesagt: ›Ich tue, was ich will.‹«

»Hast du das gehört, Mama?« rief Zipporah. »Jetzt siehst du, wie gemein sie zu mir ist.«

»Zipporah, Zipporah ...«, lenkte meine Mutter seufzend ein. »Du hast doch so viele Freunde. Samuel will deine Schwester heiraten, er redet von nichts anderem mehr. Kannst du dich nicht für sie freuen?«

»Für sie freuen?« entgegnete Zipporah. »Wenn sie mir meinen Freund direkt vor der Nase wegschnappt? Ich wußte, daß du dich auf ihre Seite stellen würdest! Sie war schon immer deine Lieblingstochter, nur weil sie den ganzen Tag arbeitet wie ein altes Waschweib und ich mich hin und wieder vergnügen will. Na, was soll's! Ich werde einen Mann finden, der zehnmal besser ist als Samuel, ihr werdet schon sehen!«

Sie drehte sich um, rannte auf die Straße und warf die Tür mit lautem Krachen hinter sich zu. Einige Sekunden lang lauschten meine Mutter und ich schweigend ihrem Nachhall, dann platzte ich heraus: »Manchmal kann ich sie einfach nicht ausstehen! Wer glaubt sie denn, daß sie ist – einfach so hier reinzuplatzen und mich herumzukommandieren! Und wie sie mit dir redet, ist einfach unerhört!«

Meine Mutter schwieg und starrte auf die Nähnadel, die sie in der Hand hielt. »Es macht mir nichts aus«, sagte sie schließlich. »So ist sie eben. Sie ist Zipporah …«

Bei der Arbeit fingen Esther und Emma nun an, ständig von Budapest zu reden, denn die Gerüchte über Deportationen verdichteten sich immer mehr. Wir ahnten, daß wir nicht mehr viel länger in Reghinul-Såsesc bleiben durften, und fürchteten, in ein anderes Land umgesiedelt zu werden. Der einzige Ausweg, um in Ungarn bleiben zu können, schien eine Flucht nach Budapest, wo es sehr viele Juden gab, die sich unter den Rest der Bevölkerung mischten. Die bürgerliche Mittelschicht bestand hauptsächlich aus Juden, die für die Wirtschaft unentbehrlich waren; sie durften in Budapest noch immer wohnen, wo sie wollten, und nach Belieben überall ein- und ausgehen.

Eines Tages sagte Esther zu mir: »Alle meine Freundinnen sind nach Budapest gegangen. Sollen wir das nicht auch tun?«

»Aber was ist mit unserer Arbeit?« entgegnete ich. »Ich

kann meine Stelle hier nicht aufgeben, denn ich weiß nicht, ob ich irgendwo eine andere bekomme.«

»Aber könnten Emma und ich nicht gehen?« fragte sie.

»Wollt ihr denn wirklich fort?«

Sie zögerte und hielt lange Zeit den Kopf gesenkt. Dann sah sie mich wieder an. »Ja«, antwortete sie leise. »Es ist nicht so, daß ich dich und Mama verlassen will. Das weißt du, oder? Ich habe nur solche Angst, hierzubleiben. In Budapest würde ich mich sicherer fühlen.«

»Dann wollen wir sehen, daß wir genug Geld für dich zusammenkratzen«, sagte ich. »Ich habe für eine Fahrkarte gespart, um Vater zu besuchen, aber wenn du in Budapest wohnen willst, kannst du ihn ja häufiger sehen. Ich werde hier bei Mama bleiben.«

Die Entscheidung war bald getroffen: Esther und Emma würden so bald wie möglich nach Budapest aufbrechen. Als Rosa von ihren Plänen hörte, wollte sie Emma erst nicht gehen lassen, denn sie war ja erst fünfzehn. Aber Rosa wußte auch, daß Emma in Budapest sicherer wäre, also gab sie nach.

An einem warmen Samstagnachmittag im April versammelten wir uns alle im kleinen Zimmer von Rosa und Eugen, um die beiden Mädchen zu verabschieden. Rosa sah ihre Tochter lange Zeit mit feuchten Augen an, ohne jedoch zu weinen. Schließlich sagte sie: »Eugen, könntest du noch ein Foto machen, ehe sie abfahren? Es ist gleich Zeit, zum Bahnhof zu gehen.«

Eugen holte ihren kleinen Fotoapparat aus einer der Kisten, die in der Ecke gestapelt waren. Er scheuchte uns alle hinaus, wo die späte Nachmittagssonne die Dächer und Straßen in warmes Licht tauchte. »Na los, ihr beiden«, sagte er mit angestrengt ruhiger Stimme. »Geht da drüben zu der Mauer.«

»Du auch«, rief Esther mir zu. »Du mußt mit uns auf dem Bild sein. Du hast mein Lieblingskleid an!«

Ich stellte mich zwischen meine Schwester und meine Nichte, und wir legten einander die Arme um die Taille. *Wie kann ich sie nur gehen lassen?* dachte ich.

Herman und Tamaras große, schlaksige Söhne Miksha, Ernie und Joseph zeigten mit dem Finger auf uns und lachten albern. »Die drei kleinen Schneiderinnen ...«, rief Joseph laut.

»Die drei großen Holzfäller ...«, rief Emma zurück.

»Ruhe!« befahl Eugen.

Er machte ein paar Fotos, und das Treffen war beendet. Emma und Esther nahmen den Zug nach Budapest.

Eine Woche später schickte Esther den ersten Brief mit der guten Nachricht, daß eine Frau mit einem kleinen Wäschegeschäft die beiden als Näherinnen eingestellt hatte. ›Hier ist alles viel besser‹, schrieb sie. ›Es gibt so viele Mischehen, daß fast jeder zum Teil Jude ist. Ich wünschte, du könntest auch kommen.‹

Ich spielte zwar mit dem Gedanken, mich den beiden anzuschließen, wollte aber meine Mutter nicht allein in dem winzigen Zimmer zurücklassen. Der Gedanke, endlich nicht mehr Tamaras ständige Kuppelversuche miterleben zu müssen, war allerdings schon fast Grund genug, um Reghinul-Såsesc für immer den Rücken zu kehren. »Wie kannst du ihn dir nur entgehen lassen?« fragte sie mich immer wieder, und: »Warum hörst du nicht auf deine Schwägerin, die älter und weiser ist als du?«, und: »Willst du denn nicht auch ein bißchen Glück für dich?«

Schließlich wandte sie eine neue Taktik an. »Seren«, sagte sie eines Tages, »ich weiß noch einen Grund, den besten von allen, weshalb du Samuel heiraten solltest.«

Wir saßen zusammen bei ihr; ich nähte, und sie spielte auf der Gitarre.

»Willst du den Grund hören?« fragte sie nach.

»Nein«, antwortete ich und nähte weiter.

»Du bist unmöglich! Ich sag's dir aber trotzdem. Herman, der ja Freunde bei der Polizei hat, wie du weißt, hat erfahren, daß sie bald alle alleinstehenden Frauen verhaften wollen. Die Regierung will auch eine Arbeitseinheit aus jüdischen Frauen zusammenstellen, wie es sie im Moment nur für Männer gibt. Aber nur aus unverheirateten Frauen. Wie kannst du jetzt noch Samuels Heiratsantrag ablehnen?«

»Ich will nicht heiraten«, erwiderte ich. »Warum begreifst du das nicht? Außerdem würde ich nicht einfach irgend jemanden nur um meines Vorteils willen heiraten.«

»Seren«, sagte sie da und packte mich an den Schultern, »du weißt, daß ich dir keine Ruhe lasse, bis du einwilligst, Samuel zu heiraten. Ich will doch nur dein Bestes. Ich will dich als verheiratete Frau sehen.«

Tief im Innern wußte ich, daß ich zwar stur, sie aber noch viel störrischer war; sie würde tatsächlich erst aufhören, wenn ich endlich nachgegeben hätte. Und allmählich zermürbten mich ihre Argumente. »Also gut«, sagte ich. »Du hast gewonnen. Ich werde Samuel heiraten.«

»Oh! Oh!« rief sie aus, sprang auf, umarmte mich und wirbelte mich immer wieder in ihrer winzigen Küche herum. »Ich freue mich ja so für dich! Ich kann es kaum erwarten, Herman Bescheid zu sagen!«

Gleich am nächsten Abend wartete Samuel nach der Arbeit auf mich. Sein Gesicht strahlte. »Herman hat mir die wunderbare Nachricht überbracht, liebste Seren«, sagte er zärtlich. »Du machst mich sehr glücklich.« Seine Augen füllten sich mit Tränen.

»Hm, tja …«, stammelte ich hilflos.

»Ich habe dir etwas mitgebracht«, flüsterte er. Er griff in seine Tasche, zog einen breiten Goldring hervor und steckte ihn mir auf den Finger. »Da«, sagte er mit einem tiefen Seufzer. »Jetzt sind wir offiziell verlobt. Ich kann es gar nicht erwarten, daß wir heiraten! Wie bald können wir Hochzeit feiern, liebste Seren?«

»Oh, noch nicht allzu bald«, sagte ich schnell.

»Aber warum?« wollte er wissen.

»Nicht, daß ich dich nicht heiraten möchte«, erwiderte ich. »Du bist ein guter Mann, ein anständiger Mann …«

»Und du bist ein wahrer Schatz!«

»Aber ich habe im Moment sehr viel zu tun. Ich habe eine Arbeit und muß mich um meine Mutter kümmern … Das alles braucht seine Zeit.«

»Natürlich. Aber du darfst mich nicht zu lange warten lassen!«

»Nein … na ja … Ich hatte einen langen Tag. Ich glaube, ich werde heute früh zu Bett gehen.« Wir standen noch immer am Fuß des Hügels, unterhalb des Hauses meines Arbeitgebers.

»Wenn du es so willst«, antwortete er und kam näher. »Dann bringe ich dich nach Hause.«

Ich ging mit schnellen Schritten, rannte manchmal sogar, und ließ Samuel bald weit hinter mir. Schließlich kam ich an unsere Tür. »Gute Nacht«, rief ich Samuel zu, der viele Meter hinter mir den Gehsteig entlanghastete, und floh ins Haus. Ich schützte Kopfschmerzen vor, zog mich eilig aus und kroch ins Bett, ehe meine Mutter den Ring sehen konnte. Als ich mir die Decke über den Kopf zog und mich tief in das Bett kuschelte, dachte ich: *Worauf, um alles in der Welt, habe ich mich da nur eingelassen?*

12. Kapitel

Eine Woche später ging meinem Arbeitgeber der Stoff aus, und ich wurde entlassen. Sofort überlegte ich, zu Esther und Emma nach Budapest zu fahren, aber der Gedanke, meine Mutter allein zu lassen, ließ mich noch zögern. Schließlich, nachdem ich eine Woche lang erfolglos neue Arbeit gesucht hatte, beschloß ich doch, daß ich in Budapest eine Stellung finden müßte. Als meine Mutter und ich am Abend nach dem Essen zusammensaßen, teilte ich ihr meinen Entschluß mit.

Sie sah mir in die Augen und legte ihre Hände auf meine. »Das habe ich schon erwartet«, sagte sie.

»Ich werde bei Esther und Emma sein«, erwiderte ich schnell. Ich war erleichtert, daß sie mir meine Entscheidung nicht übelnahm.

»Das ist gut. Ich mache mir Sorgen um Esther. Und Rosa spricht andauernd von Emma. Die Mädchen sind noch so jung. Es wird mir bessergehen, wenn ich weiß, daß du bei ihnen bist.«

»Ich werde mich um sie kümmern.«

»Ja, ich weiß«, sagte sie lächelnd und streichelte mir die Wange. »Auf dich kann ich mich immer verlassen.«

Ich spürte plötzlich ein Brennen in den Augen und im Hals. Schnell blickte ich zur Seite und stand dann auf, um einen Lappen von der Spüle zu holen und einen kleinen Fleck vom Tisch zu wischen. Schließlich ließ das Brennen nach, und ich setzte mich wieder hin.

»Sobald ich etwas Geld gespart habe, mußt du nachkommen«, sagte ich. »Wir können alle zusammenwohnen, genau wie hier.«

»Ach, ich weiß nicht, ob ich hier weg möchte«, sagte meine Mutter und blickte auf den noch feuchten Tisch.

»Warum nicht? In Budapest ist es viel sicherer, und du könntest bei uns sein.«

»Aber Rosa und Eugen und die Kinder sind hier. Rosa bringt die Kinder oft nachmittags vorbei. Die Kleinen nennen mich jetzt ›Nana‹ ... Ach, das habe ich dir gestern schon erzählt, oder? Und Tamara lädt mich immer zum Tee ein, obwohl sie ständig so viele Freunde in der Wohnung hat. Es ist nicht so, daß ich nicht bei dir und Esther sein möchte, das verstehst du doch, oder?«

»Ja«, erwiderte ich und blickte wieder zur Seite.

»Wir hatten früher immer so viele Gäste! Kannst du dich noch an die Feiertage erinnern? Was war das nur immer für eine Arbeit! All das Essen, das vorbereitet werden mußte! Aber ich würde nichts davon missen wollen ...« Sie starrte eine Weile in die Ferne.

»Ich glaube nicht, daß ich in einer großen Stadt mit so vielen fremden Menschen leben könnte«, fuhr sie dann fort. »Ich bin eine einfache Frau aus einem kleinen Dorf. Ich vermisse unser Haus ... die Bäume, den Fluß, die Blumen in den Tälern. Die Veilchen! Wie schön fand ich es immer, wenn sie ihre Köpfe durch den Schnee reckten ... und die Lavendelblüten in der Sonne. Weißt du noch?«

»Ja, natürlich. Ich vermisse das alles so sehr, daß ich es manchmal kaum ertragen kann. Aber wir haben kein Geld. Wir können nicht in unser Haus zurück, und wir können uns nicht mehr bei Herman und Rosa und ihren Familien aufdrängen. Wenn ich Arbeit in Budapest gefunden habe, schicke ich dir Geld, damit du dieses Zimmer behalten kannst. Es ist nicht wie unser Haus, aber zumindest ist es deines.«

»Was würde ich nur ohne dich tun, Seren?« sagte sie und nahm wieder meine Hand. »Wirst du auch Vater besuchen und ihn von mir grüßen? Ich weiß, daß du ihn besuchen wirst, aber sag ihm bitte, daß ich jeden Tag an ihn denke.«

»Ich werde dir Geld für die Zugfahrt schicken«, erwiderte ich. »Dann kannst du kommen und ihn selbst besuchen.«

Sie blickte mich an und wurde langsam blaß. Ein paar Minuten lang saß sie ganz still und starrte wieder in die Ferne. Dann sah sie wieder zu mir. »Du wirst mich für herzlos halten«, sagte sie, »aber das könnte ich nicht. Ich könnte es nicht ertragen, ihn zu sehen.« Sie blickte wieder zur Seite und schwieg. Dann sagte sie: »Erinnerst du dich an unseren Nachbarn in Lunca de Mijloc, der immer in Ohnmacht fiel, wenn er zu diesem Spezialisten in Bukarest ging? Er hatte solche Angst vor der möglichen Diagnose des Arztes, daß er immer gleich nach Betreten der Praxis das Bewußtsein verlor. So würde es mir gehen, wenn ich deinen Vater besuchte – ich hätte zu große Angst vor dem, was ich sehen müßte.«

»Ich werde ihn besuchen, Mama. Ich werde in seiner Nähe sein. Es ist schon gut.«

»Nein, es ist nicht gut. Ich schäme mich, daß ich so schwach bin.«

Ihre Augen füllten sich mit Tränen. Sie ging schnell zum Bett, zog die Decke zurück und begann, sich auszuziehen. Ich saß noch eine Weile am Tisch, beobachtete meine Mutter, wie sie ihr blaukariertes Kleid auszog – eines der beiden Kleider, die sie besaß –, wie sie in ihrem weißen Unterrock dastand, barfuß, und durch das zerbrochene Fenster in die Dunkelheit hinausstarrte. Einen Moment lang sah sie wie ein junges Mädchen aus, schmächtig, mit offenem Haar, das ihr in dunklen Wellen über den Rücken fiel. Dann erschauerte sie, schlang die Arme um den Oberkörper und umklammerte ihre bloßen Schultern. Sie kroch ins Bett, legte sich auf die Seite, mit dem Rücken zu mir, und blieb reglos liegen.

Zwei Tage später nahm ich den Zug nach Budapest. Emma hatte geschrieben, daß der Laden, in dem sie und Esther arbeiteten, nicht weit vom Bahnhof entfernt an einer Straße namens Sziget-utca lag, ›Inselstraße‹, die über die Donau führte. Der Fluß teilte die Zwillingsstädte Buda und Pest, und das Geschäft befand sich in Pest. Ich ging die Sziget-utca entlang, vorbei an hohen, graubraunen Wohnhäusern, an Brunnen und Statuen reitender Männer. Irgendwann am Tag hatte es geregnet, und ein weißer Nebel hing noch immer über den feuchten Gehwegen und waberte die fünf- und sechsstöckigen Gebäude hinauf.

Nach einigen Blocks kam ich zur Hausnummer 5-7 und war überrascht, wie schön das Gebäude aussah, das elegant zwischen einer Reihe Ziegelbauten aufragte. Ich konnte mir schöne, polierte Parkettböden darin vorstellen, glänzende Treppengeländer und funkelnde Kristalleuchter, wie ich sie in den vornehmen Häusern in Bukarest gesehen hatte.

Im Erdgeschoß befand sich das Wäschegeschäft – genau, wie Emma es beschrieben hatte, mit einem großen Fenster auf die Straße hinaus. Ich blickte hindurch und sah Emma über eine Nähmaschine gebeugt und Esther, die einen Stoffballen durch den Laden trug. Ich klopfte an die Scheibe. Emma sprang auf und lief zur Tür. »Seren!« rief sie. »Oh, Seren, du bist gekommen!«

Esther kam ebenfalls herbei und fiel mir um den Hals. Die beiden fingen gleichzeitig an zu reden und mir von ihrem neuen Leben in Budapest zu erzählen. Alles war wunderbar: der Lohn ausreichend, die Arbeit nicht zu schwer und ihre Arbeitgeberin eine freundliche Frau mittleren Alters, die mit ihrer Mutter im ersten Stock des Hauses wohnte.

»Sie kann selbst nicht besonders gut nähen, also ist sie nicht zu streng mit uns«, sagte Esther. »Aber sie ist eine gute Geschäftsfrau und verkauft die Wäsche an mehrere Geschäfte weiter. Es gibt immer etwas zu tun. Ach, jetzt wird es bald wieder genau wie in Reghinul-Såsesc sein, als wir drei zusammen gearbeitet haben.«

»Wer ist das andere Mädchen, das noch mit euch arbeitet?« wollte ich wissen. Ein kleines, noch kindlich wirkendes Mädchen mit kurzem schwarzen Haar und dunklen Augen sah mich mit einem scheuen Lächeln an. Über ihre Oberlippe verlief eine kleine rote Linie, so daß ihr Mund beim Lächeln ganz ungleichmäßig aussah.

»Oh, das ist Ellen!« erwiderte Emma. »Sie stammt von der tschechischen Grenze und wurde als Lehrling von der Zionistischen Vereinigung hergeschickt.«

»Freut mich, dich kennenzulernen«, sagte ich und gab ihr die Hand.

»Danke«, antwortete sie mit leiser Stimme auf ungarisch.

»Du siehst noch sehr jung aus, um so weit weg von zu Hause zu sein«, sagte ich. »Wie alt bist du?«

»Vierzehn. Es gab Gerüchte ... Wir hatten Angst ... Jemand sagte, wir würden in ein Ghetto gebracht, weit weg«, erwiderte sie stockend, als suchte sie nach den richtigen Worten. »Mama wollte, daß ich fortgehe, solange ich noch konnte. Sie hofft, daß ich ... eines Tages nach

Palästina gehe und sie nachhole ... Ich mußte sie zurücklassen.« Ihre Stimme brach, und sie blickte auf ihre verschränkten Hände.

»Du wirst es schon schaffen«, sagte ich und klopfte ihr auf die Schulter. »Ich bin mit dreizehn von zu Hause weggegangen und habe mich gut durchgeschlagen. So schnell werden Esther und Emma mich nicht los!«

»Im Gegenteil!« rief Emma. »Wir können es gar nicht erwarten, daß du wieder mit uns zusammen arbeitest.«

»Zeigt mir, was ihr hier macht«, sagte ich.

»Sieh her!« Esther zog mich zu ihrer Nähmaschine. »Zuerst nehme ich einen langen Streifen Stoff, mache daraus zwei Träger und nähe sie an das Rückenteil des Büstenhalters. Emma fügt das Vorderteil hinzu, und Ellen näht zum Schluß Haken und Ösen dran.«

»Ihr macht den ganzen Tag lang immer dasselbe?« wollte ich wissen.

»Ja.«

»Ihr näht nie ein ganzes Kleidungsstück?«

»Nein.«

»Dann will ich hier nicht arbeiten! Das würde ich nicht aushalten. Ich bin eine Schneiderin und keine Maschine.«

»Man gewöhnt sich daran«, meinte Esther.

»Nein, niemals! Ich brauche Abwechslung. Ich werde bei euch wohnen, mir aber eine andere Arbeit suchen.«

In diesem Augenblick kam ein weiteres Mädchen in den Raum, das einen hohen Stapel Kisten auf den Armen balancierte. »Rosi!« sagte Esther. »Meine Schwester ist hier! Stell die Kisten fort, damit du sie begrüßen kannst.«

Das Mädchen mühte sich mit den Kisten ab und versuchte, sie alle auf einen Arm und eine Hüfte zu stützen. Ein kleines, ovales Gesicht mit einer riesigen, dicken Brille lugte hinter dem Stapel hervor. Rosi lächelte mich kurz an und verzog dann das Gesicht, als ihre Kisten auf den Boden rutschten. »Oh … Oh …«, stöhnte sie. »Ich werde ewig brauchen, um die alle wieder aufzuheben.«

»Wir helfen dir gleich dabei«, sagte Esther ungeduldig. »Jetzt sag meiner Schwester Seren hallo.«

Rosi war eine schlanke, knapp einen Meter fünfzig große Nichtjüdin und sah sehr freundlich aus mit ihren dunkelblonden kurzen Locken und der großen Brille. »Ich bin froh, daß du jetzt auch hier bist«, sagte sie lächelnd. »Mutter wird darauf bestehen, daß du bei uns wohnst – mit Esther und Emma und mir.«

»Ihre Mutter ist sehr nett zu uns«, fügte Esther hinzu. »Sie heißt Frau Balogh, aber wir nennen sie Tante Terry.«

»Wir drei sind ständig zusammen«, fügte Emma aufgeregt hinzu. »Ach, bitte überleg dir doch, ob du nicht auch hier arbeiten möchtest, Seren. Versuch es doch wenigstens.«

»Wir werden uns schon noch oft genug sehen«, erwiderte ich lachend.

Am frühen Abend brachen wir zu der kleinen Wohnung auf, zwei Zimmer mit Küche, in der wir nun zu sechst wohnen sollten: Herr und Frau Balogh, Rosi, Emma, Esther und ich. Die Wohnung befand sich im Stadtteil Buda in einem alten Backsteingebäude mit Türmchen auf dem Dach. Wir überquerten die Donau auf einer Brücke mit hoch aufragenden Bögen und großen steinernen Löwen auf jeder Seite, die ihre Mäuler weit aufrissen. Bukarest war schon eine schöne Stadt gewesen – das sogenannte Paris von Rumänien –, doch der Krieg hatte sie schon reichlich zerstört. Budapest hingegen war vom Krieg noch relativ verschont geblieben und viel schöner.

Als wir zur Wohnung kamen, begrüßte uns Rosis Mutter schon an der Tür. Sie war eine dünne Frau mit langem, hageren Gesicht, schwarzem Haarknoten und trug ein verblichenes, abgetragenes Baumwollkleid. Sie wischte ihre Hände an der Schürze ab, die ihr Kleid zum Großteil verdeckte. »Ich bin gerade beim Keksebacken«, sagte sie. »Entschuldigt also bitte das Mehl überall auf dem Fußboden.«

Ich sah mich um. Ein rotes Wachstuch, das an den Ecken abgescheuert war, lag auf einem Holztisch, unter den vier weiße Stühle mit geflickten Lehnen geschoben waren. Außer einer eingebauten Spüle und einem kleinen Gasherd gab es keine weiteren Möbel.

Frau Balogh streckte die Hand aus. »Sie sind Seren, nicht wahr?« sagte sie. »Esther hat mir erzählt, daß Sie kommen würden. Aber ich hätte Sie nicht als ihre Schwester erkannt. Sie sehen sich überhaupt nicht ähnlich.« Sie wurde rot. »Oh, das hätte ich vielleicht nicht sagen sollen. Ich habe Sie ja gerade erst kennengelernt.«

»Ist schon gut«, erwiderte ich. »Esther kommt den Brüdern meiner Mutter nach, die groß und schlank sind. Ich bin eher klein, wie meine Mutter, aber so hell wie mein Vater.«

»Ja, das ist eine Erklärung«, meinte sie lachend. »Haben die Mädchen Ihnen von dem Zimmer erzählt? Es ist recht klein, fürchte ich. Aber Sie können die Küche zum Kochen benutzen, wenn Sie abends von der Arbeit nach Hause kommen. Bis dahin bin ich fertig, allerdings müssen Sie sich dann mit Rosis Verlobtem arrangieren. Er kommt fast jeden Abend her, und sie sitzen stundenlang in der Küche und reden.« Sie hielt inne und strich sich mit der rauhen Hand über das Haar. »Aber Laszlo ist ein netter junger Mann«, fuhr sie dann fort. »Sogar Papa hat nichts an ihm auszusetzen, nicht wahr, Rosi?«

»Nein, er mag Laszlo«, bestätigte Rosi lächelnd.

»Tja …«, meinte Frau Balogh. »Das Waschbecken ist hier gleich neben dem Herd. Wenn Sie Ihre Wäsche hier waschen wollen, geht das in Ordnung. Dort oben haben wir Gestelle zum Trocknen. Sehen Sie?«

Ich blickte nach oben. Unter der Decke hingen Metallgestelle wie kleine Bäume mit kahlen Zweigen.

»Zum Aufhängen der Kleider ziehen Sie einfach an diesem Seil neben dem Waschbecken, und die Gestelle kommen herunter. Danach ziehen Sie sie einfach wieder hoch, und die Sachen trocknen in der warmen Luft. Jetzt backe ich schnell meine Kekse zu Ende«, fuhr sie fort, »und in einer halben Stunde können Sie die Küche für sich haben. Ach, übrigens, ich bin Tante Terry.«

Eine Stunde später hatte ich meine Kleider neben Rosis in eine Schublade gepackt, Esther und Emma beim Kochen geholfen und meine Hälfte des Bettes ausprobiert. Ich fühlte mich fast wie zu Hause.

Am nächsten Morgen ging ich zum Büro der Jüdischen Gesellschaft, um mich nach einer Arbeit als Schneiderin zu erkundigen. Zwar waren keine Salons mehr geöffnet, aber eine jüdische Dame, Frau Kolman, wünschte eine Schneiderin, die bei ihr zu Hause arbeitete.

»Ich denke, ich muß Sie warnen«, sagte der Mann im Büro, »denn wir haben schon vier oder fünf Schneiderinnen zu ihr geschickt, aber keine von ihnen wollte länger als einen Tag bleiben.«

»Warum?« fragte ich nach. »Beißt diese Frau Kolman etwa?«

Der Mann lachte. »In gewisser Weise ja, vermute ich. Sie ist sehr eigenwillig, und niemand scheint ihr gut genug zu sein. Sie stellt recht hohe Anforderungen.«

»Ich habe in Bukarest für die Königliche Familie

genäht!« entgegnete ich. »Dann kann ich ja wohl auch für Frau Kolman nähen.«

Mit der Straßenbahn fuhr ich zu Frau Kolmans Haus am Rande der Stadt, das sehr groß und von einer Steinmauer mit üppigen rosa und roten Hängerosen umgeben war. *Die Juden leben hier noch immer so, als gäbe es keinen Krieg*, dachte ich, als ich klingelte, *nicht einmal das Gerücht eines Krieges …*

Eine große Frau mittleren Alters in einem langen Hausmantel aus blauer Seide öffnete die Tür. »Ja, bitte?« fragte sie kurzangebunden.

»Ich komme von der Jüdischen Gesellschaft«, antwortete ich. »Mein Name ist Seren Tuvel. Ich bin Schneiderin.«

»So, sind Sie das?« meinte sie skeptisch. »Na, dann kommen Sie mal mit.« Sie drehte sich um und marschierte den langen Hausflur entlang.

Ich folgte ihr in den hinteren Teil des Hauses, vorbei an einem großen Eßzimmer, einem riesigen Wohnzimmer und weiteren kleineren Räumen, die alle mit glänzendem Parkett ausgelegt waren. Als wir ins Nähzimmer kamen, sah ich ein junges Mädchen auf Händen und Knien, das mit einem dicken Tuch den Boden polierte.

»Kathrin!« rief Frau Kolman, sobald wir das Zimmer betraten. »Nennen Sie das etwa einen sauberen Fußboden? Es ist eine Schande! Der ganze Raum muß noch einmal geschrubbt und neu poliert werden. Ich bin sehr enttäuscht von Ihnen. Lassen Sie das jetzt und kümmern sich um das Silber.«

Ich betrachtete den Boden – er sah genauso glänzend aus wie all die anderen Fußböden. Einen kurzen Moment lang überlegte ich, sofort wieder umzudrehen, doch ehe ich mich entscheiden konnte, drehte Frau Kolman sich zu mir um und sagte: »Sie können sich nicht vorstellen, wie verzweifelt ich schon bin. Ich brauche so viele neue Kleider, und keines der Mädchen, die die Gesellschaft mir geschickt hat, schien in der Lage zu sein, auch nur eine einfache Naht fehlerlos zu nähen. Ich hoffe, daß Sie mich nicht auch enttäuschen werden. Sie können doch nähen, oder?«

»Ja, natürlich«, antwortete ich. »Ich habe in einem der besten Salons in Bukarest gearbeitet.«

»Ich verstehe«, entgegnete sie ungläubig. »Dann zeige ich Ihnen jetzt, was ich möchte.« Sie hielt sich einen weichen, hellen Wollstoff vor die Brust.

»Oh, der ist schön«, sagte ich und freute mich, seit langer Zeit endlich wieder einmal ein so schönes Material zu sehen. Gern hätte ich den Stoff befühlt. »Dieser Beigeton steht Ihnen sehr gut.«

»Ja, nicht wahr?« erwiderte sie. »Das dachte ich auch. Der Stoff ist sehr kostbar; mein Mann hat einige Monate gesucht, bis er ihn auf dem Schwarzmarkt erstehen konnte. Das Kleid muß perfekt werden! Etwa in der Art will ich es haben«, fuhr sie fort und zeigte mir ein Zeitschriftenfoto mit einer Frau in einem langen Kleid mit hohem Kragen und Schößchen. »Meine Tochter und ihr Mann wohnen hier bei uns. Beide haben wichtige Positionen in einer Brotfabrik am Rande der Stadt und laden oft wichtige Kunden in unser Haus ein. Sie sehen also, wie wichtig es für mich ist, für solche Gelegenheiten die passenden Kleider zu haben. Sie müssen auch verstehen, daß ich keine Schneiderin an diesen Stoff lassen möchte, die nicht weiß, was sie tut. Da Sie aber behaupten, Sie könnten nähen, nehme ich nun an, daß Sie auch in der Lage sind, bei mir Maß zu nehmen und dieses Kleid zu meiner Zufriedenheit anzufertigen. Habe ich recht?«

Ich sah noch einmal kurz zur Tür. »Ja«, erwiderte ich dann. »Ich bin ziemlich sicher, daß ich Sie zufriedenstellen kann.«

»Fein. Dann fangen Sie bitte an. Wenn Sie gute Arbeit leisten, werde ich Sie gut bezahlen.«

Nachdem ich an Frau Kolman Maß genommen hatte, schnitt ich den Stoff zu und begann mit dem Zusammennähen. Nach all den rauhen Armeehemden war es schön, mit diesem feinen Stoff zu arbeiten.

Nach zwei Stunden klopfte es an der Tür. »Ja, bitte?« Ich fragte mich, warum ich jetzt schon unterbrochen wurde.

Frau Kolman kam herein. »Ich wollte fragen, ob Sie etwas zu Mittag essen möchten«, sagte sie und warf einen kurzen Blick auf die Stoffteile neben mir.

»Das wäre sehr nett«, erwiderte ich.

Sie ging hinaus und kehrte wenige Minuten später mit einem abgedeckten Tablett zurück. »Viel habe ich in der Küche nicht gefunden. Die Köchin ist gerade beim Einkaufen, und ich kenne mich in der Speisekammer kaum aus.« Sie zog das Tuch vom silbernen Tablett, und zwei Stück gebratenes Huhn, eine Schale Suppe und mehrere frische Pflaumen, die wie dunkler Burgunderwein leuchteten, kamen zum Vorschein. Ich mußte an die eine kalte Kartoffel denken, die Emma, Esther und ich uns so oft zum Abendessen geteilt hatten.

»Ein so feines Mahl habe ich nicht erwartet«, sagte ich. »Sie sind sehr großzügig.«

»Ich gebe meinen Angestellten gut zu essen – wenn sie die Arbeit tun, die ich von ihnen erwarte.«

»Möchten Sie sehen, was ich bisher gearbeitet habe?« fragte ich und hielt das Oberteil des Kleides hoch.

»Oh ... ja, gern«, erwiderte sie und zog es schnell über

ihre Bluse. Sie ging zum Spiegel. »Das paßt ja perfekt!« rief sie aus. »Genau richtig. Sie arbeiten sehr schnell, nicht wahr?«

»Ich bringe meine Arbeit gern zu Ende«, antwortete ich. »Ich habe nicht die Geduld, sie ewig hinzuziehen.«

»Nun gut! Dann lasse ich Sie wieder arbeiten«, sagte Frau Kolman, zog das Oberteil aus und reichte es mir. »Um fünf Uhr wird die Köchin Ihnen Ihr Abendessen bringen. Um halb sieben können Sie dann gehen.« Nach einem kurzen, schmallippigen Lächeln verließ sie den Raum.

Ich arbeitete den ganzen Nachmittag, und als die Köchin das Essen brachte, beschloß ich, es einzupacken und mit Emma und Esther zu Hause zu teilen. Auf der Heimfahrt in der Straßenbahn hielt ich das noch warme Bündel an meine Brust gedrückt.

In unserer Wohnung deckte Emma gerade den Tisch, und Esther holte unser Abendessen vom Herd: drei gekochte Eier. Außerdem lag das Randstück eines Brotlaibes zwischen unseren Tellern.

»Ratet mal, was ich hier habe«, sagte ich, ging zum Tisch und legte mein Päckchen darauf.

»Was immer es ist, es riecht gut«, meinte Emma.

Ich faltete das Tuch auseinander, und vor uns lag ein Stück Roastbeef, eine Portion dunkle Bratensoße, mehrere Handvoll zarte grüne Bohnen und ein Berg Reis mit Kräutern und Gewürzen. Esther und Emma bestaunten die feinen Sachen mit großen Augen. »Dürfen wir das essen?« fragte Esther ehrfurchtsvoll.

»Na, zum Angucken ist es nicht da«, antwortete ich und lachte.

Wir teilten es gerecht unter uns auf und aßen alles mit Genuß – auch die drei Eier und das Brot. Es war das erste Mal, seit mein Vater und ich unser Haus verlassen hatten, daß ich am Ende einer Mahlzeit gesättigt vom Tisch aufstand.

Ich arbeitete weiter in Frau Kolmans Haus. Als ich alle Kleider genäht hatte, die sie brauchte, empfahl sie mich an den Direktor der Brotfabrik weiter, in der ihre Tochter und Schwiegersohn arbeiteten. »Der Direktor ist kein Jude«, sagte sie, ehe ich zu dessen Haus aufbrach, »nur seine Frau. Aber Sie müssen ihnen ja nicht unbedingt sagen, daß Sie Jüdin sind. Sie sehen ohnehin eher wie eine Nichtjüdin aus. Lassen Sie sie also ruhig in dem Glauben.«

Ich folgte ihrem Rat und arbeitete für die Frau des Fabrikdirektors, ohne zu erwähnen, daß ich Jüdin bin. Sie empfahl mich danach an eine andere Kundin weiter. Ich hatte fortwährend Arbeit; Esther, Emma und ich konnten unserer Mutter regelmäßig Geld nach Hause schicken und hatten immer gut zu essen.

Eines Tages, als ich nach Hause kam, saß auf einmal Samuel an Tante Terrys Küchentisch. »Ach, Seren!« rief er aus, nahm mir den zugedeckten Teller ab und schloß mich in die Arme. »Ich mußte nach Budapest kommen«, sagte er, »und dich wiedersehen!«

Ich war völlig verdattert. Da hatte ich nun gedacht, daß Samuel weit weg in Reghinul-Såsesc saß und mich nicht mehr ständig fragen konnte, wann ich ihn endlich heirate – tatsächlich hatte ich ihn schon beinahe vergessen –, und jetzt stand er vor mir wie ein tapsiger Bär und nahm mich in seine starken, warmen Arme.

»Wie schön«, brachte ich schließlich hervor und entwand mich seiner Umarmung. »Hast du Hunger? Setz dich. Ich habe Essen von meiner Arbeitgeberin mitgebracht. Es ist sehr gut.«

»Jetzt können wir heiraten!« erwiderte er.

»Was?«

»Wir können heiraten! Ich bin hier. Du bist hier. Ich werde ein Zimmer finden. Wir werden heiraten!«

»O nein, nicht jetzt«, entgegnete ich hastig. »Wie soll das gehen? Ich habe eine gute Stellung und kann mir jetzt keine Zeit nehmen, um zu heiraten. Nun komm. Tu mir einen Gefallen und setz dich hin. Ich werde dir ein schönes heißes Essen servieren.«

Der Abend verging schnell, denn ich fragte ihn über jedes einzelne Familienmitglied aus. Als ich alles über Herman, Tamara, Joseph, Miksha, Ernie, Rosa, Eugen, deren Kinder, meine Mutter und alle anderen in Reghinal-Sasesc, die mir noch einfielen, erfahren hatte, war es Zeit zum Schlafen. Samuel ging zu einer Nachbarsfamilie, und das Thema Heirat war fürs erste aufgeschoben.

Am nächsten Tag erkundigte Samuel sich nach einer Unterkunft in unserem Haus und wurde an eine jüdische Familie verwiesen, deren Sohn Aaron im selben Alter war wie er. Samuel zog dort ein, fand eine Anstellung in der Firma, in der auch Aaron arbeitete, und war bis auf zwei Dinge ganz zufrieden: die zunehmende Bedrohung, in die Arbeitseinheit eingezogen zu werden, und die wenige Zeit, die wir zusammen verbrachten. Obwohl wir im gleichen Haus wohnten, sahen wir einander nur selten, da wir beide lange arbeiteten. Wenn es warm war und wir abends nicht vor Müdigkeit umfielen, setzten wir uns manchmal auf die Treppe vor dem Haus und unterhielten uns. Oft aber gähnte ich auch so häufig und ausgiebig, daß Samuel schließlich sagte: »Geh zu Bett, Seren. Ich würde dich gern noch sehen, aber wie kann ich mit dir reden, wenn du dich bei meinen Späßen so sehr langweilst, daß du mir mitten ins Gesicht gähnst?«

»Aber ich muß doch um fünf Uhr aufstehen«, verteidigte ich mich. »Meine Kundin will ihre Kleider bis Ende der Woche fertig haben. Und das Geld kann ich gut gebrauchen. Wir konnten diesen Monat noch nicht einmal Miete bezahlen, weil Mutters Miete fällig war und Esther und ich all unser Geld nach Reghinul-Såsesc geschickt haben. Wenn Tante Terry nicht soviel Geduld mit uns hätte, wüßte ich nicht, wie wir es schaffen sollten.«

»Vor allem, da du dir von mir kein Geld leihen willst. Wie ich schon sagte: geh zu Bett. Gute Nacht, meine irgendwann zukünftige Ehefrau.«

Müde stiegen wir die Treppe in unsere jeweiligen Wohnungen hinauf. Samuel blieb vermutlich noch lange auf und sprach mit Aaron. Was mich anging, so konnte ich mich morgens manchmal nicht mehr daran erinnern, wie ich überhaupt ins Bett gekommen war.

Früh am Sonntagmorgen weckte mich ein Klopfen an der Küchentür. Als ich verschlafen öffnete, stand Samuel mit einem Korb in den Armen davor.

»Guten Morgen, meine Schöne!« sagte er. »Wir fahren zu einem Picknick.«

»Aber es ist erst sechs Uhr, und ich bin noch nicht einmal angezogen! Und wo, um alles in der Welt, können wir hier mitten in der Stadt ein Picknick machen?«

»Meine Freunde waren außerhalb von Buda mal in den Bergen«, antwortete er. »Dort gibt es Seen mit schönen Stränden. Wir können den ganzen Tag im Sand liegen und essen und schwimmen. Kommst du mit? Esther und Emma können uns begleiten. Zwei meiner Freunde warten draußen auf uns. Sag, daß du mitkommst. Bitte!«

»Ich komme ja! Aber laß mir zumindest Zeit zum Anziehen.«

»Wunderbar! Ich warte unten!«

Wir fuhren mit der Straßenbahn bis an die Berge und kamen dabei an schönen, dicht mit Efeu bewachsenen Häusern vorbei, die unten an den Hang gebaut waren. Zu Fuß stiegen wir höher hinauf, und die Stadt unter uns wurde immer kleiner und kleiner. Es war fast so, als wären wir wieder am Sägewerk bei Valea Uzului und als hätten Esther, Emma und ich ein paar Freunde zum Ausflug in den Wald eingeladen.

»Da ist der See!« rief Samuel, als wir den Berg erklommen hatten. Vor uns lag in einer Lichtung ein glitzerndes, türkisfarbenes Oval.

»Laßt uns hinlaufen!« rief einer der Männer.

Wir fingen alle zu rennen an, und die Picknickkörbe schlugen dabei heftig gegen unsere Beine. Esther, Emma und ich mußten schrecklich lachen. Zum Schluß konnten wir nicht einmal mehr laufen, sanken an einem Baumstumpf zu Boden und hielten uns die Bäuche, während uns die Tränen über das Gesicht liefen.

»Wir sollten nachsehen, ob wir die Sachen überhaupt noch essen können«, meinte Emma schließlich. »Wahrscheinlich ist alles ein einziger Brei geworden.«

Wir lachten wieder los, aber schließlich machten wir uns an das letzte Stück Weg zum See. Als wir das Ufer erreichten, standen die Männer erregt, mit roten Gesichtern da.

»Ich kann es nicht glauben. Ich kann es einfach nicht glauben!« sagte Samuel.

»Was ist los?« wollte ich wissen.

»Sieh doch!« Er deutete auf ein Schild, das mitten am Strand aufgestellt war. ›Hunde und Juden verboten.‹

»Jetzt werden wir also schon mit Hunden gleichgestellt!« sagte er. »Was kommt als nächstes? Wie werden sie uns als nächstes nennen?«

»Laßt uns zurückgehen«, meinte ich kleinlaut. »Hier gibt es sicher Polizisten, die das Ufer kontrollieren. Wenn sie uns finden, werden sie uns einsperren.«

»Ich hatte mich so auf das Picknick gefreut«, sagte Samuel und nahm meine Hand. »Wir haben uns kaum gesehen, seit ich in Budapest bin.«

»Wir werden unser Picknick trotzdem halten«, erwiderte ich. »Wir essen einfach in unserer Wohnung, alle zusammen.«

»Einverstanden. Aber es ist nicht dasselbe.«

»Nein, aber nichts ist mehr dasselbe wie früher.«

In der nächsten Woche saß eines Abends Zipporah mit den Mädchen am Tisch, als ich nach Hause kam. »Zipporah!« rief ich. »Wann bist du denn gekommen?«

»Heute morgen«, antwortete sie, ohne mich anzusehen. Sie hielt eine rote Rose in der Hand und drehte sie immer wieder herum, während sie das wirbelnde Rot beobachtete.

»Warum bist du hier?«

Wortlos drehte sie ihre Rose herum. Ich sah zu Esther und Emma, die beide zu Boden starrten. Emma klopfte mit dem Fuß auf das abgewetzte Linoleum, Esther saß reglos.

»Zipporah«, sagte ich, »ich habe dich etwas gefragt. Warum bist du hergekommen?«

»In Reghinul-Såsesc ist es so langweilig geworden, daß ich dachte, ich würde sterben!« erwiderte sie. »Nur noch alte, tote Männer sind da.«

»Die Männer sind alle tot? Was ist passiert? Gab es eine Liquidation? Einen Bombenangriff? Was?«

»Nein, die Männer sind nicht wirklich tot, aber sie könnten es ebensogut sein. Sie sind so alt und gebrechlich, daß sie um neun Uhr abends ins Bett fallen. Alle jungen Männer sind weggegangen. Niemand ist mehr da, der mich unterhält. Ich mußte weg! Also bin ich hergekommen. Und ich bin froh darüber. Rosi sagt, hier gibt es viele ansehnliche junge Männer.«

»Du willst also hier bei uns bleiben und dich amüsieren, oder wie?« fragte ich.

»Was ist falsch daran? Rosis Mutter ist sehr nett. Sie meinte, ich könnte hierbleiben, wenn es mir nichts ausmacht, mit euch allen in einem Zimmer zu schlafen. Sie sucht gerade eine Matratze für mich. Und zu essen brauche ich nicht viel.«

»Zipporah«, unterbrach ich sie, »wir alle arbeiten. Die Mädchen in einem Wäschegeschäft und ich in den Häusern meiner Kundinnen. Wir arbeiten sehr hart und teilen uns die Miete und das Geld für unser Essen. Außerdem schicken Esther und ich Geld nach Hause, damit Mutter ihre Miete und ihr Essen bezahlen kann. Wir haben einfach nichts übrig, um dich durchzufüttern.«

»Ich wußte, daß du mich nicht hier haben willst!« rief Zipporah. »Mama hat mich ermutigt, nach Budapest zu gehen. Sie meinte, du würdest mir helfen. Aber da hat sie sich wohl geirrt!«

»Wie hast du dir das denn vorgestellt?« wollte ich wissen. »Daß wir dich unterstützen, so wie Vater und Herman das bisher getan haben? O nein! Natürlich werde ich dir helfen, wie Mama gesagt hat, aber ich werde dir eine Arbeit suchen.«

»Eine Arbeit? Aber ich habe doch noch nie gearbeitet!«

»Das weiß ich.« Plötzlich war ich sehr müde. Es war spät, und ich wünschte mir nichts mehr, als zu essen und ins Bett zu fallen. Ich lehnte mich an die Wand, sah Zipporah an und fragte mich, warum sie nur gekommen war und unser Leben durcheinanderbrachte. Sie saß still und angespannt in ihrem Stuhl, mit dem Rücken zu mir.

»Was meinst du denn, was du tun könntest?« fragte Rosi da fröhlich. Sie stand plötzlich in der Tür und sah uns an. »Ich meine ... hast du je darüber nachgedacht, was du gerne tun würdest, wenn du arbeiten müßtest, Zipporah?«

»Na ja ...«, meinte Zipporah. »Ich könnte eigentlich alles tun, wenn ich es wollte.« Sie warf ihr Haar zurück und schleuderte die Rose auf den Tisch.

»Die Zeiten sind sehr schwer«, fuhr Rosi fort. »Unter uns wohnt ein Chirurg, der als Hausmeister arbeitet. Eine andere Arbeit hat er nicht finden können. Und seine Frau geht putzen. Sie war einmal Dozentin an der Universität.«

»Eine Freundin erzählte mir, daß in dem Friseursalon um die Ecke eine Lehrstelle frei ist«, sagte Emma. »Es ist ein schöner Salon.«

»Ja, ein Friseur!« rief Zipporah. »Ich würde gern bei einem Friseur arbeiten! Zu Hause habe ich oft stundenlang die Haare meiner Freundinnen gekämmt und frisiert. Ich denke mir gern neue Frisuren aus. Alle sind immer ganz zufrieden, wenn ich mit ihnen fertig bin.«

»Wirst du dich um die Stelle bewerben, Zipporah?« fragte ich.

»Ja! Aber ich bin erst heute morgen angekommen. Gib mir eine Weile Zeit!«

Zipporah zog also bei uns ein und reihte all ihre Toilettenartikel, die sie noch aus Valea Uzului herübergerettet hatte, auf unserer Kommode auf. Ein paar Tage lang hielt sie sich nur in der Wohnung auf, schlief lange, störte Tante Terry bei der Hausarbeit und stöhnte, die Reise habe sie erschöpft und sie müsse ausruhen. Abends jedoch wurde sie munter und blieb lange bei Rosi und Laszlo in der Küche, bis die beiden fast im Sitzen einschliefen.

Schließlich setzte ich ihr ein Ultimatum: entweder sie fand eine Arbeit oder sie kehrte nach Reghinul-Săsesc zurück. Daraufhin nahm sie die Lehrstelle im Friseursalon an, wo sie den ganzen Tag im Stehen arbeiten mußte. Wir anderen Mädchen waren erleichtert und dachten, daß wir jetzt endlich wieder früh schlafen konnten, ohne daß bis Mitternacht lautes Gelächter aus der Küche drang. Doch Zipporah blieb auch weiterhin lange auf und berichtete Rosi und Laszlo jedes kleinste Detail ihres Arbeitstages. Schlafen tat sie nur, wenn es wirklich nichts anderes gab, das sie davon abhielt.

Eines Nachts lagen Esther, Emma und ich in unseren Betten, und Zipporahs lautes Lachen überrollte uns wieder einmal wie Meereswogen und hinderte uns am Schlafen. »Ich kenne niemanden, der so laut lacht wie sie«, flüsterte Emma.

»Oh, Laszlo«, hörten wir sie atemlos sagen. »Du bist ja so komisch! Du bist ein toller Kerl.«

»Findest du das wirklich, Zipporah?« fragte er leise zurück, gerade noch laut genug, daß wir es hören konnten.

»Und ob ich das finde! Du bist ein wahrer Schatz, Laszlo! Ein Juwel! Wenn Rosi deiner irgendwann einmal überdrüssig werden sollte, laß es mich nur wissen. Das meine ich ernst.«

»Das glaube ich dir«, erwiderte Laszlo eindringlich. »Ach, natürlich!« fuhr er dann lauter, lustiger fort. »Wir machen Spaß, nicht wahr? Nur Spaß. Rosi und ich sind verlobt! Wir machen doch Spaß, Zipporah, oder?«

Sie lachte wieder, hoch und schrill diesmal. »Natürlich tun wir das!«

»Ich wünschte, Zipporah würde nicht so reden«, sagte Esther. »Ich glaube nicht, daß es Rosi gefällt, wenn die beiden soviel Zeit miteinander verbringen. Heute in der

Arbeit hat sie mir gesagt, sie wünschte, Zipporah wäre nicht gekommen.«

»Zipporah ist ziemlich herrisch, nicht wahr?« fragte Emma von ihrem Bett aus. »Heute morgen meinte sie zu mir, sie hätte nicht genug Platz in ihrer Kommode, und ich müßte ihr die Hälfte meiner Schublade abgeben, weil sie mehr Sachen besitzt als ich.«

»Riech nur, wie die Rose duftet«, hörten wir Zipporahs Singsang aus der Küche. »Rosen sind so schön, findest du nicht?«

Es folgte eine lange Pause. Ich stellte mir vor, wie Laszlo auf den Boden sah, dann kurz zu Zipporah, wieder zu Boden und schließlich in ihr wie immer strahlend lächelndes Gesicht.

»Ja, das sind sie«, sagte er schließlich.

Auf einmal hörten wir, wie eine Tür geöffnet wurde. Tante Terry kam in die Küche. »Ich muß dich jetzt bitten zu gehen, Laszlo«, sagte sie. »Es ist sehr spät, und die Mädchen sollten alle im Bett liegen. Sie müssen früh aufstehen. Das verstehst du doch, oder?«

»Ja, ja, natürlich«, erwiderte er. Wir hörten, wie sein Stuhl auf dem Fußboden scharrte, als er aufstand.

»Ich glaube, Tante Terry mag diese nächtlichen Gespräche auch nicht«, flüsterte Esther mir zu.

»Nein, ganz bestimmt nicht«, antwortete ich. »Ich habe Zipporah schon gesagt, sie soll Rosi und Laszlo in Ruhe lassen, aber sie will nicht auf mich hören.«

»Sie will doch bestimmt nur nett sein, oder?« meinte Esther.

»Gute Nacht, Laszlo«, flötete Zipporah nebenan. »Wir sehen uns morgen …«

»Wer weiß schon, was Zipporah will?« entgegnete ich. »Nur sie selbst. Sie tut eben, was ihr gefällt.«

Zwei Wochen später kam Tante Terry eines Abends nach dem Essen in unser Zimmer, als Esther, Emma und ich zusammensaßen und unsere Strümpfe stopften. Zipporah war mit einer Freundin aus dem Friseursalon ausgegangen. Tante Terry lächelte zaghaft, ihre Stirn zeigte nachdenkliche Falten. »Ich weiß nicht recht, wie ich es sagen soll«, begann sie.

»Wollen Sie, daß wir ausziehen?« fragte ich. »Ist es Ihnen zu voll geworden?«

»O nein«, erwiderte sie. »Es ist voll hier, aber das macht mir nichts. Und ich brauche ja die Miete. Ich wüßte nicht, wie wir ohne sie auskommen sollten.« Sie hielt inne und zog verlegen mit einem Finger das Muster der Bettdecke nach. »Es geht um Zipporah«, sagte sie schließlich und sah mich an.

»Was ist mit Zipporah?«

»Rosi ist sehr verärgert. Gestern abend hat Laszlo ihr gesagt, er sei nicht mehr sicher, ob sie ihre Verlobung aufrechterhalten sollten. Rosi ist nun überzeugt, daß dies an Zipporah liegt, die jede Gelegenheit nutzt, um mit Laszlo zu flirten. Ich habe den ganzen Tag darüber nachgedacht und bin zu dem Entschluß gekommen, daß Zipporah aus der Wohnung ausziehen muß. Wenn sie das nicht tut, muß ich euch alle bitten zu gehen.«

»Aber es gefällt mir hier!« protestierte Emma. »Sie sind so gut zu uns. Wo sollten wir denn sonst hingehen?«

»Ich will ja nicht, daß ihr geht«, fuhr Tante Terry fort. »Ich mag euch alle sehr, auch Zipporah. Aber ich kann es nicht zulassen, daß sie sich weiter zwischen Rosi und Laszlo drängt. Ich liebe meine Tochter. Sie und Laszlo waren sehr glücklich, ehe Zipporah kam. Ich ertrage es nicht, sie jetzt so leiden zu sehen. Sie weint sich die Augen aus. Die ganze Nacht kann ich sie schluchzen hören.«

»Ich werde Zipporah sagen, daß sie gehen muß«, sagte ich.

Spät am Abend kam Zipporah nach Hause, schlug die Tür hinter sich zu und warf sich auf ihr Feldbett. »Rosi benimmt sich manchmal wie ein verzogenes kleines Kind«, sagte sie. »Ich halte das kaum aus! Heute abend haben Laszlo und ich einen neuen Tanzschritt probiert – ich hatte ihn gefragt, ob er ihn kennt, und er sagte, er würde ihn mir gern zeigen –, da bricht Rosi plötzlich in Tränen aus und läuft die Straße hinunter. So etwas Kindisches! Laszlo und ich …«

»Zipporah«, unterbrach ich sie. »Ich muß dir etwas sagen.«

»Was?« fragte sie und sah zuerst mich, dann die anderen beiden an.

»Tante Terry hat entschieden, daß du hier nicht länger wohnen kannst«, sagte ich.

»Was? Warum denn nicht?« rief sie und setzte sich auf. »Ich dachte, sie mag mich.«

»Du verbringst zuviel Zeit mit Rosi und Laszlo, wie ich es dir auch schon gesagt habe. Rosi hat Angst, daß Laszlo sich in dich verlieben könnte.«

»Das ist doch lächerlich! Er mag mich – das ist alles.« Sie stand auf und stemmte die Hände in die Hüften. »Ich werde nicht gehen«, erklärte sie. »Tante Terry kann mich schließlich nicht zwingen auszuziehen.«

»Wenn du nicht gehst, müssen wir alle ausziehen«, erwiderte ich. »Ich möchte also, daß du dir etwas anderes suchst.«

»Du hast mir nicht zu sagen, was ich tun soll! Nur weil du älter bist, denkst du, daß du deswegen besser bist als ich! Das denkst du schon, seit wir Kinder waren. Nun, du bist nicht besser! Und ich werde nicht gehen!«

»Zipporah, keine von uns will hier weg«, sagte ich. »Es ist nicht gerecht, wenn wir alle wegen dir ausziehen müssen. Wir alle wollen, daß du gehst, damit wir hierbleiben können.«

Sie sah Esther und Emma an, die in ihren Betten saßen und so taten, als ob sie lasen. »Stimmt das?« fragte Zipporah und sah von einer zur anderen.

Zuerst sagte keine etwas. Dann legte Emma ihr Buch beiseite, stieg aus dem Bett und legte Zipporah eine Hand auf die Schulter. »Ja«, antwortete sie, »aber nur, weil ich gern hier wohne. Ich fühle mich hier zu Hause.«

»Und was ist mit dir, Esther?« fragte Zipporah weiter, während sie Emmas Hand abschüttelte.

»Ich ...«, begann Esther. Dann legte sie sich hin, zog die Decke über den Kopf und fing laut zu schluchzen an.

»Na gut!« rief Zipporah. »Wenn ihr alle so denkt, wenn keiner mich haben will, dann gehe ich eben!« Sie sprang einmal wütend auf ihr Bett, lief dann zum Lichtschalter, knipste ihn aus und legte sich im Dunkeln schlafen.

Am Morgen stand sie sehr früh auf und verließ das Haus, ehe eine von uns wach wurde. Als wir am Abend von der Arbeit kamen, waren all ihre Toilettensachen und Kleider verschwunden.

Am nächsten Tag ging ich in den Friseursalon, um mit Zipporah zu sprechen, aber sie wollte mich nicht sehen. Ein anderes Mädchen erzählte mir, Zipporah sei jetzt bei ihr eingezogen. Als ich ein paar Wochen später wieder in den Salon ging, kam Zipporah mit strahlendem Lächeln auf mich zu und streckte mir ihre rechte Hand entgegen. »Aaron und ich sind verlobt.«

»Aber Zipporah!« rief ich. »Du kennst ihn doch kaum. Samuel wohnt bei ihm und hat nie erwähnt, daß ihr beide befreundet seid.«

»Wir haben uns eine ganze Zeit lang häufig getroffen, das haben wir nur niemandem gesagt. Er liebt mich! Er sagt, ich sei so schön wie eine tiefrote Rose, auf der Tau glitzert. Ist das nicht das schönste, was du je gehört hast?« Sie hielt wieder ihre Hand mit dem Verlobungsring hoch und wirbelte mit zurückgeworfenem Kopf und wehendem Haar im Kreis herum.

»Wie kannst du nur so etwas tun? Aaron ist ein ernsthafter junger Mann. Samuel hat mir erzählt, daß er oft bis spät in die Nacht mit ihm zusammensitzt und redet und daß Aarons Intelligenz ihn sehr beeindruckt. Du spielst doch nur mit ihm! Vor zwei Wochen noch hast du mit Rosis Verlobtem geflirtet. Jetzt bist du plötzlich mit einem vollkommen Fremden verlobt. Was würde Vater denken, wenn er davon wüßte? Er sitzt in einem Irrenhaus und wird von Tag zu Tag schwächer, und du machst solche Sachen!«

Sie blieb abrupt stehen und sah mich lange schweigend an. »Aber, Seren«, sagte sie dann, »du bist doch auch verlobt. Warum darf ich keinen Verlobten haben, wenn du einen hast?«

»Ich habe mich mit Samuel verlobt, damit Tamara endlich Ruhe gibt – das war der einzige Grund. Lieber wäre ich jetzt nicht verlobt, das kannst du mir glauben.«

»Ist das etwa anständig gegenüber Samuel?«

Ich wandte den Kopf, zu wütend, um darauf zu antworten.

»Du hast mich nie gemocht«, fuhr Zipporah fort. »Wir sind zu verschieden. Du willst nichts außer arbeiten, arbeiten und noch mehr arbeiten. Ich würde sterben, wenn ich mich nie amüsieren dürfte.«

»So, und eine Verlobung ist also deine Vorstellung von sich amüsieren?«

»Es ist nicht nur das! Wir sind verliebt. Wir lieben einander wirklich sehr!«

Tränen stiegen ihr plötzlich in die Augen. Sie drehte sich schnell um und lief ins Hinterzimmer des Friseurgeschäfts. Ich ging langsam zur Tür und wartete dort noch eine Minute. Auf einmal spürte ich eine große Last auf meinen Schultern. Schließlich trat ich auf die Straße hinaus und schleppte mich müde zur nächsten Straßenbahnhaltestelle.

An dem Abend ging ich zu Bett, ehe die anderen Mädchen von der Arbeit nach Hause kamen. Mein Rücken und meine Schultern schmerzten. Ich wollte nichts weiter als tief und fest schlafen. Doch ich konnte nicht; ständig wälzte ich mich im Bett hin und her. Immer wieder ging mir das Gespräch mit Zipporah durch den Kopf. *Sie hat kein Recht, meine Verlobung mit Samuel – eine Verlobung, der ich so lange widerstanden habe, wie ich konnte – mit ihrer romantischen Schwärmerei für Aaron zu vergleichen*, dachte ich. *Natürlich ist es nicht anständig, mich von Samuel lieben zu lassen, wenn ich ihn nicht auch liebe, aber sie versteht meine Gefühle einfach nicht. Wie kann ich überhaupt jemanden lieben, wo unser Vater allmählich zugrunde geht, wo wir alle jeden Augenblick verhaftet und ins Gefängnis gesperrt werden können?*

Da erinnerte ich mich plötzlich an einen Abend mit Samuel, als wir in Reghinul-Såsesc den Fluß entlangspaziert waren. »Ich bewundere dich so sehr, Seren«, hatte er gesagt. »Du hast dich immer unter Kontrolle. So bin ich nicht.« Ich begann, schwer zu atmen und dann zu schluchzen. Ich konnte mich gar nicht wieder beruhigen. Schließlich vergrub ich den Kopf unter dem Kissen, damit niemand mich hörte, und weinte und weinte, bis ich nicht mehr konnte und irgendwann erschöpft in den Schlaf fiel.

Als Esther später ins Zimmer kam und das Licht andrehte, um sich auszukleiden, sah sie meine verquollenen Augen. »Geht es dir nicht gut?« fragte sie und legte eine Hand auf meine Stirn. »Bist du krank?«

Ich schüttelte den Kopf und wußte nicht, was ich antworten sollte.

»Du arbeitest zuviel!« sagte sie. »Wahrscheinlich bist du nur erschöpft.« Fast eine Stunde lang blieb sie neben mir sitzen und streichelte meine Wange, mein Haar, meine Stirn, bis ich schließlich wieder einschlief und bis zum nächsten Morgen nicht mehr aufwachte.

Einige Wochen später ging ich wieder in den Friseursalon, aber Zipporah wollte nicht mit mir sprechen. Dann wechselte sie die Arbeitsstelle, zog in eine neue Wohnung um und brach den Kontakt zu uns vollkommen ab. Hin und wieder sah ich sie von der Straßenbahn aus, wenn ich zu einer Kundin fuhr, wie sie mit schnellen Schritten und flatterndem Haar den Bürgersteig entlangging. In unsere Wohnung kam sie aber nie wieder. Manchmal vergingen Monate, ehe ich sie wieder irgendwo entdeckte.

13. Kapitel

Immer, wenn ich meinen Vater besuchte, wurde mir eine furchtbare Seite des Krieges vor Augen geführt.

Während Esther lange und regelmäßig arbeitete und unseren Vater nur am Wochenende besuchen konnte, war ich in meiner Arbeitseinteilung freier und besuchte ihn deshalb häufiger. Wenn ich im Haus einer Kundin zu nähen hatte, das sich in der Nähe der Heilanstalt befand, hörte ich früher zu arbeiten auf und besuchte meinen Vater auf dem Nachhauseweg. Manchmal ging ich auch morgens zur Arbeit und spürte einen plötzlichen Druck auf meinem Brustkorb. *Mein Vater ist allein!* dachte ich dann. *Ich muß ihn besuchen!* Ich stieg dann sofort in eine Straßenbahn um, die mich zur Heilanstalt brachte.

Wenn ich das öde Steingebäude erreichte, an dessen feuchten Mauern graue und schwarze Moose wucherten, wollte ich am liebsten sofort wieder umkehren. Um in die Abteilung für Juden zu gelangen, in der mein Vater untergebracht war, mußte ich einen langen Korridor mit Zellen auf beiden Seiten entlanggehen. In diesen Zellen waren schwerkranke Männer, die mich durch ihre vergitterten Türfenster hindurch anstarrten und heftig an den Türen rüttelten, wenn ich vorbeikam. Oft schrie oder stöhnte einer von ihnen auf, und der entsetzliche Laut hallte von den Wänden wider und umkreiste mich, während ich zitternd zum anderen Ende des Ganges eilte. Dort saß immer ein einzelner Wärter auf einem Stuhl, klimperte mit seinem großen Schlüsselring und sah mich ebenso durchdringend an wie die Männer in ihren Zellen.

In der Abteilung meines Vaters sah man sogleich deutlich den Unterschied zu den vorigen Patienten. Hier saß ein Mann vornübergebeugt in seiner Zelle, reglos, den Kopf in die Hände gestützt, das Haar in stumpfen Strähnen ins Gesicht hängend. In einer anderen Zelle lag ein Patient zusammengerollt auf seinem Bett, mit zerlumpten Kleidern und bloßen, erschreckend bleichen Füßen. Wie mein Vater konnten diese Männer den Verlust ihrer Heimat, ihrer Frauen und Kinder, ihres Ansehens und ihrer Würde nicht verkraften. Also entflohen sie in den Wahnsinn, in ihre Erinnerungen an die schöne Vergangenheit oder in eine Art Trance.

Eines Tages, als mein Vater zum Abschied aufstand, nachdem er während meines Besuchs kaum mehr als drei Worte gesagt hatte, drehte er plötzlich den Kopf und blickte über seine rechte Schulter auf etwas, das ich nicht sehen konnte. Da mußte ich an meine Sommerferien denken, als ich mit ihm über die Bergpfade gewandert war und er hin und wieder ein Stück alleine ging, um ins Tal hinunter- oder zu den kreisenden Lerchen hinaufzublicken. Ich sah dann nur seine Silhouette, die sich gegen das helle Tageslicht absetzte – groß, breitbeinig, mit windzerzaustem Haar. *Wie glücklich ich doch sein kann!* dachte ich dann immer. *Mein Vater ist ein feiner, gutaussehender Mann.* Irgendwann sah er mich dann wieder mit seinen leuchtenden blauen Augen an, und wir setzten unseren Weg fort.

Nun aber sah ich ihn, wie er mit gesenktem Kopf und hängenden Schultern dastand. Er schlurfte in seinen abgetragenen Pantoffeln zur Zellentür und zog sich die schmutzige, graue Decke fest um die Schultern.

»Vater«, sagte ich, um mich zu verabschieden. Er schien

mich nicht zu hören, also versuchte ich es noch einmal lauter. »Vater!«

Er sah auf, und sein Blick war vollkommen leer. Er wußte nicht, wer ich war. Ich berührte ihn leicht am Arm, wandte mich um und ging schnell den Gang hinunter und aus der Anstalt hinaus.

Ein paar Monate später fuhr ich nach Reghinul-Såsesc, um meine Mutter zu besuchen. Es war der Tag vor *Rosh Hashanah*, und wir saßen zu zweit am Küchentisch. Ich hatte nichts von meinem Vater erzählt, und sie hatte nichts gefragt. Schließlich aber wollte sie doch wissen: »Wie geht es ihm?«

»Nicht sehr gut«, antwortete ich.

»Ist er krank?«

»Er hat gelitten. Er ist ... verwirrt.«

»Wie sieht er aus?« fragte sie zögernd, als wollte sie es gar nicht wissen.

»Mama, er hat sich ganz und gar verändert ... Er ist vor meinen Augen gealtert.«

Sie sah mich unentwegt an, und ihre Augen füllten sich mit Tränen, die ihr dann unaufhaltsam über das Gesicht rannen.

Mit einer Stimme, die von weither zu kommen schien, begann sie zu erzählen. »Das erste Mal, als ich deinen Vater sah ... Ach, ich war noch ein so junges Mädchen und träumte von einem großen Fremden, der eines Tages an meine Tür kommen würde. Ich hatte keine Aussteuer und wußte, daß ich womöglich den Erstbesten nehmen müßte, den der Heiratsvermittler für mich finden konnte, selbst wenn er häßlich wäre. Und dann kam die Nachricht, daß der Heiratsvermittler einen angesehenen Mann gefunden hatte, der mich zur Frau wollte und der angeblich sogar ganz gut aussah. Ich dachte: *Wir werden sehen. Vielleicht stimmt es, vielleicht auch nicht.* Ich sollte seine Frau und noch dazu die Mutter seiner sieben Kinder werden – alles auf einmal! Es war viel verlangt, aber ich war jung und gesund und hatte immer von einem Haus voller Kinder geträumt. Und dann kam der Hochzeitstag, und ich sah ihn zum ersten Mal. Mein Herz hörte fast zu schlagen auf, denn er war so schön und so groß. Und wie sein Haar in der Sonne glänzte!«

Sie hielt inne und wischte sich nun die Tränen mit dem Schürzenzipfel ab. Mit einem Blick auf den Ehering an ihrer rechten Hand fuhr sie fort: »Es war nicht leicht, mit deinem Vater zusammenzuleben. Was er sagte, war Gesetz. Und ich mußte gehorchen ... so wollte er es eben. Er war das Familienoberhaupt. Aber er hat es immer nur gut gemeint.«

Am Abend, nachdem wir die Teller abgewaschen hatten und wieder beisammensaßen, klopfte es laut an der Tür. Wir schraken zusammen, und ich lief hin und öffnete. Ein Junge stand draußen mit einem Umschlag in der Hand. »Ich habe ein Telegramm für Seren Tuvel«, sagte er.

Ich nahm es entgegen und setzte mich wieder zu meiner Mutter.

»Von wem ist es?« fragte sie besorgt.

»Ich weiß nicht! Hoffentlich nicht von Ellen, daß Esther oder Zipporah verhaftet wurden. Ich hätte sie nicht allein lassen dürfen!«

Ich riß den Umschlag auf und las:

Seren,

Vater von Polizei erschossen. Drehte bei Luftangriff durch. Begräbnis durch Jüdische Gesellschaft.

Komm bald zurück.

Esther

Ich reichte es meiner Mutter und sah, wie die Farbe aus ihrem Gesicht wich. Dann fing sie an zu weinen, und wir fielen einander in die Arme.

Meine Mutter und ich blieben bis spät in die Nacht auf, lange noch, nachdem die Straßenlaternen in unserer Straße erloschen, die letzten Schritte verhallten, die schwärzeste Dunkelheit vorüber war und die Sterne zu verblassen begannen. »Wann hast du ihn das letzte Mal gesehen?« fragte sie. »Was hat er gesagt?« Und eine Stunde später fragte sie dasselbe wieder, so als hätte sie Angst, daß sie ihn bereits vergessen könnte. Dann fing eine von uns wieder zu weinen an, dann die andere. Dann wiederum lachte sie plötzlich laut los, weil ihr eine lustige Begebenheit einfiel, woraufhin sie erneut mit schmerzverzerrtem Gesicht innehielt, weil ihr bewußt wurde, daß Vater tot war und sie ihn nie wieder sehen würde.

Es war schon fast Morgen, als wir schließlich ins Bett fielen, ohne jedoch schlafen zu können. Jedes noch so kleine Geräusch irritierte mich. Ständig hatte ich das Bild vor Augen, wie ich Herman und Rosa die traurige Nachricht überbracht hatte. Rosa war in Tränen ausgebrochen, hatte ihr jüngstes Kind umklammert und ihr Gesicht in seinem Kleidchen versteckt. Herman stand reglos, starrte durch die Wände hindurch ins Leere, während ihm die Tränen über das Gesicht und in den Bart liefen. Resigniert ließ er Schultern und Arme hängen. Er, Tamara und ihre drei Söhne und Rosa, Eugen und ihre Kinder kamen mit in unser Zimmer. Dort saßen wir den ganzen Abend zusammen – und lange Momente des Schweigens wechselten sich mit tiefen Seufzern ab. Als Rosas Baby zu schreien begann, kehrten sie wieder in ihre eigenen Wohnungen zurück, und meine Mutter und ich blieben allein.

Nach dem Aufstehen, als die Trauer sich in einer Ecke

unserer Herzen eingenistet hatte, die sie nie wieder verlassen würde, breitete meine Mutter auf dem Tisch die Schmuckstücke aus, die mein Vater ihr geschenkt und die wir bisher nicht verkauft hatten: sieben oder acht lange, feine Goldketten, drei Silberketten, einige Broschen und Ringe mit Rubinen und kleinen Diamanten.

»Ich wußte gar nicht, daß du so viele Ketten hast«, sagte ich.

»Die erste Frau deines Vaters muß sie sehr geliebt haben«, erwiderte sie. »Sie hatte so viele davon. Nachdem sie gestorben war und er mich geheiratet hatte, legte er alle in mein Schmuckkästchen. Ich protestierte, aber er sagte: ›Warum solltest du sie nicht nehmen?‹ Also nahm ich sie und dachte, daß ich sie eines Tages an Berta und Rosa und Louise weitergeben würde, damit sie etwas von ihrer Mutter hätten. Und jetzt weiß ich nicht einmal, ob Berta und Louise noch ...« Sie brach ab, holte tief Luft und fuhr fort: »Rosa hat Eugen. Er ist ihr ein wirklich guter Ehemann. Aber du, Esther und Zipporah seid allein in Budapest. Die ganze Zeit mache ich mir Sorgen um euch.«

»Es geht uns gut. Wir haben genug zu essen und gute Arbeit.«

»Trotzdem mache ich mir Sorgen. Ich möchte, daß du dies hier für euch drei mitnimmst. Vielleicht werdet ihr irgendwann einmal keine Arbeit mehr haben, und dann könnt ihr eine Kette oder einen Ring verkaufen.«

»Nein, nein, sie gehören dir«, sagte ich. »Sie sind alles, was dir von Vater noch geblieben ist.«

»Ich will, daß ihr sie nehmt«, beharrte sie. »Sie ersetzen euren Vater nicht, und sie werden ihn mir nicht zurückbringen. Nehmt sie!«

Ich merkte, daß sie entschlossen war und sich nicht mehr umstimmen lassen würde. Also nahm ich die Ketten,

Ringe und Broschen und verstaute sie in einem Fach meiner Handtasche.

Als die Feiertage vorüber waren, kehrte ich nach Budapest zurück. Meine Schwestern waren dort, meine Kundinnen, und für meine Mutter konnte ich nichts mehr tun. Mein Zug fuhr am frühen Abend ab, und alle begleiteten mich zum Bahnhof: Rosa mit ihrem Baby Estelle auf dem Arm, Eugen, der Elenas Händchen hielt, Töchterchen Magda, Tamara und Herman mit ihren Söhnen und meine Mutter, die sich so fest an Hermans Arm klammerte, daß ich dachte, sie würde umfallen, wenn sie ihn losließe.

»Komm bald wieder«, sagte Tamara, als sie mich umarmte. »Ich möchte, daß du diesen Hut mitnimmst«, fügte sie hinzu und reichte mir einen schwarzen Turban mit vielen roten, gelben und blauen Bändern, den sie vor langer Zeit einmal in Tîrgu-Mureş gekauft hatte. »Er wird dir gut stehen, wenn du in Budapest damit herumläufst.« Sie drückte mich noch einmal. Dann ließ meine Mutter Herman schließlich los und wankte auf mich zu.

»Ich werde dich nicht fragen, wann du wiederkommst«, sagte sie und küßte mich auf die Stirn.

»Ich komme wieder, sobald ich kann«, entgegnete ich. »Du wirst mir fehlen, Mama.« Dann nahm ich sie ein letztes Mal in den Arm und stieg in den Zug. Schnell ging ich zu einem Fenster, so daß ich sie alle noch einmal sehen konnte. Während der Zug vom Bahnsteig fuhr, winkte Rosa mit Estelles Ärmchen hin und her, und meine Mutter lächelte und winkte ebenfalls. Plötzlich dachte ich: *Vielleicht sehe ich sie nie mehr wieder!* Ich hatte meinen Vater verloren – jetzt schien alles möglich. Ich wollte aus dem Zug springen, aber er fuhr bereits zu schnell, und im nächsten Augenblick war meine Familie aus meinem Blickfeld verschwunden.

Herbst und Winter des Jahres 1942 vergingen in einem düsteren, grauen Nebel, der über der Stadt hing und sich bis zum Horizont erstreckte. Ich ging zur Arbeit, traf mich hin und wieder mit Samuel, aß, wusch mich, schlief im Bett neben Esther und Emma – und alles kam mir vor wie ein Traum. Mein vierzehnjähriger Neffe Alfred, Emmas lieber kleiner Bruder, zog ebenfalls nach Budapest. Er arbeitete mit uns, und wir sahen ihm gern dabei zu, wie er seine Sachen sauber und gewissenhaft aufräumte.

Die Nächte waren schrecklich. Wenn die Sirenen zu heulen begannen und die Einschläge immer näher kamen, krampfte sich mein Herz vor Angst zusammen, und ich mußte mir auf die Lippe beißen, um nicht loszuschreien. Manchmal erschien mir dann das Bild meines Vaters vor Augen, wie er in seiner Zelle im Kreis herumlief, gegen die Tür hämmerte und langgezogene tiefe Schreie ausstieß wie ein verwundetes Tier. Dann ertönte ein Schuß, und er verstummte. *Nein, nein, so war es bestimmt nicht!* dachte ich dann immer, während ich hochschreckte. *Sie haben nur behauptet, er sei während eines Luftangriffs durchgedreht, damit sie ihn töten konnten. Es sah ihm nicht ähnlich, so die Kontrolle zu verlieren.* Dann begann wieder irgendwo in der Stadt ein Bombardement, und ich dachte: *Niemand kann das für lange Zeit aushalten. Vielleicht ist er wirklich durchgedreht. Vielleicht …*

Der Winter verging. Der Nebel blieb. Eines Tages Ende März kam Esther von der Arbeit nach Hause und verkündete: »Unsere Chefin möchte, daß Emma, Alfred und ich bei ihr einziehen. Du kannst auch mitkommen.«

»Warum?« wollte ich wissen.

»Sie hat gehört, daß die Juden bald gezwungen werden, bestimmte Stadtteile zu verlassen und bei anderen Juden einzuziehen – dann werden zwei oder drei Familien in einer Wohnung wohnen müssen. Und alle in einem Stadtteil. Sie möchte, daß wir bei ihr einziehen, ehe sie Fremde aufnehmen muß.«

»Willst du denn umziehen?« fragte ich.

»Es wäre ganz praktisch. Wir würden dann über dem Geschäft wohnen. Und ich mag Fräulein Seidman. Sie würde uns ein eigenes Zimmer geben.«

»Na gut. Wir werden umziehen. Ich wohne dann auch lieber bei ihr als bei irgendwelchen Fremden. Wer weiß schon, wo sie uns sonst hinstecken?«

Wir verließen also das schöne Buda und zogen in Pest in ein Zimmer über dem Wäschegeschäft. Für Esther und Emma war die Nähe zur Arbeitsstelle wirklich praktisch und wog die neuerliche Entwurzelung und den tränenreichen Abschied von Tante Terry wieder auf. Ich fuhr weiterhin in die Häuser meiner Kundinnen, die meist am Stadtrand wohnten. Sogar Alfred war glücklich, denn jetzt konnte er länger arbeiten und widmete sich vor seinem täglichen Nähpensum bald auch anderen Aufgaben wie Ausfegen und Einkaufen. Er, Ellen, Esther und Emma arbeiteten gut zusammen und fühlten sich miteinander sehr wohl.

Zwar wohnte ich nun nicht mehr im selben Haus wie Samuel, aber wir trafen uns weiterhin jeden Sonntag wie zuvor. Er machte sich allmählich immer mehr Sorgen darüber, daß alle Juden zur Zwangsarbeit eingezogen werden konnten. »Es kann jetzt jeden Tag geschehen«, sagte er eines Sonntagnachmittags, als wir am Donauufer im Gras saßen. »Da bin ich sicher. Und der Gedanke, von dir fortzugehen, ist schrecklich, Seren. Noch schrecklicher aber ist, wie einige meiner Freunde reagieren.«

»Was meinst du?« fragte ich ihn. »Sicher haben sie solche Angst, daß ...«

»Nein! Das ist es ja gerade!« rief er aufgebracht. »Wenn sie auch nur ein Fünkchen Verstand hätten, müßten sie sich zu Tode fürchten. Wer weiß, wohin sie uns bringen werden? Nein, sie haben gar keine Angst. Sie sind auch noch stolz darauf! Kannst du dir das vorstellen? Sie glauben, es sei ihre patriotische Pflicht, einer Arbeitseinheit anzugehören. Daß sie ihrem Land einen Dienst erweisen. Mein Freund Josiah sagte erst gestern abend: ›Zu allererst bin ich Ungar, dann Jude.‹«

»Was hast du ihm geantwortet?«

»Was glaubst du wohl? Ich sagte, er sei wohl verrückt geworden, aber er hat mir nur ins Gesicht gelacht. Da fragte ich ihn: ›Hast du dir jemals Gedanken gemacht, daß wir Juden da in eine gesonderte Einheit gesteckt werden und daß das Militär mit uns machen kann, was es will?‹ Weißt du, was er gesagt hat? ›Wir werden unserem Land dienen. Eine größere Ehre gibt es nicht.‹ Da habe ich ihn stehenlassen. Was sollte ich dazu noch sagen?«

Zwei Wochen später wurde Befehl gegeben: alle jüdischen Männer zwischen fünfzehn und fünfzig hätten sich innerhalb von drei Tagen an bestimmten Stellen zu melden, um in die Arbeitseinheit aufgenommen zu werden. An seinem letzten Abend kam Samuel wieder in unser Zimmer, wie auch die beiden Abende davor, brachte mir Kleidungsstücke, die er nicht mitnehmen konnte, und bat mich, sie bis zu seiner Rückkehr aufzuheben.

Als er sich später verabschiedete und Esther, Emma und ich ihm von der Tür aus nachblickten, fragte er zögernd: »Könntest du mich wohl noch bis zur Ecke bringen, Seren?«

Ich nahm seine Hand, und wir spazierten langsam die Sziget-utca entlang. Die Sterne über uns funkelten am dunklen Himmel und kümmerten sich nicht um Verdunkelung und Bombenangriffe.

»Wirst du morgen früh dasein?« fragte er. »Dann kann ich dich noch einmal sehen …«

»Ja«, antwortete ich. »Ich werde dasein. Das hatte ich ohnehin vor.«

»Ach, Seren«, sagte er da, blieb stehen und sah mich an. »Was ist, wenn ich dich nie wiedersehe?« Er drückte meine Hand so fest, daß ich fast geschrien hätte.

»Du wirst mich sehen!« erwiderte ich. »Ich habe doch all deine Sachen. Denkst du denn, die will ich ewig mit mir herumschleppen?«

»Aber was ist, wenn …« Er nahm mich in die Arme und drückte mich, als wollte er mich nie mehr loslassen.

»Ich muß zurück, Samuel«, sagte ich schließlich. »Es ist schon sehr spät. Wir sehen uns morgen.«

Widerstrebend ließ er mich los. »Auf Wiedersehen, Seren«, sagte er heiser. Dann drehte er sich abrupt um und marschierte die dunkle Straße hinunter.

Früh am nächsten Morgen beobachtete ich, wie die Männer sich im Hof hinter Samuels Wohnhaus – wo auch wir einmal gewohnt hatten – versammelten. Viele von ihnen lächelten und klopften einander auf die Schulter, als wären sie alle eingeladen, um an einem aufregenden Abenteuer teilzunehmen, und würden sich nun gegenseitig dazu beglückwünschen. Sie trugen Uniformen, marschierten zackig über die Steinplatten und schienen sich nicht im mindesten Sorgen über den gelben Davidsstern zu machen, der auf ihren Armbinden prangte.

Zuerst konnte ich Samuel nicht sehen, aber dann entdeckte ich ihn an der Seite, wie er aufmerksam die Frauen musterte, die zur Verabschiedung ihrer Männer gekommen waren. Wir wurden von Angehörigen der Nationalgarde auf Abstand gehalten, und ich stand ganz hinten und überlegte, ob Samuel mich wohl hinter all den großen Frauen vor mir sehen konnte. Die meisten von ihnen waren ebenso aufgeregt wie ihre Männer.

»Ich bin ja so stolz auf David«, sagte eine ältere Frau. »Er hat sein Land immer geliebt. Jetzt hat er die Gelegenheit, ihm zu dienen. Er konnte es kaum erwarten zu gehen.«

»Ja, ist es nicht wunderbar?« erwiderte eine jüngere. »Mein Verlobter ist genauso. Er steht da hinten neben der Treppe, der mit den dunklen Locken.«

»Was für ein gutaussehender Mann!« sagte die erste Frau.

»Ja, nicht wahr? Und in der Uniform sieht er besonders schmuck aus.«

In diesem Augenblick hatte Samuel mich endlich erblickt und winkte mir aufgeregt zu. Ich winkte zurück und versuchte zu lächeln. Er war ein guter Mann, ein liebevoller Mann.

Dann bekamen die Männer den Befehl, sich in Reihen aufzustellen und die Straße entlangzumarschieren. Die Frauen winkten mit ihren Taschentüchern, und für einen Moment verlor ich Samuel aus den Augen. Schließlich sah ich ihn, wie er noch einmal zurückblickte, ob er mich ein letztes Mal zwischen dem Meer von Taschentüchern entdecken könnte. Sein Gesicht war tränennaß.

»Samuel! Samuel!« rief ich. Er suchte nach mir, aber dann stellte sich ein großer Mann vor mich und blockierte mir die Sicht. Als ich wieder etwas sehen konnte, war Samuel verschwunden, und ich sah nur die Rücken Tausender unbekannter Männer die Straße hinuntermarschieren. Langsam ging ich zur nächsten Straßenbahnhaltestelle und fuhr zum Haus einer Kundin.

Eines Morgens im Mai, als ich in einer Wohnung am Rand von Buda zu nähen hatte, hörte ich ein heftiges Klopfen und dann Esthers Stimme im Wohnzimmer. Ich lief hin und sah dort Esther und Ellen stehen.

»Was ist los?« fragte ich sie.

»Die Polizei war da!« sagte Esther. »Emma und ich waren hinten im Laden, um eine Lieferung zu verpacken, als wir sie vorne hörten, wo Alfred gerade ausfegte.«

»Sie fragten nach Alfred und mir«, sagte Emma und fing an zu weinen. »Ich habe Esther nur angesehen, und wir sind ohne nachzudenken durch die Hintertür gerannt ... Wir haben Alfred einfach allein gelassen.« Sie schluchzte immer lauter.

»Ihr habt getan, was ihr tun mußtet«, sagte ich zu Emma. »Jetzt müßt ihr eine andere Unterkunft suchen.«

»Wieso?« fragte Emma.

»Wenn du zurückgehst, werden sie dich verhaften.«

»Und was ist mit Alfred? Er ist mein kleiner Bruder. Ich habe immer auf ihn aufgepaßt.«

»Du kannst ihm nicht helfen, indem du zurückgehst. Ich werde versuchen herauszufinden, was mit ihm geschehen ist. Geh du mit Esther zu Samuels alter Wohnung. Dort können sie euch für eine Weile verstecken.«

Als ich in unser Zimmer kam, waren Alfred und Ellen verschwunden. Die Polizei hatte beide mitgenommen, obwohl sie von Ellen ursprünglich nichts gewollt hatte. Ich lief zum Polizeirevier.

»Wissen Sie, wo ich Ellen Weise finden kann?« fragte ich den Polizisten am ersten Schreibtisch. »Sie wurde heute nachmittag in einem Wäschesalon in der Sziget-utca zusammen mit einem Jungen verhaftet.«

Der Polizist war schon älter und hatte ein breites, rotes Gesicht mit Hängebacken bis unter den Mund. Er starrte mich eine Weile lang schweigend aus seinen kleinen, von Fettpolstern umgebenen Augen an.

»Was interessiert dich das?« fragte er dann langsam.

»Sie ist meine Freundin«, erwiderte ich.

Wieder starrte er mich einige Minuten lang an. Dann lehnte er sich vor, bis sein Gesicht nur wenige Zentimeter von meinem entfernt war, und sagte: »Warum lügt diese Hure wohl?«

Ich wich zurück. »Was meinen Sie?«

»Wir sollten Bruder und Schwester verhaften. Die Schwester lief mit einem anderen Mädchen fort, aber den Jungen haben wir. Diese Ellen Weise will uns nicht sagen, wo die Schwester sich versteckt hält. Obwohl sie es weiß.«

Ich wich noch einen Schritt zurück und näherte mich der Tür.

»Wenn du weißt, wo sie ist«, fuhr er fort, »dann sag ihr, daß wir die Weise nicht gehen lassen, ehe sie sich stellt.«

Ich mußte sehr an mich halten, um das Revier ruhig zu verlassen und nicht sofort loszurennen. Dann lief ich zu Samuels alter Wohnung.

»Hast du Alfred gefunden?« wollte Emma wissen, sobald ich ins Zimmer kam.

»Die Polizei hat ihn«, sagte ich.

»Oh! Und Ellen auch?«

»Ja. Sie halten sie fest, weil sie dich nicht kriegen konnten.«

»Ich kann sie nicht an meiner Stelle im Gefängnis schmoren lassen. Sie hat nichts getan. Ich muß zurückgehen.«

Sie ging allein in unser Zimmer zurück, weil sie Angst hatte, wenn wir mitkämen, würde man auch uns verhaften. Ich sah zwar nicht besonders ›jüdisch‹ aus, Esther aber schon. Als Emma in den Laden kam, wartete dort schon die Polizei auf sie. Sie nahmen sie mit aufs Revier und ließen dann Ellen frei, die zu uns in Samuels Wohnung kam. Sie zitterte, und ihre dünnen Arme waren mit dunkelroten Flecken übersät, wo ein Polizist sie hart angefaßt hatte; ich konnte seine Fingerabdrücke erkennen.

»›Sag's uns! Sag's uns!‹ haben sie immer wieder gerufen, und einer hat mich dabei jedesmal in den Arm gekniffen. Aber ich konnte ihnen nicht sagen, wo Emma war. Warum ist sie zurückgegangen? Ich hätte sie nie verraten.«

Ellens Narbe an der Oberlippe leuchtete. Sie war mit einer Hasenscharte geboren worden, und obwohl sie operiert worden war, sah man es doch sehr deutlich, und sie schämte sich immer für ihr Aussehen. Jetzt war die Narbe noch roter als sonst, und sie hob ihre Hand davor.

»Sie wußte, daß die Polizei dich an ihrer Stelle festhielt«, sagte ich. »Es ist schon gut. Sie ist freiwillig zurückgegangen.«

»Aber was wird jetzt mit ihr und Alfred geschehen?«

»Ich weiß es nicht«, antwortete ich. »Niemand weiß das.«

Eine Woche später erhielten Esther und ich die Erlaubnis, Emma im Stadtgefängnis zu besuchen. Als ich sie mit den fünf oder sechs anderen jüdischen Mädchen in der Zelle hocken sah, die uns alle ängstlich anstarrten, dachte ich an die Zeit vor eineinhalb Jahren zurück, als ich mit den anderen Mädchen aus Valea-Uzului im Gefängnis gewesen war. Wir waren damals der Spionage bezichtigt worden, aber ich konnte mir nicht vorstellen, warum sie nun ausgerechnet Emma und Alfred verhaftet hatten. Wir waren in Budapest, wo schon immer viele Juden gelebt hatten. Wenn sie jetzt ohne bestimmten Grund verhaftet werden konnten, waren wir alle verloren.

Esther hielt einen Topf Gemüsesuppe in der Hand, den

wir für Emma gekocht hatten, und gab ihn ihr, sobald man uns in die Zelle ließ. Als Emma den Topf abstellte, nahm Esther sie in die Arme. »Oh, Emma«, sagte sie. »Wie hältst du das nur aus?« Ich hatte Esther nur sehr wenig von der Zeit erzählt, die unser Vater und ich im Gefängnis verbracht hatten.

»Es geht mir gut«, sagte Emma. »Aber ich bin sehr froh, daß ihr mir Suppe gebracht habt. Sie geben uns nicht viel zu essen, und der Koch ist noch dazu sehr schlecht. Das Essen schmeckt nach gar nichts.«

»Haben sie dir gesagt, warum ihr verhaftet wurdet?« wollte ich wissen.

»Nein, nichts. Niemand redet mit uns ... Aber ratet mal, wen ich gestern bei den Männern gesehen habe! Miksha!«

»Miksha? Hermans Sohn?«

»Ja. Sie müssen ihn in Reghinul-Såsesc verhaftet und hierhergebracht haben«, erwiderte sie.

»Hast du sonst noch jemanden gesehen? Herman oder Eugen?« fragte ich nach.

»Nein, nur Miksha. Heute morgen habe ich ihn wieder gesehen, als die Männer ihre Runde im Hof machten, und er und Alfred gingen zusammen. Sonst war niemand da, den ich kenne. Miksha lief recht eigenartig – als würde ihm der Rücken weh tun. Ich bin froh, daß er hier ist, wegen Alfred. Ich weiß, ich sollte mir nicht wünschen, daß er im Gefängnis ist, und das tue ich auch nicht. Aber Alfred ist erst fünfzehn, und jetzt kann Miksha sich um ihn kümmern. Versteht ihr, was ich meine?«

»Natürlich«, sagte ich. »Du und Miksha, ihr wart immer gut befreundet, oder nicht?«

»Er ist mein Lieblingsvetter. Als wir noch klein waren, haben wir neben Großvaters Sägewerk ein Fort gebaut, aus ein paar alten Brettern, die Großvater uns überließ. Und Miksha ließ mich dann General sein, obwohl ich ein Mädchen war.« Sie lachte eine Weile, wurde dann aber still und sah auf ihre verkrampften Hände. Als sie mich ansah, war ihr Blick klar und ruhig.

»Was wird mit uns geschehen, Seren?«

Während sie sprach, war mir plötzlich etwas klargeworden: Miksha war verhaftet und hierhergebracht worden, und dann hatte man ihn verhört und gezwungen, seinen Vetter und seine Base wegen irgendeines Verbrechens anzuschwärzen, das sie nie begangen hatten. Ich hatte das alles ja auch durchgemacht und wußte, wie leicht man gedemütigt und gebrochen werden konnte, wenn man nur das kleinste bißchen nachgab. Ich sah Emma an. »Ich weiß, daß du nichts getan hast, Emma. Glaub an deine Unschuld. Das ist alles, was ich dir sagen kann. Sei stark, Emma. Sei stark!«

Eine Woche später, als wir Emma, Alfred und auch Miksha besuchen wollten, waren sie nicht mehr da. Niemand wollte uns sagen, wo sie hingebracht worden waren.

Das Leben in Budapest erschien mir mehr und mehr wie ein Theaterstück, das ich gelesen hatte und dessen Ausgang ich somit kannte, während die anderen Darsteller jeden Tag nur ihre eigenen Zeilen lasen. Während ich überlegte, wie wir einer Verhaftung entgehen und wo wir uns verstecken könnten, lachten viele der anderen Juden über meine Ängste und wiegten sich in Sicherheit. Zur Not könnte sie immer noch die Heirat mit einem Nichtjuden und die Konversion retten, so dachten sie.

Die meisten Juden in der Stadt traten zum katholischen Glauben über, wenn sie Nichtjuden heirateten; das war auch schon vor dem Krieg so gewesen. Nur in den kleinen

Dörfern hatten die Juden in solch einem Fall ihren Glauben beibehalten. Andere Juden konvertierten einfach so, weil sie darin eine Garantie gegen die Verfolgung sahen, und christliche Missionare bestätigten sie hierin. Doch nach einem 1938 erlassenen Gesetz waren diese Bemühungen umsonst, um sich vor einer Verfolgung zu schützen. In diesem anti-jüdischen Gesetz mit dem Titel ›Ein Erlaß zum wirkungsvolleren Schutz des sozialen und wirtschaftlichen Lebens‹ hieß es, daß alle Juden, die nach dem 31. Juli 1911 konvertiert waren, dennoch Juden blieben, ganz egal, welchen Glauben sie tatsächlich oder auch nur offiziell ausübten. Ein Zusatz im Jahr 1941 schränkte das Ganze sogar noch weiter ein: ein Halbjude, der mit einer Vierteljüdin verheiratet war – oder umgekehrt –, war und blieb Jude, unabhängig von einer Konvertierung, und jemand mit auch nur einem jüdischen Großelternteil war vor dem Gesetz ebenfalls Jude. Viele Menschen jedoch, die ich in Budapest kennenlernte, glaubten einfach nicht, daß diese Gesetze auf sie angewandt werden würden, wenn sie nur konvertierte, treue Nichtjuden waren.

Eines Tages sagte Frau Kolman, die mich für die Herstellung eines Sommerkleides wieder zu sich gebeten hatte: »Sie sind hier doch absolut sicher. Ich verstehe nicht, warum Sie sich solche Sorgen machen.«

»Wieso sollte ich hier sicher sein?« fragte ich sie. »Ich kann nirgends sicher sein, solange Juden weiterhin ohne Grund verhaftet werden.«

»Ohne Grund? Sie machen mir Spaß. Niemand wird ohne Grund verhaftet.«

»Meine Nichte und mein Neffe schon.«

Sie zuckte mit den Schultern. »Das ist ein Einzelfall. Und irgend etwas müssen sie getan haben. Wir sind hier sicher. Sowohl mein Mann als auch mein Schwiegersohn sind der Arbeitseinheit beigetreten. Und mache ich mir Sorgen? Sicher nicht! Sie tun nur ihre Pflicht. Außerdem haben viele Juden, wie auch ich, nichtjüdische Namen angenommen. Sie können ins Telefonbuch schauen und werden nicht mehr als ein paar jüdische Namen finden. Es gibt so viele Mischehen. Sogar Reichsverweser Horthy hat eine jüdische Schwiegertochter. Er würde doch nicht zulassen, daß ihr etwas geschieht, oder?«

»Trotzdem ist sie vor dem Gesetz eine Jüdin. Vielleicht kann nicht einmal er ihr irgendwann mehr helfen.«

»Ach, Unsinn! Sie ist konvertiert!« Frau Kolman schob ihren Teller beiseite und starrte aus dem Wohnzimmerfenster hinaus auf den leuchtend grünen Rasen. »Das sollten Sie ebenfalls tun – konvertieren«, fuhr sie fort. »Ich überlege es mir auch gerade.«

»Nein, das könnte ich nicht«, erwiderte ich. »Ich bin als Jüdin geboren.«

»Aber die Kirche verspricht, alle zu retten, die konvertieren.«

»Wenn ich das Judentum aufgebe und Christin werde, nur um mich selbst zu retten, was für eine Christin wäre ich dann?«

»Eine, die nicht im Gefängnis sitzt.«

»Ich glaube nicht, daß mich das retten würde. In den Augen der ungarischen Regierung und der Nazis wäre ich immer noch Jüdin.«

»Es kann nicht schaden, es zu versuchen«, fuhr sie fort. »Ich glaube, ich werde den Arbeitgeber meiner Tochter einmal um Rat fragen, den Direktor der Brotfabrik. Sie sind sehr gut befreundet. Seine Frau war auch Jüdin, aber vor der Heirat ist sie konvertiert und seither eine treue Katholikin. Ihre Kinder wissen nicht einmal, daß sie Jüdin war.«

Frau Stolaki, die Frau des Fabrikdirektors, hatte ich durch Frau Kolmans Empfehlung bereits kennengelernt und viel für sie genäht. Sie wohnte in einem großen roten Backsteinhaus am Rand von Budapest, und ihre drei Kinder, zwei Mädchen und ein Junge, waren fünfzehn, sechzehn und siebzehn Jahre alt und besuchten das Gymnasium.

Im Juni fuhr ich wieder fast jeden Tag zu ihrem Haus und arbeitete lange Stunden in ihrem Nähzimmer. Oft leistete sie mir dabei Gesellschaft, machte es sich in einem Sessel bequem, arbeitete an ihrem Stickrahmen und redete über Haushaltsangelegenheiten. Eines Tages sagte sie: »Mein Mann ist Direktor der Brotgesellschaft, wissen Sie – der größten in dieser Stadt.«

»Ja«, erwiderte ich. »Das weiß ich.«

»Er bekleidet eine sehr wichtige Position mit vielen Aufgaben, viel Verantwortung. In der Geschäftswelt ist er hoch angesehen.«

Sie hielt plötzlich inne und wickelte sich gedankenverloren einen Faden dunkelrotes Stickgarn um den kleinen Finger.

»Er informiert sich ständig über den Krieg«, fuhr sie schließlich fort. »Er hat alle neuen Gesetze verfolgt, die sie wegen der Juden herausbringen. Ich bin Jüdin ... Ich meine, ich war Jüdin. Er kann nicht vorsichtig genug sein, wissen Sie.«

Als ich einige Tage später zu ihrem Haus kam, empfing sie mich mit verweinten Augen und einem zerknüllten Taschentuch in der Hand.

»Geht es Ihnen gut?« fragte ich.

»Ach ja ... aber ... mein Mann. Er hat beschlossen ...« Sie drehte sich um, ging ins Nähzimmer und schloß hinter uns die Tür.

»Mein Mann hat den Kindern erzählt, daß ich vor unserer Hochzeit Jüdin war. Sie haben sich schrecklich aufgeregt. Jetzt will er, daß ich gehe.«

»Aber wo sollen Sie denn hingehen?«

»Das habe ich ihn auch gefragt. Meine Eltern sind tot. Dies hier ist mein Zuhause! Warum sollte ich gehen? Wo soll ich hin?«

Am folgenden Tag öffnete mir auf mein Läuten hin erst niemand die Tür. Ich klingelte erneut und wollte gerade gehen, als ein junges Mädchen von sechzehn oder siebzehn Jahren die Tür aufmachte. »Ja, bitte?« fragte sie ungeduldig.

»Ich bin die Schneiderin«, sagte ich. »Seren.«

»Haben Sie hier für jemanden gearbeitet?«

»Ja, für Frau Stolaki.«

»Nun, sie ist nicht mehr da. Wir brauchen Sie nicht mehr.«

»Wo ist sie denn hingegangen?«

»Wenn Sie es genau wissen wollen: Mein Bruder, meine Schwester und ich haben sie gestern angezeigt. Die Polizei ist gekommen und hat sie mitgenommen.«

»So etwas haben Sie getan? Aber warum denn?«

»Sie ist Jüdin. Ist das nicht Grund genug? All die Jahre hindurch haben wir es nicht gewußt. Unser Vater hat es uns schließlich aber doch gesagt.«

»Aber sie ist Ihre Mutter!«

»Nicht mehr!«

Ich drehte mich schnell um, damit ich nicht in Versuchung kam, sie ins Gesicht zu schlagen. Zitternd vor Entsetzen stieg ich wieder in die Straßenbahn und fuhr zum Haus einer anderen Kundin. Eine Woche später hörte ich von einem ähnlichen Vorfall. Immer mehr Juden wurden von ihren eigenen Familien denunziert.

Nacht für Nacht erhellten die russischen Bombardements den Himmel, als würden riesige orangefarbene Fackeln in der Dunkelheit leuchten. In der Mitte des Sommers 1943 verbrachten wir fast jede Nacht im Luftschutzkeller, zusammengepfercht mit den anderen Bewohnern unseres Hauses. Während wir uns hinkauerten, senkte sich die Decke über uns immer wieder ein Stückchen ab, und Staub rieselte aus den Ritzen auf uns herunter. Wir duckten uns und setzten uns wieder auf, wie menschliche Wellen, die in der brüllenden Dunkelheit auf und ab wogten.

In einer dieser langen Nächte, als das ganze Gebäude wieder einmal durchgeschüttelt wurde, fing Esther plötzlich gellend laut zu schreien an, so daß sie die krachenden Bomben fast übertönte.

»Hör auf, Esther! Hör auf!« rief ich. »Esther!«

Ich nahm sie in die Arme, aber sie schrie immer weiter. Dann fiel mein Blick auf das Handtuch, das ich noch immer in der Hand hielt – wir hatten gerade abgewaschen, als der Alarm einsetzte.

»Hier«, sagte ich zu ihr. »Zerreiß das, Esther. Nimm nur, zerreiß es!«

Sie sah mich verstört an, aber sie nahm das Handtuch und fing an, es zu zerreißen – erst langsam und methodisch, der Länge nach, dann immer wilder und schneller.

»Langsam, langsam«, sagte ich. »Reiß es langsam auseinander. Sieh zu, daß das Handtuch bis zum Ende des Angriffs reicht.«

Sie begann von neuem, bedächtiger diesmal, und nur etwas schneller, wenn eine Bombe in der Nähe einschlug. Als der Angriff schließlich vorüber war, lag ein Haufen abgerissener Stoffstreifen vor ihr auf dem Boden, und ein Ende hielt sie noch immer in der Hand. Von da an brachte ich immer wieder Stoffreste aus den Häusern meiner

Kundinnen mit und legte sie unter mein Kopfkissen. Wenn die Sirenen losgingen, ergriff ich eine Handvoll für Esther, und wir rannten zusammen in den Keller.

Jedesmal, wenn die Explosionen schließlich zu einem gelegentlichen, schwachen Donnern in der Ferne verhallten, warteten wir erschöpft auf die Entwarnung, damit wir wieder in unsere Zimmer zurückkehren konnten. Doch einmal kamen wir aus dem Keller und mußten feststellen, daß unser Haus zerstört worden war. Nun gehörten wir auch zu denen, die bei einer fremden Familie einquartiert wurden, und der Wäschesalon war unrettbar zerstört.

Die Familie, die uns aufnehmen mußte, wohnte in dem Gebäude auf der gegenüberliegenden Seite des Hofes und bestand aus einer Frau und ihren beiden Töchtern Lily und Zora; ihr Mann war verhaftet und weggebracht worden. Frau Cohen betrachtete Esther und mich nicht als zwei Obdachlose, die ihr aufgezwungen worden waren, sondern bemühte sich sehr um unser Wohlbefinden, richtete uns in einer Zimmerecke ein Bett und teilte ihre Mahlzeiten mit uns.

Lily freundete sich mit Esther an, denn sie waren mit ihren achtzehn Jahren gleich alt. Lilys Hilflosigkeit faszinierte mich. Sie war zu einer vornehmen Dame erzogen worden, die jung hätte heiraten und Diener haben sollen. Noch nie hatte sie selbständig gearbeitet. Wenn Esther und ich abends nach Hause kamen, stellte sie endlose Fragen über unsere Arbeit.

Eines Abends stand plötzlich Zipporah auf dem Treppenabsatz unterhalb unserer Wohnung. Ich hatte sie seit Monaten nicht mehr gesehen.

»Seren!« rief sie. »Warte!«

Sie kam die Treppe herunter, langsam und vorsichtig und nicht in ungestümen Sprüngen, wie es sonst ihre Art war.

»Ich brauche deine Hilfe«, sagte sie, als sie etwa drei Stufen über mir angekommen war. Sie sah mir immerfort direkt in die Augen. »Ich weiß, daß du nicht viel von mir hältst, aber du mußt mir helfen. Du mußt einfach!«

»Was ist los?« fragte ich. »Ist die Polizei hinter dir her? Soll ich dir ein Versteck besorgen?«

»Nein, nein, nichts dergleichen. Es ist ...« Sie senkte den Kopf und fing an, über ihr Kleid zu streichen, mit den Händen über Hüften und Bauch zu kreisen. Dann sah sie mich wieder an. »Errätst du es nicht?« fragte sie.

»Nein, Zipporah, hör auf damit. Was ist los?«

»Ich bin schwanger.«

»Zipporah! Oh, mein Gott ... Zipporah!«

»Ich wollte es nicht. Aber Aaron und ich waren so verliebt. Wir konnten einfach nicht warten. Jetzt ist er in der Arbeitseinheit. Und ich weiß nicht, ob ich ihn je wiedersehen werde ...«

Plötzlich bekam sie rote Flecken auf beiden Wangen, eine Träne rollte über ihr Gesicht und fiel auf den Kragen. Sie starrte mich weiter an.

»Zipporah«, sagte ich, »was erwartest du, daß ich tue?«

»Ich habe den ganzen Tag darüber nachgedacht. Ich möchte, daß du mir hilfst, einen von diesen Ärzten zu finden.«

»Ich? Das hast du dir selbst eingebrockt! Du wolltest nicht auf mich hören, als ich sagte, du sollst Aaron in Ruhe lassen, und jetzt kommst du plötzlich an, damit ich dir helfe!«

»Bitte, Seren, bitte! Du bist meine Schwester! Ich habe doch sonst niemanden.«

Am liebsten hätte ich mich umgedreht und wäre davongelaufen. Zipporah hatte sich allem widersetzt, was unsere Eltern uns beigebracht hatten; kein anständiges jüdisches Mädchen dachte auch nur im Traum daran, sich auf Intimitäten mit einem Mann einzulassen, ehe es verheiratet war. Ich sah sie an. Sie strich über ihren Bauch und weinte stumm ein paar Tränen.

»Wie weit bist du?« wollte ich wissen.

»Ich bin nicht ganz sicher … im dritten Monat, glaube ich. Als Aaron erfuhr, daß er weggehen muß …«

»Willst du das wirklich tun?« fragte ich ungeduldig.

»Ich weiß nicht, was ich sonst tun soll. Du etwa?«

Ich dachte nach. Nein, es gab keine andere Lösung.

»Wirst du mir helfen?« fragte sie wieder.

»Morgen frage ich eine meiner Kundinnen, ob sie einen Arzt kennt«, erwiderte ich.

Zipporah wischte sich mit dem Handrücken die Tränen ab und ging an mir vorbei die Treppe hinunter. »Ich komme morgen wieder«, rief sie.

Ich drehte mich zu ihr um.

»Erzähl bloß nichts Esther davon!« warnte ich sie.

»Nein, nein.«

Dann öffnete sie die Haustür und war verschwunden.

14. Kapitel

An einem kalten, grauen Montagmorgen eine Woche später fuhren Zipporah und ich mit der Straßenbahn zu der Adresse, die Frau Kolman mir gegeben hatte. Zipporah hatte die ganze Zeit über kein Wort gesprochen, mich noch nicht einmal begrüßt, und starrte reglos auf einen Punkt irgendwo hinter der Fensterscheibe. Nur ihre Hände bewegten sich, zitterten, die rechte Hand lose auf ihrem Schoß, die linke um eine Stofftasche gekrampft.

»Alles in Ordnung?« fragte ich.

Langsam löste sie den Blick vom Fenster, ließ ihn durch den Waggon gleiten und sah mich dann an.

»Alles in Ordnung?« fragte ich wieder.

»Ich habe Angst«, sagte sie. »Es wird weh tun, oder? Ich weiß, daß es weh tun wird.« Sie rutschte auf ihrem Sitz herum, drehte mir den Rücken zu und starrte wieder zum Fenster. Den Rest der Fahrt legten wir schweigend zurück.

Wir waren über eine Stunde unterwegs, da wir ganz bis zum Rand von Buda fahren und zweimal umsteigen mußten. Schließlich erreichten wir eine breite Straße mit alten Häusern, die von den hohen Bäumen davor fast ganz verdeckt wurden, mit saftigen grünen Rasenflächen hinter schmiedeeisernen Toren und Beeten voll gelber Chrysanthemen entlang der hohen Zäune.

»Wo sind wir hier?« fragte Zipporah. »Ich wußte gar nicht, daß es in Budapest solche Stadtteile gibt.«

»Das ist eine sehr vornehme Gegend. Hier wohnen nur Nichtjuden.«

»Woher kennst du dich hier so gut aus? Was, wenn wir uns verlaufen?«

»Keine Bange, ich weiß, wo wir sind. In der nächsten Straße wohnt eine meiner Kundinnen.«

»Du hast Nichtjuden als Kundinnen?«

»Ich sage ihnen nicht, daß ich Jüdin bin.«

»Oh ...« Sie sah mich kurz von der Seite an. »Wirst du denn nie nach deinem Ausweis gefragt?« wollte sie wissen.

»Nein, den wollte noch keiner sehen.«

»Mich fragen sie immer danach. Warum sehe ich so jüdisch aus und du nicht?«

»Ach, Zipporah! Seit wir Kinder waren, habe ich deine dunklen Augen und dein dunkles Haar bewundert!«

»Wirklich?« Sie blieb stehen und sah mich wieder an.

»Komm weiter«, sagte ich. »Beeilen wir uns lieber. Ich will nicht, daß uns jemand hier sieht.«

Wir gingen schneller und waren schließlich nur noch einen halben Block von der angegebenen Adresse entfernt, als plötzlich ein Wagen hinter uns in der Straße auftauchte und dann langsam neben uns herfuhr.

»Weitergehen«, sagte ich zu Zipporah. »Wir sind fast da.«

»Wer ist das? Was wollen die?«

»Ich weiß nicht. Versuch, sie nicht weiter zu beachten.«

Da sprang auf einmal ein Mann in der Uniform der ungarischen Nationalgarde aus dem Wagen und rannte mit dem Gewehr im Anschlag auf uns zu.

»Halt!« rief er.

Ich hielt Zipporah fest, die gerade Anstalten machte wegzulaufen. »Nein«, raunte ich ihr zu.

Der Soldat verstellte uns den Weg, während ein anderer ebenfalls aus dem Wagen stieg und uns von hinten sein Gewehr an den Kopf hielt.

»Juden sind in dieser Gegend nicht erlaubt!« rief der Soldat vor uns. »Steigt in den Wagen!«

»O bitte, lassen Sie uns gehen«, jammerte Zipporah. »Wir fahren auch wieder dahin zurück, wo wir hergekommen sind. Bitte ...«

»In den Wagen!« wiederholte der Soldat und trat einen Schritt näher.

Die Vorstellung, wieder ins Gefängnis zu müssen, löste ein schreckliches Brennen in meinem Körper aus. Womöglich war meine frühere Verhaftung registriert worden, und nun würde ich noch viel strenger behandelt werden als zuvor. Würde man mich gar wegschicken, wie Emma?

Nach wenigen Minuten wurde offensichtlich, daß sie uns nicht wieder in die Stadt brachten; das Auto fuhr stadtauswärts, an Weizenfeldern und Bauernhütten vorbei. Irgendwann bogen wir in eine andere Straße ab und kamen nach etwa einem Kilometer an eine zerstörte Brücke. Mehrere Frauen trugen Holzplanken zu dieser Brücke, während andere in großen Wannen etwas anrührten, das wie Zement aussah. Neben ihnen standen Soldaten mit blanken Bajonetten. Unser Wagen hielt an, und die Männer rissen die hinteren Türen auf.

»Aussteigen!« kommandierten sie.

Wir wurden zu einem Zelt gescheucht, das wenige Meter neben der Brücke aufgeschlagen war. Dort bekamen wir jede eine Schaufel und sollten damit auf beiden Seiten des Ufers Löcher für die Stützpfeiler graben. Wir waren in einem Arbeitslager gelandet, und irgendwie war ich erleichtert, daß man uns nicht in ein Gefängnis gebracht hatte. Vermutlich würde man uns nicht allzu schlecht behandeln, solange wir arbeiteten. Dann fiel mir plötzlich

Esther ein. Sie würde Angst bekommen, wenn ich am Abend nicht zurückkehrte. *Sicher denkt sie, daß ich tot bin,* dachte ich traurig.

In der Nacht schliefen wir unter Bäumen auf dem Boden, zusammengekauert unter einer dünnen Decke, die uns ein Wärter zugeworfen hatte. Zipporah schlief sofort ein, nachdem sie sich zwischen mir und einer anderen Frau ausgestreckt hatte, aber ich lag noch stundenlang wach und lauschte dem rauschenden Fluß und den raschelnden Blättern. Das Geräusch war vertraut – in jener Nacht in Fulehaza, als die Studenten kommen sollten und alle Kinder sich im Garten versteckten, hatte der Wind die Blätter ebenso rascheln lassen. Und wieder lag ich neben Zipporah, die jetzt durch ihre Schwangerschaft erschöpft war und tief und gleichmäßig die kühle Oktoberluft einatmete. *Wie kann sie schlafen, wenn ich wach bin?* dachte ich. *Nur wegen ihr sind wir hier gelandet!* Irgendwann muß ich dann auch eingeschlafen sein, denn das schrille Kreischen eines Hahnes weckte mich am nächsten Morgen auf.

Die Tage verschmolzen zu einer einzigen Schufterei: wir schleppten Bretter, gossen Zement, häuften Steine auf, gruben Löcher, fegten Straßen, aßen, schliefen, wanderten an neue Arbeitsplätze, fingen von vorne an. In unserer Gruppe waren auch andere ungarische Frauen, die wie wir zur falschen Zeit am falschen Ort gewesen waren. Die schwere Arbeit hielt uns davon ab, uns anzufreunden, und die Gewehrkolben, die auf unseren Rücken landeten, unterbanden jedes Gespräch. Jede von uns war allein.

Ende November, als der graue Himmel wie ein schwerer dunkler Mantel über uns hing, fiel jeden Tag Schnee. Jeden Abend fegten wir einen Platz frei und legten eine Plane auf den gefrorenen Boden, aber wir hätten ebensogut direkt auf dem Schnee schlafen können. Die Kälte kroch durch unsere Decken, unsere Kleider, unsere Körper, bis uns von allen Seiten eine Hülle aus Eis zu umgeben schien.

Eines Nachts hörte Zipporah plötzlich zu zittern auf und stöhnte laut.

»Was ist?« fragte ich. »Hast du Schmerzen?«

»Ich habe etwas gespürt, aber ich weiß nicht, was es war.«

»Wo denn?«

»In meinem Bauch ... Da! Schon wieder! Ja, es ist mein Bauch.«

»Tut es weh?«

»Nein, es ist ein seltsames Gefühl – als ob mein Bauch sich bewegt.«

»Oh, Zipporah! Das ist das Baby.«

»Was?«

»Das Baby. Es bewegt sich.«

»Wovon sprichst du?«

»Rosa hat mir davon erzählt, als sie Elena erwartete. Das bedeutet, daß das Baby groß genug ist, sich zu drehen.«

»Ach, Seren, was soll ich nur machen?«

Sie fing an zu weinen und schluchzte so sehr, daß ich dachte, sie würde nie mehr aufhören. Ich wollte sie anfassen, ihr Haar streicheln und ihr sagen, daß alles gut werden würde, aber so etwas konnte ich ihr nicht versprechen. Wir waren allein, halb erfroren und für unsere Familie vermutlich tot. Reglos und schweigend lag ich da und starrte in die Dunkelheit. Schließlich hörte sie auf zu schluchzen und schlief ein. Ich zog ihr die Decke über die Schultern und drehte mich zur Seite, um ebenfalls zu schlafen.

Zwei weitere Monate vergingen. *Chanukkah* kam, das Lichterfest, wobei ich das genaue Datum nicht wußte, da wir die einzelnen Tage nicht mehr unterscheiden konnten. Ich dachte an meine Mutter und hoffte, daß sie in Sicherheit war. Bestimmt hatten Herman oder Rosa sie aufgenommen, als vor drei Monaten meine Mietzahlungen aufhörten. Ob es Esther wohl gut ging? Hoffentlich kümmerte sich Lilys Mutter um sie. Und was würde mit uns geschehen? Wie sollte Zipporah am Straßenrand ein Kind zur Welt bringen? Sie wurde allmählich immer dicker und mußte einige Knöpfe ihres Mantels offen lassen.

Eines Tages im Januar saßen wir beide auf einem Stein und aßen unser Abendbrot. Ich sah sie an und überlegte, wie hier im kalten Schnee und mit der kargen Nahrung ein gesundes Baby in ihr heranwachsen konnte, ohne Vitamine, ohne Milch. Sie bemerkte meinen Blick nicht und trat gedankenverloren gegen ein paar Kiesel.

»Weißt du noch, wie wir die Bauernjungen auf dem Schulweg immer bekämpft haben – die uns immer ›Drecksjuden‹ nannten?« fragte sie dann.

»Ja«, antwortete ich. »Wie habe ich sie gehaßt!«

»Sie waren so gemein! Erinnerst du dich an das eine Mal, wo zwei von ihnen dich gegen das Brückengeländer drückten und drohten, dich in den Fluß zu werfen? Da bin ich von hinten gekommen und habe den einen auf den Kopf geschlagen und dem anderen in den Hintern getreten.«

»Nein, das weiß ich nicht mehr.«

»Aber ich. Sie sind weggelaufen und haben sich nicht ein einziges Mal mehr umgedreht. Aber einer hat deine Mütze mitgenommen.«

»O ja, jetzt erinnere ich mich«, sagte ich. »Das hatte ich ganz vergessen. Sie nahmen mir die braune Mütze weg, die Mama für mich gestrickt hatte … Du warst ganz schön frech damals!« meinte ich und lachte.

»Du aber auch! Weißt du noch, wie du mein Haar angekokelt hast? Wir haben unter der Spüle gespielt, und du hast eine Kerze angezündet.«

»Ja!« ich lachte. »Mama schrie: ›Was brennt denn da?‹ Und es war dein Haar.«

Zipporah lächelte. »Ich war nicht immer schlecht …«

»Ach, Zipporah, das weiß ich doch!«

Sie blickte in den dunkler werdenden Himmel und schwieg.

Am nächsten Abend, als wir uns wie immer in einer Reihe aufstellten, ehe wir an der Essensausgabe vorbeimarschierten, fiel der Schnee in kleinen, stechenden Nadeln in mein Gesicht, und Zipporahs Schal flatterte vor mir im scharfen Wind. Ich wollte mich gerade vorbeugen und ihr sagen, daß sie den Schal fester um ihren Hals wickeln soll, als ein Wärter rief: »Du da! Bleib stehen!« Er deutete auf Zipporah.

Sie drehte sich zu mir um, und ihre Augen fragten: *Was soll das? Was will er ausgerechnet von mir?*

»Zehn Schritte vortreten!« forderte der Mann sie auf.

Zipporah entfernte sich von mir. Ich wußte sofort, daß es falsch war, daß ich sie packen müßte, festhalten, aufhalten. Doch ich war unfähig, mich zu bewegen.

Sie machte die zehn geforderten Schritte. Der Wärter stellte sich neben sie, hob sein Gewehr, und innerhalb eines kurzen, schrecklichen Augenblicks, bei dem mir fast das Herz stillstand, schoß er. Zipporah fiel zu Boden.

»Nein! Nein!« schrie ich auf, lief hin und hob ihren Kopf hoch. Blut rann aus einem Loch an ihrer Schläfe ihr Gesicht entlang, an den dichten schwarzen Haaren vorbei, und tropfte in den Schnee. Sie lag leblos in meinen Armen.

»Was bedeutet dir dieses Miststück?« rief der Wächter.

Ich sah ihm direkt in die Augen. »Sie ist meine Schwester.«

»Sie hätte sich nicht schwängern lassen sollen, die Hure!« schnaubte er und ging davon.

Ich nahm Zipporahs Kopf in die Arme und wiegte ihn langsam hin und her, hin und her. Sie war so ruhig. Sie, die fröhlich über jeden Tanzboden gewirbelt war, lag nun vollkommen still und reglos. Das fahle Winterlicht fiel schräg auf ihre hohen Wangenknochen und leicht geöffneten vollen Lippen, auf ihr Haar, das wie ein dichter, schwarzer Wasserfall um ihr Gesicht und über meinem Arm lag.

Wie konnte das passieren? fragte ich mich immer wieder. *Wie konnte ich zulassen, daß so etwas passiert?* Der Wärter kam mit einer Schubkarre zurück. Vorsichtig legte ich Zipporahs Kopf auf den Boden zurück und bedeckte ihn mit ihrem roten Schal. Sie hatte die Farbe geliebt. »Rot ist wie Feuer!« hatte sie einmal gesagt. »Und das paßt zu mir.«

Schließlich ließ ich von ihr ab und betrachtete ihren Körper im Schnee, ihre Hände, die über dem vorgewölbten Bauch lagen. Zitternd und frierend, als würde ich nackt herumlaufen, ging ich hinter den anderen Frauen zum Ende des Feldes.

Ich weinte die ganze Nacht und überlegte, wie ich es hätte verhindern können. Wäre ich netter zu Zipporah gewesen, hätte ich sie nicht gezwungen, bei Tante Terry auszuziehen, dann wäre sie vielleicht nicht schwanger geworden. Ich hätte mich mehr um sie kümmern können, und nichts von alledem hier wäre geschehen. Nein, dachte ich dann, sie hätte nicht auf mich gehört. Aber ich hätte sie heute packen können, als ich merkte, daß etwas Schlimmes passieren würde, hätte mich vor sie werfen können. Doch ich hatte reglos dagestanden, bis sie erschossen wurde, bis es zu spät war. Wieder und wieder wirbelten die Gedanken durch meinen Kopf, bis ich irgendwann gegen Morgen in unruhigen Schlaf verfiel.

Während ich so dalag, rief plötzlich eine Stimme im Dunkeln: »Seren!«

Ich fuhr hoch. »Wer ist da?«

Niemand antwortete mir.

15. Kapitel

Eines Morgens Ende Februar teilte man uns mit, daß unsere spezielle Einheit ihre Arbeit beendet habe und wir frei seien. Ich machte mich sofort auf den Weg nach Budapest und erreichte die Stadt am späten Nachmittag. Weite, leere Flächen breiteten sich vor mir aus. Nur hin und wieder war ein schwarzer Schornstein zu sehen, wo vorher reihenweise Wohn- und Geschäftshäuser gestanden hatten, und Berge kaputter Ziegelsteine lagen zwischen Dreck und Schlamm. Gelegentlich ragte das Gerippe eines Gebäudes auf, mit zerschmetterten Fenstern, durch die die Tauben ein- und ausflogen.

Nachdem ich die Donau überquert hatte, begann ich zu rennen und hielt alle paar Blocks nur an, um Luft zu schnappen. Je mehr heil gebliebene Häuser ich sah, desto mehr Mut schöpfte ich und dachte: *Esther und die anderen sind in Sicherheit. Ich weiß es! Es geht ihnen gut.* Endlich erreichte ich die Sziget-utca Nummer sieben, und das Haus sah fast noch so aus wie an dem Tag, an dem ich es verlassen hatte. Drei oder vier Scheiben waren zerbrochen und mit Stoffetzen verhängt, und an der Frontseite klaffte ein Loch, doch das Gebäude stand noch.

Der Fahrstuhl war offensichtlich außer Betrieb, und so mußte ich die fünf Stockwerke zu Frau Cohens Wohnung zu Fuß hinaufsteigen. Die ersten beiden Treppen rannte ich und machte nur auf dem Absatz eine kurze Verschnaufpause, und als ich gerade die dritte Treppe betreten wollte, hörte ich von oben Schritte. Ein Mädchen kam auf mich zu, mit gesenktem Kopf, eine Hand kraftlos auf dem Geländer. Es war Esther!

»Na, das ist ja eine schöne Begrüßung«, sagte ich. »Du sagst nicht einmal hallo!«

Sie hob den Kopf und sah mich mit großen Augen an. »Seren?« fragte sie ungläubig.

»Wer sonst?« fragte ich zurück.

Da rannte sie flugs die restlichen Stufen hinunter und warf sich mir in die Arme, küßte meine Wangen und klammerte sich schluchzend an mich.

»Ach, Esther«, sagte ich und hielt sie fest. »Ist schon gut. Ich bin wieder da.«

Ich erzählte ihr alles – abgesehen von Zipporahs Schwangerschaft. Und in den nächsten Tagen genoß ich den Luxus, zwischen sauberen Laken und unter warmen Decken zu schlafen, beliebig oft in heißem Seifenwasser zu baden und warme Mahlzeiten an einem Tisch zu essen. Frau Cohen bereitete es große Freude, für mich zu kochen. Sie war einer jener Menschen, die aus nichts weiter als Reis, etwas Gemüse und wenigen Gewürzen ein nahrhaftes und wohlschmeckendes Essen zubereiten konnten. Ich aß, schlief, schrubbte mir nach und nach die Monate voller Dreck und Schweiß vom Körper und freute mich schon darauf, für neue Kundinnen zu nähen. Binnen einer Woche machte ich mehrere Frauen ausfindig, die eine Schneiderin benötigten. Ich war wieder im Geschäft.

Die ersten Tage des März 1944 waren klar und kalt, doch lag eine gewisse Spannung in der Luft, die ich bereits bei meiner Rückkehr nach Budapest gespürt hatte. Deutschland mußte große Verluste hinnehmen und zog seine Truppen vor den russischen Armeen zurück, die über die Schnee- und Eisfelder auf die ungarische Grenze zusteuerten. Mitte des Monats bevölkerten immer mehr deutsche Soldaten die Stadt, und man konnte nicht mehr auf die Straße gehen, ohne auf die kilometerlangen motorisierten Einheiten zu stoßen, die sich wie braune Asseln durch die Straßen schlängelten.

Jeden Tag fühlten wir uns eingesperrter als zuvor. Es gab kein Entkommen: im Osten lag Rumänien, aus dem wir ausgewiesen worden waren; im Westen Österreich; im Norden lagen die Slowakei und Polen; im Süden war Jugoslawien – alles Länder, die vom Dritten Reich annektiert worden waren. Selbst wenn wir durch diese und die anderen, hauptsächlich von Nazis beherrschten Länder hindurch hätten fliehen können, wer hätte uns aufgenommen? Wohin hätten wir gehen sollen? Einige Nichtjuden beherbergten Juden und hielten sie versteckt; doch die meiste Zeit fühlten wir uns von allen verlassen.

Als ich am 29. März nach Hause kam, waren Esther, Lily, Zora und Frau Cohen allesamt dabei, Davidssterne aus gelbem Stoff zu nähen. »Ist es jetzt soweit?« fragte ich.

»Ja«, antwortete Frau Cohen. »Heute früh hing unten an der Tür eine Bekanntmachung. Alle Juden müssen ab morgen den Stern tragen.«

»Was ist, wenn wir ihn nicht tragen, Mutter?« wollte Zora wissen. »Ich will nämlich nicht.«

»Oh, das mußt du aber!« sagte Frau Cohen. »Wenn du ohne Stern erwischt wirst, werden sie dich einsperren.« Dann sah sie mich an. »Du wirst deine Kundinnen aufgeben müssen, Seren. Das ist schade.«

»Warum?« fragte ich. »Wir brauchen das Geld.«

»Deine Kundinnen sind Nichtjuden. Wenn sie dich mit dem Davidsstern am Mantel vor ihren feinen Häusern sehen, werden sie dich fortjagen.«

»Dann trage ich ihn eben nicht.«

»Aber das mußt du!« rief Esther.

»Nun, du siehst nicht jüdisch aus«, meinte Frau Cohen. »Selbst jetzt kannst du immer noch als Nichtjüdin durchgehen.«

»Ich muß es einfach darauf ankommen lassen. Ist schon gut, Esther«, beruhigte ich sie, »ich werde sehr vorsichtig sein.«

»Du bist so tapfer«, sagte Lily.

»Nein«, erwiderte ich, »ich bin nur praktisch. Ich will meine Kundinnen nicht verlieren.« Lachend setzten wir uns zum Abendbrot zusammen.

Danach kamen weitere Einschränkungen: Die wenigen verbliebenen jüdischen Geschäfte wurden mit großen Schildern vernagelt, auf denen ›Verkauf verboten‹ stand. Juden durften ihre Waren nur noch am Straßenrand verkaufen. Butter, Eier und Reis waren für uns verboten, Zucker, Fett, Milch und Fleisch wurden rationiert. Telefone, Autos, Radios und Bücher nahm man uns weg.

Ein paar Wochen später mußte eine jüdische Mutter mit ihren vier kleinen Töchtern bei Esther und mir einziehen, eine andere Familie in das Zimmer von Lily, deren Mutter und Zora. Ellen und ihre ehemalige Arbeitgeberin wurden gezwungen, zwei Familien aufzunehmen. Unser Haus war ein Ghetto aus Frauen geworden, deren Väter, Ehemänner und Brüder verhaftet oder zur Zwangsarbeit fortgebracht worden waren. In ganz Budapest wurden an jenem und am darauffolgenden Tag Tausende jüdischer Frauen mit ihren Kindern aus ihren Wohnungen evakuiert und gezwungen, ihre Möbel und den Großteil ihrer Kleidung zurückzulassen. Als ich durch die Stadt lief, sah ich, wie die ungarische Nationalgarde[1] sie durch die Straßen scheuchte: Mütter, die ihre kleinen Kinder an der Hand und ihre Babys in Decken gewickelt an die Brust gedrückt hielten. Manchmal fielen ein oder zwei Kinder zurück, stolperten verschlafen durch die kalte Morgenluft, weinten und rieben sich mit den Fäustchen die Augen. Wenn eines zu weit zurückfiel, trieb ein Soldat es mit seinem Gewehrkolben an, und das Kind lief schreiend weiter, während die Mutter sich erschrocken umwandte und das Kind wieder an sich riß.

Eines späten Vormittags im April wollte ich in dem kleinen Laden nahe bei unserem Haus etwas Gemüse einkaufen, als ich zufällig das Gespräch zweier jüdischer Frauen mitanhörte.

»In meinem Dorf ist ein Ghetto für alle Juden errichtet worden«, sagte die eine. »Die SS hat am Stadtrand ein Gebiet abgesteckt und alle Juden hineingezwungen. Dann haben sie drumherum Wachen postiert, und nun kann keiner mehr hinein oder hinaus. Meine Mutter lebt noch dort, und ich mache mir große Sorgen um sie!«

Die andere Frau sah unter dem weißen Wollschal hervor, den sie sich fest um den Kopf gewickelt hatte. »Wie heißt dein Dorf denn?« wollte sie wissen.

»Reghinul-Såsesc«, antwortete die erste Frau. »Ich bin vor einigen Jahren von dort weggegangen. Hätte ich meine Mutter doch nur mitgenommen!«

Ich lief zu der Frau und faßte sie am Arm. »Sind Sie sicher, daß dies in Reghinul-Såsesc passiert ist? Vielleicht haben Sie es verwechselt. Meine Mutter lebt auch dort, und meine Geschwister. Sie haben mir nichts von einem Ghetto geschrieben.«

»Nein, ich bin sicher«, antwortete sie. »Mein Neffe ist erst letzte Woche von dort geflohen und hat mich auf seinem Weg nach Schweden besucht.«

Ich rannte zurück in unser Haus, ohne weiter an das

Gemüse zu denken. Esther unterhielt sich in unserem Zimmer gerade mit einigen Mädchen.

»Esther«, sagte ich, sobald ich sie beiseite gezogen hatte, »die SS hat in Reghinul-Såsesc ein Ghetto errichtet. Wir müssen versuchen, Mama dort rauszuholen und hierherzubringen. Hast du noch irgendwo Geld?«

»Nein«, sagte sie. »Ich hatte etwas gespart, aber das mußte ich ausgeben, als du nicht da warst.«

»Ist schon gut. Wir werden uns etwas überlegen.«

Ende der Woche nähte ich ein Kleid fertig und erhielt meinen Lohn. Am Sonntag schrieb ich unserer Mutter einen Brief und legte ihr genug Geld für eine Zugfahrkarte bei, doch am Montag hing wieder eine Bekanntmachung an unserer Tür, daß von nun an allen Juden das Reisen im Land verboten war. *Ach, Mama,* dachte ich. *Wann werde ich dich wiedersehen?*

Eines Abends, als ich von der Arbeit nach Hause kam, lief Esther mir aufgeregt entgegen. »Heute war ein Soldat der Nationalgarde da und sagte, daß unsere Post bei der Jüdischen Gesellschaft gelagert wird. Jeden Tag erhalten sie dort Postkarten aus den Dörfern. Weil die Leute umziehen müssen, erlauben sie ihnen, an ihre Verwandten zu schreiben. Vielleicht hat Mama uns auch geschrieben – oder Rosa. Können wir morgen nicht hingehen und nachsehen?«

»Natürlich!« erwiderte ich. »Wenn das wahr ist, hat Mama uns bestimmt geschrieben. Vielleicht wartet dort schon eine Postkarte auf uns.«

Früh am nächsten Morgen gingen Esther und ich zum Büro der Jüdischen Gesellschaft, wo bereits ein ganzer Pulk Menschen vor der Tür Schlange stand und auf die Öffnung wartete. Schließlich kam ein älterer Mann im schwarzen Flanellanzug und mit großem Davidsstern auf der Brusttasche, humpelte am Stock zur Tür und schloß auf. Langsam und würdevoll nahm er seinen grauen Homburg ab und bedeutete uns einzutreten. Die Leute zwängten sich in das Büro, der Rest drängte sich gegen den Türrahmen. Esther und ich fanden ein Plätzchen neben dem kleinen Schreibtisch.

»Sind Sie alle wegen der Post gekommen?« fragte der Mann leise.

»Ja«, rief eine junge Frau neben ihm. »Deswegen bin ich hier.«

»Ja! Ja!« riefen auch andere und nickten heftig mit den Köpfen.

»Leider muß ich Ihnen sagen, daß ich nur sehr wenige Postkarten hier habe«, sagte der Mann. Er hob einen kleinen Stapel Post hoch. »Ist Anne Tenenbaum hier?« fragte er. »Anne Tenenbaum?« Wir sahen uns alle um. Nein, sie war wohl nicht da. *Beeil dich!* dachte ich. *Ruf den nächsten auf!*

Er nahm die nächste Karte. »Herman Kuhn? Ist Herman Kuhn hier?« Ein alter Mann mit kurzem weißen Bart schlurfte nach vorn und nahm die Karte entgegen. »Meine Tochter ...«, flüsterte er, während die Karte zwischen seinen knochigen Fingern zitterte.

Wieder wurde ein Name aufgerufen. »Miriam Zhitamir ... Miriam Zhitamir ...«

Eine schwarzhaarige Frau, die mir wegen ihres roten Schals aufgefallen war, rief: »Das bin ich! Ich bin Miriam Zhitamir!« Sie ging zum Schreibtisch, nahm die Karte entgegen, preßte sie gegen ihre Brust und schwankte einige Male vor und zurück. »Von meiner Mutter«, sagte sie schließlich. »Wollen Sie sehen? Ich bin ja so glücklich.«

Ich sah mir die Karte an. ›Hallo Miriam, meine Liebe‹,

stand darauf. ›Mir geht es immer noch gut. Mama.‹ Ich fragte mich, wo ihre Mutter wohl gewesen und wohin sie gebracht worden war, als sie die Karte schrieb, und warum sie nicht mehr geschrieben hatte. Die Handschrift sah krakelig aus, als sei sie hastig in einem Zug geschrieben worden.

Mehr Namen wurden nicht aufgerufen. Der Mann sagte, daß am Nachmittag vielleicht noch einige Postkarten eintreffen würden, und Esther und ich standen an jenem Tag und noch viele Tage danach erwartungsvoll vor dem Büro.

Doch eine Postkarte von Mama kam nie.

Dann, eines Morgens, hing an unserem Hoftor eine Kette mit Schloß. Zwei Wachen standen davor. Eine Stunde am Tag, von zehn bis elf Uhr morgens, war das Tor geöffnet, und wir durften hinausgehen und einkaufen. Zum Glück war unser Haus mittlerweile eine gut funktionierende, selbständige Einheit geworden. Als das Ghetto errichtet worden war, hatte jedes Wohngebäude ein Komitee gewählt, um die täglichen Routinearbeiten zu überwachen. In unserem Haus bestand das Komitee aus einigen Männern, die man wegen ihres Alters nicht zur Zwangsarbeit geschickt hatte. Es waren intelligente und vernünftige Männer – ehemalige Ärzte, Professoren und Geschäftsführer –, die versuchten, uns das Leben so angenehm wie möglich zu gestalten. Ein paar der Männer hielten ständig die Luftschutzkeller sauber und bereit. Andere reparierten fortwährend die Wasserleitungen, so daß wir nie ohne fließendes Wasser waren.

Unser Leben war erträglich. Niemand erkrankte wegen Unsauberkeit, das Gebäude war sauber und ordentlich, und niemand mußte hungern – wenn die Bewohner eines

Zimmers einmal nicht genug hatten, teilten wir. Wir waren Jüdinnen, die von Kindheit an gelernt hatten, den Anordnungen von Männern Folge zu leisten, ohne sie in Frage zu stellen oder zu kritisieren.

Nachmittags kamen dann die Priester. Zuerst hörten wir das Läuten einer Glocke, das durch die milde Mailuft zu uns ins Zimmer drang. Dann hörten wir Gebetsfetzen aus dem Hof, wo sich viele der Frauen versammelt hatten, um den Missionaren zuzuhören. Die katholische Kirche ignorierte die Gesetze, nach denen jeder ein Jude war, der jüdische Vorfahren hatte. Während die Nazis die ›Judenfrage‹ als Rassenangelegenheit betrachteten, war sie für die Kirche rein religiöser Natur. Weder wir noch die Kirche durchschauten die wahre Bedeutung der uns angehängten ›Rassenschande‹, und die Priester suchten weiterhin so viele Juden wie möglich zu ihrem Glauben zu bekehren.

Die jungen Mädchen, die mit in unserem Zimmer wohnten, gingen eines Nachmittags zu einer dieser Veranstaltungen und kehrten mit roten Wangen und goldenen Kreuzen zurück, die an Metallketten um ihre Hälse baumelten. Beim Anblick der Kreuze, die nur wenige Zentimeter von den gelben Davidssternen entfernt hingen, mußte ich lachen.

»Wie ich sehe, seid ihr konvertiert«, sagte Frau Cohen.

»Ja«, antwortete Mira, ein Mädchen von sechzehn Jahren. »Der Priester hat versprochen, daß wir als Christen nicht deportiert werden. Jetzt können wir in Budapest bleiben. Die Kirche wird uns retten.«

Wenige Tage später, Ende Juni, klopfte es morgens an der Tür unserer Wohnung.

»Ich gehe schon«, sagte Frau Cohen. Sie blieb ein paar Minuten an der Tür, und ihre Stimme klang sehr aufgeregt. »Nein!« rief sie einmal, dann hörte ich die gedämpfte Stimme eines Mannes. Die Tür wurde geschlossen, und Frau Cohen sank mit aschfahlem Gesicht auf einen Küchenstuhl.

»Was ist los, Mutter?« fragte Lily. »Wer war das?«

Frau Cohen blickte auf. »Das war ein Mann unseres Komitees mit einer neuen Anordnung der Nationalgarde. Es ist soweit.« Sie flüsterte fast nur. »Sie kommen, um uns wegzubringen. Das Komitee muß alle informieren.«

»Wer, Mutter? Wer kommt?«

»Die Nationalgarde. In drei Tagen werden alle Frauen zwischen fünfzehn und vierzig in ein Arbeitslager gebracht. Oh, Lily ...«, sagte sie etwas lauter. »Das gilt auch für dich.«

Lily warf sich ihrer Mutter an die Brust und fing an zu weinen.

»Was geschieht mit den Kindern?« fragte ich. »Die wird man doch sicher nicht allein lassen.«

»Nein, nein ...«, erwiderte Frau Cohen. »Frauen mit kleinen Kindern werden nicht eingezogen. Sie wollen weder alte Leute noch kleine Kinder. Zora und mich werden sie in Ruhe lassen.«

Frau Cohen vergrub ihr Gesicht in Lilys Haar. Wir alle saßen stumm da und sammelten Mut, um der Tatsache ins Gesicht zu sehen, vor der wir uns so lange gefürchtet hatten.

Plötzlich rief Mira: »Wartet mal! Ich werde nicht gehen müssen! Ich bin konvertiert. Die Priester werden kommen und mich und die anderen Christen retten. Sicher haben Sie vergessen, uns das zu sagen, Frau Cohen. Zum Glück ist es mir noch eingefallen!«

Frau Cohen sah auf. »Nein, der Mann hat nichts davon gesagt, daß Christen ausgenommen sind.«

Miras Augen wurden rot und füllten sich mit Tränen. »Das ist nicht fair!« rief sie.

Frau Cohen streichelte ihr einige Minuten schweigend über den Kopf. Dann wandte sie sich an mich. »Lily ist ein so zartes Kind. So jung ... Bisher ist sie nur zur Schule gegangen. Wie soll sie es in einem Arbeitslager aushalten? Warum kann sie nicht hier bei mir und Zora bleiben? Sie sieht nicht wie fünfzehn aus. Können wir nicht sagen, daß sie jünger ist?«

»Nein, man würde sie verhaften und ins Gefängnis bringen«, entgegnete ich. »Ich bin sicher, sie wissen ganz genau, wie viele von uns sich zum Arbeitslager melden müssen. Die Polizei hat von jedem eine Akte – mit Namen, Alter und Adresse. Lassen Sie Lily mit uns gehen. Esther und unsere Freundin Ellen sind auch noch sehr jung. Wir werden auf sie aufpassen.«

»Gibt es denn keinen anderen Ausweg?«

»Nein. Ich war schon einmal in einem Arbeitslager und weiß, was uns erwartet, was wir mitnehmen müssen. Bei uns wird sie gut aufgehoben sein. Tatsächlich habe ich etwas, das uns helfen wird.«

Ich holte die Kiste mit Samuels Sachen aus der Abstellkammer und fand vier Paar Hosen. »Mädchen«, sagte ich, »wir haben Glück. Damit werden wir nicht an den Beinen frieren müssen.«

»Aber das sind Männerhosen!« rief Esther. »Ich habe noch nie im Leben Hosen getragen.«

»Gehen wir etwa zu einer Modenschau? Wir werden bei Wind und Wetter draußen sein, und die Hosen werden uns warmhalten.«

Esther und ich zogen jede eine Hose über. Ihre paßte fast perfekt, aber meine hing wie ein Sack an mir und schleifte auf dem Boden.

»Samuel müßte bestimmt lachen, wenn er mich so sähe!« rief ich. »In seinen Sachen!«

Ich stolzierte vor den Mädchen auf und ab, stolperte immer wieder und fiel beinahe hin, bis Esther und Ellen sich vor Lachen krümmten.

»Wie kannst du solche Späße machen, wenn wir in drei Tagen weggebracht werden?« fragte Lily und begann wieder zu weinen.

»Aber Lily, Lily«, sagte ich beruhigend. »Wir kommen doch wieder zurück, wenn der Krieg vorbei ist. Sie ziehen jetzt die Frauen ein, weil die Männer alle schon bei der Arbeitseinheit sind. Sie brauchen uns für den Krieg. Wir müssen hart arbeiten, aber arbeiten ist besser, als im Gefängnis zu sitzen, oder?«

»Ich weiß nicht. Ich war noch nie im Gefängnis. Und ich habe noch nie draußen wie ein Mann gearbeitet.«

»Arbeiten ist besser als Gefängnis, glaub mir! Jetzt komm her. Ich werde dir deine Hose anpassen.«

Später am Tag bekamen wir den Befehl, einen Rucksack mit warmer Kleidung, Kochgeschirr und Wolldecken zu packen. Da ich am eigenen Leib erfahren hatte, wie kalt die Erde in den langen Wintermonaten war, beschloß ich, nicht nur Wolldecken mitzunehmen. Frau Cohen gab uns zwei Daunendecken, die ich mit wasserfestem Stoff umhüllte, den ich in besseren Zeiten einmal ergattert hatte. Das ergab ein tragbares Bett, groß genug für uns vier. Sollte es nur regnen und frieren! Wir würden es warm und trocken haben.

Um sieben Uhr früh an einem Julimorgen meldeten Esther, Ellen, Lily, ich und die anderen aufgerufenen Frauen sich bei der ungarischen Nationalgarde in unserem Hof. Die Soldaten ließen uns in einer Reihe aufstellen und verlasen unsere Namen. Wir waren Hunderte. Ein Soldat brüllte einen Namen, eine Frau antwortete und mußte vortreten. Ich war überrascht, wie jung wir alle waren – die Frauen nicht älter als siebenundzwanzig oder achtundzwanzig, und die meisten Mädchen erst fünfzehn oder sechzehn.

Während wir aus der Stadt marschierten, stießen Gruppen aus anderen Wohnblocks nach und nach zu uns. Regen setzte ein und rann kalt über die Gesichter derjenigen, die vergessen hatten, Mützen oder Tücher einzustecken. Ein junges Mädchen vor mir, dem die langen, tropfenden Strähnen um das Gesicht hingen, begann zu jammern. »Ich bin so müde ... Ich bin so müde ...«, wiederholte sie ständig. »Hören wir denn nie auf zu gehen? Ich bin so müde ...«

Schließlich sagte das Mädchen neben ihr: »Wir müssen bald irgendwo anhalten. Es wird schon dunkel.«

»Aber ich bin jetzt müde«, erwiderte das erste Mädchen. »Ich bin es nicht gewohnt, so lange zu Fuß zu gehen. Warum lassen sie uns nicht mit der Straßenbahn fahren? Ich kann nicht mehr. Der Rucksack ist so schwer.«

Kaum eine Minute später streifte sie den Rucksack ab und ließ ihn zu Boden fallen. Ich mußte schnell darübersteigen, um nicht hinzufallen.

Esther, die neben mir ging, sagte: »Ich glaube, ich werfe meinen Rucksack auch weg. Er ist einfach zu schwer.«

»Das wirst du schön bleibenlassen«, entgegnete ich. »Du hast eine von unseren warmen Decken. Worauf sollen wir schlafen? Betten werden sie uns nicht geben. Nein, wir werfen nichts weg!«

Als es schon fast dunkel war, ließ der Regen endlich etwas nach, und wir kamen nach Kishpest, einem Vorort von Budapest. Hier marschierten wir auf den durchweichten Rasen eines Fußballfelds und blieben stehen. Ich sah mich um. Überall standen einzelne allein und verloren unter diesen Tausenden von Frauen. Die Soldaten der Nationalgarde, die mit erhobenen Bajonetts ständig neben, vor, hinter und zwischen uns marschiert waren, traten jetzt zurück und riefen: »Wir übernachten hier. Legt euch hin! Hinlegen!«

Wir rollten eine unserer Decken aus, legten uns darauf und deckten uns mit der zweiten zu. Ich blickte zu den Sternen, die auf uns herabschienen, und auf die anderen Frauen, die schutzlos auf dem feuchten Gras lagen, die in ihre Mantelärmel weinten, die hier lagen und auf die Nacht warteten.

16. Kapitel

Am nächsten Tag verließen wir Budapest und erreichten gegen nachmittag eine große Weide, auf der normalerweise Kühe grasten, aber ich konnte keine entdecken – nur kaputte Zäune und Holzpfähle, die in kurzen Abständen aus dem Boden ragten. Wir blieben stehen, und noch ehe wir die Gelegenheit hatten, uns hinzusetzen, bekamen wir jede eine Schaufel in die Hand gedrückt und den Befehl, am anderen Ende des Feldes eine Senkgrube auszuheben.

Nach etwa einer Stunde waren wir fertig, aber bevor wir uns erleichtern konnten, mußten wir uns in der Mitte der Weide erneut aufstellen. Einer der Soldaten brüllte: »Ihr werdet Gruben ausheben, um feindliche Panzer abzuwehren. Sie müssen drei Meter breit und drei Meter tief sein. Bis Einbruch der Dunkelheit müßt ihr hundert Gruben fertig haben, sonst erfolgt eine Strafe. Die Lage der Gruben ist durch Pfähle markiert. Anfangen!«

Esther, Lily, Ellen und ich hasteten zu einem der abgesteckten Quadrate und fingen an zu graben. Zuerst ging es leicht, wie früher die Gartenarbeit zu Hause, aber dann stießen wir auf eine harte Bodenschicht voller Steine und kamen nur noch mühsam zentimeterweise voran. Die Soldaten, die über uns standen und ihre Gewehre auf unsere Rücken richteten, begannen zu brüllen: »Schneller, ihr dreckigen Säue! Arbeitet, ihr faulen jüdischen Huren!«

Ich sah, wie Lily neben mir zusammenzuckte und sich

die Hände über die Ohren hielt. »Das halte ich nicht aus«, keuchte sie. »Noch nie bin ich so beschimpft worden.« Tränen liefen ihr über das Gesicht und tropften auf ihre Hände, die bereits wund und voller Blasen waren.

»Mach weiter«, sagte ich. »Bitte, Lily, grab weiter.«

Sie beugte sich über ihre Schaufel und stieß sie wieder in den Boden. »Ich bin keine Hure«, schluchzte sie.

»Natürlich bist du das nicht!« erwiderte ich. »Hör nicht auf sie und grab einfach weiter.«

Eine Stunde verging, zwei. Die Blasen in meiner rechten Hand wurden immer größer, bis sie schließlich aufplatzten und ich nun mit jeder Schaufelbewegung das rohe Fleisch weiterreizte. Wir waren etwa zwanzig Frauen an diesem Loch und hatten noch nicht einmal zwei Meter tief gegraben. Immer weiter gruben wir uns in die schwarze Erde und türmten den Lehm über uns auf.

Noch immer war uns keine Erlaubnis erteilt worden, zur Toilette zu gehen. Schließlich hielt ich es nicht mehr länger aus. »Willst du fragen, ob wir zur Klärgrube gehen dürfen?« fragte ich Ellen.

»Du zuerst«, antwortete sie.

Ich rief einem Soldaten zu: »Ich muß auf die Toilette!«

Er nickte mit seinem dicken, runden Kopf und bedeutete mir hochzusteigen, wobei er ständig sein Bajonett auf meine Brust gerichtet hielt. Ich kletterte aus dem Graben und ging vor dem Soldaten her zur Klärgrube. Dort sah ich überall paarweise Gestalten am Rand: eine Frau, die mit hochgezogenem Mantel und fest verschlossenen Augen über dem Rand kauerte, und direkt davor ein fetter Soldat in dunkelgrüner Uniform mit gespreizten Beinen und vorgehaltenem Bajonett, der mit großen Augen auf das entblößte weiße Fleisch über der kalten, feuchten Grube starrte. In dem kleinen Arbeitslager, in dem ich vorher gewesen war, hatte man uns zumindest dabei unsere Privatsphäre gelassen. *So werde ich mich nicht erleichtern können,* dachte ich bei mir. *Wie könnte ich, wenn mich so ein alter, fetter Mann dabei beobachtet?* Mein Bedürfnis war jedoch sehr groß, und ich ging zum Grubenrand, hockte mich hin, hob meinen Mantel so wenig wie möglich und versuchte, den Druck loszuwerden, der sich seit dem Vortag in mir angestaut hatte. Doch es ging nicht. Mit dem Soldaten vor mir konnte ich meine Muskeln einfach nicht entspannen. Also richtete ich mich wieder auf und ging zu unserem Graben zurück.

Wir arbeiteten den ganzen Nachmittag hindurch bis in den Abend hinein – bis es dort unten so dunkel wurde, daß wir kaum noch etwas sehen konnten. Manchmal, wenn wir von der Eintönigkeit der Bewegung schon ganz eingelullt waren, ertönte über unseren Köpfen eine Serie von Schüssen.

»Schneller, ihr faulen Säue!« brüllte ein Soldat von oben herunter. »Das nächste Mal schieße ich auf euch. Das ist noch nicht tief genug. Schneller!«

Wir zwangen uns, weiter die müden und schweren Arme zu bewegen und die Schmerzen in Schultern und Rücken zu ignorieren. Doch es ging kaum noch schneller. Endlich durften wir wieder zu unserem Lagerplatz zurückgehen. Wir zitterten vor Erschöpfung und wurden uns zum erstenmal bewußt, daß wir ganz allein auf einem öden Feld waren, umgeben von Soldaten, die uns den Tod wünschten.

Später scheuchten sie uns an den Feldrand, wo eine provisorische Feldküche aufgebaut worden war, und wir bekamen eine Tasse Gemüsesuppe und ein Stück Brot. Allerdings reichte es nicht für alle, und die, die hinten in der Schlange standen, gingen leer aus.

Als ich am nächsten Morgen aufwachte, war der Druck in meinen Gedärmen so groß, daß ich an nichts anderes mehr denken konnte, als mich endlich zu entleeren. Ich beschloß, es erneut zu versuchen, und die Prozedur war auch diesmal dieselbe. Wieder hockte ich mich an den Rand der Klärgrube, wieder konnte ich mich angesichts des Soldaten nicht entspannen. Ich gab auf und kehrte zu den anderen zurück.

»Ich bin vollkommen verstopft«, flüsterte ich Ellen zu. »Ich glaube, ich werde bald platzen.«

»Du mußt gehen«, flüsterte sie zurück. »Sonst wirst du krank!«

»Ich kann nicht. Ich kann einfach nicht.«

»Warum muß bloß immer ein Soldat mitgehen?« fragte sie.

»Ich weiß auch nicht … Wir haben kein Zuhause, wir haben keinen Ausweis. Wer würde uns aufnehmen, wenn wir wegliefen? Wo sollten wir hin?«

Der Tag verging genau wie der erste. Wir arbeiteten die ganze Zeit in den Panzerfallen, die Soldaten brüllten »Schneller! Schneller! Schneller!« und feuerten immer wieder ihre Gewehre ab. Am Nachmittag fiel ein Mädchen, das in unserer Grube neben Esther arbeitete, plötzlich vornüber und blieb mit erhobenen Armen im Dreck liegen. Ihr langes dunkles Haar umgab ihren Kopf und Mantel wie ein aufgespannter Fächer.

»Verdammt noch mal, blöde Hure!« rief ein Soldat. »Steh auf!«

Doch sie blieb reglos liegen.

Er schrie wieder und richtete sein Gewehr auf ihren Rücken. »Steh auf, du Sau! Sofort!«

Der kleine Finger ihrer linken Hand zuckte einmal ganz leicht. Da feuerte der Soldat sein Gewehr ab – einmal, zweimal, dreimal, viermal –, und dunkle Löcher zeichneten ihren Mantel. Das Mädchen rührte sich dabei nicht.

»Hebt sie hoch!« kommandierte der Soldat.

Einige der Frauen hoben sie vorsichtig hoch, wobei ihr Kopf nach hinten kippte. Lily stöhnte auf und ergriff meine Hand. Die Tote war das Mädchen, das am Abmarschtag vor uns gelaufen war und ihren Rucksack abgeworfen hatte. Sie hatte nur zwei Tage überlebt.

»Weiterarbeiten!« brüllte ein Soldat. »Schneller!«

Die Leiche wurde nach oben gereicht, wo die Soldaten sie über den Rand zogen. Dann stießen wir unsere Schaufeln wieder ins harte Erdreich. Als wir am Abend herauskletterten, war die Tote unter dem Berg aufgeworfener Erde fast vergraben; wir hätten sie gar nicht gesehen, hätte nicht eine ihrer Hände mit gespreizten Fingern und nach oben gerichteter Handfläche daraus hervorgeragt. Am nächsten Morgen hatte ich solche Schmerzen im Unterleib, daß ich kaum gehen konnte. Ich rief erneut einen Soldaten und ließ mich zur Klärgrube begleiten. Dort hockte ich im fahlen, kalten Licht, eingerahmt von zwei weiteren Frauen, und versuchte, mich zu erleichtern, versuchte es wieder und wieder, bis mir die Tränen vor Anstrengung aus den Augen traten. Endlich funktionierte es. Der Körper kann sich an fast alles gewöhnen.

In jenem Juli 1944 zogen wir kreuz und quer über die ungarischen Ebenen und hoben überall Fallgruben für feindliche Panzer aus. Tagsüber wurde es immer heißer, aber nachts kühlte es ab, und wir konnten uns im Schlaf etwas erholen.

Morgens schüttelten wir wie die Pferde den Tau aus unseren Haaren. Oft blieben zwanzig oder dreißig der Frauen einfach zusammengerollt am Boden liegen – tot.

Sie wurden dann einfach liegengelassen, wenn wir zu einem neuen Feld aufbrachen.

Am Ende des Monats waren von den anfänglichen zehntausend Frauen nur noch neuntausend übrig. Jeden Morgen und jeden Abend wurden wir durchgezählt; manchmal wurde das Zählen wegen herannahender Flugzeuge abgebrochen, und wir mußten uns hinlegen. Je näher wir dabei wieder Budapest kamen, desto häufiger fanden Bombenangriffe statt. Nachts lugten wir unter unserer Decke hervor zum Himmel, der beim Abwerfen der Leuchtraketen flackernd aufschien. Wenige Minuten später detonierten die Bomben, die Erde bebte, Brandgeruch wehte herüber, und der ganze Himmel schien in Flammen zu stehen.

Inzwischen waren meine Gefühle wie abgestorben. Ich hätte begierig darauf sein müssen, Freude empfinden müssen, Budapest wiederzusehen. Doch ich spürte nichts, als wir durch die zerstörten Häuserblocks meiner geliebten Stadt marschierten.

Wir räumten den Schutt von der Straße. Manchmal stand noch ein einzelnes Gebäude, während drumherum alles dem Erdboden gleichgemacht worden war. Mancher Straßenzug bestand nur aus Häusergerippen: die bloßen Mauern ragten auf wie die Ruinen einer antiken Stadt. Zwei- oder dreimal spritzte noch Wasser aus einem gebrochenen Rohr, und wir benetzten schnell unsere verdreckten Gesichter und Arme. Einmal fand ich zwischen dem Schutt sogar ein Stück Seife und konnte für kurze Zeit das Gefühl sauberer Hände genießen.

Nachts brachten sie uns immer zu einem Feld außerhalb der Stadt, wo wir aßen und schliefen. Als die Straßen freigeräumt waren, marschierten wir wieder hinaus aufs Land.

Wenn wir dort auf den Feldern arbeiteten, hörten wir oft das Pfeifen eines Zugs und dann das rhythmische Klappern der Räder auf den Schienen. Wann immer ich konnte, sah ich den langen Zügen hinterher, die Tag und Nacht zu fahren schienen. Manchmal bestanden sie nur aus versiegelten Güterwaggons, manchmal jedoch waren es auch Passagierzüge, aus deren Wagenfenster Mütter und Kinder auf uns herunterstarrten.

»Was glaubst du, wo die alle hinfahren?« fragte Esther mich eines Nachts, als wir mit Ellen und Lily zwischen unseren warmen Decken lagen.

»Ich weiß nicht«, erwiderte ich.

»Die Leute darin sind Juden, oder?«

»Ja.«

»Glaubst du, daß Mama in einem dieser Züge sitzen könnte? Es wäre doch schrecklich für sie, so nah an uns vorbeizufahren und es nicht zu wissen.«

»Für uns wäre das genauso schlimm ... wenn sie an uns vorbeiführe, und wir wüßten es nicht«, sagte ich, während wieder ein Zug vorbeirumpelte.

»Denken wir lieber nicht daran«, meinte sie und drehte sich um. »Mama ist in Sicherheit. Es geht ihr gut.«

Einige Nächte später, als ich gerade kurz vorm Einschlafen war, hörte ich eine Männerstimme rufen. Ich drehte überrascht den Kopf. Wer konnte dort hinten am anderen Ende des Feldes nur sein? Dann hörte ich es wieder, lauter diesmal. »Deborah Eliad ... Deborah Eliad ... Deborah Eliad«, rief die Stimme. Dann ertönte aus derselben Richtung eine andere Stimme: »Eloise Eskin ... Eloise Eskin ... Eloise Eskin ...«

Inzwischen hatten sich viele Frauen aufgesetzt und blickten ängstlich umher. Waren da Gespenster gekommen, um uns unter dem kalten Sternenhimmel zu rufen? Da ertönte plötzlich die schrille Stimme einer Frau irgendwo hinter uns: »Ich bin Eloise Eskin … Ich bin Eloise … Wer ruft mich?«

»Norman Eskin«, rief die Stimme zurück. »Norman Eskin …«

»Vater!« schluchzte die Frau laut. »Hier! Hier! Ich bin Eloise.«

Meine Augen füllten sich mit Tränen. Mein Vater würde mich nie mehr rufen.

»Was sind das für Männer?« wollte Esther wissen.

»Vielleicht ein Arbeitstrupp?« meinte Ellen.

»Könnte sein. Sie müssen wohl auf der anderen Seite der Lichtung campieren.«

Ich dachte an alle Männer, die jetzt dort sein konnten: Samuel, meine Brüder Eliezer und Shlomo, die Männer, die vor einigen Jahren bei Valea Uzului gearbeitet hatten. Vielleicht würde auch jemand meinen Namen rufen. Vielleicht würde sich jemand an mich erinnern.

Bald ertönte ein Wirrwarr von Stimmen durch die Nacht. Frauennamen wurden her-, Männernamen hinüber gerufen. »Adam Davidov … Adam Davidov … Adam Davidov«, rief eine Frau neben mir immer wieder. Ich lag stundenlang wach und hörte immerzu die fremden Namen. Niemand rief mich.

Am nächsten Abend war es dasselbe. Stimmen griffen in die Nacht hinein, bis sie jemanden fanden und berühren konnten. Eine Frau, die sich so allein gefühlt hatte, daß sie sich manchmal am liebsten hätte fallen und erschießen lassen, hörte nun die Stimme eines geliebten Mannes durch die Dunkelheit ihren Namen rufen und fühlte sich nicht mehr allein. Wieder wartete ich auf meinen Namen. Doch ich hörte ihn nicht.

Eines Abends campierten wir draußen vor Budapest, in der Nähe von Cvespol, wo eine naheliegende Flugzeugfabrik so heftig bombardiert wurde, daß die Metallteile bis zu unserem Lager flogen. Ich suchte nach etwas, um meinen Kopf zu schützen, fand aber nichts außer dem Rucksack, der jedoch zu weich war und mir keinen Schutz bot. Da fielen mir die Kochtöpfe ein. Wir hatten sie quer durch Ungarn geschleppt und noch nicht einmal benutzen können. Schnell nahm ich einen schwarzen Stieltopf aus meinem Rucksack und stülpte ihn mir über den Kopf. Er paßte perfekt. Als Ellen mich sah, lachte sie auf.

»Bist du verrückt geworden?« fragte sie. »Oder ist das der letzte Schrei im Arbeitslager?«

»Du kannst lachen, soviel du willst«, sagte ich, »aber ich lasse mir meinen Kopf nicht von herumfliegenden Bombenteilen zerschmettern.«

Esther starrte mich belustigt an. »Und was ist, wenn eine Bombe auf deinen Fuß fällt? Vielleicht solltest du auch einen Topf auf deinen Fuß stecken.«

»Ohne Fuß kann ich leben«, erwiderte ich, » aber nicht ohne Kopf.«

Ich rollte mich zusammen und schlief ein. Als ich am Morgen aufwachte, hatten Ellen, Lily und Esther ebenfalls Kochtöpfe aufgesetzt.

Im Verlauf des Sommers schien die Arbeit etwas leichter zu werden. Wir bekamen dicke Hornhaut an den Händen, und die Muskeln in Armen und Rücken schmerzten nachts nicht mehr. Auf den Wegen fanden wir kleine Essensgaben, die mitfühlende Ungarn uns hingelegt hatten: ein Laib Brot, ein paar gekochte Eier oder Kartoffeln. Wenn eine von uns etwas aufheben konnte, teilte sie es mit den anderen. Dann marschierten wir kauend weiter und fühlten uns ein bißchen weniger allein, weil wir wußten, daß jemand an uns dachte.

Die Rufe zwischen einem Männercamp und unserem setzten aufs neue ein, als wir außerhalb von Budapest wieder einmal fast nebeneinander lagerten. Wieder hörten viele Frauen, wie ihr Name gerufen wurde, und fühlten sich etwas weniger einsam. Eine Woche lauschte ich jede Nacht stundenlang in die Dunkelheit, während Väter ihre Töchter, Ehemänner ihre Frauen, Brüder ihre Schwestern, Männer ihre Freundinnen riefen, und wartete darauf, meinen Namen zu hören. Jede Nacht dachte ich: *Niemand ruft mich. Nicht ein einziger. Kann sich denn niemand an mich erinnern?* Dann schlief ich ein, und wenn ich morgens aufwachte, dachte ich: *Vielleicht wird heute abend jemand meinen Namen rufen*, und ging voller Hoffnung an die Arbeit.

Eines Nachts, als ich schon ganz verzweifelt dalag und lauschte, hörte ich es dann plötzlich. »Seren Tuvel.« *Nein, nein*, dachte ich. *Das war sicher ein anderer Name, der meinem ähnlich klingt.* Dann hörte ich es wieder: »Seren Tuvel … Seren Tuvel …« Es war mein Name! Ich wollte am liebsten aufspringen und nachsehen, wer mich da rief.

»Ich bin hier … Seren Tuvel … Seren Tuvel …«, rief ich zurück.

Es kam keine Antwort.

Ich rief noch einmal lauter. »Hier ist Seren! Seren Tuvel!«

Eine tiefe Stimme erwiderte: »Seren!«

Es war Joseph, Herman und Tamaras jüngster Sohn! Er war einer der letzten Menschen, die zu hören ich erwartet hatte. *Warum ruft er mich?* überlegte ich. *Er ist doch so viel jünger als ich, eigentlich eher in Esthers Alter.*

»Joseph Tuvel!« rief ich. »Joseph Tuvel …«

Immer wieder rief ich seinen Namen, aber ich weiß nicht, ob er mir noch einmal antwortete, denn meine Stimme verlor sich im Gewirr anderer Stimmen. Nach einer halben Stunde hörte ich mit dem Rufen auf und legte mich schlafen. Aber der Gedanke, daß Joseph mich gerufen hatte, machte mich sehr glücklich. Ich hatte immer angenommen, daß er mich nicht sonderlich mochte, daß ich nichts weiter war als eine ältere Tante, die er eben ertragen mußte. Aber er hatte mich gerufen! Ich war noch nicht vergessen. Oh, ich war nicht vergessen!

17. Kapitel

Eines späten Abends marschierten wir in das dunkle Budapest hinein, durch die stillen Straßen, bis wir an einen felsigen Abhang kamen. Wie Tiere, die man eine Rampe hinaufscheuchte, wurden wir im Dunkeln gegeneinandergedrängt und stolperten über andere Frauen, die hingefallen waren und nun nicht wieder aufstehen konnten. Esther, Ellen, Lily und ich hielten uns so fest an den Händen, daß unsere Finger miteinander verwachsen schienen. Wie hätte ich diese Wochen nur ohne sie überlebt? Sie waren ein Teil von mir, ebenso wie meine Beine oder meine Haut. Zu viert besaßen wir eine Stärke, die andere Frauen nicht hatten.

»Wohin gehen wir? Was ist los?« rief Esther.

»Ich glaube, wir steigen in ein Gebäude«, sagte ich. »Halt dich fest! Was immer geschieht, laß ja nicht los!«

Binnen weniger Minuten waren wir auf einem schmalen ebenen Stück in dem Gebäude zusammengepfercht. Auf der einen Seite lag ein Geländer, auf der anderen eine Mauer. Wir konnten nichts sehen und mußten uns allein durch Tasten zurechtfinden. Wir vier hielten uns immer noch an den Händen und suchten ein Plätzchen, an dem wir nicht von allen Seiten gestoßen werden würden. Ich streckte meine freie Hand nach vorn, spürte nur Luft und bewegte mich langsam vorwärts. Dann stieß ich mit dem Kopf gegen etwas Kaltes, Rundes und kurz darauf noch einmal. *Rohre*, dachte ich. *Sie müssen an der Seite des Gebäu-*

des verlaufen. Vielleicht können wir uns irgendwo dazwischenquetschen. Ich zog die drei anderen hinter mir her und zwängte mich zwischen zwei Rohre. Es war zwar nicht so viel Platz, daß man bequem sitzen konnte, aber hier zwischen den kalten Säulen waren wir etwas abseits der anderen kreischenden Frauen, die ständig übereinander stolperten. Als wir alle saßen, zog ich meine Schuhe aus und wollte sie neben meine Füße stellen, aber ehe ich es verhindern konnte, fiel einer plötzlich ins Leere. Ich tastete den Boden ab und entdeckte ein Loch.

»Paßt auf!« rief ich den anderen zu. »Hier sind überall Löcher. Gerade ist mir ein Schuh runtergefallen.«

»Was willst du jetzt tun?« fragte Ellen. »Du hast nur noch einen Schuh.«

»Wer sagt das?« gab ich zurück. »Warum, glaubst du wohl, trage ich dauernd diesen Rucksack mit mir herum?«

Als wir am nächsten Morgen das Gebäude verließen, das wir im Dämmerlicht als Ziegelfabrik ausmachen konnten, trug ich am rechten Fuß einen Wanderstiefel und am linken einen Halbschuh. Jeden Tag marschierten wir nur noch, vorbei an wogenden Weizenfeldern, die in der gelben Sonne reiften, vorbei an Reihen von Mais, die sich wie Wellen zum Horizont erstreckten, wir marschierten bei Sonnen- und bei Mondlicht, in der kühlen, grillendurchzirpten Luft, immer weiter von Budapest fort. Einen Tag sagte man uns, wir würden zu einer Fabrik an der Grenze zwischen Ungarn und Deutschland gehen, am anderen Tag, wir würden umgesiedelt, am dritten war es wieder die Fabrik.

Eines späten Nachmittags, drei Wochen später, kamen wir an die Grenze, die von Soldaten der Deutschen Nationalgarde[2] bewacht wurde, alle mit Hakenkreuzen auf ihren Ärmeln. Wir überquerten die Grenze und liefen noch ein paar Kilometer bis zum Bahnhof einer österreichischen Kleinstadt. Auf dem Gleis stand dampfend einer langer, schwarzer Passagierzug.

»In den Zug! Los, los!« brüllten die Soldaten plötzlich, und die Frauen stürmten auf die Waggons zu. Begierig, Wind und Regen zu entkommen und endlich wieder einmal zu sitzen, drängten sie von allen Seiten auf uns zu. Ich packte mit einer Hand Esther, mit der anderen Lily und rief Esther zu: »Halt Ellen fest!«

»Ich hab sie!« rief Esther zurück.

Wir vier hielten uns so fest an den Händen, daß uns fast die Knochen brachen. Von hinten und den Seiten drängten Frauen gegen uns und schoben uns vorwärts. Ellen erreichte die Treppe eines Waggons und zog Esther hinter sich her, während sie die Stufen hinaufstolperte und sich dabei umsah, ob wir noch alle zusammen wären. Ich zwängte mich vorwärts und drückte Lilys Hand dabei noch fester. »Du tust mir weh!« jammerte sie. Wir kletterten die Treppe hinauf und wurden in das Innere des Wagens geschoben.

Zwei Reihen vor uns sah ich links eine lange leere Bank. »Ellen!« rief ich. »Da links!«

Sie steuerte darauf zu, befreite sich mit aller Kraft aus dem drängelnden Strom der Frauen und warf sich längs auf die Bank. Wir drei folgten keuchend nach.

»Meine Hand!« stöhnte Lily. »Die Finger sind so gequetscht, daß ich sie kaum bewegen kann.«

Ich blickte auf meine eigene Hand, um zu sehen, warum sie immer noch so weh tat. Samuels Ring hatte sich tief ins Fleisch geschnitten, und das Gelenk war rot und geschwollen.

Die Frauen strömten noch immer an uns vorbei und suchten mit den Augen nach freien Plätzen.

»Seht nur!« rief Esther. »Ist das nicht Mira aus unserer Wohnung? Ja, sie ist es! Komm, Mira! Hierher!«

Mira drehte sich um, löste sich aus dem Gedränge und zog ein anderes Mädchen hinter sich her. Wir rückten enger zusammen, um den beiden Platz zu machen, und saßen jetzt so eingezwängt, daß ich mich nicht bewegen konnte, ohne Esther oder Lily anzurempeln.

»Ist das nicht verrückt!« meinte Mira.

»Bist du die ganze Zeit dabeigewesen?« fragte ich sie. »Ich habe dich nicht gesehen, seit wir unser Zimmer im Wohnhaus verlassen haben.«

»Ja«, antwortete sie. »Delia und ich waren die ganze Zeit dabei. Erinnert ihr euch an sie? Sie hat im Zimmer nebenan gewohnt.«

»Ja, ich erkenne dich wieder«, sagte ich zu Delia.

»Wohin, glaubst du, werden sie uns bringen?« wollte Mira wissen. »Wahrscheinlich zu einer Fabrik«, fuhr sie fort, ohne eine Antwort abzuwarten. »Diese Geschichten darüber, daß sie uns nach Deutschland deportieren, glaube ich nicht. Warum sollten die Deutschen sich um uns kümmern, wenn wir hier immer noch arbeiten können?«

Während sie sprach, waren ständig Frauen an uns vorbeigeströmt, aber nun hörte das Drängeln abrupt auf.

»Die Tür ist verschlossen!« schrie eine Frau im Gang neben uns. »Kehrt um! Die Tür ist verschlossen!«

Die Frauen drehten sich in die Richtung um, aus der sie gekommen waren, und wollten wieder durch die erste Tür, doch in diesem Moment hörten wir den metallischen Klang eines Riegels, der auch diese Tür verschloß. Wir waren eingesperrt. Die Frauen, die noch im Mittelgang standen, sahen sich entgeistert um. Die Bänke waren voll, die Ausgänge blockiert. Als der Zug sich plötzlich mit einem Ruck in Bewegung setzte, fingen die Frauen an zu schreien aus Angst, umgestoßen und zertrampelt zu werden. Nach und nach drängten sie in die Gänge zwischen den Bankreihen und setzten sich dort auf den Boden. Eine große Frau in einem dicken schwarzen Mantel ließ sich direkt vor mir nieder und quetschte meinen linken Fuß.

»Entschuldigung«, sagte ich zu ihr. »Sie sitzen auf meinem Fuß.«

Sie drehte sich nur halb zu mir um und wandte sich dann schweigend wieder ab.

Wahrscheinlich denkt sie, daß ich es hier oben ganz bequem habe, dachte ich, *obwohl auch ich mich kaum rühren kann.*

Es wurde Nacht, während der Zug dahinfuhr und wir in den versperrten und dunklen Waggons hin und her geschüttelt wurden. Da ich nicht schlafen konnte, starrte ich aus dem Fenster und wartete auf jede neue Ortschaft, an der wir vorbeizogen. Zuerst sah ich ein flackerndes Licht an einem Hügel, dann ein weiteres, dann viele Lichter, wenn der Zug sich einer Station näherte. Schließlich erreichten wir eine Stadt. An den Bahnhöfen war dort selbst in der Nacht viel los; deutsche Soldaten aus anderen Zügen liefen zu den Wasserhähnen, die ständig aufgedreht waren, damit die Männer schnell ihre Kanister füllen und wieder einsteigen konnten. Als wir uns wieder in Bewegung setzten, döste ich ein und erwachte mit einem Ruck, als der Zug vor dem nächsten Bahnhof verlangsamte.

Am Morgen wurde eine der verschlossenen Türen geöffnet, und zwei Wachen kamen und verteilten trockenes Brot und kleine Stückchen braunen Käse.

Im Verlauf des Tages wurde mein Bedürfnis nach einem Schluck Wasser immer größer. Normalerweise konnte ich es tagelang ohne Wasser aushalten. Während wir auf den Feldern geschuftet hatten, waren die anderen Frauen so durstig von der Arbeit in der heißen Sonne geworden, mit all dem Staub und Dreck in der Luft, daß sie kaum hatten sprechen können. Abends konnten sie dann gar nicht genug bekommen, während ich eine Tasse voll trank und zufrieden war. Jetzt aber ging mir der Wunsch nach etwas zu trinken nicht mehr aus dem Kopf.

Die Luft wurde immer schlechter. Ich griff nach oben und wollte das Fenster öffnen, doch es bewegte sich nicht; es war ebenfalls verschlossen. *Wir werden hier drin alle ersticken!* dachte ich. Ich sah, daß wir wieder in einen Bahnhof eingefahren waren. Mehrere Wärter waren ausgestiegen und zum Wasserhahn gerannt, aus dem fortwährend frisches, kaltes Wasser auf den Boden lief. *Nein, ich sehe nicht hin,* dachte ich und drehte den Kopf. Als der Zug wieder anfuhr, blickte ich doch wieder zum Wasser, das immer noch spritzend in den Abfluß rauschte.

Am nächsten und an jedem weiteren Morgen bekamen wir dieselbe Mahlzeit aus trockenem Brot, Käse und manchmal einer Tasse kalten Kaffee. Jedesmal, wenn ich die Wachen sah, die sich an den zusammengepferchten Frauen vorbeischoben, dachte ich: *Heute werde ich nichts essen, das macht mich nur noch durstiger.* Aber wenn der Mann dann zu mir kam, schrie mein Magen gleichsam auf und krampfte sich zusammen, so daß ich doch nach Brot und Käse griff. Ich aß es und bekam noch mehr Durst.

Die Frauen auf dem Boden vor uns fingen an, sich zu beschweren. »Wie könnt ihr so egoistisch sein?« fragte mich eine. »Laßt uns doch auch einmal da oben sitzen.«

»Sie hat recht!« bekräftigte die Frau neben ihr und funkelte Lily wütend an. »Ihr seid nicht besser als wir, oder? Was ist?«

Lily blinzelte heftig hinter ihren dicken Brillengläsern.

»Sollen wir mit ihnen tauschen?« fragte ich sie.

Sie sah mich an und nickte stumm.

»Na los, Mädchen«, sagte ich. »Auf den Boden.«

Nachdem wir einander mehrere Male auf Hände und Füße getreten hatten, saßen wir sechs schließlich auf dem Fußboden. Gerade als wir zur Ruhe gekommen waren, sagte Lily: »Ich muß auf die Toilette. Ich habe es schon so lange zurückgehalten …«

»Also los«, meinte ich. »Wir gehen.«

Da wir vier es uns zur Angewohnheit gemacht hatten, uns nie zu trennen und immer an den Händen zu halten, gingen wir also zu sechst zur Toilette am Ende des Waggons. »Aufpassen!« ertönte es ständig von unten, als wir über die Rücken, Köpfe und Füße der sitzenden Frauen hinwegstiegen. Als wir ankamen, mußten wir feststellen, daß die Toilette verstopft war und die Fäkalien bereits bis zum Rand der Schüssel standen. Der Gestank war entsetzlich. Als Lily das sah, wurde sie blaß, schüttelte sich und hielt die Hand vor den Mund.

»Ich gehe zuerst«, sagte Ellen. Nachdem wir schließlich alle gegangen waren, wagte sich auch Lily auf die Schüssel.

Als wir an unsere Plätze zurückkamen, hatten sich dort andere Frauen aus dem überfüllten Mittelgang breitgemacht.

»Ich glaube, da hinten sehe ich noch etwas Platz«, sagte Delia und deutete nach vorn.

Wir stiegen wieder so vorsichtig wie möglich über die Frauenkörper hinweg und zwängten uns hinter die letzte Bankreihe. Hier war sogar etwas mehr Platz, da die Rückenlehne uns abschirmte. Ellen machte ihren Rucksack auf und zog eine unserer Decken hervor.

»Warum sollen wir auf dem harten Boden sitzen?« meinte sie und schob die Decke unter uns.

»Gute Idee!« erwiderte ich lächelnd. »Jetzt ist es richtig bequem. Hast du zufällig auch etwas Wasser zum Trinken da drin?«

»Nein«, sagte Ellen und lächelte zurück.

Wir lehnten uns aneinander, schlossen die Augen und ließen uns vom gleichmäßigen Rattern der Räder auf den Schienen in den Schlaf lullen. Ich fing an zu träumen. Eine Frau sang mit klarer, kräftiger Stimme, und ihre Töne hoben mich empor, über den Zug, über die Hügel, die schon weiß vom Frost waren, und über die fahlen Schneewolken hinweg, die über den Wäldern trieben.

Das ist Tamara! dachte ich in meinem Traum. *Ich bin zu Hause, und sie ist gekommen, um für mich zu singen.*

Die Stimme sang immerfort, jetzt auf ungarisch. Es war nicht mehr Tamaras Stimme, aber das war mir egal. Ich hörte ein Liebeslied, das eine Frau am Abend leise ihrem Geliebten sang.

Mit einem Schlag schreckte ich hoch. Der Zug hatte wieder angehalten.

»Hat sie nicht eine schöne Stimme?« fragte Esther.

»Hast du das auch gehört?« flüsterte ich und sah sie verwirrt an.

»Natürlich. Wir alle haben sie gehört. Die Frau sitzt ja nur vier Reihen von uns entfernt. Mira sagt, sie habe sie mal in der Oper in Budapest gehört.«

»Dann war es gar kein Traum ...«

»Was war kein Traum?« wollte Esther wissen.

»Ach, nichts ...«

»Ich kann mich noch gut an damals erinnern, als ich sie hörte«, sagte Mira. »Mein Vater nahm mich in die Zauberflöte mit, und diese Frau sang die Hauptrolle. Sie trug ein rosa Kleid – meterweise rosa Satin. Ich wollte auch Opernsängerin werden wie sie. Und seht mich an! Mein

Haar ist so schmutzig und verfilzt, daß ich nicht einmal mehr mit den Fingern durchkomme.«

Das Lied begann von neuem. Es machte nichts, daß wir den Namen der Sängerin nicht kannten. Wir hörten auf zu reden, der ganze Waggon schwieg und lauschte, und sie sang.

Ich bin allein, dachte ich. *Ich habe Angst.*

Laß mich für dich singen, schien die Opernsängerin zu antworten. *Vielleicht wird es deinen Schmerz lindern.*

Zwei Wochen lang zählte ich die öden Nächte und Tage; vierzehn Tage ohne Wasser. Danach verlor ich jedes Zeitgefühl. Der Zug fuhr an und hielt, fuhr an und hielt, blieb manchmal tagelang an einem Ort stehen und manchmal nur so lange, bis die Soldaten aus- und wieder eingestiegen waren, um ihre Wasserkanister an den spritzenden Hähnen zu füllen. Türen und Fenster blieben verschlossen. Keine Frau durfte den Zug verlassen, es sei denn als Leiche. Einige erlagen dem Durst, der Enge, dem Gestank. Der Rest von uns wurde eins mit den harten Holzbänken oder dem Boden. Immer wenn ich nach ein paar Stunden unruhigen Schlafs erwachte, hatte ich große Schmerzen in Beinen, Schultern, Rücken und Hals, die ganz verkrampft und steif waren.

»Mir tut alles weh. Oh, mir tut alles weh«, klagte Esther immer wieder. Wir waren nun schon seit drei Wochen in dem Zug und hatten wieder einen Platz auf einer Bank ergattert. Ich quetschte mich neben das Fenster. Dem Sonnenstand nach ging die Fahrt Richtung Osten, und die Namen der Bahnhöfe waren allesamt deutsch. Auch hier war an jeder Station der Wasserhahn weit geöffnet, und das Wasser lief heraus.

Eines Tages am späten Nachmittag, als die Sonne direkt in unser Fenster schien, wurde mir der Kopf auf einmal unendlich schwer und die Zunge ganz dick, und ich hatte das Gefühl, auf Sand zu beißen. Mein Hals schwoll von innen zu, und ich bekam Angst, daß ich nicht mehr schlucken könnte. Dann rann mir plötzlich Wasser in den Mund, und ich riß ihn auf, so weit ich konnte, und reckte mich, während die kühle, silbrige Flüssigkeit fortwährend auf mich herabströmte, über meine aufgesprungenen Lippen, in meinen wunden Schlund und meine rote, ausgedörrte Speiseröhre hinunter in meinen Magen. Sie kühlte mich, kühlte, reinigte und befriedigte, wie nie etwas zuvor. Ich trank immer weiter, mit offenem Mund, ohne mich zu verschlucken, immer weiter, ohne Ende.

Das Kreischen der Räder holte mich wieder ins Bewußtsein. Ich lag an die Banklehne gepreßt, mit offenem Mund, festgeklebter Zunge und brennendem, trockenem Hals.

»Seren! Seren! Geht es dir gut?« fragte Esther und rüttelte meine Schulter.

Ich konnte nicht sprechen und nickte nur.

»Du warst ganz und gar weggetreten«, sagte sie. »Ich konnte dich nicht wecken.«

Ich wandte mich ab und dachte an das Gefühl des köstlichen, süßen Wassers, das meine Kehle hinuntergelaufen war. Ein Tropfen fiel auf meine Lippen. Er schmeckte salzig.

Draußen auf dem Bahnsteig lief ein kleines Mädchen von etwa vier oder fünf Jahren mit rotem Mantel und schwarzen Stiefeln neben seiner Mutter her. Als es am Ende des Bahnhofs einen Verkäufer entdeckte, zerrte es seine Mutter dorthin und tanzte um ihn herum, während der Mann einen Becher Saft einschenkte. Lächelnd gab er ihn dem Mädchen und tippte sich an die Mütze; die Kleine lachte, hielt den Becher vorsichtig in einer Hand und ging mit ihrer Mutter weiter. *Gott sei Dank, daß ich keine Kinder habe*, dachte ich. *Ich bin so froh, daß ich nie geheiratet und Kinder bekommen habe. Wie unerträglich wäre es, mit einem Kind, das ständig nach Wasser schreit, in diesem Zug eingesperrt zu sein.*

Dann, eines Tages, als wir durch einen dichten Nadelwald fuhren, verlangsamte sich der Zug allmählich und blieb stehen.

»Wo sind wir?« fragte Ellen. »Hier ist kein Bahnhof.«

»Ich kann nichts erkennen«, antwortete Mira. »Man sieht nichts außer Wald. Nirgendwo Gebäude.«

Plötzlich erfüllte mich große Hoffnungslosigkeit. *Jetzt ist alles zu Ende*, dachte ich. *Wir sind hier mitten im Nichts. Sie haben uns den ganzen weiten Weg hierher mitten in einen Wald gebracht, um uns zu erschießen. Wer wird sie aufhalten? Wer kann uns jetzt noch retten?*

»Alle aussteigen!« riefen da die deutschen Soldaten.

Langsam erhoben wir uns; wir konnten kaum die Beine bewegen, die wie Fremdkörper an unseren Körpern zu hängen schienen.

»Schnell, schnell!« riefen die Wärter.

Eine Gruppe Frauen strebte einem Ausgang zu, mit ihren Decken und Rucksäcken in den Armen.

»Nein!« kommandierten die Soldaten. »Alles liegenlassen! Raus!«

Wir legten unsere Rucksäcke zurück auf die Bank. Ich glaubte meinen Verdacht bestätigt: die Soldaten würden uns erschießen. Tote Frauen brauchten keine Decken, keine Kleider zum Wechseln und den Schmuck ihrer Mütter. Doch ich schwieg. Es gab keinen Grund, die anderen mit meiner Angst zu belasten.

Sobald wir die Stufen hinuntergestiegen waren und zum erstenmal seit Beginn der Reise wieder frische Luft atmeten, mußten wir uns aufstellen, fünf in einer Reihe, und losmarschieren. Wir vier hielten uns wie üblich fest an den Händen und bildeten mit einem anderen jungen Mädchen eine Reihe. Zuerst stolperten viele Frauen und klammerten sich aneinander, um nicht zu fallen. Der Boden war uneben, und nach der heißen stickigen Luft im Waggon war es hier draußen beißend kalt. Wir marschierten eine halbe Stunde, aber sie befahlen uns nicht stehenzubleiben, wie ich es erwartet hatte. *Vielleicht wollen sie uns weiter von den Schienen wegbringen, damit niemand unsere Leichen findet*, dachte ich. Wir marschierten noch viele Stunden, bis schließlich die Dunkelheit zwischen den Bäumen hereinkroch. Es wurde noch kälter, und trotz meines Mantels fror ich. *Wir werden nie aufhören zu laufen*, dachte ich. *Wir werden die ganze Ewigkeit hindurch laufen.*

Dann sah ich es – etwas Rotes und Gelbes zwischen den Bäumen. Was war das? Langsam näherten wir uns einem riesigen Tor mit einem Schild darüber. Als wir noch näher kamen, konnte ich die Worte darauf erkennen: ›Das ist dein Tod‹. Unter dem Spruch war in Grellrot und Leuchtendgelb ein enormes Insekt gemalt. Es hatte einen langen, flachen Körper, einen kleinen runden Kopf und sechs Beine mit je einem Haken als Fuß.

»Was ist das?« flüsterte ich.

»Eine Laus«, erwiderte Ellen.

Wir blieben eine kurze Zeit vor dem Tor stehen und marschierten dann weiter, bis wir zu einem weiteren Tor mit der Aufschrift ›Arbeit macht das Leben süß‹ kamen. Rechts und links vom Tor erstreckten sich hohe Mauern mit Stacheldraht, so weit, daß ich ihr Ende nicht erkennen konnte. Wieder mußten wir stehenbleiben und dann durch das Tor marschieren, unter dem Schild hindurch, das uns ein schönes Leben versprach. Die Wachen scheuchten uns mit erhobenen Gewehren weiter, und das Tor wurde hinter uns verriegelt.

An einer Straße, die von der anderen Seite des Lagers kam, mußten wir Aufstellung nehmen. Es war nun schon sehr dunkel, aber ich konnte deutlich die Umrisse der Frauen erkennen, die langsam diese Straße entlang und an uns vorbeischlurften. Einige von ihnen trugen Eimer, andere Hacken. Während ich sie so anstarrte, schienen die Frauen noch langsamer zu kriechen und ihre Füße sich kaum vom Boden zu heben. Sie schoben bedächtig einen Fuß vor den anderen, hielten die Köpfe gesenkt, und die Arme hingen schlaff an ihren Seiten. Wenn eine Frauengruppe vorübergegangen war, kam die nächste, Reihe um Reihe, immerfort – Frauen mit grünen, roten oder rosa Markierungen an ihren Mantelärmeln, alte Frauen und Frauen kaum älter als Kinder.

Das kann nicht wahr sein, dachte ich. *Ich habe schon wieder einen Alptraum. Wenn ich aufwache, wird das hier aufhören, und ich werde wieder im Zug sitzen.*

Dann, als die letzte Gruppe von Frauen an uns vorbeigegangen war und das Schlurfen ihrer Füße in der Nacht verhallte, befahl uns eine Wache, in ein niedriges, graues Gebäude auf der gegenüberliegenden Straßenseite zu gehen.

18. Kapitel

»Nach rechts! ... Nach links! ... Nach rechts! ... Nach links! ...« kommandierte eine Wärterin, während wir auf das Gebäude zumarschierten; die Frauen wurden entweder zur einen oder anderen Seite abkommandiert. Unsere Reihe mußte nach rechts; wir vier und noch fünfundzwanzig oder dreißig andere kamen in einen großen Raum mit niedrigen Holzbänken entlang einer Wand. Die Luft war kühl, der Boden feucht, hie und da mit dunklen Pfützen auf dem Zement. Nach dem wochenlangen, quälenden Durst verspürte ich einen kurzen Augenblick den Drang, mich hinzuwerfen und die wenigen Tropfen aufzulecken.

»Achtung! Achtung!« rief da eine Stimme. Ich drehte mich in ihre Richtung; dort stand eine Person in blaugrauer Hose und einer Jacke, an deren Ärmel ein grünes Dreieck und ein Balken genäht waren. Die Soldaten der Deutschen Nationalgarde, die uns auf der Fahrt und dem Marsch hierherbegleitet hatten, hatten uns anscheinend an diese Lagerwärter übergeben.

»Achtung!« kommandierte die Stimme wieder. Sie war tief und voll, das Gesicht jedoch seltsam weich; ich konnte nicht erkennen, ob es ein Mann oder eine Frau war, die da sprach. Wir mußten uns in Reihen aufstellen und uns zum Waschen entkleiden.

»Waschen!« flüsterte Ellen aufgeregt. »Ich kann es kaum glauben!«

Das konnte ich auch nicht. Der ganze Staub und Dreck hatte sich über die Monate hinweg mit unserem Schweiß vermengt, so daß die Falten an unseren Hälsen, Hand- und Fußgelenken wie eintätowierte schwarze Linien aussahen.

Das schlimmste allerdings war mein Haar. Wie gerne hatte ich es gewaschen, ausgiebig gekämmt und die langen Locken offen auf meinem Rücken trocknen lassen. Jetzt stand mein Haar in dicken, verkrusteten Spiralen von meinem Kopf ab, und ich konnte nicht einmal mit den Fingern hindurchfahren. *Vielleicht geben sie uns auch Kämme*, dachte ich und stellte mir vor, daß mein Haar wieder weich und duftend sein würde.

Die Frauen begannen, sich auszuziehen, und warfen verstohlene Blicke auf die Wärterinnen, während sie ihre Blusen aufknöpften und über die Schultern streiften. Wir wurden angehalten, unsere Mäntel, Hosen, Blusen, Pullover, Röcke und Unterwäsche zu falten und aufgestapelt vor unsere Füße zu legen. Die Schuhe sollten wir danebenstellen.

Als ich mit dem Ausziehen fertig war, fror ich so sehr, daß ich am ganzen Körper zitterte. Die Fenster waren kaputt, und der Wind blies in starken Böen um uns herum. Ein Mädchen hielt sich ihre zitternden Arme vor die Brust, ein anderes beugte sich fröstelnd vor. Einige Frauen hielten ihr letztes Kleidungsstück – ein Unterhemd, weiße Unterhosen – krampfhaft fest und bedeckten damit ihren Unterleib. Die zwei Wärterinnen standen vorn, hatten einander eine Hand um die Taille gelegt und beobachteten alles.

»Beeilung!« rief eine von ihnen auf deutsch. Da die meisten der Frauen ungarisch sprachen, konnten sie nur raten, was man von ihnen wollte. Schließlich ließen die

Frauen unter dem strengen Blick der Wärterinnen auch die letzten Kleidungsstücke fallen.

Daraufhin betraten zwei weitere Wärterinnen den Raum. Eine von ihnen trug eine Schere, die andere eine Schüssel mit Wasser und eine Rasierklinge. Die Frau mit der Schere ging zum ersten Mädchen in der Reihe, packte sein Haar und schnitt es kurzerhand im Nacken ab. Dann warf sie das abgeschnittene schwarze Haar vorn auf eine Bank und kehrte zu dem Mädchen zurück. Mit schnellen Bewegungen schnitt sie den Rest der Haare auch noch ab, unregelmäßig, so daß an manchen Stellen ein paar Büschel stehenblieben und an anderen die weiße Kopfhaut zu sehen war.

Auf diese Weise bearbeitete die Wärterin eine Frau nach der anderen, und vorn auf den Bänken wuchsen die vier Haufen in verschiedenen Haarfarben: blond, braun, dunkelbraun und schwarz.

Als die Frau zu unserer Reihe kam, schnitt sie zuerst Ellens Haare ab, dann Esthers, dann Lilys, dann meine. Sie griff fest zu, als wollte sie mein Haar mit den Wurzeln herausreißen, und hielt einen Moment inne.

»Nun sieh dir das an!« rief sie.

Mit wem redet sie? fragte ich mich. Die Frauen vor mir drehten sich alle um.

Die Wärterin mit der Rasierklinge kam herbei, die Hände voll kurzer Locken. »Ha!« lachte sie. »Das ist aber eine Hübsche!«

Nun schnitt die Frau mit der Schere einige Male in mein Haar, das sie anschließend in der Hand hielt. Noch viermal schnappte die Schere zu, dann ging sie zum Haufen mit den blonden Haaren und warf meine achtlos darauf. Sie rutschten langsam herunter und landeten auf dem Boden vor der Bank. Als die Wärterin mit der nächsten

Handvoll schwarzer Haare vorbeiging, stieß sie meine mit dem Stiefel beiseite.

Meine Lider begannen zu brennen, und die Tränen, die sich dahinter bildeten, sammelten sich vor meinen Augen. Ich konnte den Blick nicht von meinen Haaren losreißen. Schließlich zwang ich mich, die anderen Frauen anzusehen, die zusammengesunken, zitternd und erniedrigt dastanden wie Schafe nach der Schur. Eine hatte gar keine Haare mehr außer einer Strähne mitten auf dem Kopf, eine andere hatte über einem Ohr noch ein Büschel stehen und über dem anderen ein längeres Stück. Wie ich selbst aussah, konnte ich mir nur vorstellen – bestimmt mit gezackten und ausgefransten Schnittkanten.

Während ich dastand und versuchte, mich tief in mein Inneres zurückzuziehen, kam die andere Wärterin und befahl mir, die Beine zu spreizen. Mein Körper gehorchte, meine Seele blieb dunkel und taub. Ich spürte ein festes Ziehen an meinen Schamhaaren, dann einen stechenden Schmerz, während die Rasierklinge zwei-, dreimal hin und her fuhr. Die Wärterin ging weiter und wusch die Klinge in einer Wasserschüssel aus, in der lauter schwarze Haare schwammen und Spuren von Blut zu sehen waren. Ich sah auf meine Beine. Blut lief die Innenseite einer Wade hinunter. *Ich möchte lieber sterben, als dies hier zu erleiden*, dachte ich und verkroch mich wieder in mir selbst.

Die Kleiderstapel zu unseren Füßen wurden aufgehoben und in große Behälter gelegt. Wenige Minuten später brachten sie Holzkisten, und eine Wärterin ging die Reihen entlang und verteilte Unterhemden, ohne auf die Größe zu achten. Ich bekam ein graues, fleckiges, dünnes Baumwollhemd, das mir bis zu den Füßen reichte. Als nächstes gab man uns Kleider; und wieder bekamen wir einfach das, was der Wärterin gerade in die Hände fiel.

Mir reichte sie ein dunkelgrünes Jerseykleid in der Art, wie es ältere Damen in Budapest vielleicht zum Nachmittagstee getragen hätten. Auf Brust und Rücken waren je zwei schwarze Stoffstreifen genäht, so daß sie ein X ergaben. Alle Kleider hatten solch eine Markierung. Ich zog es über den Kopf und die Arme – die Taille hing mir fast an den Knien, und das ganze Kleid schlabberte mir kalt am Körper. Ich fing wieder zu zittern an und rieb mit den Händen über die Arme, um warm zu werden. Lily, die direkt neben mir stand, stupste Esther an und deutete auf mich. Esther und ich stellten uns niemals direkt nebeneinander, da wir Angst hatten, daß man uns als Schwestern erkennen und trennen würde.

»Geht es dir gut?« flüsterte Esther verstohlen zu mir herüber.

Ich nickte und stellte erleichtert fest, daß man ihr ein Wollkleid gegeben hatte. Der rechte Ärmel war zwar zerrissen, das Mittelteil fleckig und der Rock etwas zerlöchert, aber es würde sie warmhalten.

Die Wärterinnen gingen wieder durch die Reihen und verteilten diesmal Mäntel. Ich verstand nicht, warum sie uns erst unsere Kleider wegnahmen und dann welche gaben, die offensichtlich von anderen Frauen stammten, die vor uns interniert worden waren. Doch als ich mich umsah, begriff ich, daß die ausgemergelten Frauen in den zu großen oder zu kleinen Lumpen nicht mehr die starken Menschen waren, die harte Arbeit, Kriegsbedingungen und die Trennung von Familie und Freunden ertragen konnten. Das Scheren unserer Köpfe, die Rasur unserer Scham und das Rauben unserer letzten Besitztümer und Kleider nahmen uns die letzte Verbindung mit unserer Vergangenheit. Meinen Rucksack im Zug, die Ketten und Ringe meiner Mutter würde ich nie mehr wiedersehen. Ich spürte diesen Verlust ebenso stark wie den meiner Haare. Alles, was ich nun noch hatte, war Samuels Ring.

Als die Wärterin zu mir kam, hielt sie mir einen langen grauen Mantel entgegen. Ohne nachzudenken, streckte ich die rechte Hand danach aus. Sofort griff die Wärterin nach dem Ring und zog fest daran. Es fühlte sich an, als würde sie mir den Finger abreißen. Der Ring ließ sich nicht abnehmen. Die Frau packte fester zu, und ich schrie auf.

»Sei still!« zischte sie und zog weiter, spuckte zweimal auf den Ring und drehte ihn hin und her. Schließlich schob sie ihn mit größter Anstrengung über meinen Fingerknöchel, streifte ihn ganz vom Finger und ließ ihn in ihre Tasche gleiten. Dann sah sie sich hastig um, stellte zufrieden fest, daß niemand sie beobachtet hatte, und ging mit ihren Mänteln weiter.

Und noch einmal marschierte eine Wärterin an uns vorbei. Wir bekamen jede zwei rote Stoffdreiecke, zwei gelbe Stoffdreiecke, zwei gelbe Stoffstreifen sowie Nadel und Faden. Man befahl uns, je ein rotes Dreieck auf einen Ärmel unseres Kleides und unseres Mantels zu nähen und dann die gelben Dreiecke darüber, so daß sie Davidssterne ergaben. Die gelben Streifen sollten daruntergenäht werden. Als wir fertig waren, wurde unsere Arbeit kontrolliert, und wir mußten die Nadeln und Fäden wieder zum Ende der Reihe durchgeben. *Ich werde meine behalten*, beschloß ich, denn ich hatte bisher immer Nadel und Faden bei mir gehabt. Langsam zog ich meine Hand in den linken Mantelärmel zurück, als wollte ich meine Finger wärmen, und steckte die Nadel innen in den Saum.

Die Wärterin nahm von der jeweils letzten in der Reihe die Nadeln entgegen und zählte sie leise durch. Dann sah sie auf und schrie: »Da fehlt eine!«

Mein Herz begann zu rasen, aber dann dachte ich: *Was können sie uns jetzt schon noch antun?*

Die Wärterin schritt langsam unsere Reihe entlang, blieb vor jeder Frau stehen und fragte laut: »Hast du eine Nadel gestohlen?«

Jede Frau schüttelte ihren gesenkten Kopf und blickte starr auf den Boden. Wie Vieh waren wir geworden. Dann sah ich eine Nadel vor mir auf dem Boden liegen, vermutlich von der letzten Gruppe, die vor uns hier gewesen war. Als die Wärterin zu mir kam, zeigte ich auf die Nadel, und sie hob sie auf. Zufrieden ging sie zur nächsten Reihe.

Die beiden Wärterinnen, die uns in den Raum geführt und die ganze Zeit am Eingang gestanden hatten, trennten sich jetzt. Eine sprach uns auf deutsch an.

»Ihr seid hier in Ravensbrück, einem reinen Frauenlager. Es gibt keine Männer hier, abgesehen von ein paar Ärzten in der Krankenstation. Ihr seid unsere ersten jüdischen Gefangenen, und wir würdigen euch mit dem Davidstern.« Die Sprecherin sah kurz zu ihrer Kollegin hinüber und lachte bellend auf.

»Jede Frau ist aus einem bestimmten Grund hier«, fuhr sie fort, »und die Farbe des Dreiecks auf ihrem Ärmel gibt ihn zu erkennen: Verbrecherinnen tragen grüne Dreiecke, Prostituierte rosa, politische oder religiöse Gefangene rote und jüdische Säue wie ihr gelbe. Falls ihr euch fragt, warum ich hier bin, könnt ihr an meinem grünen Dreieck erkennen, daß ich eine Verbrecherin bin. Will jemand wissen, was ich getan habe?«

Niemand rührte sich. Die Erkenntnis, daß sie eine Frau und gleichzeitig eine Kriminelle war, war mehr, als wir auf Anhieb verarbeiten konnten.

»Nun, ich sage es euch trotzdem«, sprach sie weiter.

»Ich habe jemanden umgebracht ... sie mit einem Messer erstochen! Gibt es noch etwas, das ihr wissen wollt?«

Wieder herrschte Totenstille.

»Von jetzt an«, fuhr sie fort, »wird jede von euch mit ihrer Nummer angeredet werden. Ihr werdet zweimal am Tag gezählt, damit wir immer genau wissen, wie viele ihr seid.«

Ich sah auf meinen Ärmel und las die Nummer 85803.

»Ihr werdet gleich zur Baracke einundzwanzig gebracht und bekommt euer Abendessen. Morgen früh werdet ihr anfangen zu arbeiten. Und jetzt zieht eure Schuhe wieder an. Schnell!«

Sie und die andere Wärterin gingen zwischen den Reihen hindurch und schlugen die Frauen, die sich zum Zuknoten der Schuhe vornüber beugten, mit langen, dünnen Stöcken auf den Rücken. Die Schuhe waren vom langen Marsch durch den Wald ganz feucht und ließen sich nicht so schnell über unsere nackten Füße ziehen. Mir fiel auf, daß wir keine Strümpfe bekommen hatten, auch keine Unterhosen. Außerdem hatten wir uns nicht waschen dürfen und auch keinen Tropfen zu trinken bekommen. Ich band einen losen Knoten und richtete mich schnell wieder auf, ehe eine Wärterin mich schlagen konnte.

Kurze Zeit später trieben uns die Wärterinnen aus dem Gebäude und schlugen dabei wahllos mit ihren Stöcken auf uns ein. Wir kamen in einen Hof, der von Flutlichtern erhellt war, und mußten zwischen langen und flachen grauen Gebäuden entlangmarschieren, die sich rechts und links, vor und hinter uns erstreckten, so weit ich sehen konnte – Reihen von ungestrichenen Holzschuppen mit leeren, schwarzen Fenstern.

Vor dem Gebäude mit der Nummer ›21‹ mußten wir stehenbleiben und uns in einer Reihe aufstellen. Nach langem Warten im kalten Wind wurde uns befohlen, die Schuhe auszuziehen und dann einen Raum gleich rechts neben dem Eingangsbereich zu betreten. Hier waren einige Reihen Spülklosetts angebracht, von denen jedoch nur eines in Betrieb war. Die Reihe bewegte sich langsam vorwärts, während eine Frau nach der anderen sich dort erleichterte und dann in einer weiteren Schlange anstellte, die durch den Eingangsbereich verlief. Als Esther, Lily, Ellen und ich endlich in der zweiten Schlange standen, umgab mich allmählich und tröstend der Duft heißer Suppe sowie die Wärme und das Licht dieses weiten Raumes. Zumindest standen wir nicht mehr in der Kälte, und sicher würde man uns auch bald etwas zu trinken geben.

Wir kamen an einem Tisch vorbei, und jede erhielt eine Metalltasse und einen Löffel. Weiter vorn stand ein großer Topf Suppe und ein Metalltablett mit Brot. Daß wir endlich etwas zu trinken bekamen, selbst wenn es kein kaltes Wasser war, reichte fast aus, um die Verzweiflung zu lindern, die seit dem Betreten dieses Lagers in mir gewachsen war. Endlich erreichte ich den Suppentopf und streckte meine Tasse vor. Eine Gefangene, die ebenfalls ein grünes Dreieck am Ärmel ihrer Uniform trug, tauchte eine Kelle in den Topf und hielt sie über meine Tasse. Neben ihr stand eine andere Gefangene mit einer langen Gabel und einer Platte mit Fleischstückchen darauf. Wenn ein Stückchen Fleisch in meine Tasse zu fallen drohte, fischte sie es mit der Gabel aus der Kelle und legte es auf die Platte. Meine Tasse wurde mit einigen Stückchen Steckrüben und klarer Brühe gefüllt.

Als nächstes nahm eine Wärterin ein Stück trockenes Brot, bestrich es mit einem Löffel rosafarbener Flüssigkeit, die wie Marmelade aussah, und reichte es mir. Ich folgte der Schlange und vergewisserte mich, daß Lily, Esther und Ellen immer noch hinter mir waren. Am Ende der langen Halle kamen wir an zwei Türen, eine rechts, eine links. Dort stand wieder eine Wärterin, schlug auf die Frauen ein, die an ihr vorbeigingen, und schrie: »Achtung! Achtung!«

Den Frauen, die geschlagen wurden, kippte die Suppe aus den Tassen und spritzte auf den Boden. Daraufhin schlug die Wärterin noch einmal zu. Ich duckte mich vor ihrem Stock und drückte mich am äußersten Rand der rechten Tür in das angrenzende Zimmer. *Hoffentlich kommen die anderen mir nach*, dachte ich. Ich blickte mich um und sah, wie Ellen auf dieselbe Weise ins Zimmer schlüpfte, und Lily und Esther folgten. Hier drin war keine Wärterin zu sehen. Wir vier stellten uns zusammen und sahen uns um.

»Dies muß unser Schlafraum sein«, meinte Ellen.

»Was, hier?« fragte Lily.

Wir befanden uns in einem engen Raum, der düster und bitterkalt war. Eine Reihe wackliger, dreistöckiger Etagenbetten aus Holz stand an den Wänden, von denen jeweils fünf zusammengenagelt waren, so daß sie Einheiten von fünfzehn Betten ergaben. Dazwischen lag ein langer, schmaler Gang. Einige Frauen waren bereits in die Betten neben uns gekrochen. Da rief eine Wärterin am anderen Ende: »Vier auf ein Bett! Vier auf ein Bett!«

»Wir beeilen uns lieber«, sagte ich, »wenn wir zusammenliegen wollen.«

»Gehen wir ans hintere Ende«, schlug Ellen vor und lief in den Bereich hinter den Fenstern. Wir folgten und erreichten eine noch vollkommen leere Betteinheit. Lily ließ sich auf eines der unteren Betten sinken.

»Nein, nein«, sagte ich. »Wir gehen nach oben.«

»Ich will aber nicht«, protestierte Lily. »Wie sollen wir da überhaupt hinaufkommen? Es gibt keine Leitern.«

»Sieh her!« Ich packte einen Stützpfeiler und rüttelte, und alle fünfzehn Betten begannen zu wackeln. Stroh aus der zweiten und dritten Etage rieselte auf die unterste hinunter. Eine eisige Windbö zog durch die zerbrochenen Scheiben und wirbelte das Stroh in unsere Gesichter.

»Aber es ist schwierig, hinaufzuklettern«, meinte Lily.

»Stell einfach deinen Fuß auf das untere Bett und zieh dich zum nächsten hoch, dann bist du gleich ganz oben.«

»Aber ich werde meine Suppe verschütten.«

»Dann trink sie zuerst aus. Los! Nach oben!«

Esther ging als erste, dann Lily, Ellen und zuletzt ich, wobei die Betten gefährlich ächzten und wackelten. Nach ein paar Minuten, in denen wir uns hin und her drehten und Arme und Beine so plazierten, daß niemand gestoßen oder getreten wurde, lagen wir zu viert auf dem Bett, stützten uns auf die Ellbogen und aßen unser Brot. Die Suppe hatten wir vor dem Hinaufklettern getrunken und uns sofort nach zehn oder zwanzig weiteren Tassen davon gesehnt. Das Brot schmeckte wie Sägemehl. Als wir es aufgegessen hatten, kam eine Wärterin und verkündete, daß wir es bis zum Morgen aufheben sollten, da es unser Frühstück sei.

»Wo sind wir hier?« fragte Esther, als die Wärterin an uns vorbeigegangen war.

»Ich glaube, wir sind in Deutschland – in der Nähe von Berlin vielleicht. Wir sind sehr weit nach Norden gefahren«, antwortete ich.

»Ja, aber was ist das für ein Ort? Was ist mit uns passiert?« fragte sie weiter.

»Wir sind in einem Gefangenenlager«, erklärte ich, »viel schlimmer als das, in dem ich vorher war.«

»Die Wärterinnen machen mir angst«, sagte Lily. »Noch nie habe ich Frauen erlebt, die sich so benehmen. Ich habe zwei gesehen, die sich küssen!«

»Eine der deutschen Wärterinnen hat sogar jemanden umgebracht!« flüsterte Ellen.

»Ja«, erwiderte Lily. »Ich habe solche Angst ...«

Tränen liefen ihr über das Gesicht und fielen auf den schmutzigen blauen Mantel, den sie bekommen hatte. »Warum mußten sie unsere Haare abschneiden ... sogar da unten ...« Sie weinte lauter und verbarg das Gesicht in den Händen.

Wir sahen einander im schummrigen Licht an – die kahlen Köpfe, die bloßen Hälse, die großen, entsetzten Augen. Jede von uns sah sich in den anderen und schämte sich. Eine nach der anderen legte sich auf das Stroh nieder und versuchte, im Schlaf Ruhe zu finden. Wir lagen ungeschützt ohne Decken, ohne Matratzen, und die Kälte kroch unsere Beine hinauf, in die Mantelärmel, um unsere Hälse. Wir preßten uns aneinander und versuchten, nicht an die warmen Decken zu denken, die wir im Zug hatten zurücklassen müssen, oder an die Betten, in denen wir früher zwischen frischen Laken und dicken Wolldecken geschlafen hatten.

Nach einer halben Stunde hörte ich Lilys regelmäßigen Atem und wußte, daß sie eingeschlafen war; Esther und Ellen waren still. Ein Strohhalm hatte sich in meinen Mantel gebohrt und kratzte mich hinten am Hals. Ich rieb so lange mit den Schultern in meinem Mantel hin und her, bis ich den Strohhalm weiter nach unten befördert hatte, wo er nicht mehr störte.

Dann lag ich wieder still und dachte: *Ich sollte versuchen zu schlafen, wie die anderen. Wer weiß, was uns morgen erwartet?* Ich schloß die Augen und sah augenblicklich das Bild vor mir, wie mein Haar von dem Haufen abgeschnittener Haare rutschte und mit dem Stiefel getreten wurde. Ich riß die Augen auf; das Bild verschwand. Ich betrachtete die Umrisse der schlafenden Frauen im Bett neben uns und in allen anderen Betten dahinter. Irgendwo schrie eine Frau: »Nein, nein!«, eine andere schluchzte verzweifelt, und wieder eine andere stöhnte und ächzte traurig vor sich hin wie eine Kuh, die ihr Kalb verloren hatte. Ich wollte mir die Ohren zuhalten, damit ich nichts mehr höre, aber dann fiel mir ein, daß ich meine Arme ja nicht mehr bewegen konnte. Ich schloß wieder die Augen und sah erneut meine abgeschnittenen Haare. Wegen ihnen hatte Samuel sich in mich verliebt – wegen meiner langen, langen Haare, die wie ein reifes Weizenfeld in der Sonne glänzten. Wer war ich ohne mein Haar?

Ich dachte daran, wie ich in der vierten Klasse mit meinem Lehrer zu dem Schulwettbewerb gefahren war; seine Frau hatte immerzu mein Haar gekämmt und gebürstet, während ich auf der Fahrt durch Siebenbürgen auf ihrem Schoß saß. »Wenn dein Verstand so scharf ist wie dein Haar schön«, hatte sie mir gesagt, »dann wirst du diesen Wettbewerb gewinnen.«

»Das ist er!« hatte ich geantwortet und meinen Lehrer zum Lachen gebracht.

Plötzlich spürte ich ein scharfes Stechen in den Beinen. Ich wurde gebissen. Da war es wieder! Und was immer es war, es mußte auch Lily gebissen haben, denn sie warf ihren Arm über mich und zog ihn dann zurück, um ihr Bein zu kratzen. Das Bild der Laus vom Lagereingang kam mir in den Sinn. Ich zitterte vor Ekel, zwängte meinen Arm frei und kratzte mich so lange, bis meine Beine bluteten. Dann sank ich wieder auf das Stroh zurück.

So endet das Ganze also, dachte ich. *All mein Bemühen*,

mein Elternhaus zu verlassen, unabhängig zu werden, soviel wie möglich aus meinem Leben zu machen. Es endet damit, daß ich hier in einer Baracke voller Frauen liege – ohne Heimat, ohne alles, sogar ohne Haare, kalt, verdreckt und von Läusen gebissen. Es wäre besser, tot zu sein.

Schrille Schreie weckten mich. »Nicht schlagen! O bitte!« rief eine Frau im nächsten Gang.

»Steht auf, ihr jüdischen Säue!« brüllte eine Wärterin auf polnisch. »Steht auf!« Bei jedem Kommando hieb sie mit ihrem schweren, langen Stock auf eine Reihe Betten ein. Während ich noch mit dem Schlaf rang, ging sie an unseren Betten vorbei und schlug auf die Frauen in den untersten Betten ein. Ich rüttelte Lily und die anderen beiden wach. Schnell schlangen wir unsere zusammengebundenen Schuhe um den Hals, griffen nach unseren Bechern und Löffeln und kletterten die Betten hinunter. Als wir unten ankamen, drängten sich sofort die anderen Frauen gegen uns, die in Richtung Tür gescheucht wurden. Ich ergriff Lilys und Ellens Hand, Ellen packte Esther, und zu viert ließen wir uns mit den anderen durch die Tür, durch den Eingangsbereich und hinaus in die eiskalte Morgenluft treiben. Der Himmel war dunkel, und nur ein schwacher Lichtschimmer war am Horizont zu erahnen.

»Zählappell! Zählappell! Zählappell!« rief eine der Wärterinnen. Die ersten von Hunderten von Stunden begannen, die wir allein damit verbrachten, gezählt zu werden. Wir mußten uns in Fünferreihen aufstellen, und die vier Wärterinnen, die für unsere Baracke zuständig waren, begannen zu zählen. Ich stand dort im Dunkeln und fragte mich, wie sie überhaupt genug sehen konnten. Die Luft war klar, die Sterne über uns funkelten. Meine Finger wurden allmählich taub, und ich fing an, meine

Hände in den Manteltaschen zu Fäusten zu ballen und wieder zu entspannen. Meine Füße begannen vor Kälte zu schmerzen; wir durften uns nicht rühren und konnten nur die Zehen in den klammen Schuhen hin und her bewegen. Oh, wie ich mich nach meinen warmen Wollstrümpfen und Samuels Hosen sehnte!

Es mußte eine Stunde vergangen sein, während wir so dastanden, still, stumm und frierend. Eine der zwei deutschen Wärterinnen zählte immer noch. Die andere war bereits zweimal die Reihen abgegangen, anscheinend aber auf zwei verschiedene Ergebnisse gekommen. Das Zählen dauerte noch eine weitere Stunde, der Himmel wurde hellgrau, dann weiß, die Kälte durchdrang unsere Körper, und noch immer waren sie nicht mit uns fertig.

Uns gegenüber lag die Baracke, in der wir geschlafen hatten. Während ich überlegte, wie lange wir das hier wohl noch aushalten müßten, wie lange wir das wohl ertragen könnten, ohne dabei plötzlich in den Tod hinüberzugleiten wie so viele Frauen vor uns, kamen zwei Wärterinnen aus der Tür, die etwas zwischen sich trugen. Zuerst konnte ich nicht erkennen, was es war, da sie mit dem Rücken zu uns gingen. Dann fiel ein Arm zur Seite und schwang beim Gehen hin und her. Eine Frauenleiche wurde an der Barackenwand auf den Boden geworfen und schlug mit dumpfem Knall gegen die Bretter.

Die Wärterinnen kamen mit einer weiteren Leiche heraus und warfen sie neben die erste, dann folgte eine dritte. Während ich dastand und sie beobachtete, wurde eine Leiche nach der anderen herausgetragen und hingeworfen. Es entstand ein Stapel mit einem Muster aus horizontalen Linien, sechzehn Leichen hoch, fünf Leichen breit. Das Aufstapeln der leblosen Körper, das endlose Aufstapeln langer, gesichtsloser Linien, das nur schwach an irgend etwas Lebendiges erinnerte, irgend etwas Menschliches, hypnotisierte mich fast. Dann traf mich mit einem Schlag die Erkenntnis: *Das sind Menschen! Gestern abend sind sie mit mir in dasselbe Gebäude gegangen, um zu schlafen. Heute morgen sind sie tot.*

Dieses Bild der aufgestapelten Leichen im kalten, grauen Morgenlicht ging mir nie mehr aus dem Kopf. In diesem Moment beschloß ich, daß ich nie in solch einem Stapel liegen würde. Ich würde nicht sterben. Irgendwie, auf welche Weise auch immer, würde ich am Leben bleiben; und Esther, Ellen und Lily auch. Solange ich die Kraft dazu hatte, würden wir leben. Dafür würde ich sorgen.

4. Teil

Sara und Meyer vor der Gemeinschaftshalle für Zwangsumsiedler.
Sie steht in der hinteren Reihe ganz links,
in einem gestreiften Pullover.
Meyer steht direkt neben ihr und verdeckt sie ein wenig.
Ihr Haar ist noch immer kurz nach der letzten Rasur im Krankenhaus.
Alle Personen in Uniform sind Mitglieder
der United States Army.

19. Kapitel

Wo soll ich anfangen zu erzählen, wie Esther, Ellen, Lily und ich das Konzentrationslager Ravensbrück überlebten, während um uns herum der Tod lauerte wie ein Rudel hungriger Wölfe und neunzehn von zwanzig Frauen verschlang? Einige von ihnen waren zu jung zum Überleben, andere zu alt; einige waren schwach, andere krank; und manche waren einfach ohne Hoffnung. Auch Ellen und Lily waren noch recht jung – Ellen sechzehn und Lily neunzehn – und Esther, die im Dezember zwanzig wurde, nicht viel älter. Ich war sechsundzwanzig Jahre alt.

Esther überließ alle organisatorischen Dinge gerne mir, aber das war auch vor dem Krieg schon so gewesen. Soweit ich mich zurückerinnern kann, war sie immer eher ängstlich gewesen und wichtigen Entscheidungen aus dem Weg gegangen. Selbst als wir noch friedlich zu Hause lebten, konnte sie sich vor einem anstehenden Ereignis oder Ausflug ganz und gar verrückt machen. Dennoch war sie auf gewisse Weise naiv und wollte in jedem Menschen das Beste sehen. Esther versprühte eine Art kindlichen Charme – sie war schnell bereit, zu verzeihen und die Menschen wieder anzulächeln; ein freundliches, liebes und tugendhaftes Mädchen, das immer das Richtige tun wollte, auf das man aber dennoch aufpassen mußte.

Ich fühlte mich für diese drei jungen Mädchen verantwortlich; in meinen Augen waren wir alle Schwestern. Ich mußte alles in meiner Macht Stehende tun, um uns am

Leben zu erhalten. Und zum Überleben gehörten gewisse Regeln, die streng eingehalten werden mußten. Ich war die Älteste, also legte ich diese Regeln fest. Wir waren nach alteuropäischem Prinzip erzogen worden: dem Ältesten gehorcht man, selbst wenn er ein Dummkopf ist.

Die erste Regel hieß: Kein Wasser trinken. Daß das Wasser verseucht war, stellten wir bereits an unserem ersten Tag im Lager fest. Nachdem die Wärterinnen uns endlich durchgezählt hatten – vier Stunden nach dem Aufstehen –, wurden wir ohne Essen oder Trinken in verschiedene Gruppen aufgeteilt. Wir vier kamen mit vielen anderen in einen Arbeitstrupp, der im etwa fünf Kilometer entfernten Hafen Schiffe entladen sollte. Wenn wir die Gemüsekisten vom Schiff geschleppt hatten, sortierten wir ihren Inhalt in einen großen Vorratskeller ein, den ›Kartoffelkeller‹. Dort gab es Behälter für alle Arten von Gemüse: Steckrüben, Rettiche, Karotten, Kohl und Kartoffeln.

Ravensbrück war ein großes Lager mit fünfundachtzigtausend weiblichen Gefangenen, in der Mehrzahl Nichtjüdinnen, die aus politischen Gründen interniert worden waren – Nonnen, Prostituierte, Zigeuner und andere Frauen, die entweder Juden beherbergt oder mit Leuten in Verbindung gestanden hatten, die gegen die Naziregierung waren. Da wir Juden von den anderen Gefangenen jedoch abgeschottet wurden, wußten wir von diesen Frauen nur vom Hörensagen. Jeden Morgen marschierten wir zum Hafen und kehrten abends zurück, ohne jemand anderen als unsere Wärterinnen zu sehen. Die anderen Gefangenen blieben auch tagsüber im Lager und arbeiteten in Fabriken.

An jenem ersten Morgen marschierten wir also mit tauben Füßen die fünf Kilometer zum Hafen, während uns beiderseits Wärterinnen mit jaulenden Schäferhunden bewachten. Wir vier nahmen uns wie immer fest an der Hand; unsere Suppentassen baumelten an Bändern von unseren Knopflöchern herab. Am Schiff angekommen, gingen wir über eine Rampe an Deck und mußten von dort die Gemüsekisten hinunter- und einen kleinen Hügel hinauf- zum Kartoffelkeller tragen. Zu Mittag gab es dort im Keller endlich einen Topf Suppe. Wir stellten uns an, streckten unsere Metallbecher vor, bekamen jede eine Kelle voll dünner Suppe und tranken sie im Sitzen aus. Danach waren wir natürlich noch immer hungrig und durstig. Einige Frauen entdeckten draußen vor der Kellertür einen Wasserhahn und tranken davon, und viele andere Frauen machten es ihnen im Verlauf des Nachmittags nach, wann immer sie Zeit für ein paar Schlucke hatten.

Am späten Nachmittag, als Lily und ich über den Containern standen, sagte sie: »Ich werde auch etwas trinken gehen. Ich bin gleich wieder da.«

»Nein, tu das nicht!« entgegnete ich. »Ich will nicht, daß eine von uns von dem Wasser trinkt.«

»Aber ich habe solchen Durst«, entgegnete sie und sah mich flehend an. »Warum darf ich nichts trinken?«

»Ich traue dem Wasser nicht. Weißt du noch, als im Arbeitslager das Wasser eines Tages schlecht war? Viele der Frauen bekamen davon Durchfall.«

»Aber woher willst du wissen, daß dieses Wasser auch schlecht ist? Vielleicht ist es ja gut.«

»Vielleicht aber auch nicht. Wir warten es einfach ab. Wenn nach ein paar Tagen keine der Frauen Durchfall bekommen hat, trinken wir es auch. Ich werde Esther und Ellen Bescheid sagen. Bitte tu mir den Gefallen und bleib hier.«

Sie seufzte. »Also gut.«

Wir arbeiteten meistens zu zweit, denn die Kisten hatten zwei Griffe, an denen wir sie die Rampe hinunter- und in den Keller trugen. So waren Lily und ich oft zusammen und Esther und Ellen. Jeden Tag, sieben Tage die Woche, von morgens bis abends, löschten wir die Schiffsladung, sortierten die Gemüse und kehrten dann durch ein Hintertor ins Lager zurück, vorbei an den langen Reihen der Baracken, bis wir im Abzählbereich gegenüber von unserem Gebäude stehenblieben. Dort stellten wir uns in Reihen auf und wurden mehrere Stunden lang gezählt, während der Himmel sich verdunkelte und der Wind immer schärfer blies. Wir durften unsere Reihen auf keinen Fall verlassen, und die Wärterinnen liefen mit ausgestrecktem Zeigefinger an uns vorbei, auf und ab, und zählten.

Für unsere Baracke waren vier Aufseherinnen der SS verantwortlich: die zwei Deutschen, die das Schneiden unserer Haare und Verteilen der Kleider überwacht hatten, und zwei Polinnen, politische Gefangene mit roten Dreiecken auf den Ärmeln. Jede von ihnen sprach in ihrer Muttersprache mit uns, und wenn eine Frau weder Deutsch noch Polnisch verstand, mußte sie ständig in der Angst leben, mit dem Stock geprügelt zu werden, weil sie einen Befehl nicht richtig oder nicht schnell genug erraten hatte. Esther und ich verstanden Deutsch, da wir es als Kinder in der Schule gelernt hatten, und Ellen verstand Polnisch. Die meisten anderen Frauen, so auch Lily, kamen jedoch aus Budapest, und sie sprachen alle nur ungarisch.

Als wir nun an jenem ersten Abend gezählt wurden, fingen einige Frauen vor uns plötzlich an, sich zu krümmen und von einem Fuß auf den anderen zu treten. Eine von ihnen schwankte so heftig, daß eine Wärterin »Achtung!«

brüllte. Die Frau hielt kurz inne, krümmte sich dann aber wieder zusammen, als hätte sie große Schmerzen. »Achtung! Achtung!« rief die Wärterin wieder, eilte zu der Frau hin und schlug sie mit ihrem Stock mehrere Male fest auf den Rücken. Danach stellte sie sich wieder vor die Gruppe, brüllte etwas und begann erneut zu zählen.

Eine Minute später hörte ich, wie eine Frau ihren Darm entleerte, und roch auch bald den üblen Gestank. Dann holte die Frau vor uns, die von der Wärterin geschlagen worden war, etwas unter ihrem Kleid hervor und stellte es neben sich auf den Boden. Es war ihre Suppentasse, randvoll mit wässrigem Kot. Innerhalb der nächsten Stunde taten viele Frauen es ihr gleich – sie alle waren Opfer des verseuchten Wassers.

Als das Zählen endlich vorbei war, stellten wir uns in einer Schlange an der Toilette an und standen dort wieder mehrere Stunden. An der Barackentür waren zwei Wärterinnen postiert. Eine befahl mir, die Arme zu heben, die andere tastete meinen Mantel ab, griff in die Taschen und zog das Futter heraus. »Beeilung!« kommandierte sie, und ich ging, etwas verwundert über diese Durchsuchung, weiter.

Esther, Ellen und Lily kamen nach mir, und ich sah, daß auch sie durchsucht und durchgelassen wurden. Ich atmete erleichtert auf und blickte wieder nach vorn, als hinter mir plötzlich jemand »Diebin! Diebin!« schrie. Schnell drehte ich mich um: eine der Wärterinnen hielt einen Rettich in der Hand. Die Gefangene neben ihr stand reglos und mit zusammengekniffenen Augen da, und ihr Gesicht war ganz blaß geworden. Die zweite Wärterin fing an, mit einem Metallstab auf sie einzuschlagen. Immer wenn die Frau versuchte, ihren Kopf mit den Armen zu schützen, riß die Wärterin ihr die Arme herunter und schlug weiter zu, immer wieder, bis ihr das Blut aus der Stirn quoll und in die Augen lief. Da hielt die Wärterin inne und schob die Frau mit dem Fuß weiter.

Inzwischen konnte ich erkennen, daß die anderen Toiletten ebenfalls funktionstüchtig waren – die Aufseherinnen hatten sie lediglich für den eigenen Gebrauch reserviert und durch Seile abgetrennt. Während ich noch in der Schlange wartete, ging eine der Wärterinnen zu ihrer Toilette, bückte sich unter dem Seil hindurch, urinierte, benutzte eine der vielen Klopapierrollen, die neben ihrer Toilette aufgestapelt waren, und ging danach durch den Eingangsbereich in einen Raum mit Waschbecken und Duschen, die ebenfalls durch Seile abgetrennt waren. Es gab keine Türen, und man konnte alles sehen. Wir fünfhundert Gefangenen in der Baracke hatten also eine einzige Toilette, kein Papier und keine Möglichkeit, unsere Hände oder unseren Körper zu waschen.

Als ich mich der Toilette weiter näherte, sah ich, wie die Frau, die während des Appells vor mir gestanden hatte, den Inhalt ihrer Suppentasse in die Kloschüssel leerte. Wenige Minuten später würde sie dieselbe Tasse zur Suppenausgabe vorstrecken, ohne die Möglichkeit, sie vorher auszuwaschen. Eine Woge der Übelkeit stieg in mir hoch, doch ich konnte sie unterdrücken und empfand nur noch Mitleid. Ich wußte, daß viele der Frauen aus guten Verhältnissen stammten, aus den intellektuellen Kreisen in Budapest, in denen über Politik diskutiert und bei Kerzenlicht von feinem Porzellan gegessen worden war.

Ich stellte die zweite Regel auf: Jede von uns mußte am späten Nachmittag eine der Toiletten im Kartoffelkeller oder auf dem Schiff benutzen. So blieben uns zwei Stunden Wartezeit vor der Baracke erspart, nachdem wir ohnehin schon zwei oder drei Stunden beim Zählen in der

Kälte ausharren mußten. Wir bekamen dann auch unsere Suppe eher und konnten früher ins Bett gehen.

Am jenem ersten Abend kehrten wir wieder zu der Betteinheit zurück, in der wir auch die vorige Nacht geschlafen hatten. »Rauf mit euch!« kommandierte ich.

Wieder fragte Lily: »Müssen wir unbedingt nach ganz oben klettern? Ich bin so müde, daß ich mich kaum bewegen kann.«

Ellen sah sie entgeistert an. »Hast du denn heute morgen nicht all die toten Frauen gesehen? Die haben unten geschlafen, bei den offenen Fenstern, und sind erfroren. Seren hat recht! Wir klettern nach oben!«

Ich lächelte vor mich hin. Sie lernten.

Als wir oben lagen, zog ich meinen Mantel aus und riß unten einen etwa dreißig Zentimeter breiten Streifen ab. Der Stoff war alt und zerschlissen und ließ sich leicht zerreißen.

»Was tust du da?« wollte Esther wissen.

»Wonach sieht es denn aus?« fragte ich zurück.

»Du machst deinen Mantel kaputt! Einen anderen hast du doch nicht.«

»Ich mache ihn nur kürzer«, erwiderte ich. »Den ganzen Tag lang bin ich unten auf den Saum getreten. Aus dem Stück, das ich abreiße, werde ich mir eine Mütze nähen.«

Plötzlich ging eine Futternaht auf, und ein Bündel ungarisches Papiergeld fiel mir in den Schoß. »Seht nur, wir sind reich!« flüsterte ich.

Ich trennte den ganzen Saum auf und fand fast einhundert Geldscheine; die Frau, die den Mantel vor mir getragen hatte, hatte ihr Geld auf der Fahrt nach Ravensbrück anscheinend eingenäht.

»Was wirst du damit tun?« fragte Ellen. »Wenn die Wärterinnen das Geld sehen, werden sie es dir wegnehmen.«

»Du könntest uns in ein nettes Restaurant ausführen«, sagte Lily.

»Eine wunderbare Idee!« rief Ellen.

»Nein, ich weiß, was wir mit diesem Geld machen können«, entgegnete ich.

»Was denn?« wollten alle drei wissen.

»Wir nehmen es als Klopapier!«

»Ist das dein Ernst?« fragte Ellen.

»Warum nicht? Wir werden kaum eine Möglichkeit haben, das Geld auszugeben. Und hättet ihr nicht gern etwas, um euch nach der Toilette abzuwischen?«

»O ja!« sagte Lily. »Ich finde es schrecklich ohne Papier.«

»Hier ist ein Schein für dich, und für dich, und für dich, und einer für mich«, sagte ich und gab jeder eine Banknote. »Den Rest verstecke ich hier unter dem Stroh. Es wird eine Weile reichen.«

Nachdem ich den Saum meines Mantels wieder befestigt und mir eine warme Mütze genäht hatte, streckte ich mich neben Lily aus, die offenbar schon schlief. Auf einmal fing sie jedoch zu kichern an.

»Was ist so lustig?« fragte ich sie.

»Meine Mutter hat immer gesagt, sie möchte einmal soviel Geld haben, daß sie es verbrennen kann. Ich dachte gerade, was sie wohl zu Geld sagen würde, mit dem man sich den Hintern abputzt.«

»Lily, Lily«, sagte ich und streichelte ihr über den Kopf wie einem kleinen Kind. »Schlaf jetzt.«

Sie drehte sich um und schlief augenblicklich ein. Da ertönte ein leises Lied. Sofort erkannte ich die Stimme der

Opernsängerin aus Budapest, die mit uns im Zug gewesen war. Sie sang auf ungarisch – ein langsames, friedliches Schlaflied, das über unsere Pritschen hinwegsäuselte, über die zusammengepferchten Frauen in der Dunkelheit. Wir waren wieder Kinder, die von einer sanften Stimme in den Schlaf gesungen wurden.

Das Geld reichte drei Wochen lang. Dann war Ende Oktober, und die Kälte löste den Hunger als unseren ärgsten Feind ab. Wenn wir morgens aufstanden und zum Zählen gescheucht wurden, warf ich einen schnellen Blick auf die unteren Betten. Die Frauen dort lagen reglos unter einer dünnen Schneeschicht, mit offenen, starrenden Augen. Einige Male warnte ich die Frauen vor dem Schlafengehen, daß es dort zu kalt sei, aber sie antworteten immer: »Wo sollen wir denn sonst hin? Alle Betten sind belegt.« Und so war es. Sobald eine Frau gestorben war, wurde ihr leeres Bett mit einer anderen Jüdin belegt, die aus einem anderen Lager nach Ravensbrück verlegt worden war. Die sechzehn Frauen, die neben uns in der obersten Etage lagen, wurden uns nach und nach vertraut, denn sie mußten über uns hinwegsteigen, wenn sie in ihre Betten wollten. Die übrigen Frauen blieben jedoch Fremde. Mich mit ihnen anzufreunden, hätte bedeutet, mir Sorgen um sie zu machen und sie zu betrauern, wenn sie gestorben wären.

Selbst die Frauen, die jeden Abend über unser Bett krabbelten, kannte ich nur vom Sehen. Zuerst gaben sie uns ihre Schuhe, und wenn wir ihnen eine Hand entgegenstreckten, um sie hinaufzuziehen, lächelte die eine oder andere und murmelte: »Danke.« Manchmal fügte sie noch hinzu: »Ich heiße Helena« oder »Ich heiße Ruth«.

Die einzige Frau, mit der ich mich anfreundete, schlief

im Bett direkt neben uns. Sie war etwas älter als die meisten, etwa Anfang Dreißig, und Chirurgin in einem angesehenen Krankenhaus von Budapest gewesen.

»Es ist eine solche Verschwendung«, klagte ich, als sie es mir eines Abends erzählte. »Dein Leben ist vollkommen verschwendet, wenn du in einem Kartoffelkeller arbeitest anstatt Leben zu retten.«

»Ja«, erwiderte sie, »das bekümmert mich auch am meisten von allem. Aber ist es nicht für alle von uns eine Verschwendung? Sind wir denn nicht alle mehr wert als das hier? Ich bin nur froh, daß sie mich nicht zur Arbeit auf die Krankenstation geschickt haben.«

»Warum?«

»Hast du je gesehen, daß eine der Frauen zurückkommt? Bisher ist noch jede verschwunden, die sich krank gemeldet hat.«

»Was, glaubst du, passiert mit ihnen?« fragte ich.

»Wahrscheinlich werden sie zu Versuchskaninchen für irgendwelche Experimente«, antwortete sie.

»Meinst du wirklich?«

»Ich bin mir fast sicher. Auf diese Weise erforschen die Nazis die Auswirkungen verschiedener Substanzen auf den menschlichen Körper. Ich würde niemals auch nur in die Nähe dieser Krankenstation gehen.«

Etwa eine Woche nach unserem Gespräch nahm mich eine der anderen Frauen aus unserem Bettstockwerk im Kartoffelkeller beiseite.

»Heute abend werde ich mich krankmelden«, flüsterte sie mir zu. »Ich gehe auf die Krankenstation und wollte nur, daß es jemand weiß.«

»Nein, das darfst du nicht tun!« warnte ich sie. »Niemand sollte sich dort krankmelden!«

»Aber meine Füße sind vor Frostbeulen so geschwollen,

daß ich kaum noch laufen kann. Meine Schwester Alda hat auch erforene Füße, aber sie hat Angst vor dem Krankenhaus.«

»Sie hat recht. Du darfst dort nicht hingehen.«

»Aber ich halte es einfach nicht mehr aus. Ich muß!«

Am Abend ging sie auf die Krankenstation – und kam nie mehr zurück. Eines Tages war ihre Schwester ebenfalls verschwunden.

Allmählich wurde deutlich, daß es in Ravensbrück nur ein Entweder-Oder gab: entweder man überlebte oder man starb. Wenn die Wärterin morgens um vier Uhr mit ihrem Weckruf »Aufstehen, ihr faulen Judenschweine!« und um sich schlagend in den Schlafraum kam und eine von uns nicht aus dem Bett stieg, weil sie nur halb wach war, weil die Läuse sie die ganze Nacht über gepiesackt hatten oder weil sie körperlich durch Erbrechen oder Durchfall zu erschöpft war, sich zum Aufstehen zu zwingen, dann hatte sie den Tod gewählt, ob sie es wußte oder nicht.

Während wir übrigen die schier endlosen Stunden von vier bis etwa sieben oder acht Uhr durchgezählt wurden, trugen Wärterinnen diese Frauen hinaus und stapelten sie wie am ersten Tag neben der Barackenwand auf wie Feuerholz. Neben den Barackentüren der Nichtjuden lagen morgens ebenfalls Frauenleichen, aber dort waren es nur die sehr alten oder sehr kranken, die starben, nicht mehr als vier oder fünf pro Nacht. Bei unserer Baracke stieg die Zahl fast täglich an, und der Stapel wurde höher und höher.

An manchen Morgen standen wir noch beim Appell, wenn der große, offene Lastwagen kam, um die Leichenhaufen ins Krematorium zu bringen, das sich irgendwo im Lager befand. Wenn die Wärterinnen die Leichen aufhoben und eine nach der anderen auf die Ladefläche warfen, schrie hin und wieder eine von ihnen auf oder griff mit der Hand in die Luft. Einige lebten also noch! Doch die SS kannte keine Kranken. Entweder man stand auf und ging zur Arbeit – dann war man am Leben. Oder man stand nicht auf – dann war man tot.

Wenn ich abends von der Arbeit kam, manchmal im eiskalten Regen oder dichten Schneetreiben, so hungrig, daß ich den ganzen Nachmittag an nichts anderes gedacht hatte als an die Tasse Brühe und die Brotkruste, die wir als Abendessen bekamen, hätte ich am liebsten laut geschrien, wenn die Wärterin die Fleischstückchen aus meiner Suppe fischte. Sie würde all dieses Fleisch essen, während ich mich mit einer dünnen Suppe und einigen halbgaren Stücken Steckrübe zufriedengeben mußte.

Zu den Regeln hinsichtlich Wasser, Toiletten und Betten fügte ich eine weitere hinzu. Das Essen, das wir jeden Tag bekamen, war immer das gleiche: zweimal eine Tasse Brühe, dazu mittags – wenn wir Glück hatten – eine Kartoffel oder Steckrübe und am Abend ein Stück hartes, geschmackloses Brot mit wässriger Marmelade, das wir für den Morgen aufheben sollten.

Eines Abends war ich nicht so hungrig wie sonst, da ich am Nachmittag im Kartoffelkeller wiederholt von den Karotten oder Rettichen hatte naschen können, wann immer sich die Gelegenheit dazu bot. Wir alle taten das; die Wärterinnen konnten uns nicht ständig beaufsichtigen, und zum Überleben war es absolut notwendig. An jenem Abend beschloß ich, das Brot tatsächlich bis zum Morgen aufzuheben, und versteckte es zwischen meinen Schuhen, die ich als Kopfkissen benutzte. Am nächsten Morgen dachte ich beim Aufwachen sofort an das Brot und freute mich, daß ich zum erstenmal nicht ganz so hungrig zur Arbeit gehen müßte. Ich griff zwischen die Schuhe und fand – nichts. Jemand hatte mein Brot gestohlen.

Ich wußte, daß Lily, Esther oder Ellen mir nie etwas wegnehmen würden, da wir immer alles teilten. Die Diebin war also eine der Frauen, deren Schuhe ich gehalten hatte, während sie über unser Bett gekrochen war, oder mit der ich in der Nacht geflüstert hatte. Mir wurde bewußt, daß sterbenshungrige Menschen Dinge tun, die sie sonst niemals tun würden, daß sie sogar stehlen, selbst wenn sie sich dafür in Grund und Boden schämen. Aber es sollte das letzte Mal gewesen sein, daß so etwas passierte, denn die vierte Regel lautete: Niemals Essen aufheben. Gleichzeitig galt: Niemals die Gelegenheit verpassen zu essen – so viel wie möglich.

Deshalb versuchten wir immer, in die Arbeitsgruppe zu gelangen, die die Schiffe entlud und Gemüse sortierte. Es gab auch andere Arbeitstrupps, die etwa den ganzen Tag lang Sand schaufelten und nie in die Nähe von etwas Eßbarem gelangten. An einem der ersten Tage hatte eine der deutschen Wärterinnen herausgefunden, daß ich Deutsch verstand. Eines Tages fragte sie nach einer Übersetzerin, und ich meldete mich freiwillig. Normalerweise meldete ich mich zu nichts freiwillig, es sei denn zu etwas, das mit Essen verbunden war, da die beste Chance aufs Überleben darin bestand, so unauffällig wie möglich zu bleiben; jede, die das Interesse einer Wärterin weckte, wurde normalerweise bestraft. In diesem Fall aber konnte ich nicht länger ertragen, daß die ungarischen Mädchen geprügelt wurden, nur weil sie die Befehle nicht verstanden. Ich machte mir vor allem um Lily Sorgen, da sie sehr schüchtern war und nie nachfragte. Für sie und die anderen Ungarinnen übersetzte ich also.

Diese Aufseherin war nicht viel größer als ich, flink, mit funkelnden dunkelbraunen Augen, und ging oft neben mir, wenn wir zum Schiff oder zurück ins Lager marschierten. Sie schien es zu genießen, mit jemandem deutsch reden zu können und sich übersetzen zu lassen. Wir unterhielten uns höflich über das Wetter – den Regen, der am Tag zuvor gefallen war, die Tiefe des Schnees, die Windrichtung. Mir machten diese Gespräche nichts aus, im Gegenteil, denn wenn eine polnische Wärterin kam und unsere Reihe zum Sandschleppen beordern wollte, brüllte die deutsche Aufseherin: »Nein, diese Reihe gehört zu meiner Arbeitsgruppe!« Da eine Reihe von fünf Frauen nie auseinandergerissen wurde, kamen Esther, Ellen, Lily und wer immer noch bei uns stand mit mir in den Kartoffelkeller, wo wir die Möglichkeit hatten, heimlich zu essen.

Eines Tages dachte ich: *Warum sollen wir nur bei der Arbeit essen können? Warum nehme ich nicht etwas Gemüse zurück in die Baracke? Vielleicht können wir es gegen Brot eintauschen.* Wenige Wochen nach unserer Internierung hatte ich herausgefunden, daß wir Jüdinnen anderes Essen bekamen als die anderen Gefangenen. Morgens gaben die Wärterinnen uns manchmal etwas, das sie Kaffee nannten, das aber nur eine lauwarme, graue Flüssigkeit mit ranzigem Geschmack war. Wir vier benutzten sie, um unsere Gesichter zu waschen. Immer wenn ein Aufseherin nach einer Freiwilligen fragte, die den Kaffee aus dem zentralen Küchengebäude holen wollte, aus dem das ganze Lager versorgt wurde, meldete ich mich in der Hoffnung, Essen stehlen zu können.

Als ich das erste Mal in die Küche kam und die riesigen Kochtöpfe sah, in denen pfundweise Fleisch und Kartoffeln garten, wußte ich, daß nur wir so ausgehungert wurden. Die Küche war voller Lebensmittel und der Duft von gutem, frischgebackenem Brot so stark, daß ich fast in Ohnmacht gefallen wäre. Wie gern hätte ich ein Stück von diesem Brot gehabt! Die Scheibe schales, vertrocknetes Brot, die wir jeden Abend bekamen, bestand aus nichts weiter als aus Mehl mit Sägemehl und Arzneimitteln, um unsere Menstruation zu unterbinden. *Wenn ich es irgendwie schaffe, Rettiche oder Karotten mit in die Baracke zu nehmen*, dachte ich nun also, *könnte ich sie vielleicht mit jemandem tauschen, der echtes Brot bekommt.*

Eines Tages im Kartoffelkeller brach ich zwei Rettiche in der Mitte durch und versteckte sie in den Schulterpolstern meines Mantels, einen auf jeder Seite. Als nächstes schob ich zwei Karotten in meinen Mantelsaum, ebenfalls eine auf jede Seite, wegen der Balance. Für jedes Gemüse, das ich versteckte, aß ich zwei. All das gelang mir, ohne mich von einer Aufseherin erwischen zu lassen. Esther jedoch beobachtete, wie ich die Karotten im Mantel versteckte.

»Was tust du da?« flüsterte sie und machte große Augen. »Sie werden dich erwischen. Tu das nicht. Bitte!«

»Sie werden mich nicht erwischen«, flüsterte ich zurück. »Sprich nicht darüber. Tu so, als hättest du nichts gesehen.«

Als wir an jenem Abend vom Zählen entlassen wurden und eine nach der anderen in die Baracke durften, schickte ich Esther zuerst, dann Ellen, dann Lily. Als ich an die Reihe kam, durchsucht zu werden, fing mein Herz an zu rasen, aber ich wußte, daß die Wärterinnen vor allem die Taschen kontrollierten. Ich hob die Arme, und die Wärterin tastete mit schnellen Bewegungen meine Seiten ab und stülpte meine Taschen nach außen. Dann hielt sie inne. Ich konnte den Metallstab bereits auf meinem Kopf spüren und erinnerte mich plötzlich an die Schläge, die ich damals im Gefängnis bekommen hatte. Doch dann ließ die Frau mich ohne ein weiteres Wort durchgehen.

Später, im Bett, holte ich das Gemüse hervor. Sobald wir in den Betten lagen, blieben die Aufseherinnen lieber in ihrem geheizten, beleuchteten Eßzimmer, anstatt uns in der Kälte und Dunkelheit zu überwachen.

»Seht, was ich für uns habe«, flüsterte ich und zog einen halben Rettich aus dem Schulterpolster.

»Hast du den da versteckt?« fragte Lily.

»Na, hier gewachsen ist er nicht«, erwiderte ich lachend.

»Das weiß ich«, sagte sie beleidigt. »Ich dachte nur nicht, daß du dich traust, etwas zu stehlen.«

»Es war nicht allzu schwer. Und jetzt hoffe ich, daß ich das alles gegen Brot eintauschen kann. Die Polinnen zwei Baracken weiter bekommen sicher gutes Brot. Das würde ich zu gerne haben.«

»Ich werde hingehen«, bot Ellen plötzlich an. »Ich spreche polnisch.«

»Hast du denn keine Angst?« wollte ich wissen.

»Doch, aber ich gehe trotzdem. Du hast das Gemüse gestohlen. Ich werde es eintauschen.«

Sie versteckte die Sachen unter ihrem Mantel, kletterte auf den Boden und sprang durch ein kaputtes Fenster. Wir warteten. Nachdem eine halbe Stunde vergangen und sie immer noch nicht zurückgekehrt war, machte ich mir schwere Vorwürfe. *Ich hätte sie nicht gehen lassen dürfen. Sie ist noch ein Kind. Ich hätte gehen müssen!*

Dann hörte ich, wie sie durch das Fenster einstieg. Kurz darauf war sie wieder bei uns im Bett. »Ich habe Brot!« flüsterte sie. »Die Polinnen waren sehr erfreut, es gegen Gemüse eintauschen zu können.«

»Ellen!« sagte ich staunend. »Ich kann es kaum glauben. Echtes Brot! Riecht doch nur!«

Wir reichten das große Stück reihum, atmeten den köstlichen Duft von Hefe, Öl und Mehl ein, betasteten den saftigen Teig mit unseren Fingerspitzen. Schließlich hielt Ellen es wieder in der Hand, brach es in vier gleiche Teile und gab sie uns. Wir aßen ganz langsam und genossen jeden einzelnen Bissen. Als wir fertig waren, legten wir uns zum Schlafen hin und waren beinahe satt. Ich schloß die Augen und überlegte mir, wie viele Rettiche und Karotten ich am nächsten Tag stehlen würde.

20. Kapitel

Im Dezember waren von den zehntausend Frauen von uns, die wir Budapest hatten verlassen müssen, nur noch eintausend übrig. Wir hatten keine Träume, niemals. Wenn wir unsere Mütter oder Väter nachts im Traum an der Hand gehalten hätten, wären wir am Morgen nicht in der Lage gewesen, sie loszulassen. Es war besser, in einen tiefen, erschöpften und traumlosen Schlaf zu fallen, in dem man nicht versucht war, sich Erinnerungen hinzugeben, aus denen man nicht mehr zurückkehren konnte.

Als es kälter wurde, bekamen wir Frostbeulen an den Füßen, die in den engen Schuhen anschwollen und das Gehen fast unerträglich machten. Immer wieder verschwanden über Nacht irgendwelche Schuhe, weil jede Frau versuchte, ein Paar zu ergattern, das ihr schmerzfreies Gehen erlaubte. Wir vier schliefen auf unseren Schuhen, damit sie nicht gestohlen werden konnten. Die Frauen, die ohne Schuhe aufwachten, mußten barfuß zur Arbeit gehen, bis eine Aufseherin entschied, ihr ein neues Paar aus dem Lager bringen zu lassen.

Mitte Dezember waren meine Füße so geschwollen, daß ich jeden Morgen beim Appell die Fäuste fest zusammenballen mußte, um nicht vor Schmerzen aufzuschreien. Wenn sie erst einmal gefroren waren, spürte ich nichts mehr; ich lief den ganzen Tag wie auf zwei Holzklötzen herum. Am Abend jedoch begann die Tortur von neuem. Als meine Zehen sich allmählich dunkel färbten, wußte ich, daß ich neue Schuhe brauchte, aber sie wurden nur ausgegeben, wenn man keine mehr hatte und wenn eine Wärterin entschied, einem welche zu geben.

Dann raubten sie uns auch den Schlaf. Mitten in der Nacht kamen die Aufseherinnen in unsere Baracke gestürmt und brüllten: »Steht auf, ihr Schweine! Raus mit euch, ihr faulen, dreckigen Säue!« Sie prügelten uns wach und scheuchten uns hinaus in den Matsch, in die eisige Kälte, in den Schnee, um Züge zu entladen, die Tag und Nacht in Ravensbrück ankamen. Da nur wir Jüdinnen die Züge entladen mußten, kamen wir jedesmal an den Baracken der schlafenden Nichtjüdinnen vorbei und sahen sie durch die geschlossenen Fenster in den schummrig erleuchteten Schlafräumen unter ihren Decken auf den Betten liegen.

Am Zug angekommen, mußten wir in die Waggons klettern und sie entladen. Verschiedene Güter kamen auf verschiedene Stapel – Gemälde, weiße Daunendecken mit bestickten Satinbezügen, Leintücher, Damenunterwäsche in Hellgelb und Babyblau, feine Mädchenkleider mit rosa und grünen Bändern in den Miedern, Puppenwagen mit blitzenden Chromgestellen, sogar mit Puppen darin. Eine endlose Anzahl von Güterzügen kam, und jede Nacht mußten wir Kiste um Kiste entladen, Waggon um Waggon, aus allen Teilen Europas, vor allem aus Skandinavien. Manchmal entdeckte ich Namen und Adresse, die in das Futter eines Mantels genäht waren, und stellte mir diesen Mann oder diese Frau vor oder das jüdische Haus und die Familie, die zerstört worden waren. Gleich darauf aber warf ich den Mantel auf den vorgesehenen Haufen und fuhr mit dem Entladen fort in der Hoffnung, daß wir, wenn wir schnell genug arbeiteten, wenigstens noch ein bißchen Schlaf bekommen würden.

Eines Nachts stieß ich in einem Waggon auf ein Paar Holzschuhe, wie sie die nichtjüdischen Gefangenen auch trugen. Sofort zog ich meine alten, rissigen Schuhe aus, warf sie auf den Schuhstapel und zog die Holzschuhe an. Sie waren nicht besonders warm, da das Oberteil aus Leinen bestand, aber sie paßten wunderbar; zum erstenmal seit Monaten konnte ich meine Zehen wieder richtig bewegen.

Als wir uns am nächsten Morgen zum Zählen aufstellten, zwei Stunden, nachdem wir in die Baracke zurückgekehrt waren, stand ich wieder mit geballten Fäusten da und wartete darauf, daß meine Füße gefroren. Bis dahin stellte ich mir vor, wieviel besser ich in den neuen Schuhen würde laufen können. Plötzlich blieb eine der deutschen Aufseherinnen neben mir stehen und starrte auf meine Füße. Ich geriet in Panik. Es war dieselbe Frau, die immer neben mir herging und mit mir sprach, aber das bedeutete nicht, daß sie mir freundlich gesonnen war. Zuallererst war sie eine Aufseherin der SS; und ich war zuallererst eine jüdische Sau.

»Zieh die Schuhe aus!« kommandierte sie und sah mich mit funkelnden Augen an.

Schnell legte ich die Schuhe ab.

»Und jetzt zieh deine eigenen Schuhe an, du Diebin!«

Das Blut stieg mir in den Kopf. Wie sollte ich an meine Schuhe kommen? Sie lagen mitten in einem großen Stapel neben den Gleisen. Dann, aus keinem ersichtlichen Grund, kam die andere deutsche Aufseherin dazu und sagte: »Ach, laß ihr doch die Schuhe. Sie hätte ohnehin bald ein neues Paar bekommen müssen.«

Die erste Aufseherin starrte mich noch eine Minute lang mit zusammengekniffenen Lippen an, die Hände in die Hüften gestemmt, dann drehte sie sich abrupt um und marschierte zur ersten Reihe vor. An jenem Tag ging sie nicht neben mir, weder auf dem Hin-, noch auf dem Rückweg, aber am folgenden Tag kam sie wieder und plauderte über den feinen Schnee, der in der Nacht gefallen war, als wäre nichts gewesen.

Manchmal hing unser Leben davon ab vorauszusehen, was diese zwei deutschen Aufseherinnen sowie den polnischen und ungarischen Wärterinnen gefiel und was ihnen nicht gefiel. Oft aber nützte uns auch das sehr wenig, denn die meiste Zeit waren die Motive ihrer Handlungsweisen nicht nachvollziehbar. Wenn man Gemüse stahl oder einen Befehl nicht verstand, wurde man geschlagen, doch man konnte auch vollkommen ohne Grund geprügelt werden.

Die kleine, aufbrausende Deutsche, die immer neben mir ging, hatte anscheinend einmal mitbekommen, wie die Opernsängerin uns abends in den Schlaf sang. Eines Tages, während des Mittagessens im Kartoffelkeller, stellte sie sich vor sie hin, befahl: »Los, sing für mich! Hier!« und deutete auf eine Kiste am Boden. Verwirrt ging die Sängerin zu der Kiste mitten im Raum, setzte sich darauf und begann leise ein deutsches Lied: »Du, du, du bist mein Herr.«

Während sie sang, schienen die feuchtkühle Luft, das Prasseln des Regens auf das Dach und die ausgemergelten Gesichter der Frauen, die sie mit leeren Augen anstarrten, von ihr fortzudriften, und sie begann, lauter zu singen, so daß ihre Stimme den ganzen Raum erfüllte. Das Lied war im Dreivierteltakt, und der langsame, sanfte Rhythmus schwoll an und verebbte wie die Gezeiten und nahm uns mit, auf … ab … ab, auf … ab … ab, und schwemmte uns auf einen ruhigen, sonnenüberfluteten Strand … und wieder zurück … und wieder ans Ufer.

Dann war das Lied vorüber, und die Sängerin verstummte. Wir glitten ins Meer. Lange Zeit herrschte tiefe Stille, während der SS-Aufseherin die Tränen über das Gesicht liefen. Im nächsten Moment, ehe eine von uns begreifen konnte, was geschah, schlug sie auf die Sängerin ein. Immer und immer wieder hieb sie mit der Suppenkelle, die sie aus dem Topf genommen hatte, auf den Kopf, die Arme, den Rücken der Sängerin ein, während diese sich auf dem Boden zusammenkrümmte. Dann hörte die Aufseherin ebenso abrupt damit auf, legte die Kelle zurück und befahl uns weiterzuarbeiten. Die Sängerin erhob sich vom Boden und stolperte zu einem der Kartoffelbehälter.

Drei Tage später wiederholte sich die Geschichte, und danach fand dasselbe Schauspiel mehrere Male in der Woche statt: Wir setzten uns zum Essen, die Frau mußte singen, die Deutsche mußte weinen, die Sängerin wurde geschlagen.

Irgendwann Ende Dezember prügelte die Aufseherin besonders hart auf die Sängerin ein, diesmal mit einem schweren Stock, den sie an jenem Tag bei sich trug. Ich wäre am liebsten zu ihr gelaufen, hätte den Stock genommen und ihn ihr über den Schädel geschlagen. Aber ich wußte, daß ich dann nur in Einzelhaft kommen würde. Endlich hörte sie auf und befahl der Sängerin, wieder an die Arbeit zu gehen. Doch die Sängerin rührte sich nicht.

»Steh auf, hab ich gesagt!« schrie die Aufseherin. »Du gottverdammte Sau! Geh wieder an die Arbeit!« Sie trat die Sängerin in die Seite, aber die rührte sich immer noch nicht. Sie lag mit dem Gesicht nach unten auf dem Boden, die Arme um den Kopf geschlungen, aus dem allmählich wieder die Haare wuchsen. Die Aufseherin wurde rot vor Zorn, packte ihren Stock mit beiden Händen und wollte erneut auf die Sängerin einschlagen. Doch die Reglosigkeit des Körpers und die seltsam gespreizten Beine erregten wohl ihre Neugier; sie legte den Stock beiseite, kniete sich neben die Frau und drehte sie um. Aus dem geöffneten Mund der Sängerin rann Blut und tropfte über ihr Kinn auf den Boden. Ihre Augen begannen bereits, in die Höhlen zu sinken.

»Verdammte jüdische Sau!« keifte die SS-Frau. Sie richtete sich hastig auf und verließ den Raum, ohne sich noch einmal umzublicken.

An jenem Abend saßen wir zunächst eine Weile schweigend da, nachdem wir unser Brot gegessen hatten. Immer noch tauschten wir Gemüse gegen Brot ein, und manchmal kam Ellen mit ein oder zwei Scheiben zurück, manchmal mit leeren Händen. Ich ließ nicht zu, daß Esther oder Lily etwas in ihren Mänteln versteckten, und sagte zu Ellen: »Mach dir keine Mühe. Ich stehle genug für uns alle.« Ich glaube nicht, daß eine der anderen Frauen gestohlenes Gemüse mit in die Baracke zurückbrachte. Die Furcht vor Entdeckung und Bestrafung war zu groß.

»Sie hatte eine so schöne Stimme ...«, meinte Lily schließlich.

»Das stimmt«, erwiderte Ellen. »Ich werde sie sehr vermissen.«

»Was ist, wenn die Aufseherin sich jetzt einen neuen Sündenbock sucht?« fragte Lily. »Sie macht mir immer mehr angst. Was, wenn sie mich aussucht?«

»Lily, ach, Lily«, sagte ich und nahm ihre Hand. »Sie wird dir nicht weh tun. Sie hatte es auf die Sängerin abgesehen, weil ... Ich weiß auch nicht ... Weil sie schön war, nehme ich an. Sie hat sie zum Weinen gebracht.«

»Ich weiß, aber ich habe trotzdem Angst!« entgegnete Lily und klammerte sich an meiner Hand fest.

»Weißt du was?« sagte ich, um sie abzulenken. »Mir ist noch ein Platz eingefallen, wo ich Karotten verstecken kann.«

»Ja? Wo denn?«

»In meinen Schuhen. Sie sind so groß, daß ich neben meinen Fuß noch eine Karotte schieben kann. Dann haben wir zwei Karotten mehr zum Eintauschen.«

»Aber wie werden sie riechen, wenn sie in deinen Schuhen waren?« fragte Esther und verzog das Gesicht. »Die polnischen Mädchen werden sie sicher nicht mehr essen wollen.«

»Sie werden sie essen! Dann riechen sie eben nach dreckigen Füßen, na und? Wir essen Brot, auf dem die Läuse herumkrabbeln, wenn die Wärterin es aus dem Sack holt, oder etwa nicht? Dann werden sie auch Karotten essen, die ein bißchen stinken.« Ich lachte.

Und ich hatte recht. Die Karotten, die ich in meinen Schuhen ins Lager schmuggelte, konnten wir ebenfalls gegen Brot eintauschen, sofern die Polinnen etwas übrig hatten, und es gab uns genug Kraft, den morgendlichen Zählappell zu überstehen. Unsere Füße schwollen weiterhin an und gefroren, schwollen an und tauten auf, aber wir lebten weiter, von Tag zu Tag, so gut es eben ging.

Eines Nachmittags, als wir wieder ein Schiff ausluden, befahl mir die deutsche Aufseherin, die so oft neben mir ging, mich am anderen Ende des Decks zu melden. Dort marschierte eine der Wärterinnen wütend auf und ab. Sie hatte einigen ungarischen Mädchen den Befehl gegeben, drei verschiedene Kistenarten zu sortieren und aufzustapeln. Da sie den Befehl auf deutsch gegeben hatte, wußten die Mädchen nicht, was sie tun sollten. Ich übersetzte für sie und eilte dann zu Lily zurück, die ich hatte allein lassen müssen.

Zuerst konnte ich sie nicht finden. »Habt ihr Lily gesehen?« erkundigte ich mich bei Esther und Ellen.

»Nein, wir waren im Keller«, antwortete Esther. »Wir sind gerade erst zum Schiff gekommen.«

»Wir müssen sie finden!« rief ich.

Nachdem wir eine Weile nach ihr gesucht hatten und dabei immer so aussehen mußten, als ob wir fleißig arbeiteten, entdeckte ich Lily schließlich zusammengekauert hinter einem großen Container, die Hände vors Gesicht geschlagen.

»Lily?« fragte ich. »Ist alles in Ordnung?«

Sie sah mich an. Ihre Wangen waren bleich, und um die Augen hatte sie blauweiße Flecken. Eine Prellung an ihrer Schläfe färbte sich gerade dunkelviolett.

»Deine Brille ist ja weg! Oh, Lily, hat dich jemand geschlagen?«

Sie starrte mich nur an, ohne ein Wort zu sagen, wie im Schock. Dann kam eine Frau aus unserer Bettetage und sagte: »Eine der Aufseherinnen, die kleine polnische, hat sie geschlagen. Sie gab ihr einen Befehl auf polnisch, aber Lily gehorchte nicht.«

»Sie kann ja auch kein Polnisch. Komm, Lily«, sagte ich und griff ihr unter die Arme. Ellen stellte sich auf die andere Seite, und zu zweit hoben wir sie hoch. Sie stand still und schweigend da.

»Ich kann nichts sehen ...«, sagte sie schließlich mit weinerlicher Stimme.

»Weißt du, wer ich bin, Lily?« fragte ich sie.

»Du bist Seren, ich erkenne dich an deiner Stimme. Aber dein Gesicht kann ich nicht erkennen.«

»Was kannst du denn sehen? Gar nichts?«

»Doch, ein paar Schatten – ein paar Farben. Das ist alles. Was soll ich jetzt tun? Ich war noch nie ohne meine

Brille.« Sie fing an zu weinen und verbarg ihr Gesicht wieder in den Händen.

»Ist schon gut«, sagte ich und nahm ihre Hände in meine. »Ich bleibe bei dir. Ich werde für dich sehen.«

Danach war immer mindestens eine von uns an ihrer Seite. Auf den Hin- und Rückwegen nahm ich ihren einen Arm und Esther oder Ellen den anderen, und so zogen wir sie mit uns. Wenn die deutsche Aufseherin neben mir ging, bekam ich immer Angst, daß sie sehen könnte, wie unbeholfen Lily neben uns herstolperte. Ellen und ich überlegten schon, ob wir sie tagsüber irgendwo in der Baracke verstecken sollten, vielleicht unter einem Haufen Stroh in unserem Bett, aber wir konnten nie sicher sein, daß wir abends auch in dieselbe Baracke zurückgebracht wurden. Möglicherweise wurden die Gebäude tagsüber auch inspiziert, und Lily könnte entdeckt und ins Krematorium gebracht werden, also beschlossen wir, sie immer mit uns zu nehmen. Wenn sie ausrutschte und hinfiel, während ich der deutschen Aufseherin bei ihren Wetterbeobachtungen zuhörte, drehte ich mich nicht zu Lily um, sondern hörte weiter aufmerksam zu.

»Ist das nicht ein schöner Tag?« fragte die Frau mich oft.

»Ja, wirklich!« antwortete ich dann immer, ohne Lily zu beachten, die neben mir auf dem gefrorenen Boden fast hinschlug.

Bei der Arbeit war es einfacher, auf Lily aufzupassen. Wenn wir das Schiff entluden, ließ ich sie die Kiste am hinteren Ende tragen und führte sie so von Deck, die Rampe hinunter und in den Keller; sie mußte einfach nur der Kiste folgen. Wenn wir im Keller arbeiteten, stand immer eine von uns neben ihr, die Gemüsekiste zwischen uns. Den jeweils richtigen Behälter zum Einsortieren konnte sie an der Farbe erkennen: ein roter Schimmer waren Rettiche, orange waren Karotten, gelb Kartoffeln und grün Kohl.

Wenn wir so zusammen arbeiteten, erzählte ich oft irgendwelche Geschichten – teils, um Lily vom Verlust ihrer Brille abzulenken, teils auch, um meine eigene Stimme zu hören. Ich hatte immer gern Geschichten erzählt. Da Lily, wie auch viele der anderen Frauen im Lager, ein Kind aus einer Mischehe war, in der die jüdischen Bräuche nicht mehr praktiziert wurden, erzählte ich ihr gern, wie es früher bei uns zu Hause gewesen war. Ich beschrieb, wie meine Familie die Feiertage beging, wie der Zyklus der Jahreszeiten uns durch das Jahr brachte, und erzählte von den Veilchen, die im April auf den Bergen erblühten, oder von den Maisblättern, die im Sommerwind raschelten.

»Erzähl mir noch einmal von der Polenta«, bat Lily eines Tages. Wie wir alle, dachte auch sie an kaum etwas anderes als ans Essen.

»Normalerweise rührte mein Vater in der Küche keinen Finger«, begann ich.

Jetzt ist er tot, fuhr es mir durch den Kopf. Aber nein, daran wollte ich nicht denken. *Erzähl weiter!*

»Die Zubereitung des Essens war Frauenarbeit«, fuhr ich fort. »Aber aus irgendeinem Grund hatte er beschlossen, daß nur er allein Polenta kochen konnte. Im Sommer gab es häufig Milchprodukte als Abendessen, und dann machte mein Vater die Polenta. Er hatte einen speziellen Topf, der nur dazu benutzt wurde, den Mais zu zerkochen. Wenn er dann fertig war – oh, er war so weich wie Seide! –, schichtete mein Vater ihn in eine große Pfanne. Zuerst zerließ er Butter und Käse darin, dann schichtete er eine

Lage Polenta darauf, eine Lage Käse, wieder Polenta und so weiter, insgesamt drei oder vier Schichten. Obendrauf verstrich er eine dicke Lage Sauerrahm. Nachdem er das alles etwa eine Stunde lang gebacken hatte, nahm er es aus dem Ofen. Dann waren Käse und Butter und Polenta miteinander verschmolzen und dufteten so köstlich, daß wir es kaum erwarten konnten, bis mein Vater mit dem Tischgebet fertig war. Endlich schnitt er alles in dicke Scheiben, und wir gossen noch Sahne darüber, die meine Mutter von der Milch geschöpft hatte. Der erste Biß schmeckte einfach himmlisch! Dazu tranken wir aus hohen Gläsern Milch, die wir in einem Faß in der Quelle gekühlt hatten und ...«

»Hör auf! Hör auf!« rief da eine Frau neben uns. »Ich ertrage es nicht länger, wenn du so vom Essen redest!«

Eine Weile sortierten wir schweigend das Gemüse. Dann sagte Lily irgendwann: »Die Zeit vergeht viel zu langsam, wenn du nicht redest, Seren. Erzähl mir etwas anderes. Vom Sabbat.«

»Sabbat!« wiederholte ich. »Oh, wie ich Sabbat geliebt habe! Noch ehe ich am Freitagmorgen aufwachte, drang bereits der Duft von frischgebackenen Brötchen und *Challah* in unser Schlafzimmer und in meine Träume. Ich stellte mir dann immer vor, ich wäre in einem Raum, der bis zur Decke mit Brot gefüllt war – viele Laibe Sesambrot und Mohnbrot und Brotzöpfe, noch warm vom Backen, wo die Butter auf der Kruste zerschmolz.«

»Du redest ja schon wieder vom Essen!« unterbrach mich dieselbe Frau.

»Oh, Entschuldigung ... Na ja, ich werde dir von den Feierlichkeiten erzählen. Es war sehr wichtig, daß alles und jeder am Sabbat absolut sauber war. Wir alle – meine Mutter, mein Vater, Herman und Tamara, Rosa, Berta,

Mendel, Meyer, Louise, Shlomo, Eliezer, Zipporah und ich – gingen Freitag nachmittags zum Badehaus am Sägewerk, in dem es einen Baderaum für die Männer und einen für die Frauen gab. Esther durfte zuerst noch nicht gehen, weil man mindestens acht Jahre alt sein mußte. Ehe wir uns dann zum Abendessen zusammensetzten, mußten wir unsere Hände in der Küche mit frischem Quellwasser waschen, selbst wenn wir gerade aus dem Badehaus kamen. Dann zündete meine Mutter die Kerzen an, die sie nur am Sabbat benutzte, und wir setzten uns zu Tisch, mein Vater am Kopfende, meine Mutter daneben, dann Herman und Tamara und so weiter, vom Ältesten bis zur Jüngsten. Alle Augen richteten sich auf Vater, dessen Gesicht sanft vom Kerzenlicht erhellt wurde und sehr demütig und friedlich aussah.

Dann segnete mein Vater die *Challah*, brach sie in Stücke und verteilte sie an uns; erst dem Ältesten und zum Schluß Zipporah, Esther und mir. Manchmal dachte ich, ich würde es nicht aushalten, so lange darauf zu warten, in das weiche Brot zu beißen, das da unter der Kruste auf mich wartete. Kannst du dir vorstellen, daß ich am Samstagmorgen die übriggebliebene *Challah* nahm und die Kruste abschnitt, nur weil ich sie zu hart fand? Hach, jetzt würde ich alles für ein Stückchen *Challah* geben!«

»Du redest schon wieder vom Essen!« rief die Frau. »Ich halte das nicht aus. Kannst du auch noch von etwas anderem erzählen?«

Nun, an jenem Tag erzählte ich lieber nichts mehr.

Eines Abends nach unserer Rückkehr ins Lager und dem Zählen wurden wir nicht zum Essen geschickt, sondern mußten stehenbleiben. Wir waren immer und immer wieder gezählt worden, aber die Aufseherinnen erzielten anscheinend kein zufriedenstellendes Ergebnis. Schließlich sagte eine: »Eine Frau fehlt! Ihr werdet alle bleiben, wo ihr seid, und uns sagen, wo sie ist.«

Ich warf einen kurzen Blick auf unsere Reihe, vorbei an Ellen, Esther und Lily, und dann auf die Reihe hinter mir. Viele Frauen sahen sich ebenfalls um, und jede hatte vermutlich denselben Gedanken: Wie hatte irgend jemand entkommen können? Um uns herum waren ständig Aufseherinnen mit Schäferhunden. Wenn eine Frau unterwegs hinfiel und nicht schnell genug wieder aufstand, wurden die Hunde losgelassen, die sich dann auf ihre Kehle, ihre Brust und ihre Beine stürzten. Um diese Hunde und Aufseherinnen herum, um das ganze Lager, waren hohe Betonmauern mit dickem Stacheldraht darauf. In regelmäßigen Abständen standen Wachtürme, in denen bewaffnete Wärter mit geladenen und auf uns gerichteten Gewehren postiert waren. Wenn es einer Frau durch irgendein Wunder gelungen sein sollte, den Hunden und Wachen zu entkommen und während der Arbeit zu fliehen – wohin wollte sie gehen? Ravensbrück befand sich mitten im Deutschen Reich. Als die Deutschen die Gerüchte über solche Lager hörten, über den Rauch, der wie verbranntes Fleisch roch, waren sie fest davon überzeugt, daß ihr Führer diese Dinge nicht ohne guten Grund veranlaßte. Warum also sollte man überhaupt versuchen zu fliehen?

An jenem Abend standen wir fünf Stunden lang in unseren Reihen und fragten uns, wo diese Frau hingegangen sein konnte. Es begann zu schneien, und der Schnee legte sich auf unsere Köpfe und Mäntel und Füße. Nach einigen Stunden sahen wir aus wie Reihen dicker weißer Pfähle in einem zugeschneiten Feld.

Uns gegenüber war eine Baracke mit Zigeunerinnen, anderen ›Rassenschändern‹, die nach uns in das Lager gebracht worden waren, viele von ihnen mit kleinen Kindern. Den ganzen Tag und die ganze Nacht über mußten sie draußen stehen, mit bloßen Füßen, nackten Beinen und ihren Babys im Arm, die unablässig schrien. Auch an jenem Abend standen sie da, im dichten Schneetreiben kaum erkennbar.

Während meine Füße zu Eisblöcken gefroren und meine Beine und Arme vollkommen taub wurden, wirbelten meine Gedanken mit dem Schnee davon. Ich war wieder sechs Jahre alt. Es war später Frühling, und die Zigeuner kehrten nach Fulehaza zurück. Sobald Berta und Rosa hörten, daß die rot-gelben Wagen mit ihren Schellen im Dorf gesehen worden waren, tuschelten sie aufgeregt über die Wahrsagerin. Jedes Jahr ging eine Frau im langen schwarzen Rock und mit weißer Bluse, deren weite Ärmel mit leuchtendroten Rosen bestickt waren, von Tür zu Tür und bot ihre Wahrsagekünste an. Eines späten Nachmittags, als die Sonne gerade hinter den höchsten Bäumen auf den Berggipfeln verschwand, kam die Wahrsagerin auch zu uns. Sie stieg die Treppe zu unserem Haus hinauf, wobei ihre silbernen Armreifen klirrten, und klopfte an die Tür. Von der Baumschaukel im Seitenhof aus beobachtete ich, wie Rosa aufquiekte und sagte: »Kommen Sie herein! Wir haben schon auf Sie gewartet.«

Nach ein paar Minuten schlich ich auch ins Haus und schob mich in der Küche auf das hinterste Ende der Eßbank. Die Wahrsagerin saß am anderen Ende der Bank, und Rosa, Berta und Tamara kauerten um sie herum. Die Zigeunerin hielt Rosas Hand und starrte eindringlich auf die Handfläche. Die silbernen Münzen, die in ihr langes, schwarzes Haar eingeflochten waren, glitzerten im Abendlicht.

»Ah«, sagte sie nach einigen Minuten. »Ich sehe einen

hübschen jungen Mann in deiner Zukunft. Er wird sich in dich verlieben, sobald er dein hübsches Gesicht sieht.«

Rosa lachte schallend auf. »Das ist ja wunderbar!« rief sie. »Ist er denn auch reich?«

»Reich genug«, antwortete die Zigeunerin, warf ihr Haar zurück und lächelte. »Wer ist die nächste?«

Da ließ Tamara sich die Zukunft voraussagen und danach Berta, der ebenfalls ein schöner junger Mann und ein glückliches Leben versprochen wurde. Dann fiel der Blick der Zigeunerin auf mich, die ich vom Tischende aus zusah. »Und du, Kleine? Soll ich dir auch deine Zukunft weissagen?« fragte sie. Ich hatte schon Angst gehabt, sie würde mich nie mehr fragen, und streckte ihr meine linke Hand entgegen, die sie nur eine Minute lang ansah.

»Oh, du wirst über ein großes Wasser reisen«, sagte sie. »Irgendwo wirst du einen dunklen, jungen Mann heiraten und zwei Kinder bekommen.«

Meine Mutter, die uns von einer Küchenecke aus beobachtet hatte, sprach zum ersten Mal. »Dann wird mein kleiner Vogel also wegfliegen!« lachte sie. »Das habe ich schon immer gewußt.« Sie legte der Zigeunerin ein paar Münzen in die Hand, und die Frau stand auf und verließ das Haus.

Was für eine dumme Zukunft! dachte ich nur, lief auch wieder nach draußen und schaukelte im Baum, so hoch ich konnte.

»Achtung!« brüllte da eine Aufseherin. »Achtung!« Sie kam aus der warmen, trockenen Baracke und hatte es den niederen Wärterinnen überlassen, uns zu bewachen. Es war bestimmt schon Mitternacht. »Wir haben die vermißte Frau gefunden«, verkündete sie. »Einer der Wärterinnen ist eingefallen, daß heute morgen eine Frau bei der

Arbeit gestorben ist. Ihr seid entlassen.« Wir stolperten zur Tür und hatten kaum mehr die Kraft, uns den Schnee vom Körper zu schütteln. Hungrig und bis auf die Knochen durchgefroren fielen wir in unsere Betten.

Am nächsten Morgen waren es doppelt so viele Frauen wie sonst, die nach dem Wecken nicht mehr aufstanden, und der Leichenstapel neben unserer Baracke wurde so groß, daß er geteilt werden mußte. Während wir in unserer Reihe standen und warteten, blickte ich zur gegenüberliegenden Baracke, vor der die Zigeunerinnen um Mitternacht noch immer gestanden hatten. Aber dort waren keine Frauen und Kinder mehr zu sehen, nur noch lauter Hügel aus Schnee.

21. Kapitel

Bei Einbruch der Dunkelheit war die Spitze meines rechten großen Zehs vollkommen schwarz geworden. Als ich ihn der Chirurgin im Nebenbett zeigte, sagte sie: »Das ist Wundbrand. Jedes Mal, wenn dein Fuß einfriert, ist die Durchblutung unterbrochen, und das Fleisch stirbt nach und nach ab. Das schwarze Stück an deinem Zeh muß entfernt werden, sonst werden noch mehr Zellen befallen. Wenn du willst, kann ich das morgen abend mit meinem Taschenmesser machen, während der Fuß noch gefroren ist.«

Die Nacht war sehr unruhig. Mein Zeh pochte, und ein stechender Schmerz wanderte von dort aus mein Bein hinauf bis in die Brust und den Hals, immer wieder. Gegen Morgen fiel ich endlich in leichten Schlaf, wurde aber kurz darauf von einem lauten Krachen und Schreien geweckt. Eines der obersten Betten in der Reihe neben uns war auf die unteren beiden Kojen gefallen und hatte die schlafenden Frauen unter sich begraben. Das geschah häufig; am Morgen lagen die Frauen immer noch so da, wie sie gefallen waren, die Lebenden schlafend auf den Toten darunter.

Als die Wärterin kam, um uns zu wecken, kletterte ich aus dem Bett und lief schnell mit den anderen zum Zählappell, da ich es kaum erwarten konnte, bis die Kälte wieder in meine Zehen gedrungen und den Schmerz erfroren hatte. Ich wollte den Teil meines Körpers vergessen, der am Ende des Tages abgeschnitten und weggeworfen werden würde, aber trotzdem mußte ich immer wieder daran denken.

Es war einer der Morgen, an dem die Aufseherinnen beschlossen: »Ja, sie können etwas Kaffee haben. Vielleicht bewegen sie sich dann schneller – die faulen Schweine!« Als eine Freiwillige gesucht wurde, rief ich schnell: »Ich gehe!«, ehe eine andere Frau etwas sagen konnte. *Vielleicht wird es mich von meinem Zeh ablenken, und vielleicht kann ich etwas zu essen ergattern*, dachte ich.

In der Küche ging ich auf den großen schwarzen Eisenherd zu, auf dem die Töpfe mit dem bitteren Kaffee immer standen. Als ich an dem langen Tisch vorbeikam, an dem einige Frauen aus den Baracken der Nichtjuden häufig Gemüse schnitten, sah ich einen riesigen eisernen Topf, fast einen Meter breit und einen Meter tief, der bis obenhin mit gekochten und noch dampfenden Kartoffeln gefüllt war. Sie waren groß und mehlig und innen weiß, wie die Kartoffeln, die meine Mutter in unserem Garten angebaut hatte, und nicht so unansehnlich wie die kleinen grauen, halb verrotteten Klumpen, die wir hin und wieder zum Abendessen bekamen. Schnell sah ich mich nach den anderen Gefangenen um, die mit dem Rücken zu mir in den Töpfen rührten, schnappte mir vier heiße Kartoffeln, öffnete meinen Mantel und steckte sie in den Halsausschnitt meines Kleides. Sie kullerten über meine Brust und blieben oberhalb der Schnur hängen, die ich als Gürtel um meine Taille gebunden hatte. Dann hüpfte ich etwas auf und ab, um das heiße Brennen auf meiner Haut auf verschiedene Stellen zu verteilen.

Da kam plötzlich vom anderen Ende der Küche eine Wärterin auf mich zu. *Hat sie mich gesehen?* überlegte ich, während mein Herz schneller zu schlagen begann. Hastig ging ich zum Herd und nahm den Kaffeetopf auf, wobei ich all meine Kraft aufwand, ihn mit einer Hand zu tragen, während ich die andere um meine Taille geschlungen hielt, damit die Kartoffeln nicht hinunterrutschten und zu Boden fielen. So schnell ich konnte, schlurfte ich zu unserer Baracke zurück und stellte den Topf vor eine Aufseherin.

»Du hast lange gebraucht!« sagte sie.

Ich schwieg, legte die Arme um meinen Oberkörper und hielt mit jeder Hand zwei Kartoffeln fest. Die Aufseherin stellte den Topf auf einen Tisch, und ich stapfte zu Esther, Ellen und Lily zurück. Als der Kaffee ausgeschenkt wurde, nahmen wir unsere Becher und verdrückten uns in eine Ecke des Eingangsbereichs, wo wir sonst immer unser Essen bekamen. Die drei anderen fingen an, ihre Gesichter mit der Flüssigkeit zu waschen. Ich stellte mich mit dem Rücken zum Raum, griff mit einer Hand in mein Kleid, zog eine Kartoffel heraus, schob sie in meinen Ärmel, gab Esther die Hand und ließ die Kartoffel auf ihre Handfläche rollen. Ihre Augen wurden so groß, daß ich sie böse ansehen mußte, um ihr zu vermitteln: *Nicht reagieren!* Sie verstand, senkte den Blick und schob die Kartoffel schnell ihren Ärmel hinauf. Ich wiederholte den Vorgang mit Ellen und dann mit Lily. Den ganzen Vormittag über hoben wir immer wieder einmal die Hand vor den Mund, als müßten wir gähnen, knabberten dann ein Stück von der Kartoffel ab und kauten ganz langsam darauf herum. Es war schon fast wieder dunkel, als ich merkte, daß ich die ganze Zeit nicht an meinen Zeh gedacht hatte.

Sobald wir am Abend in unseren Betten lagen, holte die Chirurgin ihr Taschenmesser heraus und fragte: »Bist du bereit?«

»Ja«, antwortete ich.

»Gut.«

Sie setzte sich mir gegenüber, und die drei anderen Frauen aus ihrem Bett blickten ihr über die Schulter. Ellen saß rechts von mir, Esther links.

»Leg deinen Fuß in meinen Schoß«, sagte sie. »Ich schneide, so schnell ich kann.«

»Ja, beeil dich«, erwiderte ich. »Den Zeh mochte ich sowieso nie leiden.«

»Immer der Spaßvogel«, lachte sie. »Du spielst deine Rolle gut.«

»Sei nicht so sicher, daß es nur eine Rolle ist!« entgegnete ich.

Sie faßte meinen Fuß mit der einen Hand, hielt ihr Messer in der anderen, beugte sich über meinen Zeh und konzentrierte sich voll und ganz auf die Arbeit. Man konnte erkennen, was für eine gute Chirurgin sie in dem Krankenhaus in Budapest gewesen sein mußte. Ich nahm Esther und Ellen bei der Hand und schloß die Augen.

Meine kleine Zigeunerfreundin Smarvana und ich wollen ein großes Holzstück mit einer rostigen Säge zerteilen. Die Säge rutscht ab, und ich habe eine gezackte Wunde im Fuß. Oh, wie er anschwillt! Mama trägt mich im Frühnebel zum Arzt des Sägewerks. Den ganzen Tag über reite ich auf Gunthers Schultern und komme mir vor wie ein weißer Reiher auf langen, langen Beinen. Ich schwebe und gleite dahin, während er durch die wogenden Felder von Siebenbürgen läuft. Oh, wie schön ist es, so groß wie mein Vater zu sein …

»Fertig«, sagte die Chirurgin.

Ich öffnete die Augen. Ich hatte nichts gespürt.

»Auf dem Schiff habe ich heute etwas Packpapier mitgehen lassen«, sagte sie. »Ich werde deinen Zeh darin einwickeln. In ein paar Minuten wird es aufhören zu bluten.«

Blut strömte aus meinem Zeh und bildete eine Lache auf dem Stroh unter meiner Ferse. Ich fragte mich, wo sie wohl das abgeschnittene Stück hingetan hatte, und entdeckte dann einen zur Kugel gerollten, rotgetränkten Papierfetzen unten an einer Wand liegen. *Was geschehen ist, ist geschehen*, dachte ich und preßte meine Hände fest auf die Wunde, um die Blutung zu stillen.

»Vielen Dank, Frau Doktor«, sagte ich.

»Gern geschehen. Ich erwarte Sie morgen abend zur Kontrolle wieder in meiner Praxis.«

»Gewiß doch.«

Am nächsten Morgen brannte mein Zeh vor Schmerzen, als würde das Messer in dem Moment daran herumschneiden und schneiden. Im Verlauf des Zählens jedoch gefror der Fuß wieder, und ich spürte nichts mehr. In den nächsten Tagen wiederholte sich diese Prozedur – die Wunde blutete, wenn der Zeh auftaute, und ich spürte einen dumpfen Schmerz, der weder aufhörte noch nachließ.

An irgendeinem Morgen wurden wir wie üblich um vier Uhr zum Zählen hinausgescheucht, doch danach und als die Leichen weggeschafft worden waren, ließ man uns wieder in die Baracke zurückkehren, wo wir Kaffee bekamen. Dann sagte die Aufseherin: »Heute wird nicht gearbeitet. Es ist Weihnachten.«

Weihnachten! Immer wieder flüsterten wir dieses Wort. Wir waren Juden, und dies war ein christlicher Feiertag, aber zum erstenmal seit unserer Ankunft mußten wir nicht über den gefrorenen Schlamm marschieren, die steilen Rampen, den Hügel und die Treppen hinauf- und hinunterlaufen und abends wieder zurücktrotten. Dankbar für die Gelegenheit, etwas zusätzlichen Schlaf zu bekommen, legten sich alle wieder auf ihre Betten, denn wir mußten auch immer noch die halbe Nacht lang Züge entladen. Nach einigen Stunden wachten wir eine nach der anderen wieder auf, streckten uns, lächelten einander an und begannen zu plaudern, als wären wir an einem Feiertag zu Hause.

Wieder fragte Lily mich nach der Polenta, und wieder erzählte ich ihr alles bis ins kleinste Detail. Dann wollte die Chirurgin wissen, ob ich Hühnersuppe mit Kreplach kochen könne, und ich sagte: »Natürlich« und erzählte ihr, wieviel Huhn man dazu nahm, wieviel Brühe, wieviel von dem Gewürz und wieviel von einem anderen, wie man die Hackfleischnudeln zubereitete und wie man die Brühe köcheln ließ, bis die Nudeln zart und gar waren.

Wenn ich erst einmal anfing, vom Essen zu reden, konnte mich niemand mehr aufhalten. Ich erzählte die Rezepte von ›Gefilte Fisch‹, gefülltem Kohlkopf, gebackenen süßen Kartoffeln mit Honig und Muskat, mit Honig-Orangen-Sauce getränktem Honigkuchen, gegrilltem Huhn, Gänsebraten, Lammbraten. Als ich schließlich innehielt, um Luft zu holen, fragte mich eine Frau aus dem Nebenbett: »Hast du denn immer gekocht, als du noch zu Hause gewohnt hast? Ich bin sicher, du warst deiner Mutter eine große Hilfe.«

»Na ja ...«, meinte ich und dachte plötzlich daran, daß meine Mutter mich ständig mit ihrem Kochlöffel aus der Küche gescheucht hatte, weil ich meine Finger immer in alle Töpfe gesteckt hatte, um zu probieren. »Ich habe ihr ein bißchen geholfen.«

»Waren das ihre Rezepte?« fragte die Frau weiter.

»Ach ... einige davon. Die anderen waren von mir«, antwortete ich und hoffte, sie würde nie herausfinden, daß ich nicht einmal ein Ei kochen konnte, ohne mir die Finger zu verbrennen oder die Schale zu zerbrechen. Ich war nie lange genug in der Küche gewesen, um richtig kochen zu lernen. Ich sah zu und naschte etwas, bis meine Mutter wieder rief: »Wenn du nicht mit dem Naschen aufhörst, wird es an deinem Hochzeitstag sicher regnen!« Ich wünschte, ich hätte all die Rezepte noch, die ich an jenem Tag erfand – gern würde ich ausprobieren, wie sie wohl geschmeckt hätten.

Als wir am Tag nach Weihnachten zum Zählen in unseren Reihen standen, sahen wir gesunde, warm gekleidete Nichtjüdinnen vor ihren Baracken Aufstellung nehmen und zum hinteren Tor marschieren. Am folgenden Morgen wurden weitere Baracken evakuiert. Zuerst dachten wir, daß sie in ein anderes Lager verlegt würden. Doch am Abend erfuhr Ellen bei ihren Tauschgeschäften mit den Polinnen, daß die Frauen nach Hause geschickt worden waren.

»Glaubst du, sie lassen uns auch gehen?« fragte Lily. »Oh, ich hoffe es so sehr! Ich weiß nicht, ob ich das hier noch länger ertragen kann. Ihr könnt euch gar nicht vorstellen, wie schlimm es ist, nicht sehen zu können. Den ganzen Tag lang stolpere ich herum, als wäre ich mitten in einem Alptraum, wo alles um einen herum verschwommen und furchteinflößend ist.«

»Ich weiß, daß es für dich sehr schwer sein muß, Lily«, sagte Esther. »Für mich ist es schon schwer, und ich kann sehen. Ich weiß gar nicht mehr, wann ich das letzte Mal glücklich war …« Sie vergrub das Gesicht im Ärmel ihres Mantels und begann zu weinen.

»Kommt, Mädchen«, sagte ich. »Der Krieg wird irgendwann ein Ende haben. Ich wünsche mir ja auch nichts sehnlicher, als daß wir dieses Ende bald erleben.

Jetzt haben wir es so weit geschafft. Da halten wir auch noch ein bißchen länger durch, oder?«

»Ich schon«, erwiderte Ellen. »Das heißt, solange mich niemand erschießt.«

»Braves Mädchen!« sagte ich lächelnd. Für ein so junges Mädchen hatte sie wirklich sehr viel Mut.

»Esther, du darfst auch nicht aufgeben«, fuhr ich fort. »Du bist meine Schwester, ich werde es einfach nicht zulassen. Und Lily, du wirst auch durchhalten. Wenn es nicht mehr anders geht, werden wir dich eben tragen.«

Sie legte ihre Hand auf meine Schulter. »Können wir jetzt schlafen?« fragte sie. »Ich bin so müde, daß ich kaum die Augen offen halten kann.«

Wir vier nahmen die Positionen ein, an die wir uns allmählich gewöhnt hatten, da wir inzwischen jedes Brett in der Schlafkoje und den besten Platz für Arme und Beine inmitten all der anderen Arme und Beine kannten, und schliefen ein. Lilys Hand lag dabei wie immer auf meiner Schulter.

Am nächsten Tag brach nach langer Zeit endlich wieder die Sonne hervor, und die Luft wurde fast mild. Es begann zu tauen, und wir mußten zwar durch schlammigen Matsch waten, aber das war immer noch besser, als auf gefrorenen Erdklumpen herumzurutschen. Doch die Wärme brachte auch Nachteile, denn die Läuse vermehrten sich rapide. Während unserer Mittagspause setzten wir vier uns in eine Ecke des Kartoffelkellers, nahmen unsere Mäntel und pulten eine Laus nach der anderen heraus. Danach suchten wir unsere Arme und Beine ab und zogen an den haarigen Biestern, die sich mit ihren Beinen und saugenden Mündern an unserer Haut festhielten. Wenn Esther, Ellen und ich fertig waren, kümmerte sich eine von uns um Lily.

Eines Tages, als ich an der Reihe war, ihr die Läuse vom Hals zupfte – eins! zwei! drei! – und auf den Boden warf, neckte mich Ellen: »Für jemanden, der noch nicht einmal wußte, was Läuse sind, als wir hier durch das Tor kamen, machst du deine Sache ganz gut!«

»Ja, ich habe gelernt, nicht wahr?« lachte ich und stampfte fest mit dem Fuß auf, um alle Läuse auf dem Boden zu zermalmen.

Dann, an einem Abend, brachten die SS-Aufseherinnen uns nicht wieder in unsere Baracke, sondern zu einem riesigen Zelt, das neben zwei hohen Backsteinkaminen aufgeschlagen war. Das erste, was mir auffiel, war der Gestank von brennendem Fleisch, der durch das Zelt zog und in unsere Nasen und Kehlen drang. An den Tagen, wo der Wind vom Krematorium aus in unsere Richtung blies, legten wir uns nachts mit zugehaltenen Nasen schlafen.

In diesem Zelt gab es keine Etagenbetten, nur einige wenige ebenerdige Kojen mit Matratzen. Wenn eine Gruppe Frauen spät von der Arbeit kam und alle Betten besetzt waren, mußte sie auf dem Boden schlafen. Schnell sehnten wir uns nach dem zurück, was uns vor ein paar Tagen noch unerträglich vorgekommen war – unsere überfüllte Baracke mit der einzelnen Toilette. Wir fragten uns: Verliert Deutschland den Krieg letztendlich doch noch? Das Lager schien im Auflösen begriffen. Das bißchen Essen, das wir bekommen hatten, wurde nun noch weniger; an manchen Tagen gab es Suppe, an anderen nicht einmal mehr die.

Als wir an einem Abend wieder einmal ins Zelt gingen, mit hängenden Schultern und gesenkten Köpfen, merkten wir sofort, daß etwas anders war. Eine Gruppe Jüdinnen starrte uns von den Kojen aus neugierig an. Sie trugen gestreifte Hosen und Jacken an ihren wohlgenährten Körpern. Als wir an ihnen vorbeigingen, um uns einen Platz auf dem Boden zu suchen, schrien sie uns etwas auf jiddisch zu, einer Sprache, die kaum eine von uns verstand. Als niemand ihnen antwortete, fingen sie an, einige der Frauen zu treten und noch lauter zu schreien.

Ellen, Esther und ich zogen Lily, so schnell wir konnten, in eine Ecke. »Wer ist das? Was rufen sie?« wollte Lily wissen.

»Ich weiß nicht, wer das ist«, erwiderte ich. »Aber sie sagen dauernd: ›Was seid ihr für Juden, die kein Jiddisch sprechen können?‹«

»Was meinen sie damit?« fragte Esther.

»Ich erkenne ihren Dialekt«, sagte Ellen. »Diese Frauen kommen aus Polen. Vermutlich glauben sie, daß alle Juden jiddisch sprechen.«

»Sie müssen aus einem anderen Lager hergebracht worden sein«, meinte ich. »Und so, wie sie aussehen, war es besser als unseres.«

»Diese warmen Hosen!« rief Esther. »Ich wünschte, wir hätten auch solche.«

»Mir gefällt das nicht«, sagte ich. »Diese Frauen bedeuten nichts Gutes, da bin ich sicher.«

Am nächsten Morgen drängten sich die neuen Gefangenen vor uns, als wir nach draußen zum Zählen gingen, drängten sich vor uns zum Kaffee, drängten sich vor uns zur Aufstellung für den Kartoffelkeller. Sie wußten nicht, wo man sie hinbringen würde, aber weil *wir* dorthin wollten, drängten sie sich aus Prinzip vor. Die Tage, an denen wir bei der Arbeit heimlich an Steckrüben und Karotten knabbern konnten, waren vorüber. Jetzt verbrachten wir lange Stunden damit, Sand in Schubkarren zu schaufeln, ihn auszuleeren und weiterzuschaufeln. Für Lily war diese Art von Arbeit besonders schwer, da sie sich kaum orientieren konnte und oft stolperte.

»Hast du mit jemandem gesprochen? Hast du herausgefunden, wo diese neuen Gefangenen herkommen?« fragte ich Ellen eines Abends.

»Sie waren dreieinhalb Jahre in einem Lager in Polen«, antwortete sie, »bei einer speziellen Arbeitseinheit.«

»Wie hieß das Lager?«

»Auschwitz.«

»Davon habe ich nie gehört.«

»Ich auch nicht.«

Eines Morgens, nachdem die Frauen aus Auschwitz zu uns gekommen waren, mußten wir uns wie gewöhnlich zum Abzählen aufstellen. Es war wieder kalt geworden, und ich wartete darauf, daß mein Fuß gefror. Plötzlich sah ich aus dem Augenwinkel ein bekanntes Muster vor mir aufblitzen, und als ich aufblickte, entdeckte ich eine Jacke aus braun-beige-kariertem Stoff, die mir irgendwie bekannt vorkam. Ich war so überrascht, daß mir eine Weile lang nicht einfiel, warum sie mir bekannt vorkam, und ich starrte sie einfach nur an. Dann auf einmal erkannte ich sie wieder – es war die Jacke, die ich Tamara genäht hatte. Die Frau vor mir trug die Jacke, die ich Tamara genäht hatte! Das letzte Mal, daß ich diese Jacke gesehen hatte, war in Reghinul-Såsesc gewesen. Diesen Schnitt, den Stoff, das Muster hätte ich überall wiedererkannt. *Das kann nicht sein! Das kann nicht Tamara sein!* dachte ich. *Sie ist kleiner als diese Frau.* Es konnte nur eines passiert sein: Tamara war nach Auschwitz gebracht worden, man hatte ihr die Kleider abgenommen und an andere Gefangene weitergegeben. Und diese Frau vor mir hatte in Auschwitz die Jacke bekommen, die ich vor fast acht Jahren für Tamara genäht hatte.

Die ganze Zeit über hatte ich immer gedacht, daß Tamara und Herman, meine Mutter und alle anderen immer noch in Reghinul-Såsesc lebten, in ihren Wohnungen, und daß es ihnen gutging. *Sind sie denn alle nach Auschwitz gebracht worden?* überlegte ich. *Müssen sie ebenso arbeiten wie wir? Sogar meine Mutter?* Erst viele Jahre später erfuhr ich, wie es gewesen war, als alte Frau in Auschwitz ums Überleben kämpfen zu müssen.

Nach dieser Erkenntnis wurde mir das Herz sehr schwer, und den restlichen Tag über und alle anderen Tage, die wir noch in Ravensbrück verbrachten, dachte ich an Tamara. Zuerst dachte ich daran, eine der Frauen aus Auschwitz nach ihr zu fragen, aber ich wußte, daß sie mir nichts würden sagen können. Keine von uns trug einen Namen, wir waren nichts als Nummern. Einige Frauen aus unserer Gruppe wußten, wie ich hieß, weil sie mich danach gefragt hatten, nachdem ich ein paarmal die deutschen Befehle ins Ungarische übersetzt hatte. Aber das bedeutete nicht, daß irgend jemand Tamaras Namen kannte, und wie hätte ich sie beschreiben sollen? Sie war klein, aber das waren viele Frauen. Sie hatte eine so wunderschöne Stimme, daß ich mir oft eingebildet hatte, in einem Konzertsaal zu sitzen, wenn ich sie hörte, aber im Lager hatte sie vermutlich nicht gesungen. Dann fiel mir die Opernsängerin wieder ein. Oh, hoffentlich hatte Tamara nicht gesungen! Hoffentlich hatte sie nicht gesungen und war dafür bestraft worden!

Mitte Januar 1945 mußten wir alle vor ein Gebäude marschieren, das ich vorher noch nie gesehen hatte, und man teilte uns mit, daß wir in ein anderes Lager verlegt würden.

»Zieht eure Kleider aus!« befahl eine SS-Aufseherin. »In dem Gebäude werdet ihr euch waschen können.« Wir entkleideten uns mitten auf der Straße, die durch das Lager verlief. Wir Frauen aus Budapest waren mittlerweile dürr wie Stecken und zitterten vor Kälte. Diesmal beeilten wir uns und vergaßen voller Vorfreude auf ein Bad all unsere Scham. Unsere Kleider, unsere Haare und auch unsere Körper waren voller Läuse.

Wir betraten das Gebäude, stellten uns in Reihen auf, mußten wieder das Schneiden unserer Haare erdulden und bekamen dann zerlumpte Sommerkleider ausgehändigt, die wie unsere alten Kleider mit großen Kreuzen gekennzeichnet waren, und Regenmäntel – alle voller Läuse. Wir hatten unsere eigenen Läuse nur abgegeben, um fremde zu bekommen. Dann wurden wir wieder in die Kälte hinausgescheucht, ohne auch nur einen Tropfen Wasser gesehen zu haben. Die Hälfte von uns kam in einen Raum auf der rechten, der Rest in einen auf der linken Seite.

Am Abend erschien eine SS-Aufseherin und verkündete: »Morgen früh werdet ihr in ein neues Lager gebracht. Aber nicht alle, sondern nur diejenigen, deren Nummern ich jetzt vorlese.«

Sie las die Nummern ab und kam nach langer Zeit auch zu 85803, meiner Nummer. Wenige Minuten später verlas sie Lilys Nummer. Kurz darauf war sie fertig, ohne Esthers oder Ellens Nummer vorgelesen zu haben, und verließ mit schnellen Schritten den Raum. Ein großen Geschrei hob an, da fast jedes Paar getrennt worden war, und jede Frau ohne ihre ständige Begleitung sich schwach und hilflos fühlte. Eine Schwester, Base oder Freundin bei sich zu haben, war manchmal das einzige, das ihr den Mut gab weiterzumachen; die eine lebte einzig und allein für die andere.

Esther und Ellen schluchzten hysterisch und klammerten sich erst an Lily, dann an mich, während sich auf dem Bett neben uns zwei junge Mädchen eng umschlungen hielten. Schließlich drehte sich die eine zu mir um, da sie wohl spürte, daß ich sie beobachtete, und sagte: »Meine Schwester und ich waren noch nie getrennt. Ich würde alles tun, um bei ihr bleiben zu können. Sie ist alles, was ich noch habe.«

»Weißt du was?« sagte ich und überlegte, warum niemand früher auf die Idee gekommen war. »Niemand kennt deinen Namen und niemand kennt meinen. Alles, was sie kennen, sind die Nummern auf unseren Mänteln. Wir tauschen einfach! Dann kann ich hier bei meiner Schwester bleiben, und du kannst mit deiner weggehen. Oder umgekehrt – wie du möchtest.«

Sie warf sich in meine Arme und drückte mich ganz fest. »Ich bleibe!« sagte sie mit Tränen in den Augen, als sie mich wieder losließ. »Und du gehst.«

»Schön! Ich kann es kaum erwarten, von hier wegzukommen.«

Sie tauschte also mit Esther ihren Mantel, und auch Ellen gelang ein solcher Tausch. Dann legten wir uns schlafen.

Früh am nächsten Morgen, als wir vier und die anderen Frauen, deren Nummern vorgelesen worden waren, auf dem Boden eines langen, flachen Lastwagens saßen, sah ich auch das Mädchen, das mit uns ihren Mantel getauscht hatte, Hand in Hand mit ihrer Schwester aus dem Gebäude kommen. Wir wurden *alle* in das neue Lager gebracht; das Vorlesen der Nummern war nur so etwas wie ein Scherz gewesen. Vermutlich hatte eine gelangweilte Aufseherin zur anderen gesagt: »Laß uns der einen Hälfte Jüdinnen sagen, daß sie geht, und der anderen Hälfte, daß sie hierbleibt. Ihre Reaktion darauf wird sicher amüsant sein.«

Wir wußten es zu der Zeit noch nicht, aber die russische Armee rückte in schnellen Etappen Richtung Deutschland vor. Die Lager im Osten wurden geschlossen und die jüdischen Gefangenen in Lager weiter westlich oder im Süden gebracht. Als der Lastwagen aus dem Lager rollte, fragte ich eine Aufseherin nach dem Datum, weil ich genau wissen wollte, wann wir Ravensbrück verließen.

»Es ist der neunzehnte Januar«, antwortete sie, »aber was sollte dir das schon bedeuten?«

Nach dem Kalender waren wir also vier Monate in Ravensbrück gewesen. Doch es gab noch andere Arten von Zeit, unermeßliche Zeit, wo Tage und Nächte sich wie eine riesige, öde Wüste ausdehnten, so tief und weit wie das Universum. So war die Zeit in Ravensbrück gewesen.

Als wir die Schienen erreichten, mußten wir uns neben einem langen Zug aufstellen. Wir vier hielten uns so fest an den Händen, daß die Aufseherinnen sie hätten abhacken müssen, um uns zu trennen. Wir folgten den Frauen vor uns in einen Viehwaggon hinauf, der wie eine riesige Holzkiste aussah. Auf dem Boden lag etwas Stroh, und als Toiletten waren neben der Tür Eimer aufgestellt. Sonst gab es nichts außer der Kälte. Während wir in den Waggon kletterten, wurden wir gezählt.

»Das waren hundert!« rief eine Wärterin, kurz nachdem wir eingestiegen und uns in der Nähe der Tür auf den Boden gesetzt hatten.

»Gut!« erwiderte eine SS-Aufseherin, die neben dem nächsten Waggon stand. »Das reicht. Hundert pro Waggon sind in Ordnung.«

»Wie viele Waggons haben wir?«

»Fünf. Und es sind etwa fünfhundert Gefangene, also geht es genau auf.«

»Gute Planung!«

»Ja!«

»Wohin bringen wir sie?«

»Nach Dachau.«

Eine halbe Stunde später kam eine Wärterin durch die Waggons und gab jeder von uns ein Stückchen Käse und eine Scheibe Brot. Das war unsere Ration für die nächsten sechs Tage. Dann wurden die Stufen fortgeschafft und die schwere Metalltür mit lautem Krachen zugeschoben. Ein schwacher Lichtschimmer drang noch durch einen schmalen Schlitz im Dach des Waggons und fiel auf uns vier, die wir uns in der Mitte zusammengekauert hatten. Wir setzten uns ins Quadrat mit den Gesichtern zueinander, Esther gegenüber Ellen und Lily mir gegenüber, eine kleine Insel inmitten dem Meer von Frauen.

Als der Lichtschimmer immer schwächer wurde und schließlich ganz verschwand, hüllte uns eisige Dunkelheit ein, griff nach unseren Armen, Händen, Beinen, Oberkörpern, Füßen und Eingeweiden. Alle, die in der Nacht zuvor die Trennung von ihren Schwestern, Basen oder Freundinnen beklagt hatten, mußten beim Einladen in die Lastwagen letztendlich doch getrennt worden sein; in unserem Waggon waren viele Gefangene aus Auschwitz, die sich untereinander nicht kannten. Doch als die Kälte immer beißender wurde, krochen die Frauen aufeinander zu und suchten die Wärme eines anderen Körpers.

Auch wir vier rückten enger zusammen. »Ich ertrage das nicht viel länger«, flüsterte Lily mir zu. »Es ist so dunkel. So schrecklich dunkel! Und mir ist kalt. So kalt! Oh, wie ist mir kalt!« Sie zitterte heftig, ihr ganzer Körper zuckte.

»Ich versuche, dich ein bißchen zu wärmen«, sagte ich und legte meine Arme um sie. Esther und Ellen lehnten sich gegen unsere Beine und zogen ihre Füße unter sich. Wenn wir hätten ineinanderkriechen können, so hätten wir auch das getan. Bis zum nächsten Morgen hatten die Frauen sich so sehr aneinandergedrängt, daß der halbe Waggon leer war.

Sechs Tage und sechs Nächte zählten wir am Kommen und Gehen des Lichts. Die Tür wurde nie geöffnet. Am siebten Tag klopfte eine Wärterin an die Tür. »Gibt es Tote?« wollte sie wissen. Wir sahen uns um. Hier saß eine Frau mit zur Seite hängendem Kopf und offenem Mund; dort lag eine andere mit verdrehten Beinen. »Es gibt Tote«, antwortete ich. Die Tür wurde entriegelt, geöffnet, und sie zogen die Toten hinaus auf einen Karren neben den Gleisen. Frische Luft wehte herein und umgab uns wie eine frische kalte Dusche. Da wir in eine wärmere Gegend fuhren, war die Luft im Waggon mit der Zeit dick und abgestanden geworden. Die SS-Wärterin kehrte mit einer Kiste trockener Brotstücke zurück und gab jeder von uns eines – unser erstes Essen seit sechs Tagen. Dann nahm sie die Toiletteneimer, die jedoch so gut wie leer waren; wenn man nichts zu essen bekommt, muß man sich auch nicht entleeren.

»Wer will damit Wasser holen gehen?« fragte sie.

Ich meldete mich freiwillig, da ich unbedingt einmal aus diesem Waggon herauskommen wollte.

»Nein, nein, laß mich nicht allein ...«, rief Lily und begann zu weinen.

»Ich bin doch gleich wieder da«, sagte ich. »Das verspreche ich.«

Eine andere Frau und ich stolperten die Stufen hinunter und gingen zu einem Wasserhahn der Bahnstation.

Wir füllten die Eimer nur zur Hälfte, denn wir wußten, daß wir sie sonst nicht würden tragen können. Wieder am Zug angekommen, konnten wir sie nicht einmal in den Waggon hochheben. Während ich mich abmühte, entdeckte ich drei gefrorene Kartoffeln am Gleis liegen, setzte den Eimer ab, hob sie auf und rief Esther zu: »Da, nimm sie dir, schnell!« Schließlich schaffte ich es, mit Hilfe dreier anderer Frauen den Eimer in den Waggon zu heben. »Und? Wo sind die Kartoffeln?« fragte ich Esther, sobald ich wieder saß.

Doch jemand anders hatte sie sich geschnappt. Die Tür wurde wieder zugeschoben und verriegelt, und am nächsten Morgen setzte sich der Zug wieder in Bewegung, nachdem er drei Tage auf einem Nebengleis gestanden hatte.

Als die Wärme und die schlechte Luft in den nächsten acht Tagen wieder zunahmen, bemühten die Frauen sich ebensosehr um körperlichen Abstand, wie sie vorher die Nähe gesucht hatten. Wir zogen unsere Regenmäntel und Kleider aus und saßen in unseren dünnen Unterhemden, fast nackt, doch nichts half. Tagsüber, wenn das Licht durch den schmalen Schlitz im Dach fiel, war es leicht, Berührungen zu vermeiden, und die Helligkeit vertrieb auch die Dämonen, die uns nach tagelangem Eingesperrtsein heimsuchten. Die Nächte jedoch wurden zu unendlich langen Alpträumen.

»Ahhhhiieeeeee ...«, schrie eine Frau manchmal, sobald es dunkler wurde. Dann nahm eine andere ihren Schrei auf, und noch eine, und ihr Geheul gellte durch unseren Waggon, während wir durch die dunkle Landschaft fuhren oder an einem verlassenen Bahnsteig standen. Wenn die Schreie nachließen und das Schluchzen weniger hysterisch wurde, erklang möglicherweise das Klatschen eines Schlages, wenn eine Frau auf einen fremden Körperteil einhieb, der sie aus Versehen berührt hatte.

»Oh! Oh! Nein! Oh! Neeeiiiiiiin ...«, heulte jemand auf. Dann ging das Gejammer wieder los, zuerst als lautes, verzweifeltes Schluchzen, dann als anhaltendes Weinen und Seufzen wie bei einem Kind, das seiner Mutter entrissen worden war. Häufig griffen die Frauen aus Auschwitz irgendein ungarisches Mädchen an und bearbeiteten es mit ihren Fäusten. Diese Frauen waren besser genährt und kräftiger als wir. Eine der Ungarinnen rief dann oft: »Seren! Seren! Hilf mir! Seren ...« Ich hatte im Lager für sie übersetzt und sie so vor manchen Schlägen bewahrt, und nun dachte sie, ich könnte ihr wieder helfen, aber ich war selbst viel zu schwach, als daß ich mich hätte bewegen können.

In der zehnten Nacht, als Lily neben mir saß und ein ungarisches Mädchen gegen meinen Rücken lehnte, begann das Gewicht dieses Mädchens plötzlich zu schmerzen. Sie wog fast nichts, denn wir waren mittlerweile fast alle so dünn, daß wir kaum mehr Fleisch auf den Knochen hatten. Oft saßen wir mit den Händen unter unseren Hintern, um den Druck unserer Oberschenkelknochen auf den Boden abzumildern. Ich wußte, daß dieses ungarische Mädchen sich an mich lehnte, weil es zu schwach war, um aufrecht zu sitzen, aber ich konnte selbst ihr geringes Gewicht einfach nicht mehr ertragen. Schließlich sagte ich: »Bitte lehn dich nicht mehr an mich.«

Sie rührte sich nicht; sie konnte nicht. Nach einer Weile bat ich wieder: »Würdest du dich bitte nicht mehr anlehnen. Es tut mir so weh.« Doch sie bewegte sich immer noch nicht. Schließlich dachte ich: *Ich muß sie eben ein wenig anschubsen.* Ich hob meinen Arm, doch er fiel kraftlos zu Boden, noch ehe ich sie berühren konnte.

Und so konnte ich auch den ungarischen Mädchen nicht helfen, die von den harten und verbitterten Polinnen aus Auschwitz erbarmungslos gepiesackt wurden. Immer wieder fragten sie: »Wann seid ihr nach Ravensbrück gekommen?«

»Im Herbst 1944«, antwortete ich.

»Ach, das ist gar nichts! Wir sind seit 1940 in Auschwitz gewesen.«

Dann schlugen sie wieder auf die Ungarinnen ein, weil die kein Jiddisch verstanden. Vielleicht taten sie mir nur deshalb nichts, weil ich ihre Sprache verstand. Nichtsdestotrotz beschimpften sie mich ständig. Eines Tages schließlich, als eine von ihnen wohl zum hundertsten Mal sagte: »Eure Zeit in Ravensbrück war gar nichts im Vergleich zu meiner Zeit in Auschwitz!«, erwiderte ich: »Ist es denn mein Fehler, daß du so lange in diesem Lager warst?« Danach ließen sie mich in Ruhe und Esther, Ellen und Lily ebenfalls.

Am elften Abend hatte sich die Zahl der Frauen in unserem Waggon von den ursprünglich hundert auf weniger als die Hälfte reduziert. Eine Wärterin hatte noch einige Male an unsere Tür geklopft und nach Toten gefragt. Die Toiletteneimer wurden uns weggenommen, und die letzten Fetzen Stroh waren einige Tage zuvor aufgegessen worden. In dieser Nacht kam keine der SS-Frauen zu unserem Waggon. Wir standen seit drei Tagen auf einem Nebengleis, und die Schreie der Frauen schienen immer lauter und schrecklicher zu werden. Der Hunger, der an unseren Körpern zehrte, nagte allmählich auch an unserem Verstand. Plötzlich wurde die Tür entriegelt und aufgeschoben. Zwei Männer in Wehrmachtsuniformen standen davor und starrten uns an.

»Gott im Himmel!« sagte einer.

Der andere sagte nichts, drehte sich abrupt um und ging fort. Nach ein paar Minuten kam er mit einem Armvoll Steckrüben zurück, warf sie in den Waggon und schob die Tür wieder zu. Schnell griff ich nach einer Rübe, die zu meinen Füßen gelandet war. Sie schien viel mehr zu wiegen als eine normale Rübe, aber dann fiel mir ein, wie geschwächt ich war. Esther hielt das andere Ende fest, und mit vereinten Kräften brachen wir sie in vier Teile. Ich legte Lilys Stück in ihre Hand und begann, an meinem zu nagen. Sie rührte sich aber nicht und lehnte weiter mit geschlossenen Augen an meiner Schulter.

»Iß, Lily«, sagte ich. »Sonst nimmt dir jemand dein Stück weg.«

Doch sie blieb immer noch reglos sitzen. Ich schüttelte sie. »Lily! Wach auf! Ich habe ein Stück Rübe für dich.«

Endlich setzte sie sich auf und öffnete die Augen. »Du kannst es behalten«, murmelte sie.

»Nein, Lily, es ist für dich. Jetzt iß!«

»Ich will es nicht ... Ich bin so ... müde ... Ich weiß nicht ...«

»Was, Lily? Was weißt du nicht?«

»Ich weiß nicht, ob ich noch länger durchhalte. Die Schreie ... und ich bin so schrecklich müde. Ich kann nichts sehen ... Ich glaube nicht, daß ich es schaffe.«

»Lily, Lily ... Du schaffst es! Du mußt! Du mußt fest daran glauben, daß du es schaffst.«

»Ich weiß aber nicht, ob ich das noch kann ...«

»Du schaffst es nicht, wenn du nichts ißt. Also nimm jetzt das Stück. Ich habe deiner Mutter versprochen, daß ich auf dich aufpasse. Iß für mich. Bitte, Lily.«

Sie nahm die Rübe, hob sie langsam zum Mund und knabberte daran. Als sie einschlief, den Kopf auf meinem Schoß, hielt sie sie immer noch in der Hand. Ich nahm sie und versteckte sie in meiner Tasche, um sie ihr später wiederzugeben.

Am nächsten Morgen, dem zwölften Tag, sah sie so blaß und leblos aus, daß ich ihren schwachen, schlafenden Körper aufnahm und hin und her wiegte. Im sanften Licht, das durch das Dach kam, schien ihre Haut fast durchsichtig, die Schatten unter ihren Wangenknochen waren fast nicht zu sehen, und ihre Wimpern lagen wie zarte Fächer auf ihrem Gesicht. Sie wachte auf, blinzelte ein- oder zweimal und sah mich lange an, während ihre großen dunklen Augen sich mit Tränen füllten. Schließlich sagte sie: »Ich werde nicht mehr weiterleben, Seren.« Ehe ich etwas antworten konnte, legte sie ihren Kopf gegen meine Brust und starb.

Zwei Stunden später schob das Rote Kreuz die Waggontüren auf und gab Suppe aus.

Am vierzehnten Tag, zwei Tage, nachdem Lily gestorben war, fuhr der Zug in Türkheim ein. Die Waggons wurden geöffnet, und wir durften endlich herausklettern. Die Toten der letzten zwei Tage blieben liegen. Ich hatte um Lily geweint, soviel ich konnte; die Tränen waren mir über das Gesicht geströmt und hatten mein Kleid durchweicht, bis ich erschöpft war. Für Esther und Ellen war es genauso schlimm. Wir vier zusammen hatten uns so unzerstörbar gefühlt.

Ein letztes Mal blickten wir zurück auf die Toten in der Ecke, deren Gesichter zur Wand gedreht waren, so als könnte der Anblick der einheitlich geschorenen Köpfe ihnen Anonymität verleihen. Doch ich wußte genau, wo Lily lag – ganz unten rechts, mit einem leicht nach außen gedrehten Fuß. »Lily! Lily!« rief ich ein letztes Mal und eilte die Stufen hinunter, um Esther und Ellen fest an der Hand zu nehmen.

22. Kapitel

Auf dem Bahnsteig mußten wir uns wieder zum Zählen aufstellen; wir waren nun weniger als zweihundert Frauen. Für über dreihundert von uns war der dünne Faden der Hoffnung, der in den Monaten von Ravensbrück schon abgewetzt worden war, durch die lange Fahrt in den verschlossenen Waggons noch mehr ausgefranst und letztendlich gerissen – sie waren gestorben. Das Rote Kreuz hatte uns zu essen gegeben, doch es war nicht unser Retter. Sie hatten uns Hoffnung gegeben, doch es war eine falsche Hoffnung gewesen, denn wir wurden hier in Türkheim wieder in ein Lager gebracht, eine Außenstelle des großen Konzentrationslagers Dachau. Wir kamen durch ein Tor auf einen Weg, der links und rechts von hohen Zäunen mit Stacheldraht gesäumt war. Auf der anderen Seite der Zäune standen einige Männer – die ersten, die wir seit Budapest zu Gesicht bekamen. Sie sahen gesund aus und trugen Arbeitshosen und Jacken. Ich fragte mich, ob wohl deutsche Zivilisten gekommen waren, um uns anzustarren. Bei zweitem Hinsehen erkannte ich jedoch, daß es Juden waren.

Dann geschah etwas Seltsames. Etwa zwanzig Meter vor mir blieben die Frauen wiederholt stehen, drehten sich um und deuteten mit ausgestrecktem Arm auf mich. Als ich näher zu der Stelle kam, sah ich einen Mann direkt am Zaun stehen und hörte seine Frage: »Kennt ihr eine Seren Tuvel? Ist sie bei euch? … Seren Tuvel – ist sie hier?«

»Ja«, antwortete die Frau, die gerade bei ihm stand. »Sie kommt gleich hinter mir.«

Als ich den Mann erreichte, der nach mir fragte, erkannte ich ihn sofort. »Joseph!« sagte ich und blieb stehen.

»Seren?« fragte er. »Bist du Seren Tuvel?«

»Aber ja! Erkennst du mich denn nicht?«

Er starrte mich nur an, und mir fiel ein, wie ich aussehen mußte: wie ein Skelett mit ein paar Haarfetzen auf dem Schädel, in Lumpen gehüllt, nur noch Haut und Knochen. In den Tagen ohne Nahrung waren unsere Körper abgemagert und die Muskeln aufgezehrt worden, so daß die Haut über den Knochen durch den Druck von innen und außen nach und nach abgescheuert war. Meine Fingerknöchel waren abgewetzt, meine Handgelenke ebenso. Das Weiß der Knochen war an meinen Schienbeinen zu sehen, und mein Hintern bestand aus nichts außer Knochen, die unter der Haut hervorragten.

»Du bist Joseph, Herman und Tamaras Sohn«, sagte ich zu ihm. »Du hast eine Nacht in der Nähe von Budapest meinen Namen gerufen. Ich bin Seren! Und das hier neben mir ist Esther.«

»Ja, ich erkenne dich ...«, erwiderte er langsam, als spräche er im Traum. Dann schob er einen Brotkanten durch die Löcher im Zaun. »Hier, das habe ich dir mitgebracht.«

»Ach, Joseph, du hast mich nicht vergessen. Woher wußtest du, daß ich komme?«

»Wir hörten, daß ein Gruppe ungarischer Frauen heute ins Lager gebracht werden soll. Und ich wußte, daß du letzten August mit anderen Frauen zusammen aus Budapest fortgebracht worden warst. Ich wußte irgendwie auch, daß du noch am Leben bist.«

Die Aufseher scheuchten uns weiter.

»Ich komme später wieder«, rief er mir noch nach.

Wir erreichten einen großen Hof. Ich sah keine Baracken, nur niedrige flache Dächer, die sich fast auf Bodenhöhe befanden. Zu einem dieser bunkerartigen Gebäude gingen wir hin und stiegen die Stufen hinunter. »Da hinüber!« kommandierte ein SS-Mann; die SS-Frauen hatten wir seit Verlassen des Zuges nicht mehr gesehen. Dieser Wärter deutete nun in eine der hinteren Ecken, wo zwei Reihen Holzplanken auf dem dreckigen Boden lagen. Auf der anderen Seite drückte sich eine andere Gruppe jüdischer Frauen in die Ecke. Als wir auf unsere Seite zugingen, riefen einige von ihnen: »Du meine Güte! Wer sind die denn?«

Wir bekamen ein paar Decken, dann ließ der Wärter uns allein. Ich streckte mich zwischen Esther und Ellen aus und betrachtete die anderen Frauen uns gegenüber. Wie Joseph trugen auch sie warme, saubere Jacken und Hosen ohne Löcher oder Risse. Sie sahen so gesund aus! Einige der Frauen hatten ihre Ärmel hochgerollt, und man sah ihre fleischigen Arme und festen Muskeln. Ihre Wangen waren rund und voll und nicht eingefallen wie unsere, wo die Knochen fast durch die Haut schimmerten. Sie starrten uns weiter an und krochen schaudernd in ihre Ecke, doch schließlich faßte sich eine Frau mit einem roten Tuch um den Kopf ein Herz und fragte: »Woher seid ihr?«

»Ravensbrück«, antwortete eine von uns tonlos.

»Hast du davon schon gehört?« fragte die Frau eine andere neben sich.

»Nein. Aber wo immer das ist, es muß nichts zu essen gegeben haben«, entgegnete diese.

»Geht ihr hier zum Arbeiten?« fragte eine Frau aus unserer Gruppe.

»Ja, sagte die Frau mit dem roten Tuch. »Wir gehen jeden Morgen auf die Bauernhöfe und arbeiten auf den Feldern.«

»Bekommt ihr dort zu essen?«

»O ja. Die Bauersfrauen geben uns reichlich. Jeden Mittag bekommen wir Brot und Fleisch und Kartoffeln und soviel Milch, wie wir nur wollen. Und abends gibt es noch einmal etwas.«

Ein Stöhnen erhob sich in unserer Ecke und schwoll an, als wir uns das warme Essen, die Schüsseln voller Kartoffeln, die Teller voller Fleisch und Soße und die hohen, kalten Milchkrüge vorstellten.

Plötzlich fingen die Holzplanken unter uns leicht zu zittern an, und kurze Zeit später bebte der ganze Raum, während um uns herum Explosionen zu hören waren. *Deshalb sind wir hier in Bunkern,* dachte ich. Ich ergriff Esthers Hand, ehe sie schreien konnte. Sie schmiegte sich eng an meine Seite, Ellen an die andere, und wir lagen mit den Gesichtern nach unten und warteten das Ende des Bombenangriffs ab. Dabei dachte ich: *Wenn wir nur auf den Bauernhöfen arbeiten können! Wenn wir nur auf den Bauernhöfen arbeiten können!* Ich hörte das Dröhnen kaum, als ich mir vorstellte, wie ich aß und aß und aß, bis ich nicht mehr konnte. Nach etwa einer Stunde war der Angriff vorüber. Einige der Frauen aus unserer Gruppe verließen den Bunker, um draußen in der Dämmerung nach etwas Eßbarem zu suchen – Stroh, Gras, ein Stück verfaulte Kartoffel. Da ich immer noch den Brotkanten von Joseph in der Tasche trug, blieben wir drei sitzen, teilten ihn auf und kauten langsam darauf herum – unser erstes Essen seit Tagen. Dann kam eine Frau die Treppe hinunter und rief: »Seren. Am Zaun fragt ein Mann nach dir.«

»Das ist mein Neffe Joseph. Ich komme sofort«, antwortete ich. Ich wollte meine Schuhe anziehen, aber Esther und Ellen klammerten sich sofort an mich und hielten mich zurück. »Ist schon gut«, beruhigte ich sie. »In ein paar Minuten bin ich wieder da. Das verspreche ich. Vielleicht hat er noch mehr zu essen für uns.« Da ließen sie mich los, und ich schleppte mich die Stufen hinauf und zum Zaun.

»Ich habe dir noch etwas Brot mitgebracht«, sagte Joseph, als ich bei ihm war. »Gibt es sonst noch etwas, das ich dir besorgen kann?«

»Mein Zeh blutet die ganze Zeit. Die Spitze mußte abgeschnitten werden. Ich kann kaum in meinen Schuhen laufen. Könntest du wohl ein paar Bandagen beschaffen?«

»Ja, da sind welche in meiner Baracke. Wartest du hier, bis ich sie geholt habe?«

»Wo sollte ich denn hingehen?« meinte ich lachend. Er sah zu Boden und steckte die Hände in die Taschen. Dann drehte er sich um und begann zu laufen, so kraftvoll wie seine Mutter Tamara.

Nach wenigen Minuten kam er mit einer Handvoll Bandagen zurück. »Ich kann nicht lange bleiben«, sagte er. »Sonst sieht mich noch ein Wärter und verbietet mir, daß ich wiederkomme.«

»Arbeitest du auch auf den Bauernhöfen, Joseph?« wollte ich wissen. »Du siehst so gesund aus.«

»Ja, hier essen wir nur das Frühstück, und auf den Höfen bekommen wir Mittag- und Abendessen.«

»Meinst du, wir dürfen dort auch arbeiten?«

»Ich weiß nicht.« Er betrachtete meine aufgescheuerten Fingerknöchel. »Ich hoffe es ... Jetzt muß ich gehen. Ich komme wieder, so oft ich kann.«

Am nächsten Morgen wurde uns dünne Brühe und trockenes Brot in den Bunker gebracht. Niemand prügelte uns wach, niemand befahl uns, zum Zählen Aufstellung zu nehmen, niemand teilte Arbeitsgruppen ein und brachte uns zu den Bauernhöfen. Die anderen Frauen in unserem Bunker aßen schnell, so als könnten sie es nicht ertragen, in unserer Nähe zu sein, da wir voller Dreck und Läuse waren. Als sie nach draußen liefen, folgten ihnen einige Frauen aus unserer Gruppe, doch sofort hörten wir einen Mann rufen: »Zurück! Zurück!«

»Aber wir wollen auf den Bauernhöfen arbeiten ...«

»Zurück!«

Die Frauen kamen langsam wieder herunter, warfen sich auf den Boden, vergruben ihre Köpfe in den Händen und weinten.

Ich weiß nicht mehr, wie die nächsten fünf oder sechs Wochen vergingen. Als wir merkten, daß wir in diesem Erdloch festgehalten wurden, daß wir keine Möglichkeit hatten, mehr Nahrungsmittel zu bekommen, daß wir versteckt wurden wie wilde Kreaturen, während die Bomben neben uns einschlugen, verschwammen die Tage und Nächte zu einem undeutlichen Nebel. Manchmal war ich sicher, daß es Morgen war, daß ich trotz des Bombenlärms um uns herum die ganze Nacht hindurch geschlafen hatte, doch wenn ich aufsah, lagen die Frauen, die sonst arbeiten gingen, immer noch neben uns. Entweder hatte ich eine Nacht und einen ganzen Tag lang geschlafen oder aber nur ein paar Stunden; niemals wußte ich das. Manchmal ging ich mit der Frage schlafen: Warum behalten sie uns hier, wo wir doch noch arbeiten könnten? Scheinbar Tage später fiel mir beinahe eine Antwort ein. Dann sank ich in einen Halbschlaf und wachte wenige Stunden später mit derselben Frage auf, als wäre sie mir gerade erst eingefallen.

Wenn die Bombardements einmal aufhörten, durften wir nach draußen gehen und im Hof des Lagers herumwandern. Hin und wieder suchten Esther, Ellen und ich draußen in der Erde nach einem Stückchen Karotte oder einer Kartoffelschale. Manchmal kam Joseph abends an den Zaun und fragte nach mir. Dann brachte er immer Essen mit, wenn er es in seiner Kleidung hatte verstecken können. Oft aber arbeitete seine Gruppe auch bis spät in die Nacht, und er konnte überhaupt nicht kommen.

Eines Abends dann sagte er, er wolle sich verabschieden. Es war ungefähr Mitte März, denn es wurde deutlich wärmer. »Morgen komme ich nicht wieder«, sagte er.

»Wirst du etwa freigelassen?«

»Nein, aber der Krieg wird bald zu Ende sein, da bin ich ganz sicher. Und der Bauer, bei dem ich arbeite, will mich in einem Schuppen verstecken, bis es soweit ist. Es kann nur noch wenige Tage oder Wochen dauern.«

»Warum will er dich verstecken?«

»Die Deutschen wissen, daß sie verlieren. Wenn der Krieg vorbei ist, werden sie für ihre Verbrechen an uns bestraft werden. Er versteckt mich, damit es so aussieht, als sei er auf unserer Seite. Aber er ist auch besser als manche andere. Ich finde, ich sollte mich von ihm verstecken lassen, oder was meinst du?«

»Natürlich! Joseph, weißt du, warum sie uns nicht zum Arbeiten hinauslassen?«

Er wandte abrupt den Kopf und sah mir dann langsam wieder in die Augen. »Wenn ihr auf den Höfen arbeitet, würde die deutsche Bevölkerung euch sehen. Sie glauben, daß die Juden den ganzen Krieg hindurch das bekamen, was ich jetzt habe – gute Kleidung, gutes Essen, ein sauberes Bett. Wenn die SS zuließe, daß sie dich und die anderen Frauen sehen, würden sie die Wahrheit erkennen.

Menschen, die genug zu essen hatten, bestehen nicht nur aus Haut und Knochen.«

»Dann werden wir also doch versteckt, wie in Ravensbrück. Dort haben wir auch niemanden von draußen gesehen. Aber diese Isolation bringt uns noch um.«

»Ja ... aber bald wird alles vorbei sein. Das mußt du glauben, Seren! Ich bin ziemlich sicher, daß dieses Lager in wenigen Tagen evakuiert wird. Du darfst die Hoffnung nicht aufgeben!«

»Mach dir keine Sorgen! Ich werde leben! Und wenn ich es nur durch Willenskraft schaffe, werde ich leben. Ich will sehen, wie das alles endet. An dem Tag, wo alles endlich vorbei ist, werde ich dasein. Vielleicht nicht mehr am nächsten – aber an dem Tag werde ich leben.«

Er gab mir noch ein paar Bandagen und ein Taschenmesser. »Was immer geschieht, nimm die hier und benutze sie. Ich glaube, du wirst sie brauchen. Wo immer man euch hinbringt, ihr werdet zu Fuß gehen müssen. Aber ich werde kommen und dich finden, wenn es vorbei ist«, sagte er und wandte sich zum Gehen. »Das verspreche ich.«

Eines frühen Morgens wenige Tage später kam ein SS-Aufseher die Treppe herunter und verkündete: »Dieses Lager wird evakuiert. Ihr werdet in ein anderes Lager gebracht. Seid in einer halben Stunde zum Abmarsch bereit.«

Während wir uns mühsam vom Boden erhoben, unsere Schuhe anzogen und uns dabei fragten, wie wir die Kraft aufbringen sollten, tagelang zu marschieren, so wie wir es im Arbeitslager getan hatten, als wir noch stark und gesund waren, kam eine der Frauen aus unserer Gruppe von draußen herein. Sie lief zu einer Mitgefangenen und flüsterte ihr etwas ins Ohr. Sofort humpelten die beiden Frauen die Treppe hinauf, so schnell sie konnten. Obwohl ich nicht alles mitbekommen hatte, was sie flüsterten, hatte ich doch ein Wort aufgeschnappt, das mich ihnen schnellstens folgen ließ: »Kartoffeln«.

Esther und Ellen riefen hinter mir her: »Bleib hier, Seren! Komm zurück ...«, aber ich humpelte trotzdem weiter, über den Hof zu einem Vorratskeller, in dem jemand Kartoffeln entdeckt hatte. Das Gebäude war niedrig und hatte sehr kleine Fenster, knapp dreißig Zentimeter breit.

Eine der Frauen trat mit dem Fuß eine Scheibe ein, und ich machte es ihr mit meinen Holzschuhen sogleich nach. Ich kletterte durch das Fenster, um die erste zu sein, und fiel auf einen großen Berg Kartoffeln. Die anderen Frauen – es waren mittlerweile zwanzig oder dreißig geworden – krochen nach mir durch die Fenster. Wie die Verrückten fingen wir nun an, Kartoffeln in unsere Ärmel, Manteltaschen und vorn in unsere Kleider zu stopfen. Als ich aussah, als hätte ich in Sekundenschnelle einen enormen Busen bekommen, kletterte ich wieder durch das Fenster, wobei ich mich sehr drehen und winden mußte. Meine Füße waren so abgemagert, daß mir dabei ein Schuh herunterfiel und im Keller liegenblieb. Als ein Aufseher zum Keller lief, stand ich auf, schlang mir beide Arme um den Oberkörper und humpelte mit nur einem Schuh zurück zum Bunker.

Dort teilten wir drei die Kartoffeln unter uns auf und steckten sie vorn in unsere Kleider. Als wir uns draußen für den Abmarsch in Reihen aufstellten, flüsterte ich Esther und Ellen zu: »Macht euch keine Sorgen! Sagt nichts! Ich gehe noch mal zurück zum Bunker, um zu sehen, ob ich einen anderen Schuh finden kann.«

»Nein, geh nicht!« sagte Esther und packte mich am Arm. »Immer läufst du weg. Bitte bleib bei mir!«

»Ich kann nicht mit nur einem Schuh marschieren. Ich bin gleich wieder da.«

Ich riß mich los, eilte geduckt die Treppe hinunter und suchte den Boden nach einem Schuh ab. Da in der Ecke lag ein lederner Schnürschuh! Es war ein rechter Schuh, und obwohl ich meinen linken verloren hatte, zog ich ihn über und kehrte zu Esther und Ellen zurück. Wir faßten uns an den Händen und begannen, langsam schlurfend aus den Toren des Türkheimer Lagers hinauszumarschieren – hinein ins Chaos.

Tausende von Deutschen flohen aus ihrem Land, das sich um sie herum allmählich auflöste. Wie sahen Soldaten, die ihre Gewehre verloren hatten und in Richtung Schweiz flohen, wir sahen verwundete Soldaten, die ebenso langsam voranhumpelten wie wir und oftmals ihre Krücken dabei verloren. Wir sahen Väter, die kleine rote Karren mit aufgetürmten Kissen und Decken schoben, an deren Seiten noch ein Schaukelstuhl befestigt war, und die Mütter folgten mit ihren Kindern nach. Während die Alliierten vorrückten, verließen die Zivilisten ihre Häuser und Wohnungen, ließen die ungemachten Betten, die ungewaschenen Teller zurück, die Wohnungstüren offen und zogen auf den Straßen aus Deutschland hinaus, da sie um ihr Leben fürchteten.

Obwohl wir es zu der Zeit noch nicht verstanden, waren die Männer der SS noch eifriger darum bemüht, vor den heranrückenden Armeen zu fliehen als die Zivilisten. Und sie legten es darauf an, diejenigen von uns – etwa hundert der ursprünglich zehntausend Frauen – zu eliminieren, die bis jetzt noch nicht gestorben waren. Inzwischen waren wir zu schwach und zu krank, um uns die Freiheit zu wünschen; wir konnten nirgends hingehen. Wir brauchten Nahrung. Wir brauchten Pflege. Wer würde uns das geben? Wir wollten nur eines: das Ende des Krieges. Auf diesen Tag hin lebten wir – nichts weiter.

Irgendwann Mitte April erreichten wir Burgau, ein kleineres Lager inmitten von Grasfeldern und frisch gesätem Getreide. Das Lager war von elektrischen Zäunen umgeben, und an jeder Ecke stand ein Wachturm mit einer Wache, die ihr Gewehr auf das abgesperrte Gebiet richtete. Darin befanden sich frischgestrichene graue Gebäude mit sauberen Fenstern und Reihen von Doppelbetten, die sich im Fußboden spiegelten. Der Duft von Seife und heißem Wasser hing noch an den Tür- und Fensterrahmen, den Betten, den Wänden. Wieder einmal fiel mir auf, wie unterschiedlich die Konzentrationslager waren. Wenn das Lager versteckt im Wald lag, wie etwa Ravensbrück, war es nichts weiter als eine schmutzige, kalte Behausung, während die Lager auf dem freien Feld, wie Burgau, sauber und voller Licht waren.

Das Lager war verlassen. Schweigend betraten wir die leeren Räume und ließen uns auf den harten Betten nieder. Diejenigen, die den langen Marsch überlebt hatten, weniger als achtzig Frauen, waren vollkommen erschöpft. Es war Wochen her, seit man uns irgend etwas zu essen gegeben hatte; die eine Mahlzeit am Tag war uns irgendwann auch vorenthalten worden. Esther, Ellen und ich hatten versucht, unsere Kartoffeln so lange wie möglich aufzusparen, und aßen nur eine pro Tag. Nachdem alle gegessen waren, zwei Tage nach unserer Ankunft in Burgau, gingen wir nach draußen, um Abfälle zu suchen.

Draußen schien alles ganz anders auszusehen als am Tag unserer Ankunft – irgendwie wilder. »Hier hat sich etwas verändert«, sagte ich. »Ich weiß nur nicht, was.«

»Das Gras ist weg!« erwiderte Ellen. »Ich bin sicher, daß hier überall Gras war. Jetzt ist der Boden ganz kahl.«

Wir gingen um eine Gebäudeecke und sahen eine Frau, die auf allen vieren und mit gesenktem Kopf im Dreck herumkroch, einen Löffel in der Hand. Sie kam an ein langes Brett und schaffte nach ein paar vergeblichen Versuchen, es anzuheben. Darunter kam etwas angewelktes Gras zum Vorschein. Grunzend fing sie an, mit ihrem Löffel zu graben, an den Wurzeln zu reißen und sie schließlich aus dem Boden zu ziehen. Sie schüttelte den Grasklumpen, damit die Erde abfiel, steckte sich alles in den Mund und kaute zufrieden darauf herum.

Eine Minute lang starrten wir sie nur an. Dann krochen auch wir auf Händen und Knien herum und suchten nach Gras. Man kann sich kaum vorstellen, wie köstlich Essen schmeckt, wenn man wirklich hungrig ist. Einige Tage später war dann alles Gras und ähnliches verwertet worden, selbst die weißen Keimlinge unter Steinen, die weichen Wurzeln der Disteln und das zarte Innere junger Bäume.

Esther wurde immer schwächer. Ihre Oberschenkelknochen waren nichts weiter als dünne weiße Striche, die aus ihren hervortretenden Hüftgelenken ragten. Die meiste Zeit verbrachte sie im Bett. Wenn sie merkte, daß ich meine Schuhe anziehen und hinausgehen wollte, geriet sie sofort in Panik. »Geh nicht«, bettelte sie. »Dein Zeh wird dir nur weh tun, wenn du die Schuhe anziehst. Bleib hier bei mir ...«

»Ellen bleibt bei dir, nicht wahr, Ellen?« antwortete ich dann und zog meine Schuhe weiter an.

Ellen wollte auch nicht, daß ich ging, aber sie sagte für gewöhnlich: »Ja, ich bleibe hier – wenn du gleich wieder zurückkommst.«

»Warum habt ihr immer Angst, daß ich euch verlasse? Daß ich meine Schwester und meine beste, treueste Freundin im Stich lasse? Denkt ihr das wirklich?«

»Nein, nein«, erwiderte Ellen. »Das denke ich nicht … Es ist nur, daß …«

Keine von beiden hatte Lilys Tod so ganz verkraftet, und ich auch nicht. Ich wußte, daß dies der Grund für ihre Angst war. Aber ich beschwichtigte sie noch einmal und ging dann mit einem Löffel in der Hand hinaus.

Als ich eines Tages auf dem Weg in eine Ecke des Hofs war, bereit, auch Würmer auszugraben, falls ich kein Gras finden sollte, kam ich an einem Fenster vorbei. Plötzlich schrak ich zusammen, und das Blut stieg mir so schnell zu Kopf, daß ich dachte, ich würde in Ohnmacht fallen. Ein altes, verhutzeltes Weiblein starrte mich aus tiefliegenden Augen an – ein knorriger Geist, der mich holen wollte. Hastig blickte ich mich um, um zu sehen, wer diese Gestalt war, dieser Kopf auf einem Stengel, der mir mehr Furcht einflößte als alles, was ich je in meinem Leben gesehen hatte. Doch niemand war da. Ich sah wieder ins Fenster. *Das bin ich*, erkannte ich. *Dieser Geist bin ich. Ich bin ein alte Frau geworden* … Das letzte Mal, daß ich in einen Spiegel gesehen hatte, war an dem Morgen gewesen, als ich Budapest als junge Frau verlassen hatte; und jetzt starrte mich eine Achtzigjährige an. *Vergiß, was du gesehen hast!* befahl ich mir und ging weiter. Von da an blickte ich immer in die andere Richtung, wenn ich an einem Fenster vorbeikam.

An einem warmen Frühlingstag saßen wir drei draußen auf einer Stufe vor der Baracke und versuchten vergeblich, nicht über Essen zu reden. »Weißt du noch, wie wir immer die Rosinen aus Mamas Brötchen gepult und unter unseren Tellern versteckt haben?« fragte ich Esther. »Wie konnten wir nur so etwas tun?«

»Das ist lange her …«, erwiderte sie. Ehe sie fortfahren konnte, hörten wir in der Nähe einige dumpfe Laute. Irgend etwas wurde über den hinteren Zaun geworfen und landete im Hof.

»Kartoffeln!« rief da jemand. »Es regnet Kartoffeln!«

Ich humpelte zum Zaun hinüber. Auf der anderen Seite standen Bauern mit Körben vor den Füßen und warfen eine Kartoffel nach der anderen zu uns herüber. Sobald eine den Boden berührte, stürzten sich drei oder vier Frauen darauf. Wenn man es schaffte, eine Kartoffel zu schnappen, nahm eine andere Frau sie wieder weg und eine dritte wiederum von ihr. Das wollte ich nicht mitmachen. Aber es war seltsam, daß diese Bauern gekommen waren, um uns zu helfen. Einer von ihnen muß unsere zum Skelett abgemagerten Körper gesehen und erkannt haben, daß die Gerüchte über die Konzentrationslager doch der Wahrheit entsprachen. Dann lief ein SS-Aufseher zum nächsten Wachturm und rief: »Erschießt sie! Erschießt sie!« Die Wachen im Turm eröffneten das Feuer auf die Bauern, die über die Felder liefen und ihre Körbe zurückließen.

Als alles wieder ruhig war, ging ein anderer Aufseher zu dem, der den Schießbefehl gegeben hatte, und fragte: »Warum haben diese dummen Bauern das getan?«

»Vielleicht, weil Ostern ist«, antwortete der erste.

Der April blieb weiterhin warm. Wir saßen ohne Mäntel in der Sonne, die Hände unter unseren Hintern, die Beine wie zwei gebleichte Holzstecken vor uns ausgebreitet. Hin und wieder bekamen wir ein Stück trockenes Brot, manchmal eine halbgare Kartoffel. Oder wir lagen auf unseren Betten, zu schwach, um uns zu bewegen. Ich verbrachte die Zeit damit, mir vorzustellen, wie all die Frauen mit

Fleisch auf den Knochen, längeren Haaren und einem hübschen Kleid aussehen würden.

Eines Morgens kam ein Wärter zu unserer Baracke und teilte uns mit, daß auch dieses Lager evakuiert werde. Als er den Raum gerade verlassen wollte, trat ein anderer Mann zu ihm und sagte: »Wir müssen uns beeilen. Heute ist der fünfundzwanzigste. Sie wollen sie am ersten Mai.«

Sie gingen weg, und Esther sah mich an. »Heute ist dein Geburtstag!« sagte sie.

»Daran habe ich gar nicht gedacht«, antwortete ich. »Es gibt auch nicht gerade viel zu feiern, oder?«

»Nun, du lebst noch«, entgegnete Ellen. »Das ist doch immerhin etwas.«

»Ja, das ist etwas«, sagte ich.

»Horcht!« rief Esther da. »Hört ihr das? Was ist das?«

Ein Rattern erklang in der Ferne. Es hörte auf und setzte von neuem ein.

»Das sind Maschinengewehre!« rief ich. »Die Alliierten müssen so nahe sein, daß wir sie hören können.«

»Woher weißt du, daß es die Alliierten sind?« fragte Esther. »Es könnten doch auch Deutsche sein.«

»Die Deutschen würden ihre eigenen Leute nicht mit Maschinengewehren erschießen. Nein, das sind die Alliierten. Der Krieg kann jetzt jeden Tag vorbei sein. Ich weiß es!«

Wir verließen Burgau und gingen zur Bahnstation, wo ein langer Zug mit vielen, vielen Waggons auf uns wartete. Sie befahlen uns einzusteigen. »O Gott, nein!« rief ich, als die Wärter uns vorwärtsstießen. »Nicht schon wieder in einen Zug! Die Freiheit ist doch schon so nahe!«

Ein Gewehrkolben traf mich hart im Rücken. Ich kletterte die Stufen hinauf in den Waggon und zog Esther und Ellen mit mir. Die achtzig von uns, die noch übrig waren, kamen alle in diesen Waggon. Rechts und links von uns waren ebenfalls lauter Gefangene in den Waggons, alles Männer. Die Türen wurden verriegelt, und der Zug setzte sich in Bewegung.

Es war die schlimmste Zeit überhaupt, eine Zeit ohne Hoffnung. Jeder Tag, jede Nacht erstreckte sich ins Unendliche, durchbrach auch diese Grenze und erreichte die Regionen, wo Zeit nur noch um sich selber kreist. Der Zug fuhr vor und zurück, vor und zurück über dieselben Gleise. Englische Flugzeuge flogen nicht weit entfernt über unseren offenen Waggon hinweg, und ihre Schüsse gingen rechts und links von uns auf den Boden. Amerikanische Bomber dröhnten hoch droben entlang und schwärzten den Himmel. Wir waren mitten im allerschlimmsten Krieg, von allen Seiten eingekreist. Ich glaubte nicht, daß wir diesen Zug jemals wieder lebend verlassen würden. Jeden Abend wurden die Türen geöffnet, um die Leichen derer hinauszuschaffen, die vor Verzweiflung gestorben waren. Am vierten Tag waren nicht mehr als zwanzig Frauen von uns übrig.

An diesem vierten Tag, dem 29. April 1945, fuhr der Zug in ein kleines Dorf ein und hielt. Ich spähte durch einen Spalt hinaus und blickte den Zug entlang. Drei Waggons vor uns stand die Lokomotive, vor dem Bahnhof von Schwabhausen. Hinter uns waren noch sieben oder acht Waggons, einige offen, andere geschlossen. Daneben lag ein Feld und dahinter ein Wald. Da sah ich einen Lastwagen vom Roten Kreuz vor den Bahnhof fahren. Im nächsten Augenblick kamen einige Männer mit Kisten voller Brot auf uns zu.

»Oh, Mädchen!« rief ich. »Wir bekommen etwas zu essen!« Wir drei saßen neben der Tür. Ich hatte meine Schuhe ausgezogen, weil mein Zeh immer noch ständig blutete, und zog sie nun wieder an. Wie immer klammerten Esther und Ellen sich sofort an mir fest, weil sie wußten, daß ich irgendwo hingehen wollte. Ein Mann vom Roten Kreuz kam zu unserem Waggon und befahl, daß er geöffnet werde. Kurz darauf fing ein SS-Wärter an, die Tür aufzuschieben. Als er sie etwa zwanzig Zentimeter weit aufgeschoben hatte, ertönte im Bahnhof plötzlich eine Sirene. Sie heulte los, höher, immer höher, und gellte in unseren Ohren. *Warum muß ausgerechnet jetzt ein Bombenangriff sein?* dachte ich. Ich war so verzweifelt darüber, daß wir nun doch nichts zu essen bekommen sollten, daß ich nicht merkte, wie nahe die Bomber schon waren. Die Männer von der SS und vom Roten Kreuz rannten in Deckung und ließen uns in den teilweise noch verschlossenen Waggons zurück. Esther und Ellen lösten ihren Klammergriff und hielten sich die Ohren zu.

Dann entdeckte ich draußen vor dem Waggon ein Stück Brot, das der Mann vom Roten Kreuz bei seiner Flucht offenbar verloren hatte. *Ich werde den Mädchen nichts sagen*, beschloß ich, während ich auf den Spalt zukroch, *aber ich hole uns jetzt dieses Brot.* Schnell schob ich mich durch die Öffnung, landete auf dem Boden und griff nach dem Brot.

Plötzlich wurde es hinter mir unerträglich laut, und ein gewaltiges Dröhnen erklang. Hastig blickte ich mich um. Hunderte englischer Flugzeuge flogen im Tiefflug den Zug entlang und schossen auf uns. Ich konnte die Soldaten genau erkennen, wie sie mit ihren Maschinengewehren auf die Gefangenen in den offenen Waggons zielten. Schnell rollte ich unter den Waggon. *Ich bin schon zu weit gekommen, um so zu sterben*, dachte ich.

Und auf wunderbare Weise überlebte ich. Die Bomber flogen weiter. Ich lief zum ersten Waggon und sah vorsichtig nach, ob sich dort auch niemand versteckte. Doch da lag nur eine Decke, die ich mitnahm und den Mädchen zuwarf. Dann beschloß ich, auch die anderen Waggons zu durchsuchen. Esther flehte mich an, ich möge bleiben, doch ich mußte gehen ... Ich konnte nur noch an Essen denken. Irgendwo mußte doch noch etwas sein – eine Kartoffel, ein Stückchen Brot, irgend etwas! Ich humpelte weiter. Wenige Minuten später hörte ich, daß die Flugzeuge zurückkehrten. Ich versuchte zu rennen, aber ich war nicht schnell genug. Voller Entsetzen sah ich die Bomben fallen. Und einer der Piloten richtete sein Gewehr auf Esther.

Gott vergib mir! dachte ich. *Wie konnte ich sie nur für ein Stückchen Brot allein lassen?* Esther hatte sich gerade gegen die Waggonwand gelehnt, als die Bombe einschlug, und der Waggon war praktisch hinter ihrem Rücken explodiert. Immer wieder hatte ich bei Bombenangriffen gewarnt: »Bedeckt eure Köpfe. Legt euch auf den Boden.« Aber diesmal war ich nicht dagewesen, also war Esther stehengeblieben und hatte sich an das Metall gelehnt. Ellen mußte sich an meine Warnungen erinnert haben; sie blieb unverletzt.

Ellen brachte die Decke, die wir neben dem Zug ausbreiteten. Dann legten wir Esther darauf.

»Da steckt eine Kugel in ihrem Kopf!« schrie Ellen.

»Ich sehe sie«, erwiderte ich, als ich den runden Stahlstift entdeckte, der ihr oben links aus dem Schädel ragte.

Während Esther noch unter Schock stand, zog ich ihr das Geschoß aus dem Kopf und warf es weit weg. Mit den bloßen Fingern entfernte ich die dicken, langen Metallsplitter aus ihrem Rücken, danach nahm ich das Taschenmesser, das Joseph mir gegeben hatte, und machte mich an die kleineren. Manche von ihnen waren sehr dünn, aber länger als eine Stopfnadel, und ich mußte tief schneiden. Als immer mehr Blut floß, riß ich Stoffetzen von meinem Hemd ab und gab sie Ellen. »Ich schneide, du wischst«, befahl ich. Dann schnitt ich weiter, und Ellen wischte das Blut fort, bis ich alle Splitter entfernt hatte, die ich sehen konnte. Wir nahmen den Rest, der noch von meinem Unterhemd übrig war, legten ihn auf Esthers Rücken und wickelten sie in die Decke ein. Es begann zu regnen.

23. Kapitel

Auf einmal nahm ich wieder die Schreie wahr, die aus den anderen Waggons kamen, von den Gleisen und von den grasbewachsenen Abhängen des Bahndamms. Ich sah auf. Geflügelte Skelette mit runden Schädeln schwebten durch den Regen über die Wiese, wilde Schreie drangen aus ihren aufgerissenen Mundlöchern. Die männlichen Gefangenen, die noch am Leben waren, hatten sich in Decken gehüllt und hinkten auf den Wald zu. Einen Moment lang war ich ganz benommen von den schaurigen Schreien, die zum grauen Himmel emporstiegen, dem Regen, der auf mich niederfiel, Esther, die zu meinen Füßen jammerte und stöhnte, und den Toten, die in den verschlossenen Waggons vermutlich kreuz und quer übereinanderlagen. Blut troff aus den Waggons, lief über meine Füße und den Abhang hinunter, wo es vom Regen verwaschen wurde.

Dann war die Wiese leer, die Geister verschwanden. Ich blickte mich um und blinzelte, als wäre ich aus tiefem Schlaf erwacht. Von der Bahnstation, die unbeschädigt geblieben war, kamen drei oder vier SS-Aufseher auf den Zug zu.

»Komm«, sagte ich zu Esther. »Wir müssen von dem Zug weg. Wir helfen dir.«

Irgendwie schafften wir es, sie aufzurichten, und wir zerrten sie den Bahndamm hinunter über die Wiese bis zum Waldrand unter ein paar Fichten. Während wir sie auf die weichen Nadeln betteten, holten uns zwei der Aufseher ein. Einer zog seine Pistole. »Zurück in den Waggon!« kommandierte er.

Ich sah ihn an, sah auf Esther und dann zum Zug, aus dem noch immer das Blut tropfte. Ich entschied, daß ich genug hatte. Ich würde keinem Befehl mehr nachkommen. »Ich gehe nirgendwohin!« sagte ich. »Das hier ist meine Schwester. Sie ist schwer verletzt. Sie kann nicht wieder in den Zug gehen, wo all die Toten herumliegen. Und ich werde sie nicht allein lassen.«

»Zurück zum Zug!« wiederholte er und zielte mit der Waffe auf meine Brust.

»Sie können mich erschießen, wenn Sie wollen, aber ich gehe nicht wieder zurück.«

Er starrte mich an, hob die Waffe noch höher und zielte auf meinen Kopf. Ich starrte zurück, starrte direkt in den Lauf der Pistole. Seine Hand begann zu zittern, die Waffe pendelte von rechts nach links. Schließlich ließ er sie sinken und wandte sich zum Gehen. Der zweite Aufseher folgte ihm. Sie marschierten zum Zug, stiegen ein, und die Waggons mit den Toten entschwanden in den Nebel.

Als sie fort waren, entdeckten die anderen Gefangenen im Wald einen zweiten Zug direkt dahinter. Einige Männer krochen darauf zu und brachen die Waggons auf, die voller Konserven waren. »Essen! Essen!« riefen sie. Sie fingen an, die Dosen zu den anderen Gefangenen hinunterzuwerfen, die unten am Bahndamm standen. Wenn eine Dose hinunterrollte, sprangen zehn Männer darauf zu. Während sie um diese eine Dose kämpften, rollten fünf oder sechs weitere an ihnen vorbei.

Ich beobachtete die Männer und ihre auf und ab flatternden Decken und überlegte, wie ich an die Dosen kommen könnte. Ich beschloß, mich dort zu postieren, wo die meisten Dosen herunterrollten, und kroch zum Bahndamm, wo ich nur eine Minute warten mußte, bis zwei Dosen vor meine Füße rollten. Ich versteckte sie unter meinem Kleid und eilte zu Ellen und Esther zurück.

»Ich habe zwei Dosen!« rief ich. »Zwei ganze Dosen!«

»Was ist drin?« rief Ellen zurück. »Oh, was glaubst du, daß es ist?«

Ich untersuchte die großen, schweren Dosen. Die Aufschrift war in einer Sprache, die ich nicht verstand; später fand ich heraus, daß es Englisch war. »Ich weiß nicht«, antwortete ich. »Ich weiß ja nicht einmal, wie wir sie aufmachen sollen.«

Immer wieder drehte ich die Dose in meinen Händen. Fünf oder zehn Minuten lang versuchte ich, sie mit meinem Taschenmesser aufzubekommen. Alle konservierten Nahrungsmittel, die wir zu Hause und in Budapest gegessen hatten, waren in versiegelten Gläsern mit Deckel gewesen. Diese Metalldosen waren seltsam, sie hatten keinen Deckel. Als ich gerade mit einem Stein auf eine Dose einschlug, kam ein Gefangener mit einer Decke um den Kopf zu mir und sagte: »Wie ich sehe, habt ihr zwei Dosen.«

»Ja«, erwiderte ich. »Aber ich kann sie nicht öffnen.«

»Ich sag dir was«, meinte er. »Wenn du mir eine davon abgibst, zeige ich dir, wie du die andere aufmachen kannst.«

Eine geöffnete Dose war besser als zwei geschlossene, dachte ich. »Zeig mir, wie man sie aufmacht«, antwortete ich also und gab ihm eine Dose.

Er zog einen metallenen Schlüssel vom Boden der Dose ab, steckte ihn auf eine Lasche an der oberen Seite und fing an, den Schlüssel zu drehen und so die Lasche aufzurollen. Wie durch ein Wunder öffnete sich dabei die Dose.

»Du bist ein Genie«, sagte ich. »Ein großes Genie.«

»Danke«, sagte er und machte sich mit seiner Dose davon.

»Was ist drin?« fragte Ellen. »Los, sag schon!«

»Sieht aus wie Milch.«

Langsam hob ich die Dose an die Lippen und probierte. Warme, süße Milch floß in meinen Mund und meine Kehle hinunter. Ich nahm zwei Schlucke und gab die Dose an Ellen weiter. Sie trank ebenfalls, und dann richteten wir Esther auf, um ihr ihren Anteil vorsichtig in den Mund zu träufeln. Die Dose machte ein paarmal die Runde, dann war sie leer. Nun zog ich das Stückchen Brot aus der Tasche, das ich mir kurz vor der Bombardierung geschnappt hatte, und brach es in drei Teile. Unser erstes Essen seit Monaten! Ich fühlte mich erfrischt und gestärkt. Alle Gedanken über das Sterben, die mir unterhalb des Zugs durch den Kopf geschossen waren, verschwanden. Ich wollte leben!

Die Frage war nur, wohin wir jetzt gehen sollten, damit uns keine Patrouillen der SS aufspüren konnten. Der Regen war mittlerweile stärker geworden, drang durch die Zweige und tropfte auf unsere Köpfe. In der Ferne gingen in den Bauernhäuser die Lichter an und flackerten in der einsetzenden Dämmerung. Ellen und ich saßen unter den triefenden Bäumen, Esther zwischen uns, und beobachteten das Flackern. Als ich sah, wie in einem Haus die Lichter angingen, das nur einige hundert Meter entfernt war, beschloß ich, einen weiteren Erkundungsgang zu wagen. Die Milch und das Brot hatten mich daran erinnert, wie schön es war zu essen, und ich wollte mehr für uns drei.

Ich ging auf das Licht zu. Als ich am Haus ankam, rannte plötzlich ein großer Collie auf mich zu. *Was ist, wenn er mich beißt?* dachte ich. Dann blieb der Hund ein paar Meter vor mir stehen, sah zu meinem eingefallenen Gesicht auf, klemmte den Schwanz ein und winselte. Langsam drehte er sich um und kehrte winselnd in den Hof zurück.

Ich klopfte an die Tür. Eine alte Frau öffnete. »Könnte ich bitte etwas zu essen haben?« fragte ich. Sie starrte mich ein oder zwei Minuten lang an, sah in mein Gesicht, auf die abgescheuerte Haut meiner Hände, auf die blasige Haut meiner Beine, die hervortretenden Knochen an meinen Füßen. Dann wanderte ihr Blick wieder nach oben, doch ehe sie mein Gesicht, meine Augen, erreichte, wandte sie sich schnell ab und ließ mich in der offenen Tür stehen. Kurz darauf kehrte sie mit einem Teller fetter Schweinsknochen zurück, den sie mir gab. Dann schloß sie ohne ein Wort die Tür. Ich eilte zu Ellen und Esther zurück.

»Ich habe ein paar Knochen«, sagte ich, »aber es ist Schweinefleisch.«

»Schweinefleisch? Wie sollen wir das essen? Wird uns davon nicht schlecht werden?« fragte Esther.

»Schweinefleisch ist besser als gar nichts«, entgegnete ich. »Ich will mir jetzt keine Gedanken darüber machen, ob mir schlecht wird. Das kann ich später tun.«

Ellen sah zu, wie ich an einem Knochen nagte, und nahm ebenfalls einen. Immer wieder rissen wir kleine Fleischstückchen ab und gaben sie Esther. Ich weiß nicht, warum uns von dem fetten Schweinefleisch nicht schrecklich übel wurde, vor allem, da wir kurz vorher die Milch getrunken hatten, aber es passierte uns nichts.

Inzwischen war es ganz dunkel geworden, und ich entschied, daß es sicher war, den Schutz der Bäume zu verlassen. Zuvor hatte ich bei dem Haus, an dem ich geklopft hatte, ein Nebengebäude entdeckt. Möglicherweise war es der Heuschober. Ellen und ich schleiften Esther über die nasse Wiese zu diesem Gebäude. Das Tor war verriegelt – was sollten wir jetzt tun? Da hörte ich es drinnen rascheln und flüstern, also mußte es noch einen anderen Weg hinein geben. Wir schlichen an einer Seite entlang, und ich tastete die Holzbretter ab, bis ich zu einer Stelle kam, wo zwei Bretter fehlten.

»Ich werde zuerst hineingehen und dir Esther dann abnehmen«, flüsterte ich Ellen zu. Doch sofort blockierte jemand von innen mir den Weg. *Vermutlich hat er nur Angst*, dachte ich. *Er weiß nicht, wer ich bin.*

»Bitte, laß uns hinein«, sagte ich also auf jiddisch.

»Ich kann nicht«, antwortete er, ebenfalls auf jiddisch. »Hier ist kein Platz mehr.«

Ich erkannte, daß alle Gefangenen aus dem Wald hier hinein verschwunden waren. »Du mußt uns hineinlassen«, beharrte ich. »Ich habe meine Schwester bei mir. Sie ist verwundet. Und es regnet. Bitte, laß uns rein.«

»Wo solltest du hin, wenn ich dich hereinlasse. Hier ist wirklich kein Platz mehr.«

»Ich werde schon etwas finden. Mach dir darüber keine Gedanken. Laß uns hinein. Ich werde nicht weggehen, bis du es tust.«

Seufzend gab er den Weg frei, und wir drei krochen durch die Öffnung. Der Mann hatte nicht gelogen; überall lagen Männer ausgestreckt auf dem Boden. Zuerst konnte ich sie nicht richtig erkennen, aber als meine Augen sich an die Dunkelheit gewöhnt hatten, sah ich die weißen Gesichter, die knochigen Schädel, die aus dem Heu hervorlugten. Vorsichtig stiegen wir über sie hinweg ans andere Ende des Schuppens und fanden eine freie Stelle direkt neben der Wand. Wir hockten uns hin, streuten etwas Heu über uns und lehnten uns gegen die Wand.

Wir hatten kein Bett, und es war nicht besonders warm, aber wir waren nicht mehr in diesem Zug, nicht mehr im Regen, nicht mehr in irgendeinem Lager.

Dann hörte ich Schritte auf der anderen Seite der Wand. Ein Mann rief durch ein Astloch: »Ist da jemand?« Er sprach ungarisch und war offensichtlich auch ein Gefangener.

»Ja«, antwortete ich, ebenfalls auf ungarisch.

»Wo seid ihr hineingekommen?«

»Auf der gegenüberliegenden Seite, aber ich glaube nicht, daß du auch noch hinein kannst. Es ist sehr voll hier, und ein Mann steht an der Öffnung und läßt niemanden mehr durch.«

»Also gut. Ich werde mir etwas anderes für die Nacht suchen.«

»Warte!« rief ich. »Hast du etwas zu essen?« Nach so langer Zeit ohne Nahrung konnte ich plötzlich nicht genug davon bekommen.

»Nein«, erwiderte er, »aber ich habe eine Flasche Whisky, die ich in einem Bauernhaus gefunden habe.«

»Ich würde gern etwas davon für meine Schwester haben. Sie ist verwundet. Wenn ich meinen Becher unter das Astloch halte, gießt du mir dann etwas ein?«

»Aber sicher. Halt ihn nur hin.«

Er schenkte mir etwas von seinem Whisky und schlurfte dann davon. Ich gab Esther zu trinken, nahm selbst einen kleinen Schluck und reichte den Becher an Ellen weiter.

»Ich habe noch nie Whisky getrunken«, sagte sie. »Ich weiß nicht, ob ich es tun soll.«

»Versuch es«, meinte ich. »Danach fühlst du dich ein wenig besser.«

Wir reichten den Becher hin und her, hin und her, spürten die Wärme unsere Kehlen hinunterrinnen und sich in unseren mageren, zermürbten Körpern ausbreiten. Was für ein wohliges Gefühl! Nach einer halben Stunde waren wir betrunken und schliefen friedlich unseren ersten Schlaf in Freiheit.

Als wir am nächsten Morgen erwachten, fiel das Licht hell und golden durch die Fenster über uns. Es muß das Geräusch des Torriegels gewesen sein, das uns weckte. Ein deutscher Bauer schob das Tor auf und blieb reglos stehen, so daß seine Silhouette sich scharf gegen das Licht absetzte. Er starrte in seinen Schuppen, in die riesigen Augen, die aus den mageren, fast kahlen Köpfen aus seinem Heu heraus zurückstarrten, drehte sich um und stapfte wortlos davon.

Die Männer standen auf, streckten sich und humpelten langsam einer nach dem anderen hinaus. Die Freiheit war etwas Neues, Seltsames für uns; wir wußten nicht so recht, was wir damit anfangen sollten. Ich genoß noch immer die Wärme des Alkohols und das duftende Heu und war nicht bereit zu gehen. Als der letzte Mann verschwunden war und die Tür hinter sich schloß, blieben wir drei einfach liegen. Ich spähte durch das Astloch hinaus. Es begann zu schneien, und kalter Wind strich über das Feld. *Was sollen wir jetzt tun?* dachte ich. *Wohin sollen wir gehen?*

Plötzlich wurde die Tür aufgerissen. Eine Gruppe Wehrmachtsoldaten der deutschen Armee, nicht der SS, kam herein. Vermutlich wollten sie sich Zivilkleidung anziehen, ehe sie ins Ausland flohen. Als die Soldaten uns entdeckten, machten sie augenblicklich wieder kehrt. Doch bevor alle wieder draußen waren, kam einer der Männer näher, streckte seine Hand aus und hielt uns ein Päckchen Notverpflegung entgegen. Ich nahm es. Darin waren drei Kekse, für jede von uns einer, ein Stück Cheddarkäse und ein Riegel Schokolade – ein Festessen! Wir aßen und lehnten uns wieder zurück, da wir immer noch nicht wußten, wo wir jetzt hingehen sollten.

Als ich wieder durch das Astloch blickte, sah ich Rauch aus einem Viehwaggon aufsteigen, der auf einem Nebengleis an der Bahnstation stand. Einige der Männer, die hier im Schuppen übernachtet hatten, kletterten hinein und gesellten sich dort offenbar zu anderen, die ein Feuer entfacht hatten. »Dort werden wir hingehen«, sagte ich zu den Mädchen. »Da wird es wärmer sein.«

Wir trugen Esther zwischen uns. Sie verlor immer wieder das Bewußtsein, da sich ihre Wunden infiziert hatten. Als wir den Waggon fast erreicht hatten, fiel den Männern ein, daß der Zug auf dem anderen Nebengleis Nahrung geladen hatte. Sie kletterten wieder heraus, liefen zum Zug und plünderten die Waggons. Als auch ich loslaufen und etwas zu essen holen wollte, packten Esther und Ellen mich an den Armen und hielten mich fest.

»Laßt mich gehen!« rief ich. »Da ist noch mehr Essen in den Waggons!«

»Nein! Nein! Nein! Nein!« schrie Esther und hielt mich dabei mit einer Kraft fest, die ich ihr nicht mehr zugetraut hätte.

»Ellen, hilf mir doch«, bat ich. »Du weißt, daß ich gleich wieder zurückkomme.«

Sie schüttelte den Kopf. Während ich mich noch immer loszumachen versuchte, erschütterte eine Explosion die stille Morgenluft und warf uns zu Boden. Ich sah, daß der Zug in Stücke zerfetzt worden war – von den Männern keine Spur mehr. Die SS hatte eine Bombe im Zug deponiert, die explodierte, sobald jemand darauf trat.

Wir kletterten in den Viehwaggon und hielten unsere Hände über das kleine Feuer. Hier wollte ich aber nicht bleiben; vielleicht war auch hier eine Bombe versteckt.

Esther stöhnte und war schon wieder fast bewußtlos. Ich wollte unbedingt irgendwo hingehen, wo sie sich hinlegen konnte. Da sagte einer der Männer: »Auf der anderen Seite der Gleise ist ein kleiner Schuppen, wo die Bahnarbeiter gewohnt haben. Warum bringt ihr sie da nicht hin? Ich glaube, eine Frau ist bereits dort.«

Als wir die Tür zum Schuppen öffneten, begrüßte uns ein ungarischen Mädchen aus unserem Lager, Sonia. »Seren! Komm herein!« sagte sie. »Hier sind Betten und ein Ofen – sogar fließendes Wasser. Ich habe die Hütte erst vor ein paar Minuten entdeckt.«

»Aber können wir hier denn bleiben?« fragte Ellen. »Werden sie uns nicht wegjagen?«

»Wir haben hier das Kommando«, entgegnete ich. »Sie gehört uns.«

Während Sonia in dem dickbauchigen Ofen ein Holzfeuer entfachte, legten Ellen und ich Esther auf eines der harten Betten. Wir nahmen die Stoffetzen von ihrem Rücken, der mittlerweile eine einzige geschwollene Wunde war, aus der überall Eiter lief. Die Wunde in ihrem Kopf, wo die Kugel gesteckt hatte, war ebenso entzündet, ihre Stirn heiß und verschwitzt. Ich zog ihr die restlichen Kleider aus und wusch sie mit Seife und Wasser, wusch die Kleider und hängte sie zum Trocknen um den Ofen. Den restlichen Tag und die Nacht über blieben wir in dem Schuppen.

Am nächsten Morgen hatte Esther hohes Fieber. Ich wußte, daß ich sie nicht retten konnte. Wir hatten keine Arzneimittel und keine Möglichkeit, die restlichen Splitter aus ihrem Rücken zu entfernen. Ich konnte nichts für sie tun.

In der Mitte des Vormittags, an diesem ersten Mai, kam plötzlich ein weißer Lastwagen zu unserem Schuppen gefahren. Zwei Männer in weißen Kitteln klopften an die Tür. Da sie anscheinend keine Deutschen waren, ließen wir sie herein. Sie redeten in einer Sprache auf uns ein, die wir nicht verstanden, und bedeuteten uns, ihnen zum Wagen zu folgen.

»Auf keinen Fall!« antwortete ich auf jiddisch. »Wir gehen mit niemandem, den wir nicht kennen!«

Die Männer fuhren wieder fort. *Ich frage mich, wer das war,* dachte ich, als der Lastwagen kehrt machte. Aber nach wenigen Minuten kamen sie mit einem dritten Mann zurück, der sich vor die Tür stellte und auf jiddisch rief: »Machen Sie bitte auf. Wir sind amerikanische Soldaten. Wir sind gekommen, um Sie in ein Krankenhaus zu bringen.«

Ich öffnete die Tür. »Warum haben Sie so lange gebraucht?« fragte ich den Mann.

Wir fuhren etwa vierzig Kilometer, bis wir an eine Klosterschule kamen, Sankt Ottilien, die in ein Krankenhaus umfunktioniert worden war. Der Lastwagen hielt vor einem großen Zelt, und heraus liefen Nonnen mit langen schwarzen Gewändern und Hauben auf dem Kopf. Sie streckten uns ihre Arme entgegen, während wir aus dem Wagen krochen, und führten uns in das Zelt. Dort entkleidete uns eine von ihnen und warf unsere Sachen auf ein Feuer. Als sie Esthers Rücken sah, schrie sie auf: »Gott im Himmel!«

Sie wickelte Esther in ein Laken und rief zwei Männer mit einer Trage herbei. Sofort wurde Esther fortgebracht. »Esther!« rief ich ihr nach und wollte ihr folgen. Aber dann dachte ich: *Die Nonnen sind freundlich. Sie werden gut zu ihr sein und sie versorgen.*

Einige andere Nonnen brachten Sonia, Ellen und mich

in ein Zelt, wo noch andere Frauen aus anderen Zügen waren. Wir wurden gebadet und desinfiziert, unsere Köpfe geschoren, um alle Läuse zu entfernen, und bekamen jede einen sauberen Männerpyjama und Strohsandalen. Dann wurden wir auf die Waage gestellt: Ich wog zweiundzwanzig Kilo, inklusive Pyjama.

»Bitte folgen Sie mir«, sagte eine ältere Nonne und ging auf die Klosterschule zu.

Ich war erschöpft und sank zu Boden. War der Krieg zu Ende? Es schien so, aber ich war nicht sicher. Ich war zu müde, um darüber nachzudenken, müder als ich je in meinem Leben gewesen war. Ich schloß die Augen.

Dann spürte ich, wie ich von zwei Armen hochgehoben wurde. Ich öffnete die Augen. Einer der amerikanischen Soldaten trug mich. Ich machte die Augen wieder zu. Wassertropfen fielen auf meine Wangen und rannen mir den Hals hinunter. *Regnet es schon wieder?* dachte ich. *Nein, wir sind in einem Gebäude, da regnet es nicht.* Dann merkte ich, daß der Soldat, der mich trug, weinte und seine Tränen auf mein Gesicht fielen.

Er trug mich in eine große Halle, in der viele Betten aufgereiht standen. Vorsichtig legte er mich auf saubere, weiße Laken, die nach Seife und Stärke dufteten, auf eine weiche, weiche Matratze, und deckte mich mit einer warmen Decke zu. *Oh, mein Gott! Ich bin gestorben und in den Himmel gekommen*, dachte ich. *Warum wollte ich nicht die ganze Zeit schon sterben? Im Himmel ist es so schön …*

5. Teil

Sara und Meyer in Deutschland, vor der Geburt ihres Sohnes.
Die ältere Frau neben ihr ist die Deutsche,
die Sara das Kochen beibrachte.
Die jüngere Frau ist eine Freundin aus der Kindheit,
die sie nach der Befreiung wiedertraf.

24. Kapitel

Wir waren gerettet worden, und ich schwebte auf einer dunklen Wolke aus Schmerz, Schwermut und Erleichterung.

Als ich aufwachte, war es Abend, und eine Nonne beugte sich über mein Bett. Ihr volles, rundes Gesicht war von der gestärkten Baumwollhaube umrahmt, und sie sah mich durch ihre ovalen Brillengläser hindurch freundlich an. »Kann ich Ihnen etwas bringen? Möchten Sie irgend etwas?«

Mir fiel nichts ein, das ich lieber wollte, als genau so dazuliegen, schwebend inmitten der weißen Wolken. Ich schloß die Augen, und die Nonne entfernte sich mit raschelndem Habit.

Als ich das nächste Mal erwachte, strömte helles Morgenlicht durch die hohen bunten Fenster der Klosterschule und fiel in blauen und violetten Farbtupfern auf die weißen Betten, auf die kleinen Hügel und Täler, die unsere Körper bildeten. *Wie in der Kapelle von Valea-Uzului*, dachte ich, als ich mich an das bunte Licht erinnerte, das dort durch die Fenster drang, an das hohe Gras, das neben der Quelle im Wind raschelte. Ich ließ mich ins Gras sinken und lauschte dem Gemurmel des Wassers.

»Kann ich Ihnen jetzt etwas bringen?« fragte eine Stimme aus weiter Entfernung. »Möchten Sie vielleicht etwas essen?«

Mit großer Anstrengung öffnete ich die Augen. Die Nonne stand über mein Bett gebeugt. »Ja«, flüsterte ich. »Ich hätte gern etwas Weizengrütze.«

»Sie möchten eine Schüssel Grießbrei?«

»Weizengrütze …«, wiederholte ich.

»Natürlich«, antwortete die Nonne. »Ich bringe Ihnen gleich welche.«

Wenige Minuten später kehrte sie mit einer dampfenden Schale Weizengrütze zurück. »Ich stelle es hier neben Ihnen auf den Tisch. Wenn Sie etwas möchten, essen Sie einfach.« Sie lächelte, zog mir die Decke über die Schultern und ging zum nächsten Bett. *Warum wollte ich das haben?* überlegte ich. *Ich mag es doch gar nicht …*

Ich bin noch klein, vier oder fünf Jahre alt, und habe Masern. Der Sägewerksdoktor hat angeordnet, daß ich drei Wochen in meinem abgedunkelten Zimmer bleiben muß. Meine Beine sind schwach, mein Körper wie Wackelpudding. Es tut so weh. Mama kommt mit einer großen Schüssel Weizengrütze in den schummrigen Raum, lächelt und setzt sich zu mir auf die Bettkante. Sie hält mir einen Löffel voll vor den Mund. Als ich ihn hinunterschlucke, sagt sie: »Braves Mädchen! Du wirst bald wieder gesund werden, wenn du die ganze Schüssel aufißt.«

»Warum muß ich immer krank sein?« frage ich. »Heute nachmittag gehen Rosa und Berta mit Herman und Tamara zum Picknick, und ich muß hier im Bett bleiben.«

»Mach dir nichts draus«, antwortet sie. »Ich bleibe bei dir. Das nächste Mal lege ich eine süße Überraschung unten in die Schüssel.«

Wo war Ellen? Wo? Ich öffnete die Augen und warf einen Blick auf das Bett rechts von mir. Eine fremde Frau starrte mich an. Ich sah nach links. Dort lag Ellen und schlief. Ich schloß die Augen wieder und lauschte den gedämpften Schritten der Nonnen, die von Bett zu Bett gingen. Die meisten Frauen fragten wie ich nach einem besonderen Essen – einer Orange, einem pochierten Ei, einer Tasse Tee. Alle Patienten hier waren zunächst in die Betten verfrachtet worden. Einige der Überlebenden waren relativ gesund, da sie bis vor kurzem noch in einem Konzentrationslager interniert gewesen waren, in dem man sie einigermaßen gut verpflegt hatte; andere waren gerade so eben am Leben. Dann wurden wir einer nach dem anderen untersucht und die gesundheitlich Stabilen in ein Auffanglager entlassen.

Manchmal, wenn ich aufwachte, kam es mir vor, als müßte ich aus einem tiefen Wasser emportauchen, bis ich endlich an die Oberfläche gelangte. Wenn ich dann die Augen öffnete, blickte ich in die Gesichter der Frauen gegenüber. Einige von ihnen waren in Auschwitz gewesen und hatten gelernt zu überleben, indem sie so erbarmungslos und egoistisch wurden wie die SS-Leute – wie die Frauen in unseren Waggons. Jetzt saßen sie aufrecht in ihren Betten, aufmerksam und fordernd.

Neben diesen polnischen Frauen lagen drei Schwestern, die auch recht gesund waren und sich hin und wieder auf ungarisch unterhielten.

»Edith«, sagte die eine am ersten Morgen, »da kommt die Nonne wieder. Wirst du sie heute fragen?«

»Ja, liebe Schwester, ich frage sie«, erwiderte die Frau neben ihr.

Als die Nonne an Ediths Bett kam und nach ihren Wünschen fragte, antwortete Edith: »Könnten Sie jeder von uns einen Rosenkranz bringen? Das wünschen wir uns mehr als alles andere.«

»Seid ihr denn konvertiert?« wollte die Nonne wissen.

»O ja, vor dem Krieg. Wir bekamen jede einen Rosenkranz vom Priester, aber im Lager wurden sie uns abgenommen.«

Ich hoffe, die Frauen aus Auschwitz bekommen das nicht mit, dachte ich.

Nach kurzer Zeit kehrte die Nonne zurück und gab jeder der Schwestern einen Rosenkranz, von dem ein kleines schwarzes Kreuz hing. »Hier, bitte sehr.«

»Heilige Maria voller Gnaden …«, begannen die Schwestern im Chor und beugten sich über die Perlenketten.

»Sieh mal einer an!« rief da eine Polin auf jiddisch. »Seht ihr, was diese verdammten Biester tun? Sie halten ein Kreuz in der Hand!«

»Ja, tatsächlich!« rief eine andere Frau aus Auschwitz. »Könnt ihr euch das vorstellen? Man sollte sie hinauswerfen!«

»Ihr Verräterinnen!« rief die erste Frau den Schwestern zu. »Los, schert euch davon! Wir wollen euch hier nicht. Raus mit euch!«

Doch die drei Schwestern beteten ungestört weiter, da sie nicht verstanden, welche Beleidigungen ihnen auf jiddisch an den Kopf geworfen wurden. Das schien die Polinnen nur noch weiter aufzuregen. Sie begannen so laut zu schreien, daß drei oder vier Nonnen angelaufen kamen und die Schwestern in einen anderen Raum brachten.

Einige Stunden später, gegen Mittag, kam eine Nonne und sagte: »In Kürze werden wir das Essen bringen. Ich möchte, daß Sie alle in Ihren Betten bleiben. Wir gehen mit dem Speisewagen durch die Reihen und geben an jede einzelne ihr Essen aus.« Während sie durch den Raum ging und ihre Ansage mehrmals wiederholte, beobachtete ich, wie die Frauen sich aufrichteten und aufgeregt warteten. Für viele von uns war dies die erste Mahlzeit, die wir in Würde erhielten, ausgeteilt von Menschen, die uns als gleichwertig und der Fürsorge bedürftig erachteten.

Die Servierwagen rollten vom anderen Ende des Raumes heran, kamen immer näher, und plötzlich krochen die Frauen an den Bettrand und duckten sich wie Katzen vor dem Sprung. Als die Wagen nur noch wenige Meter von unseren Betten entfernt waren, sprangen sie vor, schoben die Nonnen beiseite und fielen über das Essen her, griffen mit den Händen tief in die Schüsseln, leckten sich die Finger sauber und holten noch mehr.

»Aufhören! Bitte! Aufhören! Sie machen ja alles schmutzig!« rief eine Nonne immer wieder, aber die Frauen wollten nicht, konnten nicht aufhören. Der Duft von gekochtem Kohl mit Butter und heißem, saftigem Rindfleisch trieb sie dazu an. Wenn ich in der Lage gewesen wäre aufzustehen, wäre ich sicher auch hingelaufen.

Als das letzte bißchen Kohl, Fleisch und Pudding gegessen war, nahmen ein paar der Frauen die leeren Schüsseln mit in ihre Betten und leckten sie noch aus. Schließlich näherte sich eine Nonne vorsichtig dem leeren Wagen und ging von Bett zu Bett, um kopfschüttelnd die Schüsseln wieder einzusammeln. Später am Nachmittag kam dieselbe Nonne, eine ältere, rundliche Frau, wieder und erklärte langsam und ruhig, als spräche sie mit Kindern: »Wir werden Ihnen bald das Abendessen bringen. Bitte, bitte bleiben Sie diesmal in Ihren Betten. Es ist genug zu essen da. Wenn der Wagen leer ist, werde ich in der Küche Nachschub holen. Sie müssen mir glauben, wenn ich sage, daß wir mehr als genug zu essen haben. Bitte denken Sie daran und bleiben Sie in Ihren Betten.« Sie verließ den Raum, überzeugt, daß wir sie diesmal verstanden hatten.

Doch als die Wagen heranrollten, fielen die Frauen

erneut über das Essen her. Ich blieb wiederum liegen, da ich zu erschöpft war, auch nur einen Arm zu heben. Ellen neben mir schlief und schlief. Und als die Frauen sich das Essen in den Mund stopften, fiel auch ich wieder in die Dunkelheit des Schlafs zurück.

Diesmal tauchte ich noch tiefer in den Ozean, sank hinab, hinab, während die Stimmen der Frauen in der Ferne verhallten. Das Wasser hing blau und dunkelgrün über mir und brauste leise wie das Donnern eines entfernten Stromes. Hin und wieder spürte ich, daß ich an der Oberfläche war, und öffnete die Augen. Auf dem Tisch neben mir stand dann eine weitere Schüssel Grütze neben all den anderen Schüsseln. Ich würde es nicht zulassen, daß die Nonne auch nur eine davon wegnahm. Einmal schwammen sechs Schüsseln in einer Reihe vor mir und glitten tief hinunter auf den Grund.

Es ist kalt, so kalt. Wir haben den ganzen Nachmittag auf dem Schiff gearbeitet und Kisten voller Gemüse die Rampe hinunter in den Keller getragen. Endlich befiehlt die SS, daß wir mit dem Arbeiten aufhören sollen, und läßt uns für den Rückmarsch Aufstellung nehmen. Plötzlich brüllt eine Wärterin: »Nummer 85803 und 85801, vortreten!«

Das sind Esthers und meine Nummern! *denke ich erschrocken.* Warum rufen sie uns auf? Haben sie entdeckt, daß wir Schwestern sind?

Wir treten aus unserer Reihe und sehen einander dabei nicht an. Die Wärterin befiehlt uns, ihr zum SS-Hauptquartier zu folgen. Ich habe schon gesehen, wie Frauen aus diesem Gebäude hinausgetragen wurden, gebrochen, tot.

Drei SS-Aufseherinnen starren uns an. Nach langen, schweigsamen Minuten sagt eine auf deutsch: »Sie sehen nicht wie Schwestern aus.«

»Nein, das stimmt«, antwortet eine andere. »Aber wir dürfen uns nicht auf Äußerlichkeiten verlassen. Wir müssen sie einzeln befragen.« Sie zeigt auf mich. »Du, Nummer 85803, geh hinaus und warte.«

Ich gehe zur Tür. Esther wird mit ihnen allein sein! Wenn ich versuche, bei ihr zu bleiben, werden sie wissen, daß wir Schwestern sind, und eine von uns in ein anderes Lager verlegen. Aber wenn ich sie allein lasse, werden sie ihr vielleicht weh tun. Die Tür schließt sich. Ich nehme einen Besen, der an der Wand lehnt, und beginne zu fegen, so nahe der Tür wie möglich.

Es vergeht eine ganze Weile, und ich höre nichts außer dem Fegen des Besens auf den abgewetzten Dielen. Dann ertönt eine barsche Stimme: »Ich hab dich was gefragt! Antworte! Wie heißt deine Mutter?«

Schweigen.

»Dann sag mir den Namen deines Vaters«, fährt die Stimme fort. »Du hast doch einen Vater? Oder bist du ein Bastard wie all die anderen? Antworte! Los, antworte!«

Esthers schluchzende, stockende Stimme dringt an mein Ohr. »Mein Vater hieß … hieß … Her... Herman …«

»Und deine Mutter?«

»Ta... Tamara …«

»Und wie viele Brüder hast du?«

Schweigen.

»Wie viele?« Ein heftiges Klatschen ertönt. Ich fege schneller, doch eigentlich will ich hineinlaufen und mich vor Esther werfen. Sie antwortet ganz falsch, verwechselt unseren Halbbruder Herman und seine Frau mit unseren Eltern.

»Ich … Ich …Da waren zwei, nein, drei Brüder …«, sagt Esther schließlich.

»Sie ist eine Idiotin!« ruft eine der SS-Frauen. »Mit ihr kommen wir nicht weiter. Bringt sie hinaus und holt die andere.«

Schnell stelle ich den Besen zurück und warte am anderen Ende des Ganges. Die Tür geht auf. Esther stolpert aus dem Zimmer, Tränen laufen ihr über das Gesicht. Ein großer roter Fleck prangt auf ihrer Wange. Ich gehe schnell an ihr vorbei in das Büro.

Ich stehe vor den drei Aufseherinnen. Eine von ihnen ist die kleine, flinke SS-Frau, die so oft neben mir marschiert. Als ich sie ansehe, dreht sie sich zu ihrer Nachbarin und flüstert: »Paß gut auf mit der. Die ist verschlagen. Und weint niemals.«

Sie wendet sich an mich. »Wie heißt du?«

»Seren Tuvel«, antworte ich.

»Der Name deines Vaters?«

»Abraham Tuvel.«

»Wie viele Brüder und Schwestern hast du?«

»Ich habe fünf Brüder und vier Schwestern, die noch leben.«

»Welche davon ist hier mit dir im Lager?«

»Hier habe ich keine Schwester.«

»Einer unserer Männer war heute morgen an Bord des Schiffes, um das Abladen zu überwachen. Er hat dich erkannt, von früher. Und deine Schwester auch. Willst du etwa sagen, daß er lügt?«

Ein Mann in SS-Uniform beobachtet mich. Er kommt näher. Ich erkenne ihn, denn ich bin in Fulehaza mit ihm zur Schule gegangen. Er holt ein Notizbuch hervor und schreibt etwas. Dann gibt er den Zettel meinem Religionslehrer aus Fulehaza, der damit zu den drei Aufseherinnen geht. Lächelnd bleibt er neben ihnen stehen.

»Nun?« fragte die SS-Frau.

»Ich sage nicht, daß er gelogen hat«, erwidere ich. »Als er mich vor langer Zeit in Fulehaza kannte, waren wir sechs Töchter in unserer Familie. Es stimmt, daß eine davon bei mir war. Aber sie ist auf dem Marsch durch Ungarn gestorben.«

»Du lügst!« brüllt eine andere SS-Frau.

»Nein, ich sage die Wahrheit. Sie ist letzten Sommer gestorben.«

»Du verdammtes Biest! Du bist eine dreckige Lügnerin. Gib es zu!«

Ich wundere mich über mich selbst. Ich habe keine Angst. Ich sage nichts mehr und starre der SS-Aufseherin nur in die Augen.

»Raus mit dir, du Miststück!« schreit die kleine Frau, die mich kennt.

Ich gehe hinaus. Vor mir liegt eine öde Wüste. Esther ist nirgends zu sehen. Mein Herz beginnt zu rasen. Sie haben Esther weggebracht. Ich weiß es! *denke ich.* Sie haben mich gerade so lange da drin behalten, um sie ins Krematorium zu schaffen.

Mit meinen Holzschuhen gehe ich auf einen hohen, rauchenden Schlot in der Ferne zu. Schnee klebt unter meinen Sohlen fest. Ich werde immer größer und größer. »Esther ...«, rufe ich und spähe in das wirbelnde Weiß um mich herum. »Esther ... Esther ...«

»Was ist los? Was fehlt Ihnen?« antwortete eine Stimme.

Ich öffnete die Augen. Die ältere, rundliche Nonne, Schwester Maria, steht über mich gebeugt. »Wollen Sie noch mehr Grütze?« fragte sie.

»Habe ich geschrien?« flüsterte ich.

»Nein, Sie haben nur immer wieder einen Namen gemurmelt. Ich kam gerade vorbei und sah, wie Sie sich im Bett wälzen. Ich dachte, vielleicht brauchen Sie etwas. Dann hörte ich den Namen.«

»Meine Schwester«, sagte ich. »Ich kann sie nicht finden!« Ich blickte auf das Bett neben mir. Ellen lag noch darin, aber Esther war nirgends zu sehen. Ich mußte sie finden. »Ich muß meine Schwester sehen!« sagte ich.

»In Ordnung. Wir holen jemanden, der Sie zu ihr bringt. Ich komme gleich mit einem Sanitäter zurück.«

Der Sanitäter wickelte mich fest in meine Decke und trug mich in einen kleineren Raum neben der Eingangshalle. »Da ist sie«, sagte er mit tiefer, freundlicher Stimme. »Sehen Sie, sie ist ganz und gar bandagiert.«

»Esther?« rief ich. »Esther, bist du das?« Die Frau in dem Bett lag mit abgewandtem Gesicht da, ihr ganzer Körper war in weiße Bandagen gewickelt.

»Sie ist einige Male operiert worden«, erklärte der Sanitäter, »aber sie wird wieder gesund werden.«

»Aber ich erkenne sie nicht«, sagte ich.

»Dann müssen wir eben ein bißchen näher rangehen«, meinte er und trug mich auf die andere Seite des Bettes. Da sah ich Esthers schmales, weißes Gesicht auf dem Kopfkissen liegen, die Augen waren geschlossen, der Mund leicht geöffnet, eine Hand neben der Wange.

»Und? Ist es Ihre Schwester?« fragte der Sanitäter.

»Ja«, seufzte ich, lehnte mich an seine Schulter und fiel wieder in das Weiß zurück, in die Stille des Meeres.

Die nächsten Tage über glitt ich immer wieder in die Bewußtlosigkeit. Das Bett wurde noch weicher, viel weicher, als ich es je für möglich gehalten hätte, und ich dachte wieder, daß ich letztendlich doch im Himmel war, wo alles so schön und flauschig wie Gänsedaunen ist. Dann flüsterte die Nonne eines Tages, als sie meine Bettwäsche wechselte: »Wir haben eine Daunendecke auf Ihre Matratze gelegt, meine Liebe. Dann kann Ihre Haut besser heilen.«

Als ich ein anderes Mal kurz aufwachte und die Augen öffnete, sah ich, daß auch ich beinahe so bandagiert war wie Esther, mit weißen Tüchern, die um meine Arme bis hin zu den Fingerspitzen gewickelt waren und um meine Beine bis über die Zehen. Jeden Morgen fuhr mir ein stechender Schmerz in die rechte Schulter. Nach und nach wurde mir bewußt, daß ich Injektionen bekam. Manchmal, wenn ich aufwachte, wurde ich durch einen Korridor geschoben, und ich bemühte mich verzweifelt, lange genug wach zu bleiben, um zu sehen, wohin sie mich brachten, doch es gelang mir nie.

Eines Morgens jedoch schaffte ich es, wach zu bleiben, und sah, daß ich in einen Raum voller Maschinen kam. In diesem Raum waren viele Männer, die alle Hochdeutsch sprachen. Dann fielen mir wieder die Augen zu, und ich konnte sie nicht mehr öffnen. Als nächstes nahm ich wahr, daß ich am späten Nachmittag wieder in meinem Bett lag. Alle anderen Frauen waren fort. *Dieser Raum!* dachte ich. *Er war voller Deutscher. Wir sind wieder im Lager! Sie haben uns weggebracht, als ich bewußtlos war – auch die Nonnen. Sie wollen uns alle mit diesen Maschinen töten. Wir müssen hier raus!*

»Ellen«, rief ich. »Ellen! Hör mir zu!«

»Seren? Was ist los?« antwortete sie schläfrig. Sie war ebenfalls bandagiert und nur hin und wieder bei Bewußtsein.

»Wir sind wieder im Lager! Ich bin ganz sicher! Sie sprechen alle Hochdeutsch. Heute nacht, wenn es dunkel ist, werde ich weglaufen. Wirst du mit mir kommen? Wir holen Hilfe und retten dann auch Esther.«

»Ich komme mit, wenn du es willst«, antwortete sie. »Ich habe etwas Brot gehortet. Das können wir mitnehmen.«

»Braves Mädchen! Wir liegen im ersten Stock, aber ich glaube, wir können aus dem Fenster klettern und hinunterspringen.«

»Einverstanden. Weck mich einfach auf, wenn es soweit ist.«

In der Nacht schien es eine Ewigkeit zu dauern, bis alle Frauen still lagen und ruhig atmeten. Als schließlich auch die letzte eingeschlafen war und die Nonnen das Licht ausgemacht hatten, kroch ich vorsichtig aus dem Bett. Sobald ich mich aufrecht hingesetzt und die Füße auf den Boden gestellt hatte, wurde mir so schwindelig, daß ich mich fast wieder hinlegen mußte. *Nein!* dachte ich. *Ich darf nicht umfallen. Wenn wir nicht fliehen, werden wir in wenigen Tagen umgebracht.* Ich drehte behutsam den Kopf von rechts nach links, stand auf und ging zu Ellens Bett.

»Ellen, wach auf!« flüsterte ich. »Es ist soweit.«

Sie starrte mich mit aufgerissenen Augen an.

»Weißt du nicht mehr?« fragte ich. »Wir sind wieder im Lager. Wir müssen fort.«

»Oh … ja. Ich habe das Brot in ein Handtuch gewickelt«, sagte sie und erhob sich.

»Geh du zuerst. Ich bin gleich hinter dir«, flüsterte ich.

Zentimeter für Zentimeter schlurften wir durch den Raum zu den Fenstern hinüber. Als wir versuchten, es aufzuschieben, stand Schwester Maria plötzlich hinter uns. »Nein, nein, nein!« schalt sie. »Sie dürfen nicht einfach so aufstehen. Kommen Sie. Gehen Sie wieder schlafen. Hier, lehnen Sie sich an mich.«

Sie legte einen Arm fest um Ellen und den anderen um mich. Wir humpelten zu unseren Betten zurück, und sobald ich lag, schlief ich schon wieder fest, noch ehe ich unseren nächsten Fluchtversuch planen konnte.

Als ich aufwachte, lag ich in einem anderen Zimmer, mit Gittern vor den Fenstern. *Sie legen uns alle in Zellen, damit wir nicht fliehen können,* dachte ich. Tränen stiegen mir in die Augen, und ich spürte eine Hitzewelle durch meinen Körper strömen, dann eine zweite. Mein Kopf schwoll an, wurde heiß, verschmolz mit dem Kissen. Schweiß lief mir über die Stirn in die Augen, den Hals hinunter. Oh, es war heiß, so heiß! Glühend heiß, kochend heiß, das Wasser brannte, verbrühte mich ...

Als ich das nächste Mal erwachte, spürte ich etwas erfrischend Kühles auf meiner Stirn, das mich ins Bewußtsein holte. Ich öffnete die Augen und sah Schwester Maria, die neben meinem Bett saß.

»Ah, Sie sind wach!« sagte sie. »Ist der Lappen auf Ihrer Stirn zu kalt? Soll ich ihn wegnehmen?«

Ich schüttelte leicht den Kopf.

»Sie sind sehr krank gewesen«, fuhr sie fort. »Wußten Sie, daß Sie Typhus hatten? Wir mußten Sie und Ihre Freundin in Quarantäne legen, damit Sie niemanden anstecken.«

»Bin ich schon lange in diesem Raum?« flüsterte ich.

»Ja – fast vier Wochen. Wir haben Ende Mai. Sie werden doch nicht wieder weglaufen, oder?« Sie lächelte und legte ein frisches Tuch auf meine Stirn. »Bitte haben Sie keine Angst vor uns. Wir wollen, daß Sie wieder gesund werden und hier weggehen können. Klingt das nicht gut? Natürlich! Wissen Sie, ich hatte nie daran gedacht, Krankenschwester zu werden, aber eines Tages, zu Beginn des Krieges, schickte Hitler einen seiner SS-Offiziere zu uns. Der sagte, wir hätten zwei Möglichkeiten: in ein Lager zu gehen oder als Krankenschwestern in der Klosterschule zu bleiben. Natürlich wollten wir alle hierbleiben. Sie sehen also, ich kümmere mich gern um Sie. Ich hätte mit Ihnen in dem Lager sein können. Das mindeste, was ich tun kann, ist, Ihnen zu helfen, wieder gesund zu werden. Verstehen Sie mich?«

»Ja … aber eines Tages hörte ich Männer Deutsch reden. Ich dachte …« Ich konnte den Satz nicht beenden; es war zu anstrengend.

»Sie dachten, Sie hätten guten Grund, Angst zu haben. Ist es das? Natürlich! Das hätte ich wissen müssen. Die Stimmen gehörten verwundeten Soldaten der Wehrmacht. Wir pflegen sie in einem anderen Flügel des Gebäudes. Sie werden Ihnen nichts tun. Wenn sie gesund sind, werden auch sie wieder fortgehen. Möchten Sie etwas essen? Das Abendessen ist schon vorüber, aber ich könnte Ihnen Obst oder eine Schüssel Pudding bringen.«

»Nur etwas Wasser. Ich habe großen Durst.«

»Natürlich. Ich habe Eiswasser hier, das ist schön kalt.«

Schwester Maria redete die halbe Nacht mit mir, bis ich wieder einschlief. Als ich aufwachte, merkte ich, daß Ellen nicht mehr neben mir lag. Ich war allein im Zimmer.

»Ellen!« Ich versuchte zu rufen, aber es kam nur ein leises Krächzen heraus.

»Was ist?« Schwester Maria tauchte plötzlich aus dem Nichts auf.

Ich entschied, daß ich dieser Nonne doch nicht trauen konnte; wenn Ellen wieder in ein Lager gebracht worden war, würde ich ihr bald folgen. Ich schwieg.

»Sie möchten sicher wissen, wo Ihre Freundin ist, nicht wahr?« sagte sie. »Ich hätte es Ihnen sagen sollen. Sie hat nach der Typhusinfektion Probleme mit den Ohren bekommen, und wir mußten sie in ein anderes Krankenhaus bringen, damit sie operiert werden konnte. Sie haben dort gute Ärzte, Ohrenspezialisten. Es wird ihr bald wieder gutgehen.«

Ich bin allein …, dachte ich und schloß die Augen. *Nach all der Zeit bin ich nun doch allein …* Schwester Maria plapperte weiter, aber ich verstand ihre Worte nicht mehr. Ein schweres Gewicht legte sich auf meine Brust und drückte mich wieder unter Wasser, tief in das dunkle Meer hinab.

Es war Anfang Juni, als ich das nächste Mal erwachte. Nach dem Typhus hatte ich eine Lungenentzündung bekommen. Doch trotz dieser Krankheiten schaffte es mein Körper nach und nach, zu heilen. Die Nonnen kümmerten sich Tag und Nacht um mich und waren immer freundlich. Eines Morgens kam Schwester Maria an mein Bett und verkündete: »Heute werden wir Ihnen die Bandagen abnehmen. Ist das nicht herrlich?« Langsam und vorsichtig wickelten sie und eine andere Nonne meinen rechten Arm aus. Zuerst sah ich rosa Fingernägel mit weißen Monden, dann die Fingergelenke, bleich, aber mit heiler Haut, ebenso die Fingerknöchel, dann den Handrücken, das Gelenk. Und mein Arm! Die Haut war zart und weich, mit feinen Härchen wie bei einem Neugeborenen, und darunter lagen tatsächlich etwas Muskel und Fett. Ebenso meine Beine! Ich konnte es kaum glauben und hob erst das eine, dann das andere an, wackelte mit den Zehen. Sogar mein großer Zeh war verheilt, und man konnte kaum erkennen, daß ein Stückchen fehlte.

»Wie gut alles verheilt ist!« sagte Schwester Maria.

»Haben Sie einen Spiegel?« fragte ich, als mir plötzlich einfiel, daß ich ja auch ein Gesicht hatte.

»Ja, gewiß«, antwortete die andere Nonne. »Ich werde einen holen.«

Sie hielt mir den Spiegel vors Gesicht, doch ich wandte mich schnell ab. »Nehmen Sie ihn wieder weg«, bat ich.

»Ach, Kindchen, Sie werden schon wieder hübsch werden«, tröstete mich Schwester Maria. »Das Gesicht braucht länger zum Heilen als der übrige Körper. Dort liegt noch das Leid eingegraben in den Furchen und

Falten. Aber die werden verschwinden, und Sie werden wieder hübsch aussehen. Ich kann es kaum erwarten.«

»Da werden Sie vermutlich lange warten müssen«, erwiderte ich.

»Ich warte! In ein oder zwei Wochen können Sie bestimmt schon aufstehen und in den Garten gehen. Dort blühen die schönsten Frühlingsblumen.«

Danach ging es mir mit jedem Tag besser. Eines Nachmittags, als ich wieder im großen Krankensaal in meinem Bett lag, kam Esther zum ersten Mal herein. Sie ging langsam und zögernd, und ihr Kopf war verbunden, so daß nur ihr blasses Gesicht zu sehen war. Sie hatte noch nicht wieder alles an Gewicht zugenommen, was sie in den langen Monaten ohne richtige Nahrung verloren hatte, und ihr Körper wirkte unter dem weißen Schlafanzug sehr schmächtig.

»Esther!« Ich lachte, als sie an mein Bett kam. »Du siehst aber lustig aus!«

»Tu ich das?«

»Du siehst aus wie ein Spazierstock mit Kopf!« sagte ich und ergriff ihre Hand. »Aber ich bin so froh, dich wiederzusehen. Es ist viel Zeit vergangen.«

Sie setzte sich neben mich auf die Bettkante und begann, meine Wange zu streicheln. Tränen liefen ihr aus den Augen und fielen neben mir auf das Kopfkissen. »Ich wußte nicht, ob ich es schaffen würde«, sagte sie schließlich. »Und ohne dich hätte ich es auch nicht geschafft.«

»Denkst du denn, ich hätte allein überleben können?« fragte ich sie. »Niemals! Ich habe dich und Ellen ebenso gebraucht wie ihr mich.«

Wir sahen einander lange Zeit an und konnten gar nicht genug bekommen. Dann fragte Esther: »Wo ist Ellen?«

»Sie ist in ein anderes Krankenhaus gebracht worden, weil eine besondere Operation an ihren Ohren vorgenommen werden mußte.«

»Werden wir sie wiedersehen?«

»Ganz sicher.«

Wir saßen wieder schweigend da, und Ellen strich mir die kurzen Haare aus der Stirn. Als plötzlich eine Gruppe Ärzte und uniformierter Männer in den Saal kam und die Reihen entlangmarschierte, nahmen wir sie kaum wahr. Es kamen ständig irgendwelche Leute in das Krankenhaus, um sich zu vergewissern, daß wir gut versorgt wurden. Einige der überlebenden Juden jedoch waren entweder zu krank oder verwundet gewesen, oder sie starben, weil sie in den ersten Tagen mehr aßen, als ihre ausgehungerten Körper verkraften konnten.

Diese Gruppe schien ein besonderes Interesse an uns zu hegen. Die Nonnen schwirrten um die Männer herum wie ein Schwarm aufgeregter Spatzen. Schwester Maria kam mit gerötetem Gesicht zu mir gelaufen. »Das ist General Eisenhower!« sagte sie. »Er hat seinen ganzen Stab mitgebracht. Ich wußte, daß sie irgendwann kommen wollten, aber ich hatte keine Ahnung, daß es heute sein würde.« Sie blieb neben uns stehen und beobachtete, wie Eisenhower die Betten abschritt. Als die Gruppe die Saalmitte erreicht hatte, blieben die Männer stehen und sahen sich um. Dann zeigte ein Arzt in meine Richtung. Da ging Eisenhower auf mich zu, und alle anderen folgten ihm. Am Fuße des Bettes blieb er abrupt stehen, und sein Gesicht nahm einen verärgerten Ausdruck an, als er Esther ansah. Die hatte von der Sache kaum etwas mitbekommen und streichelte weiterhin mein Gesicht.

Eisenhower bellte ein paar Worte auf englisch zu seinem Nebenmann. Als sie die barsche Stimme hörte, blickte Esther erschrocken auf. Dann zeigte der Mann neben Eisenhower, offensichtlich sein Dolmetscher, mit dem Finger auf Esther und sagte: »Sie! Gehen Sie hinaus!«

Esther stand langsam auf. »Sie wollen, daß ich gehe?« fragte sie und wandte sich an einen der Ärzte. »Aber das ist meine Schwester. Wir haben uns nicht gesehen, seit wir in dieses Krankenhaus gekommen sind.«

»Ich weiß«, erwiderte der Arzt. »Aber General Eisenhower denkt, daß Sie ein Mann sind. Ich werde ihn aufklären.«

Der Arzt sprach mit dem Dolmetscher und der Dolmetscher mit Eisenhower. Der drehte sich wieder zu mir, sah mir in die Augen und sagte etwas auf Englisch. Dann wandte er sich ab und marschierte mit den Nonnen im Gefolge aus dem Saal.

Ich lachte. »Er dachte, du wärst ein Mann, der mir hier den Hof macht. Als ob das einer tun würde!«

»Tja, dann hat er wohl irgend etwas mit den Augen«, meinte Esther, »auch wenn er ein General ist.«

Allmählich konnte ich wieder aufstehen und langsam auf und ab gehen, indem ich mich mit einer Hand am Bett festhielt. Ich hatte noch immer kein Gefühl in den Beinen und Füßen und kam mir vor, als würde ich auf Holzstecken laufen. Dann, eines Tages Mitte Juni, kam Schwester Maria mit einem Rollstuhl an mein Bett. »Es ist ein herrlicher Tag«, sagte sie. »Möchten Sie nicht hinaus und ein wenig im Garten sitzen? Die Sonne ist warm, und die Blumen blühen so schön.«

»Oh, sehr gerne«, erwiderte ich.

»Fein! Setzen Sie sich nur da hinein, und wir fahren hinaus.«

Sie schob mich den Gang hinunter und hinaus in die helle Sonne, die auf das saftig grüne Gras, die alten Eichen, die Margariten und Iris neben den Fußwegen fiel. Unter einem großen, schattigen Baum blieben wir stehen.

»Während ich geschlafen habe, ist der Sommer gekommen«, sagte ich. »Nun habe ich den Frühling verpaßt ...«

Etwa eine halbe Stunde lang saß ich da und beobachtete die Wolken, die über den weiten blauen Himmel zogen, und die Margariten, die sich im Wind wiegten. Über die Wiese verteilt saßen noch andere Frauen schwach und zusammengesunken in ihren Rollstühlen, während um uns herum die Welt kraftvoll erblühte.

Ich muß nicht in diesem Stuhl bleiben, dachte ich da und stand auf. Langsam und vorsichtig setzte ich einen Fuß vor den anderen und schlich über das Gras, als wäre ich noch in Ravensbrück und meine Beine zwei Stücke Holz. Nach wenigen Minuten blieb ich stehen und sah nach, wie weit ich gekommen war. Der Rollstuhl war nur noch ein winzig kleiner Fleck und schien kilometerweit entfernt. *Wie habe ich so weit gehen können?* dachte ich und ließ mich auf das Gras sinken. Ich blickte wieder zum Stuhl. *Oh, so weit ist er gar nicht weg. Nur ungefähr sechs Meter von hier.* Ich stand wieder auf und machte mich auf den Rückweg. Dabei sah ich aufmerksam nach unten, um nicht über einen Stein zu stolpern, und blickte dann wieder auf. Der Stuhl war überhaupt nicht näher gekommen!

Nach einer halben Ewigkeit, in der die Sonne heiß und unbarmherzig in mein Gesicht schien, war ich dem Stuhl wieder nahe genug, um meine Hände nach den Armlehnen auszustrecken. Angestrengt und vorsichtig drehte ich mich um und ließ mich langsam hineinsinken. *Ich habe einen weiten Weg vor mir,* dachte ich, *einen sehr weiten Weg.*

Einige Tage später begannen die Nonnen, gymnastische Übungen mit mir zu machen. Die lange Zeit des Frierens hatte die Blutzirkulation in meinen Beinen auf ein Minimum reduziert. Jeden Morgen mußte ich eine halbe Stunde lang mit erhobenen Füßen liegen und mich dann hinstellen, bis die letzten stechenden Nadeln aus meinen Beinen gewichen waren.

Als ich eines Morgens so um mein Bett humpelte und die Zähne zusammenbiß, hörte ich, wie jemand auf mich zukam und kurz vor dem Fußende des Bettes stehenblieb.

»Seren?« fragte eine Stimme.

Ich drehte mich um. »Joseph! Du bist zurückgekommen!«

»Das habe ich dir doch versprochen.«

Er breitete die Arme aus, und ich fiel hinein und legte für einen Augenblick den Kopf an seine Brust. Dann machte ich mich wieder los und sah ihn lange Zeit nur an – sein Gesicht, die tiefen Falten um seine dunklen, lachenden Augen. Ich konnte es nicht fassen, daß ausgerechnet dieser Neffe, der Sohn eines älteren Halbbruders, der mich nie besonders beachtet hatte, mich immer wieder aufspürte.

Schließlich fragte ich: »Warum ich, Joseph? Warum versuchst du immer wieder, mich zu finden?«

»Wußtest du das nicht?« fragte er zurück.

»Was?«

»Daß du meine Lieblingstante bist?«

»Bin ich das?«

»Ja, schon immer.«

»Aber ich bin doch so viel älter als du. Esther ist eher in deinem Alter. Ich war ja nicht einmal mehr zu Hause, als ihr meine Eltern immer besucht habt.«

»Glaubst du mir etwa nicht? Hier, ich kann es dir

beweisen.« Er zog eine zerknitterte Fotografie aus der Tasche und gab sie mir. Eine Weile starrte ich das junge Mädchen an, das mich da glücklich und vor Gesundheit strotzend anlächelte. Ich fragte mich, wer es wohl war. Dann erkannte ich, daß ich selbst dieses Mädchen war. Eugen hatte dieses Foto gemacht, kurz bevor Esther und Emma Reghinul-Såsesc verließen, um in Budapest in dem Wäschegeschäft zu arbeiten. Es war zweimal gefaltet, so daß Esther von links und Emma von rechts auf mir in der Mitte gelegen hatten. Dementsprechend waren die äußeren Drittel abgewetzt und eingerissen, und der mittlere Teil glatt und sauber.

»Wo hast du das her?« fragte ich.

»Ich habe es in meinem Schuh mit mir herumgetragen. Niemand hat es je entdeckt.«

»Die ganze Zeit während des Krieges?«

»Ja. Ich wußte, daß du ganz bestimmt überleben würdest. Und jetzt will ich es dir schenken.«

Das Schwarzweißbild verschwamm vor meinen Augen, und ich hörte wieder Eugens Stimme: »Ruhe! Ihr müßt still stehen, sonst schaffe ich es nie, dieses Foto von euch zu machen.« Ich dachte daran, wie Rosa und meine Mutter Hand in Hand neben ihm gestanden und sich gewünscht hatten, daß der Moment nie gekommen wäre, da ihre Töchter von ihnen fortgingen.

»Hast du irgend etwas herausgefunden, Joseph?« fragte ich. »Hast du jemanden von zu Hause getroffen?«

Er sah zu Boden. Wir saßen auf dem Bettrand, und er hielt meine Hand. »Nein ...«, antwortete er leise. »Ich war mit Rosas Mann Eugen und auch Louises Mann im Arbeitslager. Wir drei wurden zusammen nach Auschwitz gebracht und derselben Arbeitsgruppe zugeteilt. Aber als sie anfingen, das Lager zu evakuieren, wurden wir getrennt. Ich kam nach Türkheim, wo ich dich traf. Ich weiß nicht, wo Eugen und Bela abgeblieben sind.«

»Was ist mit meiner Mutter? Ging es ihr noch gut, als du aus Reghinul-Såsesc fort mußtest?«

»Ja ... aber wie ich hörte, richteten sie am Rand der Stadt ein Ghetto ein, in das alle Juden umziehen mußten.«

»Ich weiß«, sagte ich. »Davon habe ich gehört, als ich mit Esther in Budapest war. Wir wollten sie zu uns holen, aber die Juden durften schon nicht mehr reisen.«

»Ich fahre nach Hause«, erklärte Joseph. »Vielleicht warten Mutter und Vater auf mich. Viele Juden mußten in Auschwitz arbeiten und wurden gut ernährt. Sieh mich an!«

»Joseph ...«, sagte ich, hielt seine Hand fester und sah ihm in die Augen. »Vielleicht geht es ihnen gut. Aber erhoffe dir lieber nicht zuviel. Es sind so viele in den verschlossenen Zugwaggons umgekommen. So schrecklich viele.«

»Ich weiß. Aber ich muß doch hoffen, oder? Ich werde sie und meine zwei Brüder suchen gehen. Ich war auch im Krankenhaus, aber ich bin entlassen und fahre nach Hause.«

»Wo willst du hin? Nach Reghinul-Såsesc oder Valea-Uzului?«

»Beides.«

»Joseph, wenn du jemanden findest, irgend jemanden, dann laß es mich wissen, ja?«

»Natürlich. Wir sind so viele. Ein paar müssen überlebt haben, das weiß ich. Denk nur an all die Brüder deiner Mütter. Kannst du dich an Onkel Louie erinnern?«

»Onkel Louie! Wie könnte ich den vergessen? Immer wenn er Geld brauchte, kam er zum Arbeiten ins Sägewerk. Vater mochte ihn nicht besonders. Wenn wir zum

Gottesdienst gingen, stand er in der Tür und lachte uns aus. Vater hatte immer Angst, er könnte einen schlechten Einfluß auf meine Brüder haben. Wäre Onkel Louie nicht Mamas Bruder gewesen, hätte Vater ihn bestimmt für immer fortgejagt.«

»Tja, ich werde bald wieder gehen«, sagte Joseph. »Ich will noch Esther besuchen, und dann muß ich fort.«

»Warte, Joseph! Du hast gar nicht erzählt, wie du mich gefunden hast.«

»Über das Zentralbüro in München. Die Jüdische Gesellschaft führt dort eine Liste aller Überlebenden und wo sie zu finden sind. Dein und Esthers Name standen auch darauf. Die Klosterschule muß sie ihnen gegeben haben.«

»Sonst war da kein Name?«

»Nein ... Aber sie haben bestimmt nicht alle Namen. Der Krieg ist erst seit zwei Monaten vorüber. Alles braucht seine Zeit.«

»Ja ... Danke, daß du gekommen bist, Joseph. Es ist so schön, jemanden von der Familie zu sehen.«

»Gern geschehen, meine Lieblingstante. Wir sehen uns wieder. Keine Sorge.«

25. Kapitel

Ende Juli, drei Monate, nachdem ich in das Klosterschulen-Krankenhaus gekommen war, ging es mir wieder so gut, daß ich in das Auffanglager nach Feldafing geschickt werden konnte. Esther war noch zu krank, um zu reisen; ich ließ sie nicht gerne zurück, aber die Nonnen versicherten mir, daß ich sie so oft besuchen könne, wie ich wollte. Wenn es ihr besser ging, sollte auch sie nach Feldafing geschickt werden.

Eines frühen Morgens brachte ein Mann vom Roten Kreuz mich und die anderen genesenen Männer und Frauen nach Feldafing. Wir stiegen in unseren Schlafanzügen in seinen Bus und kamen uns vor, als würden wir in der Öffentlichkeit unsere Unterwäsche tragen. Die Nonnen versicherten uns jedoch, daß wir in dem Camp sofort Kleider bekommen würden, Spenden von der amerikanischen Bevölkerung. Als wir abfuhren, sah ich Schwester Maria uns noch lange hinterherwinken, während ihr schwarzes Habit auf und ab flatterte wie die Flügel eines großen Vogels. Ihre Freundlichkeit und Güte werde ich nie vergessen.

In dem Camp, einem ehemaligen Lager der Hitlerjugend, fuhr der Bus zunächst zum Hauptbüro, damit wir registriert wurden. Als ich ausstieg, hörte ich jemanden meinen Namen rufen. »Seren! Hallo! Seren!« Ich erblickte Ellen, die mit strahlendem Gesicht vor dem Büro stand.

»Ellen!« rief ich und schloß sie in die Arme. »Woher wußtest du, daß ich komme?«

»Seit ich angekommen bin, stehe ich jeden Tag hier und warte. Ich wußte, daß du eines Tages aus dem Bus steigen würdest. Und jetzt bist du da! Oh, Seren, ich habe dich so vermißt! Es ist wunderbar, dich wieder bei mir zu haben! Und weißt du was? Wir haben hier Schlafsäle mit Etagenbetten. Ich schlafe unten und habe das obere Bett für dich freigehalten. Ich habe daran gedacht, wie du immer sagtest: ›Wir gehen nach oben! Nach oben!‹«

»Ja, du hast gelernt«, meinte ich lachend. »Und Esther auch. Auf dem Weg hierher habe ich beschlossen, mir gleich das Krankenhaus anzusehen. Wenn es gut ist, würde ich Esther gern nachkommen lassen.«

Ellen zeigte mir unsere Unterkunft in einem großen, modernen Gebäude mit sauberen Duschen und Toiletten, einem geräumigen Speisezimmer mit einem langen Tisch und einem Raum voll Etagenbetten. Wir waren dort zwanzig Frauen. Wie ich bald feststellen konnte, war das Camp gut organisiert.

Als ich auch das Krankenhaus gesehen hatte, wußte ich, daß Esther hier gut versorgt werden würde. Also bat ich im Hauptbüro um ihre Verlegung. Ich wollte sie in meiner Nähe haben, da die Zugverbindungen aufgrund der permanenten Stromausfälle sehr unzuverlässig waren und man oft stundenlang an einem Bahnhof warten mußte. Drei Tage später wurde Esther in das Krankenhaus eingeliefert. Wir drei waren wieder zusammen!

Die Wochen vergingen, und ich wurde immer unruhiger. Jeden Tag ging ich zum Schwarzen Brett im Hauptbüro, um zu sehen, ob mein Name unter den Postempfängern stand, doch ich bekam nicht einen einzigen Brief. Jeden Tag wartete ich am Bahnhof auf die einfahrenden Züge und dachte: *Irgendwann wird entweder Samuel oder jemand aus meiner Familie aussteigen. Ich kann nicht glauben, daß nur Esther, Joseph und ich überlebt haben. Da sind meine Brüder, meine Schwestern, meine Mutter, meine Tanten und Onkel, all die Kinder … Irgendwann wird einer von ihnen kommen und mich finden.*

An einem heißen Augustnachmittag saß ich wieder am Bahnhof auf einer Bank und beobachtete die aussteigenden Passagiere. Plötzlich wurde ich auf einen großen, dunkelhaarigen Mann aufmerksam. *Diesen Mann kenne ich,* dachte ich sofort, und mein Herz machte einen Satz. *Er gehört zu meiner Familie. Aber wer ist es? Niemand von uns hat sich je so gekleidet!* Der Mann trug einen runden, breitkrempigen schwarzen Hut wie die chassidischen Juden. Ein langer schwarzer Bart hing bis auf seine Brust, und er trug eine wadenlange schwarze Robe, weiße Socken und hohe schwarze Stiefel. Er kam näher und lächelte, wobei seine überraschend weißen Zähne aufblitzten.

Mein Gott! Es ist Onkel Louie! erkannte ich. Sofort breitete ich die Arme aus und lief, um den jüngsten Bruder meiner Mutter zu begrüßen.

»Nein! Nein!« rief er und hielt mich mit ausgestrecktem Arm von sich fern.

Ich hielt inne. »Onkel Louie!« rief ich. »Ich bin's, Seren!«

»Ja, mein Kind. Ich weiß. Aber du darfst mich nicht berühren. Es ist verboten.« Er war nur zehn Jahre älter als ich und stand da wie ein Erzvater, der gerade vom Berg gestiegen war und die Stimme Gottes gehört hatte.

»Ich verstehe nicht …«, stotterte ich.

»Ich werde es dir erklären, Kind.«

Onkel Louie begleitete mich zu meiner Unterkunft und setzte sich mit mir hin, um seine Geschichte zu erzählen.

Wie Joseph war auch er in Auschwitz gewesen, bis das Lager evakuiert wurde. Ein SS-Wärter drückte ihm einen Koffer in die Hand, und der lange, tödliche Marsch durch die eisige Landschaft begann. Das Wetter war schrecklich kalt mit unendlich viel Schnee, und viele der Gefangenen fielen in die Schneewehen oder starben, weil sie sich im Schneetreiben verliefen. Entweder verlief sich der SS-Wärter ebenfalls, oder aber er vergaß, wem er den Koffer gegeben hatte; jedenfalls mußte Onkel Louie ihn nicht wieder abgeben.

Nach der Befreiung wurde er nach Salzburg geschickt; den Koffer hatte er noch immer bei sich. Als er ihn schließlich öffnete, fand er darin wertvollen Schmuck – Goldketten, Diamantbroschen, Smaragdringe –, gestohlen von den Gefangenen der Konzentrationslager. Er versteckte die Sachen und erklärte, er sei ein chassidischer Rabbi – er, der vor dem Krieg nie eine Synagoge betreten hatte! Dann machte er sich auf, die Überlebenden seiner Familie zu finden. Als er Esthers und meinen Namen auf der Liste aus Feldafing entdeckte, kam er sofort her, insbesondere, um uns zum Chassidismus zu bekehren, einer streng orthodoxen und gleichzeitig eher mystischen Glaubensrichtung des Judentums. Als ich erfuhr, daß seine Frau und seine zwei kleinen Töchter in Auschwitz getötet worden waren, dachte ich: *Der arme Mann hat den Verstand verloren.* Der Krieg führte zu den absonderlichsten Sinneswandeln; Menschen, die vorher tief religiös gewesen waren, wurden zu desillusionierten Atheisten, und frühere Agnostiker wurden danach zu frommen Gläubigen.

Noch am selben Tag besuchte Onkel Louie Esther im Krankenhaus, marschierte ins Hauptbüro des Camps und ließ sich als Anführer der Chassidim in Feldafing registrieren. Er gewann schnell eine große Anhängerschaft, die durch ihre täglichen Verkündigungen großes Aufsehen erregte. Sie stellten Gesetze auf, die jeden Aspekt unseres Lebens regulieren sollten, vor allem die Essenszubereitung, die sie täglich beaufsichtigten.

Ich versuchte, meinem Onkel und seinen Überzeugungen aus dem Weg zu gehen, denn ich war schon immer jemand gewesen, der sich nur die wichtigsten jüdischen Gesetze zu Herzen nahm. Doch Onkel Louie schien ein besonderes Interesse an mir zu hegen.

»Seren«, sagte er eines Tages. »Es wird Zeit, daß du heiratest. Als dein Onkel sehe ich es als meine Aufgabe an, deine Heirat mit einem Rabbi in die Wege zu leiten.«

»Wie bitte?« fragte ich entsetzt.

»Ich will, daß du einen Rabbi heiratest. Für eine Frau ist es die höchste Berufung, einen Rabbi zu heiraten und ihm Kinder zu gebären.«

Auf einmal fiel mir unser ernster, schweigsamer Rabbi vom Sägewerk in Fulehaza ein. Obwohl er viele Kinder hatte, war allseits bekannt gewesen, daß er und seine Frau in getrennten Zimmern schliefen. Als wir jung waren, kicherten Zipporah und ich immer darüber und überlegten, wann und wie diese Kinder zustande gekommen waren, wenn der Rabbi und seine Frau nicht das Bett teilten.

»Ich weiß«, sagte Zipporah eines Tages. »Wenn der Rabbi noch ein Baby will, nimmt er seinen runden Hut ab und wirft ihn auf ihr Bett, damit sie Bescheid weiß.«

»O ja!« kreischte ich. »Ich sehe direkt, wie der Hut herumwirbelt, ehe er landet. Vielleicht fällt er der Frau ja auch direkt auf den Kopf!« Wir rollten auf dem Boden und hielten uns die Bäuche vor Lachen.

Immer noch muß ich an Zipporah denken, merkte ich da.

»Hast du mich verstanden, Seren?« sagte Onkel Louie

gerade. »Ich werde mich für dich umhören und die Rabbis hier fragen, wer an einem so feinen Mädchen wie dir interessiert ist.«

»Nein!« erwiderte ich. »Ich bin kein Mädchen mehr! Ich bin siebenundzwanzig! Und ich brauche dich nicht, um mir einen Ehemann zu suchen.«

»Willst du dich mir etwa widersetzen? Einem heiligen Mann? Glaubst du denn nicht mehr an das, was deine Mutter und dein Vater dir beigebracht haben?«

»Onkel Louie, vor dem Krieg habe ich mich mit einem Mann namens Samuel verlobt. Wir lernten uns in Reghinul-Såsesc kennen. Ich habe ihn seit zwei Jahren nicht mehr gesehen, aber vielleicht findet er mich eines Tages, so wie du mich gefunden hast.«

Onkel Louie machte ein ernstes Gesicht. »Ich wollte es dir schon früher sagen, aber ich habe es nicht übers Herz gebracht, bis ich nun erkannte, daß du dazu bestimmt bist, einen Rabbi zu heiraten. Deinen Samuel habe ich in Auschwitz getroffen. Er hat mir alles über dich erzählt. Eines Tages, ehe das Lager evakuiert wurde, sah ich, wie er zum Krematorium gebracht wurde.«

»O nein! War er tot?«

»Er muß tot gewesen sein. Er lag auf dem Karren, der jeden Morgen die Leichen zu den Öfen fuhr. Hattet ihr in Ravensbrück auch einen solchen Karren?«

Ich erschauerte, als ich an die aufgestapelten Leichen dachte, die gefrorenen Arme, die aufgerissenen Augen und Münder. Es war zuviel. Ich schlug die Hände vors Gesicht und begann zu weinen – um Samuel, um seine Freundlichkeit und Warmherzigkeit, um all die Verluste, die kein Ende zu nehmen schienen.

»Ist schon gut. Ich werde bald einen Rabbi für dich finden«, fuhr Onkel Louie fort. »Viele der Männer wollen schnell heiraten und ein Zuhause gründen. Aber jetzt muß ich wieder in die Küche. Niemand wäscht die Teller so, wie ich es angeordnet habe. Denk über meine Worte nach, Seren. Ich will nur dein Bestes.«

Sobald er gegangen war, beschloß ich, Feldafing zu verlassen. Esther ging es schon viel besser, und sie und ich wollten so bald als möglich nach Ungarn fahren und dann nach Siebenbürgen, um nach unserer Mutter zu suchen. Ich hatte die Hoffnung nicht aufgegeben, daß sie noch am Leben war. Wenn wir nur gründlich genug suchten, würden wir sie finden. Ich trocknete mir die Augen und ging zu Esther, um ihr meinen Entschluß mitzuteilen.

Im Krankenhaus erfuhr ich jedoch, daß Esther vor ihrer Entlassung nochmals untersucht werden müsse. Und diese Untersuchung machte unsere Pläne vorerst zunichte. Einer der Ärzte war nicht zufrieden, denn ihre Kopfwunde war nicht richtig verheilt. Er riet, sie nach München zu Spezialisten zu schicken, wo man anhand von Röntgenuntersuchungen feststellte, daß sich noch immer Metallsplitter in ihrem Kopf befanden. Sie wurde sofort operiert und dann zur Nachsorge nach Feldafing zurückgebracht. Es würde noch einige Monate dauern, bis sie das Krankenhaus verlassen dürfte. Ohne Esther wollte ich nicht fahren, doch meine Tage wurden länger und länger, und der Schmerz der Einsamkeit und des Nichtstuns lag schwer und erdrückend auf meiner Brust.

Dann erfuhr ich, daß in Waldheim[3] eine Gewerbliche Fortbildungsschule für *displaced persons* (Zwangsumsiedler) wie uns errichtet worden war, kaum dreißig Kilometer von Feldafing entfernt. Ich beschloß sofort, dort in der Schneiderabteilung zu arbeiten. Wie die anderen Lehrer würde ich keinen Lohn bekommen, aber ich würde wieder nähen können und mit arbeitenden Menschen zusammentreffen.

Ich konnte es gar nicht erwarten zu gehen. Erst überlegte ich, jeden Tag mit dem Zug dorthin zu fahren, aber weil die Zugverbindungen noch immer so unzuverlässig waren, hätte das unter Umständen ganze Tage oder Nächte gedauert. Also nahm ich das Angebot an, als Gegenleistung für das Unterrichten eine Unterkunft zu beziehen. Da es sich um Unterkünfte bei deutschen Familien handelte, würde ich bei Leuten wohnen, die mich sicher immer noch als ihren Feind betrachteten. Trotzdem war mir das lieber, als weiter in Feldafing herumzusitzen. Vom Lagerleben hatte ich endgültig genug. Als ich Ellen fragte, ob sie mit mir kommen wolle – denn auch sie war eine gelernte Schneiderin –, lehnte sie ab. Sie hatte einen jungen Mann aus der Gegend kennengelernt, in der sie geboren wurde, und ihn sehr liebgewonnen.

An einem frühen Morgen im August verließ ich Feldafing also allein und versprach, Esther und Ellen an den Wochenenden zu besuchen. In Waldheim meldete ich mich im Büro der ORT, der Organisation für die Eingliederung durch Ausbildung. Dies war eine in den Vereinigten Staaten gegründete Organisation für Frauen, um allen überlebenden Heimatlosen die Ausbildung an einer gewerblichen Schule zu ermöglichen. In Waldheim durfte die Organisation zu diesem Zweck ein großes Hotel nutzen und richtete dort in verschiedenen Sälen Klassenzimmer ein. Es wurde Technik unterrichtet, Schneiderei sowie Schreinern. Im Speisesaal des Hotels gab es Frühstück, Mittag- und Abendessen, denn die meisten von uns konnten auf ihren Zimmern nicht kochen. Ich wurde im Haus einer älteren deutschen Witwe untergebracht, die mich ganz und gar mied. Ihre Haltung verletzte mich zwar, doch ich war froh, daß ich zumindest ein Zimmer hatte, eine Tür schließen und so für mich sein konnte. Die Wahl, entweder allein sein zu können oder mit anderen, war ein großes Geschenk. Manchmal in der Nacht allerdings, wenn ich in dem stillen Zimmer im Bett lag und die Witwe hinter ihrer fest verschlossenen Tür wußte, dachte ich: *Ich bin einsam ... einsam und allein. Wenn ich nur einen Freund hätte ...*

Tagsüber nahm die Arbeit mich vollkommen in Anspruch. Im größten Konferenzzimmer des Hotels waren Tische mit Nähmaschinen aufgestellt worden, und auf der einen Seite unterrichtete ich die wenigen jungen Mädchen, die den Krieg überlebt hatten. Auf der anderen Seite war ein Lehrer, der junge Männer unterrichtete. Eines Tages kam dieser Mann zu mir und sagte: »Ich habe Sie beobachtet. Sie gehen sehr gut mit Ihren Schülerinnen um. Haben Sie früher schon unterrichtet?«

»Ein wenig«, antwortete ich und dachte daran, wie ich Emma und Esther in Reghinul-Sâsesc das Nähen beigebracht hatte. »Sind Sie schon lange hier?«

»Ich kam von Auschwitz hierher, gleich nach Ende des Krieges«, erzählte er. »Ich hatte nichts zu tun, keine Bücher zum Lesen. Als die Schule eröffnet wurde, meldete ich mich freiwillig als Lehrer, und die ORT gab mir diese Klasse. Die Arbeit gefällt mir, aber ich bin froh, daß Sie nun auch da sind.«

»Oh, und ich bin gerne hier! Ich habe ein eigenes Zimmer, und an den Wochenenden kann ich meine Schwester im Krankenhaus in Feldafing besuchen. Die Arbeit macht mir viel Spaß. Ohne Arbeit halte ich es nicht aus.«

»Das ist bei mir genauso! ... Wie geht es Ihrer Schwester? War sie verwundet?«

»Ja, es geschah bei einem Bombenangriff. Wir wurden von Ravensbrück nach Türkheim verlegt und dann nach

Burgau. Am Ende steckten sie uns in einen Zug und ließen uns in den verschlossenen Waggons sitzen. Der Zug wurde bombardiert. Meine Schwester wurde verletzt und mußte mehrfach operiert werden. Aber jetzt ist sie bestimmt bald wieder gesund.«

»Ich war bei Kriegsende auch lange Zeit in einem Zug. Wir wurden aus Auschwitz evakuiert und fuhren Richtung Westen. Eines Tages befahl uns die SS auszusteigen. Wir mußten uns am Bahndamm aufstellen, und sie fingen an, uns zu erschießen. Als sie ungefähr die Hälfte erschossen hatten, kam ein Trupp Amerikaner und beendete die Sache. Ich war so nahe dran, umgebracht zu werden! Ihnen muß es ähnlich ergangen sein. Erzählen Sie! Wie kam es, daß Ihre Schwester verwundet wurde und Sie nicht? War es einfach Glück?«

»Nein, es war ein Stück Brot. Ich sah es am Boden liegen, quetschte mich durch die einen Spalt breit geöffnete Waggontür und griff danach. Als die Flieger kamen, rollte ich mich unter den Zug. Das Stück Brot hat mich gerettet.«

Der Mann verzog das Gesicht zu einem breiten Lächeln. »Ein Stück Brot!« Er lachte. »Das ist wunderbar! Übrigens, ich heiße Meyer Bernstein. Darf ich fragen, wer Sie sind?«

»Seren Tuvel.«

»Es freut mich sehr, Sie kennenzulernen, Seren.« Er streckte seine Hand aus. Ich schüttelte sie und sah in seine tiefdunklen Augen. Sein Händedruck war warm und sanft. Ich blickte auf sein dunkles, lockiges Haar. »Ich freue mich auch sehr, Sie kennenzulernen«, sagte ich.

Auch in den nächsten Wochen erfuhr ich nichts über den Rest meiner Familie. Doch dann kam Ellen eines Tages in mein Klassenzimmer gestürzt. »Seren, du hast einen Brief bekommen!« rief sie. »Ich wußte, daß du ihn gleich lesen möchtest, deshalb habe ich ihn dir gebracht. Er ist gestern abend in Feldafing angekommen.«

Ich riß den Umschlag auf. Der Brief war von meinen Nichten Emma und Magda, Rosa und Eugens ältesten Töchtern. Oh, ich war ja so froh, von ihnen zu hören! Zwei Familienmitglieder mehr, von denen ich sicher wußte, daß sie lebten!

Schnell überflog ich ihre Zeilen. Emma war aus Budapest in das Konzentrationslager Bergen-Belsen gebracht worden, und Magda war einige Zeit später von Reghinal-Sasesc aus ebenfalls dorthin gekommen. So waren die Schwestern wieder vereint gewesen.

Ich schrieb ihnen sofort zurück, daß ihr Vater Eugen mit Joseph in Auschwitz gewesen war. Über Rosa konnte ich nichts erzählen.

Dann kam Joseph noch einmal zu Besuch und berichtete, daß es nichts zu berichten gab. Er war in meine frühere Heimat Valea Uzului gereist, zum Sägewerk in den Bergen und zum Haus seiner Eltern Herman und Tamara. Doch er hatte niemanden finden können. Die Häuser standen leer, die Möbel waren geplündert oder kaputt, zerbrochenes Geschirr lag auf dem Boden. Meine Mutter war nicht in unserem Haus, auch nicht Shlomo, Eliezer, Meyer, Mendel, Rosa, Berta, Louise, ihre Ehepartner oder Kinder. Auch seine Brüder Miksha und Ernie blieben verschollen

»Das heißt nicht, daß sie alle tot sind«, meinte er. »Das Reisen ist sehr beschwerlich. Vielleicht stecken sie irgendwo fest und fragen sich, ob ich noch am Leben bin. Oder sie sind nach Palästina gegangen. Das glaube ich am ehesten. Ja, sie sind bestimmt nach Palästina gegangen! Ich bin gekommen, um dir Lebewohl zu sagen, Seren. Ich werde auch dorthin fahren.«

»Willst du das wirklich?« fragte ich nach. »Ich bin traurig und glücklich für dich zugleich.«

»Du wirst immer meine liebste Tante bleiben«, sagte er da und nahm meine Hand. »Ich habe dir ein Abschiedsgeschenk mitgebracht.« Er wickelte ein Paket aus, das er die ganze Zeit in der Hand gehalten hatte. Grüngeblümter Stoff quoll hervor und breitete sich wie Frühlingsblumen auf dem Zuschneidetisch aus.

»Oh, Joseph, der ist wunderschön!« rief ich. »Ich habe schon so lange keinen Stoff mehr für ein Kleid gehabt!«

»Für Esther habe ich auch welchen mitgebracht. Ich werde sie noch im Krankenhaus besuchen, ehe ich abfahre. Wirst du mich irgendwann in Palästina besuchen, Seren?«

»Das würde ich gern, Joseph! Sehr gern!«

»Ich warte auf dich«, sagte er und ging zur Tür. Dort winkte er mir noch einmal zu und war verschwunden.

Nachdem Joseph fort war, spürte ich die Einsamkeit noch stärker und konnte nachts manchmal gar nicht schlafen. Ich kam abends in mein Zimmer und fragte mich: *Wie kommt es, daß ausgerechnet ich, die immer von Freunden umringt war, von Schwestern und Brüdern, Nichten und Neffen, Vettern und Basen, die in unserem Haus ein und aus gingen, so allein bin?* Abgesehen von dem Brief von Emma und Magda hörte ich von niemandem aus der Familie etwas, und außer meinem Onkel Louie kam kein Verwandter mehr nach Feldafing. Jahre sollten vergehen, bevor ich mehr über den Rest meiner Familie in Erfahrung bringen konnte. Niemals dachte ich, daß sie alle gestorben waren. Ich gab die Hoffnung nie auf. Trotzdem war ich ganz allein in einem Land, das mich nicht wollte. Wenn ich oder andere Juden in einen Zug stiegen, setzten sich die Deutschen schnell ans andere Ende des Waggons. Trotzdem fuhr ich weiterhin nach Feldafing, um Esther zu besuchen.

Nach und nach lernten Meyer und ich uns besser kennen und unterhielten uns bei den Mahlzeiten und nach der Arbeit. Eines Tages, es war mittlerweile September, fragte er, ob er mich nach Feldafing begleiten dürfe. Auf dem Weg dorthin erzählte ich ihm alles über Onkel Louie, da wir ihm sicher begegnen würden. Obwohl ich es immer vermied, ihm über den Weg zu laufen, machte er mich jedesmal ausfindig und erinnerte mich wiederholt daran, daß er von mir erwarte, einen Rabbi zu heiraten. Glücklicherweise dachte Onkel Louie immer, er müsse überall gleichzeitig sein und alles und jeden beaufsichtigen, so daß er nie viel Zeit mit mir verbringen konnte. Trotzdem nahm mir der Gedanke an ihn manchmal die Lust, nach Feldafing zu fahren.

Als wir dort ankamen, traten meine schlimmsten Befürchtungen ein: Onkel Louie stand am Bahnhof und erwartete mich mit flatternder Robe. Er stand ganz allein, abseits von all denen, die ihn nicht berühren durften, mit über der Brust gefalteten Händen, leise lächelnd wie ein barmherziger Diktator. Sobald er sah, daß ich in Begleitung eines Mannes kam, schwand sein Lächeln, seine Augen verdunkelten sich, und er kam mit schnellen Schritten auf uns zu.

»Wen hast du da mitgebracht, Seren?« verlangte er zu wissen. »Einen Freund von Esther vielleicht ... oder von Ellen?«

»Onkel Louie, ich möchte dir Meyer Bernstein vorstellen«, entgegnete ich. »Er ist ein Arbeitskollege von mir an der Schule.«

Meyer hielt ihm die Hand hin. »Ich freue mich, Sie kennenzulernen«, sagte er. »Seren hat mir viel von Ihnen erzählt.«

Mein Onkel ignorierte die ausgestreckte Hand. »Sie hören sich an, als kämen Sie aus Litauen, Herr Bernstein. Trifft das zu?«

»Ja, das stimmt. Ich komme aus einem Gebiet in Litauen, das an Polen grenzt.«

»Ich verstehe. Und sind Sie vielleicht ein Rabbi, der sich nur heute nicht angemessen gekleidet hat?«

»Nein, nein, das bin ich nicht. Aber ich sehe, daß Sie ein Rabbi sind. Bei uns zu Hause waren immer viele gelehrte Männer, die ständig über die Auslegung der jüdischen Gesetze debattierten. Vielleicht könnten Sie mir eine Frage beantworten, die ...«

Mein Onkel wandte sich abrupt zu mir um. »Ich habe einen geeigneten Rabbi gefunden, Seren. Du weißt, was ich damit meine.«

»Ich habe es sehr eilig!« erwiderte ich schnell. »Meyer möchte mit ins Krankenhaus kommen, und Esther ist nicht immer in ihrem Zimmer, weil sie häufig Tests und Untersuchungen mit ihr durchführen. Wir wollen soviel Zeit wie möglich mit ihr verbringen.«

»Bitte bedenke, wer ich bin«, gab Onkel Louie zurück, und sein langer Bart zitterte. »Ich bin der Bruder deiner lieben Frau Mutter! Ich bin für dich verantwortlich. Und ich nehme diese Verantwortung sehr ernst.«

Als ich am folgenden Wochenende wieder nach Feldafing kam, wieder in Meyers Begleitung, wurde Onkel Louie wütend. Er folgte uns in den Speisesaal und fing dort an, mich an meine Pflichten als jüdische Frau zu erinnern. Doch ehe ich mich versah, schaltete Meyer sich in das

Gespräch ein und rezitierte ein Gesetz der Thora nach dem anderen, erst auf hebräisch, dann auf jiddisch. Er hatte mir zwar gesagt, daß er Hebräisch lesen und sprechen konnte, aber ich wußte nicht, daß er die Thora so gründlich studiert hatte. Ich lehnte mich zurück und beobachtete, wie Onkel Louie auf jiddisch herumstammelte und verzweifelt Wissensbrocken zusammenklaubte, die er hie und da aufgeschnappt hatte. *Wie schön!* dachte ich schmunzelnd. *Dieser Mann, der meinen Vater immer so in Rage brachte, wenn er am Fenster stand und uns wegen des Gottesdienstes verhöhnte, der jetzt darauf drängt, daß ich einen Rabbi heiraten soll, wird nun entlarvt, daß er die jüdischen Gesetze kaum kennt.* Natürlich merkte ich, daß Meyer meinen Onkel absichtlich in Verlegenheit bringen wollte.

Dann, eines Sonntagnachmittags, kam Onkel Louie auf mich und Meyer zu, als wir fröhlich Hand in Hand die Treppe des Krankenhauses hinunterliefen. Als wir unten ankamen, sagte er: »Ich bin zu einem Entschluß gekommen. Da du dich mir weiterhin widersetzt, Seren, und weiterhin diesen jungen Mann hier triffst, bestehe ich darauf, daß ihr beide so bald wie möglich hier in Feldafing heiratet. Und ich werde euch trauen!«

Ich prustete vor Lachen, da ich genau wußte, was mein Onkel dachte: daß ich als Ungläubige nicht zögern würde, auch ohne Trauschein zusammenzuziehen. Doch ich war immer noch das Kind meiner Eltern und würde mich ihrer Erziehung nie widersetzen. Onkel Louie begriff das offensichtlich nicht.

»Was ist so lustig daran?« erkundigte sich mein Onkel. »Komme ich etwa zu spät?«

»Nein, nein ...«, erwiderte ich und sah Meyer an. Wir waren im gegenseitigen, aber unausgesprochenen Einvernehmen, daß wir eines Tages heiraten würden.

»Ich könnte mir nichts Schöneres wünschen«, sagte Meyer und sah mir in die Augen. »Warum sollen wir warten? Worauf sollen wir warten?«

Er sah kurz auf sein Handgelenk und befühlte seine eintätowierte Nummer. Niemand aus seiner Familie hatte überlebt, kein einziger. Zu meinem Onkel gewandt fuhr er fort: »Es wäre uns eine große Ehre, wenn Sie uns trauen würden.«

Anfang Oktober, weniger als zwei Monate, nachdem wir uns kennengelernt hatten, und fünf Monate, nachdem ich in das Krankenhaus in Sankt Ottilien gekommen war, heiratete ich Meyer Bernstein. Ehe es soweit war, brachte Onkel Louie mich zur *Mikvah*, dem Badehaus, wo von einer würdigen jüdischen Dame festgestellt wurde, daß ich mich in einem für die Hochzeit günstigen Zeitpunkt meines Menstruationszyklus befand. Er organisierte eine *Chuppah*, und ich wählte mein Hochzeitskleid aus. Zu diesem Zeitpunkt besaß ich nur zwei Kleider: das eine, das ich aus Josephs Stoff genäht hatte, und ein beigefarbenes Kleid mit Empire-Taille, hohem Kragen und langen Ärmeln, das ich im Camp erhalten hatte. »Welches soll ich anziehen?« fragte ich Esther im Krankenhaus.

»Das beige«, antwortete sie. »Es steht dir gut.«

»Wirklich? Gibt es wirklich etwas, das mir steht, so wie ich aussehe? Wenn nur mein Haar schon länger wäre! Die Männer haben immer zuerst auf mein Haar geschaut. Und Meyer kennt es nur so kurz.«

»Vielleicht liebt er dich und nicht dein Haar«, erwiderte sie lächelnd. Sie trug immer noch Bandagen um ihren Kopf. »Er kann sich sehr glücklich schätzen.«

Ich drückte sie und dachte an alles, was wir zusammen durchgestanden hatten. Auch sie hatte einen Mann gefunden, der sie trotz der Bandagen und allen Verwundungen liebte. »Nein, dein neuer Freund ist der Glückliche. Er weiß gar nicht, wie glücklich ...«

Als die Zeit der Trauung nahte, fing es auf einmal heftig zu regnen an. Ellen und ich warteten in Esthers Zimmer, und Onkel Louie marschierte vor der Tür unruhig und mit wehendem Bart auf und ab. Meyer hatte Verspätung. Er war mit dem unzuverlässigen Zug in ein Nachbardorf gefahren, um seine Trauzeugen nach Feldafing zu begleiten. Alle paar Minuten lief Onkel Louie ans Fenster, um nach Meyer und den anderen beiden Männern im strömenden Regen Ausschau zu halten. Ich hatte keine Bedenken; ich wußte, sie würden kommen. Onkel Louie allerdings schien Zweifel zu hegen. »Es ist eine Schande!« sagte er immer wieder. »Zu spät zu seiner eigenen Hochzeit zu kommen! Was für eine Schande!«

Endlich, eine Stunde nach der anberaumten Zeit, kamen Meyer und seine zwei Freunde die Treppe herauf. Der Zug war irgendwo zwischen den beiden Orten steckengeblieben. Sofort hoben Esther, Ellen und ich die *Chuppah* hoch, gingen vor den Männern im strömenden Regen hinaus in den kleinen Park gegenüber dem Krankenhaus. Ich trug einen doppelten, schweren Schleier, wie es der Brauch war. Als Esther, Ellen und einige andere Frauen, die zum Zuschauen gekommen waren, mich die sieben Mal um Meyer herumführten, stolperte ich immer wieder, weil ich durch den Schleier kaum etwas sehen konnte und der Boden so matschig war. Ich wäre sicher ein paarmal in die Pfützen gefallen, hätten Esther und Ellen mich nicht aufgefangen.

Schließlich sang mein Onkel die Trauworte, während der Regen auf den Baldachin über uns trommelte. Meyer stand neben mir und hielt meine Hand, Esther mit ihrem bandagierten Kopf und Ellen standen auf der anderen

Seite. *Wir sind einen langen Weg gegangen*, dachte ich. *Und wir haben es zusammen geschafft. Wenn nur meine Mutter hier wäre …*

Und plötzlich fielen mir ihre Worte wieder ein. Wie oft hatte sie gesagt: »Wenn du weiter aus den Töpfen naschst, wird es an deinem Hochzeitstag noch regnen!«

Sie ist hier, erkannte ich da. *Nach allem, was geschehen ist, ist sie bei mir …*

26. Kapitel

Nun, da ich verheiratet war und jemanden hatte, mit dem ich ein neues Leben aufbauen konnte, wollte ich nur noch eins – Deutschland verlassen. In einem vom Krieg gebeutelten Land zu leben, war schon schwierig genug, da alle Güter rationiert waren. Am schlimmsten aber war das Gefühl, daß Meyer, ich und alle anderen Juden nicht erwünscht waren. Immer noch glaubten die meisten Deutschen, daß ihr Führer uns nicht grundlos in die Konzentrationslager gesperrt hatte; wir galten als Mörder, als Diebe, als ›Rassenschänder‹, und die Menschheit konnte nur gerettet werden, wenn wir verhungerten, uns tot arbeiteten oder aus purer Verzweiflung starben.

An einem kalten Spätnachmittag kurz nach unserer Hochzeit fuhren Meyer und ich mit der Straßenbahn zu dem neuen Zimmer, das man uns zugeteilt hatte. Als wir einstiegen, gingen zwei Deutsche sofort zum hinteren Ausgang, wie es oft geschah, wenn Juden kamen, blieben aber kurz vor der Tür stehen. Das schlechte Wetter mußte sie vom Aussteigen abgehalten haben. Wir setzten uns auf die nächsten freien Plätze, und einer der Männer sagte zum anderen: »Tja, der Krieg ist vorbei.«

Der zweite Mann blickte in unsere Richtung und zog seine schwarze Ledermütze über die Ohren. »Ja. Jetzt haben die verdammten Juden ein feines Leben.«

Abends beim Essen sagte ich zum dritten Mal an jenem Tag: »Meyer, wir müssen hier weg.«

Er sah mich an, legte die Gabel beiseite und streichelte meine Hand. »Seren«, sagte er, »ich will ebenso von hier fort wie du. Wir haben Visa für die Vereinigten Staaten beantragt und wurden auf die Warteliste gesetzt. Was können wir mehr tun?«

»Es muß doch etwas geben! Wie können wir warten, bis unsere Namen auf der Liste endlich oben stehen? Das kann fünfzehn Jahre dauern!«

»Die Einwanderungsquote ist streng begrenzt. Wenn wir dort drüben jemanden hätten, der für uns bürgt, würden wir auf eine bevorzugte Liste gesetzt, aber wir haben niemanden.«

Ich drehte mich zur Seite und starrte aus dem Fenster in die dunkle Nacht. »Manchmal habe ich Angst. Wir sind immer noch in dem Land, in dem auch die Lager sind. Es sind dieselben Menschen. Wer kann sagen, daß das nicht alles wieder von vorn losgeht?«

»Niemand«, antwortete er und zog seine Hand weg. »Niemand.«

In einer eigenen Wohnung, egal wie klein sie gewesen wäre, hätten wir uns einen ruhigen Hafen schaffen und die fünfzehn Jahre geduldig abwarten können. Doch Meyer und ich hatten zusammen ein Zimmer, das nur wenig größer als das war, in dem ich allein gewohnt hatte – im Haus einer nichtjüdischen Familie. Sobald der Hausherr erfahren hatte, daß wir in sein Gästezimmer einziehen sollten, hatte er neue Wände eingezogen und sein Haus in zwei Teile geteilt. Auf seiner Seite waren die Räume seiner Familie, auf unserer das Zimmer einer älteren deutschen Witwe, unser Zimmer und eine kleine Küche, in der die Witwe und ich abwechselnd kochten.

Zwei Monate lang bekamen wir die Witwe nicht zu Gesicht. Jeden Morgen hastete sie in die Küche, sobald das

Gas angestellt wurde. Gas war rationiert und nur morgens und abends je eine Stunde verfügbar. Nachdem sie sich eilig ein Frühstück bereitet hatte, huschte die Frau wieder in ihr Zimmer, den Teller in der Hand, sobald sie meine Schritte vor der Küchentür hörte. Wenn ich in die Küche kam, hörte ich gerade noch, wie sie ihre Tür zuschlug, absperrte und einen schweren Metallriegel vorschob.

Zum Teil konnte ich die Angst der Witwe verstehen, da sie, wie so viele andere Deutsche, ein ruhiges, ordentliches und zurückgezogenes Leben gewohnt war. Wie aus dem Nichts wurde sie dann plötzlich mit Meyer und mir und all den anderen heimatlosen Juden konfrontiert, von denen einige junge, wilde Burschen von siebzehn, achtzehn Jahren waren. Diese jungen Männer waren dreizehn und vierzehn gewesen, als man sie nach Auschwitz brachte, und dort hatten sie auf rauhe Weise gelernt zu überleben. Sie wurden selbst rauh und ungehobelt und jagten den Deutschen durch ihre ruppige Art Angst ein, selbst wenn sie niemandem ein Leid taten. Was mich nur ärgerte, war, daß die Witwe anzunehmen schien, Meyer und ich wären wie diese jungen Burschen und würden sie bei der nächstbesten Gelegenheit bedrohen und die Küche für uns allein beanspruchen. Dabei blieben manchmal tatsächlich mir nur ein paar wenige Minuten zum Kochen, ehe das Gas wieder abgestellt wurde.

Und oft, wenn ich ausreichend Gas zur Verfügung hatte, besaß ich keine Lebensmittel, die ich zubereiten konnte. Jeder, Jude und Nichtjude, bekam rationierte Lebensmittelmarken, die gegen Butter, Eier, Milch, Gemüse und Fleisch eingetauscht werden konnten. Jeden Abend nach der Handelsschule stand ich in den langen Schlangen vor den Geschäften. Meyer und ich hätten auch weiter im Speisesaal der Schule essen können, aber nach all den Jahren Kantinenessen unter Hunderten von Leuten wünschte ich mir einfach, ein Essen nur für uns zwei zuzubereiten.

Während ich nun jeden Abend ein oder zwei Stunden Schlange stand und langsam nach vorne wanderte, beobachtete ich, wie die deutschen Hausfrauen vor mir ihre Marken abgaben und dafür ihre Lebensmittel bekamen. Aber fast immer, wenn ich an die Reihe kam, sagte mir der Verkäufer hinter der Theke, die Sachen seien gerade ausgegangen. Da das Dorf sehr klein war, wußte jeder, wer ich war. Es hatte keinen Sinn, mit ihm darüber zu streiten, denn ich hatte keinen Beweis, ob er tatsächlich keine Lebensmittel mehr hatte oder doch.

Eines Abends Ende November, fast zwei Monate, nachdem Meyer und ich geheiratet hatten, stieg ich vollkommen entmutigt die Treppe zu unserem Zimmer hinauf. Ich hatte eine Stunde lang für Butter angestanden und gesehen, wie jede Deutsche vor mir ihre Viertelpfund-Ration forttrug, aber zu mir sagte der Verkäufer dann: »Die Butter ist gerade ausgegangen.« Als ich nach dem Anstehen in der Fleischschlange an die Reihe kam und dem Verkäufer meine Marke hinhielt, sah er mich kurz an und gab sie mir zurück. »Fleisch ist aus.«

Und nun betrat ich entmutigt unsere Küche und überlegte, was ich wohl für unser Abendessen zusammenkratzen könnte, da zog die Witwe ihren Kopf ein und lief auf die Tür zu. Auf einmal hatte ich genug. Ich lief ebenfalls zur Tür und verstellte ihr den Weg. Sie blieb stehen, schlang die Arme um den Körper und begann zu zittern.

»Jetzt hören Sie mir mal zu«, sagte ich. »Seit wir hier eingezogen sind, benehmen Sie sich, als wollte ich Sie mit dem Fleischermesser aufschlitzen. Aber wenn hier jemand Angst haben sollte, dann doch eher ich. Es war Ihr Volk, das uns in verschlossenen Zügen hierher gekarrt hat. Es war Ihr Volk, das mein Volk umgebracht hat. Ich habe nicht darum gebeten, hierher zu kommen. Ich war glücklich und zufrieden in meiner Heimat Siebenbürgen!«

Ich hielt inne. Die Witwe hatte die Hände vors Gesicht geschlagen. »Bitte sehen Sie mich an«, fuhr ich fort, da ich merkte, wie verängstigt sie war. »Ich habe Hände wie Sie. Ich habe ein Gesicht wie Sie. Ich bin ein Mensch.«

Sie sah mir zum ersten Mal in die Augen. »Warum laufen Sie vor mir weg?« fragte ich.

»Es tut mir leid«, flüsterte sie. »Ich dachte, Sie könnten mir etwas antun … Es tut mir sehr leid.« Dann ging sie in ihr Zimmer.

Am nächsten Morgen jedoch floh sie nicht aus der Küche, als ich eintrat. Nach und nach fingen wir an, Konversation zu betreiben. Als sie erfuhr, wie ich in den Geschäften abgewiesen wurde, bot sie an, die Marken für mich einzutauschen. Als sie merkte, was für eine schlechte Köchin ich war, sagte sie eines Abends: »Warum lassen Sie mich nicht das Essen für uns drei kochen. Sie müssen sehr müde sein, wenn Sie den ganzen Tag unterrichten. Lassen Sie mich kochen.« Natürlich ließ ich sie. Sie war eine außerordentlich gute Köchin, da sie die meiste Zeit ihres Lebens für einen deutschen Baron gekocht hatte. Nach und nach brachte sie mir sogar bei, köstliche Speisen selbst zuzubereiten. Viele der Gerichte, die ich heute koche, stammen von ihr – Hühnchen mit Eiernudeln, Kartoffel-Käse-Auflauf, Kohlrouladen.

Im Frühling des nächsten Jahres wußte ich, daß ich ein Kind erwartete. Die Witwe, Anna, freute sich sehr. Ich war mir meiner Gefühle nicht so sicher. Ich würde ein Kind unter Menschen zur Welt bringen, die es als ihren Feind betrachteten.

Als ich eines Abends nach Hause kam, wartete ein Brief auf mich. Ich erkannte die Handschrift zwar nicht, aber ich spürte, daß er von jemandem kam, den ich aus Kriegszeiten kannte. Immer noch geschahen kleine Wunder: ein Mann fand seine Frau in einem anderen Land wieder, in das sie nach der Befreiung verschleppt worden war, eine Schwester fand ihre Schwester in einem abgelegenen Dorf, ein Freund fand einen Freund. Vielleicht war der Brief von Eugen oder Bertas Ehemann oder gar von einem meiner Brüder. Ich riß ihn auf. *Meine liebste Seren*, begann er. Er war von Samuel!

Ich bin überglücklich, daß ich dich endlich wiedergefunden habe! Nach der Entlassung aus Auschwitz fuhr ich zu deinem Wohnhaus in Budapest, um nach dir zu suchen. Niemand war da. Aber ich gab die Hoffnung nicht auf, daß du noch lebst. Ich fand heraus, daß Lilys Mutter in Schweden lebt und schrieb ihr. Sie antwortete, daß du ihr von Lilys Tod geschrieben hast (es tat mir sehr leid, davon zu hören), und gab mir deine Adresse. Ich wußte, daß du es schaffst! Ich kann es kaum erwarten, dich wiederzusehen.

Langsam faltete ich den Brief zusammen und steckte ihn in den Umschlag zurück. Wie hatte Onkel Louie mir nur sagen können, daß er Samuels Leiche auf dem Karren zum Krematorium gesehen hatte? Vielleicht hatte er sich das nur ausgedacht, damit ich einen Rabbi heiratete. Aber vielleicht war er auch tatsächlich überzeugt gewesen, daß es Samuels Leiche gewesen war. Der Krieg hatte Leben und Tod so sehr durcheinandergewirbelt, daß alles möglich war.

Doch es spielte keine Rolle. Ich war mit Meyer verheiratet, und in wenigen Monaten würde unser Kind geboren werden. Ich schob den Brief unter einen Stapel Halstücher in die unterste Kommodenschublade und flüsterte: »Finde eine andere, Samuel. Werde glücklich …«

Kurz nachdem Meyer und ich geheiratet hatten, war Esther endlich aus dem Krankenhaus in Feldafing entlassen worden und in mein ehemaliges Zimmer in Waldheim gezogen. Sowohl sie als auch Ellen konnten von nichts anderem sprechen als von den jungen Männern, die sie im Krankenhaus kennengelernt hatten. »Sigmund braucht mich«, sagte Esther eines Sonntagnachmittags beim Tee. »Er hat seine Frau und seine beiden kleinen Söhne in Auschwitz verloren … Und ich brauche ihn.«

»Worauf wartest du dann noch?« fragte ich. »Heirate ihn!«

Sie lachte und wurde rot und sah so glücklich und gesund aus, daß ich kaum glauben konnte, daß sie es war. »Wir wollten uns von einem Rabbi trauen lassen …«

»Nicht Onkel Louie!« unterbrach ich.

»Nicht Onkel Louie!« wiederholte sie. »Aber der nächste Rabbi lebt in München. Werden du und Meyer mitkommen, wenn wir dort heiraten?«

Ich legte meine Hände um ihre Wangen und zog Esther an mich. »Liebend gern!«

»Ellen und Ben sind ebenfalls verlobt. Ich glaube, sie lassen sich am selben Tag trauen wie wir, aber sie bleiben hier in Feldafing.«

»Bei Onkel Louie?«

»Bei Onkel Louie.«

»Tja«, meinte ich, »wir werden ihnen das Beste wünschen!«

An dem einen Tag zwischen Passahfest und Pfingsten, an dem Trauungen erlaubt sind, begleiteten Meyer und ich

Esther und Sigmund nach München. Nach unserer Rückkehr bereiteten eine Freundin von Esther und ich das Hochzeitsmahl mit Lebensmitteln zu, die Meyer auf dem Schwarzmarkt erstanden hatte. Vorher hatte ich mich immer gesträubt, etwas mit diesen illegalen Geschäften zu tun zu haben, aber für diesen Anlaß gab ich nach. Zu den vier Pfund Rindfleisch, die Meyer nach Hause brachte, machte ich Klöße aus Mehl und Eiern und kochte aus allem einen wunderbaren ungarischen Eintopf. Wir luden ein paar Freunde ein, machten ein oder zwei Flaschen Wein auf und feierten bis spät in die Nacht. Als Esther, deren Haar in hellbraunen Locken langsam wieder nachwuchs, vom Tisch aufstand, sagte sie ganz leise: »Das war die schönste Hochzeitsfeier, die man nur haben konnte.«

Einige Monate später, im September, gegen Ende meines achten Schwangerschaftsmonats, wurde unser Baby geboren. Sobald die Wehen einsetzten, brachte Meyer mich nach Sankt Ottilien zu den Nonnen, die mich nach der Befreiung gesundgepflegt hatten. Dort brachte ich einen Jungen zur Welt. Er hatte ganz dunkles Haar und war so winzig in meinen Armen! Doch der Arzt versicherte mir, daß er vollkommen gesund sei. Wir hatten beschlossen, ihn Jacob zu nennen, nach Meyers Vater.

»Er sieht genauso aus wie du«, sagte ich zu Meyer, als er mich besuchen kam. »Sieh nur seine Augen!« Sie waren dunkelbraun, so braun wie die Rinde der Bäume in den Bergen.

»Ja«, antwortete er. »Wie bei meinem Vater.«

Und als ich wieder hinschaute, sah ich auch die Augen meiner Mutter.

Eine Woche später fuhren Jacob und ich gemeinsam nach Hause. Er wuchs und gedieh und lag während meiner Arbeit, die ich weiterhin halbtags ausübte, friedlich in seinem Körbchen. Abends wurde er von Anna in den Schlaf gewiegt, und an den Sonntagen stritten Esther und Ellen sich darum, wer ihn halten dürfe.

Drei Monate später, im Dezember, erhielten Esther und Sigmund die Auswanderungserlaubnis. Ein Freund von Sigmund in den Staaten hatte sich bereit erklärt, für die beiden zu bürgen, und sie wollten in die Nähe von Chicago ziehen, wo auf Sigmund ein Job wartete. »Oh, Esther!« rief ich, als sie es mir erzählte. »Ich bin ja so froh für dich.« Ich freute mich wirklich aus tiefstem Herzen für die beiden, daß sie Deutschland endlich verlassen und nach Amerika in die Freiheit fahren konnten. Aber ich wußte auch, daß ich sie schrecklich vermissen würde, und ein Teil von mir trauerte bereits. Esther würde dann einen ganzen Ozean von mir entfernt sein. Eine Woche später bekamen auch Ellen und ihr Mann Bescheid, daß sie Deutschland verlassen konnten.

Sobald Esther und Sigmund sich in Hyde Park eingerichtet hatten, einem kleinen Ort südlich von Chicago, fing sie an, mir Pakete zu schicken – mit Wollhosen für Jacob, warmen Schals für Meyer und mich und exotischen Konservendosen, die sie in dieser schönen neuen Welt kaufen konnte. ›Ich weiß, daß auch Ihr Deutschland irgendwann verlassen könnt‹, schrieb sie mir. ›Bitte gib die Hoffnung nicht auf ...‹

›Nein, ich gebe nicht auf‹, antwortete ich in meinen Briefen, aber tatsächlich tat ich das. Wie konnten wir immer noch hoffen, wenn die Einwanderungsquoten unverändert niedrig blieben, wenn keiner von uns einen Bürgen kannte, wenn jeden Monat ein anderer Überlebender in die Staaten oder nach Kanada oder Südamerika auswanderte? Einige reisten sogar heimlich nach Palästina ein, aber mir war dieses Risiko zu groß. Ich konnte den Gedanken nicht ertragen, erwischt und in Zypern in ein Straflager gesteckt zu werden, getrennt von Meyer und Jacob.

Ich unterrichtete weiterhin halbtags in der Gewerbeschule, kümmerte mich um Jacob und ging hin und wieder abends mit Meyer aus. Anna hatte unseren Sohn sehr ins Herz geschlossen und er sie. Sobald er krabbeln konnte, steuerte er immer gleich auf ihre Tür zu, wenn ich ihn auf den Boden setzte, und hämmerte mit den Fäustchen dagegen. Sie öffnete sofort, als hätte sie schon auf ihn gewartet, nahm ihn auf den Arm und rief: »Jacob, Jacob, Jacob!« Sein erstes Wort war ihr Name: »Ann...nah!« Oftmals scheuchte sie uns regelrecht hinaus – »Geht nur! Geht und amüsiert euch!« –, damit sie Jacob für sich allein haben konnte.

Wir gingen dann in eine Komödie im Theater, lachten sogar, kehrten heim, holten Jacob ab und legten uns schlafen. Selten jedoch konnte ich eine Nacht durchschlafen. Ich fiel in den Schlaf wie in eine Grube und hörte, wie über mir der Stapel gefrorener Leichen umzukippen begann. Sie fielen alle aufeinander, steife Arme und Beine kamen auf mich zu, immer näher, und Gesichter mit aufgerissenen Augen.

»Nein! Nein!« schrie ich dann und erwachte in kaltem Schweiß. Meyer nahm mich in die Arme und beruhigte mich, daß es nur ein Traum sei. Ich schlief wieder ein und träumte von Geistern, die durch den Regen liefen.

Endlich wurde es wieder Frühling ... und dann Sommer. Jeden Nachmittag ging ich zur Schule, mit Jacob auf dem Arm, und unterrichtete. Doch mit dem Herzen war ich nicht mehr dabei. Der Herbst kam, und Jacob begann zu laufen. Als es Winter wurde, hätte ich mir am liebsten die Bettdecke über den Kopf gezogen, bis er vorüber wäre. Ich konnte den Gedanken nicht ertragen, daß Jahr um Jahr verging, und wir drei in diesem feindseligen Land bleiben mußten – mit etwas Arbeit, aber ohne Familie und ohne Hoffnung.

Eines Abends kam Meyer die Treppe heraufgerannt, während ich Jacob gerade zu Bett brachte. »Gerade war ich im Büro der amerikanischen Truppen!« rief er. »Und weißt du was?«

Ich starrte ihn nur an und wartete darauf, daß er fortfuhr. Seine Augen glänzten, und Schneeflocken glitzerten auf seinem Haar. Er lächelte mich an und wartete, daß ich nachfragte.

»Nein, natürlich weiß ich nichts! Sag's mir!« erwiderte ich also.

»Ein Soldat hatte gerade ein paar Notizzettel aufgehängt, als ich kam. Darauf stand, daß der kanadische Gewerkschaftsbund für Schneider bürgen möchte. Nächsten Monat führen sie in unserer Schule eine Eignungsprüfung durch. Wer sie besteht, darf nach Kanada emigrieren!«

»Meyer!« rief ich und weckte damit Jacob auf, der zu schreien begann. »Ist das wahr? Bist du sicher? Du machst doch keinen Spaß mit mir, oder?«

»Nein, es stimmt! Ich habe es dreimal gelesen, um sicherzugehen.« Er hob mich und Jacob hoch und wirbelte uns durchs Zimmer, bis wir alle drei aufs Bett fielen.

»Aber wirst du den Test bestehen? Wird er schwer sein?« fragte ich und bekam plötzlich Angst.

»Bin ich denn ein so schlechter Schneider?«

»Nein, nein. Ich kann es nur einfach nicht glauben.«

»Wir werden es ja sehen«, meinte er. »Wir müssen einfach abwarten.«

Nach der Prüfung war Meyer sicher, daß er bestanden hatte, während ich die größten Ängste ausstand, er könnte es nicht geschafft haben. Es hatten nur Männer teilnehmen dürfen, sonst wäre auch ich hingegangen. Jacob wurde immer älter, und ich wollte unbedingt, daß er in einem Land aufwuchs, in dem er ohne Furcht leben konnte, ohne den Haß in den Augen von Fremden zu sehen, denen er begegnete.

Endlich wurden die Ergebnisse verkündet. Meyer hatte bestanden! Sofort beantragte die kanadische Regierung unsere Visa. Wir mußten sie im kanadischen Konsulat in München abholen, und als wir sie schließlich in den Händen hielten, hatte ich das Gefühl, daß etwas Unmögliches wahr geworden war.

Am Ende des Winters im Jahr 1949 verabschiedeten wir uns von Anna. Tränen liefen ihr über das Gesicht, während sie mich immer wieder fragte: »Du wirst doch schreiben, oder?«

»Aber ja doch, ja!« antwortete ich ihr jedesmal.

Wir fuhren mit dem Zug nach Bremerhaven und gingen dort an Bord eines riesigen Militärschiffs, der *General Sturgiss*, die uns in elf Tagen nach Halifax in Nova Scotia bringen sollte. Über zweihundert Familien waren an Bord, einhundertzwanzig jüdische Familien, der Rest Nichtjuden, die alle nach Kanada auswanderten. Sobald wir an Bord kamen, wurden wir getrennt – die Männer kamen in überfüllte Quartiere im Rumpf des Schiffes, die Frauen und Kinder in kleine Kabinen. Es war fast wieder wie in einem Lager, denn jeden Morgen kam eine große, grobschlächtige Polin, die mich auf fast unerträgliche Weise an eine SS-Aufseherin in Ravensbrück erinnerte, um die

Kabinen zu überprüfen. Wir mußten sie einwandfrei sauber und in Ordnung halten, und ich verbrachte den Großteil meiner Zeit mit dieser Aufgabe.

Die See war sehr stürmisch, und das Schiff schaukelte unaufhörlich, Tag und Nacht, auf den hohen Wellen, so daß ich kaum schlafen konnte. Jacob lag in einer Wiege neben meiner Koje, und während das Schiff schwankte, rollte sie immer hin und her, hin und her, hin und her. Ich hatte Angst, sie könnte so heftig gegen die Wand rollen, daß sie kaputtging und Jacob verletzt würde.

Das muß aufhören! dachte ich eines Nachts und sprang aus dem Bett. Ich durchsuchte eine Truhe, bis ich ein langes Seil fand, und band die Wiege mit drei festen Knoten an meinem eisernen Bettgestell fest. Seufzend krabbelte ich wieder unter meine Decke und hoffte, endlich schlafen zu können.

Wenige Stunden später wachte ich auf, da ich spürte, daß etwas nicht stimmte. Ich tastete im Dunkeln nach der Wiege. Doch sie war nicht da. Wie konnte sie verschwunden sein? Mein Herz begann zu rasen, und ich stieg aus dem Bett, um meine Taschenlampe aus dem Koffer zu holen. Ich ließ den Lichtstrahl über den Boden gleiten. Hier lag die eine Hälfte der Wiege, dort die andere. Sie war durch das Schaukeln des Schiffs entzweigerissen worden. Aber wo war Jacob? Dann sah ich ihn im Licht der Taschenlampe mitten auf dem Boden sitzen und fröhlich auf das flackernde Licht zeigen. Ich hob ihn hoch und nahm ihn mit in mein Bett, wo er bis zum Ende der Reise jede Nacht bei mir schlief.

An einem klaren, windigen und eiskalten Morgen stand ich an Deck und hielt nach Land Ausschau. Es war der elfte Tag unserer Reise. Ich konnte kaum glauben, daß die langen Jahre des Wartens in ein oder zwei Stunden endlich vorbei sein würden. Meyer stand neben mir, hielt meine Hand und drückte Jacob an seine Brust. »Friert er auch nicht?« fragte ich nach. »Fühl mal sein Gesicht.«

»Nein, er friert nicht«, antwortete Meyer. »Das wird mal ein großer, starker Junge, nicht wahr, Jacob?« Er zog den Schal fester um seinen Hals.

Ich starrte hinaus auf den schiefergrauen Ozean und dachte plötzlich an die Worte der Wahrsagerin in der Küche meiner Mutter. »Du wirst einmal ein großes Wasser überqueren«, hatte sie gesagt.

Meyer drückte meine Hand. »Geht es dir gut?« wollte er wissen.

Ich nickte.

»Sieh mal!« rief er dann, ließ meine Hand los und deutete in die Ferne. »Ich glaube, ich sehe es. Da drüben! Es ist ziemlich diesig, aber ich glaube, da ist das Land.«

Und dort war sie – unsere neue Heimat, die nach und nach Gestalt annahm, klar und deutlich am hellen Horizont.

»Siehst du es?« fragte er und warf mit leuchtenden Augen den Kopf zurück.

»Ja!« antwortete ich. »Ich sehe es!«

Fünfzehn Jahre später

Januar 1964

Kanada brachte uns Glück. Nicht in Form von Geld, sondern mit persönlichem Glück und Segen. In unserem ersten Jahr in Montreal wurden wir zu einem großen Wohltätigkeits-Dinner eingeladen, wo um Spenden für Israel gebeten wurde. Meyer und ich zogen unsere besten Kleider an. Wir gingen nicht oft aus, und dies war eine Gelegenheit, von der täglichen harten Arbeit der Kindererziehung und Geschäftsgründung fortzukommen.

Samuel Bronfman war an jenem Abend Gastredner. Anhand von Dias zeigte er uns, wie die kanadischen und amerikanischen Gelder im neuen Staat Israel gut angelegt wurden. Ich war noch nie auf einer solchen Veranstaltung gewesen und hörte aufmerksam zu. Plötzlich schrie ich auf, meine Beine zitterten, und ich rutschte ohnmächtig unter den Tisch.

Kurz darauf kam ich wieder zu mir. Der Saal war vollkommen still geworden, und die Lichter wurden eingeschaltet. »Das ist er, das ist er«, murmelte ich immer wieder zu Meyer. Auf dem letzten Dia war Ben Gurion zu sehen gewesen, der Premierminister von Israel. Neben ihm saß einer seiner Wirtschaftsberater. »Das ist Shlomo! Das ist mein Bruder!« Meyer hatte zwar Bedenken, doch ich wußte, daß ich recht hatte.

In den nächsten Tagen nahm die Jüdische Gesellschaft

Kontakt mit dem israelischen Wirtschaftsministerium auf, und sie bestätigten, daß es sich bei dem Mann tatsächlich um Shlomo handelte.

Und so kam es, daß ich eines bitterkalten Nachmittags Anfang 1951 zum Briefkasten unseres Wohnhauses in Montreal ging und dort einen Brief aus Israel vorfand. Aufgeregt riß ich ihn auf und blätterte gleich zur letzten Seite, auf der ›Dein Bruder Shlomo‹ stand. Oh, er war von Shlomo! Einer meiner Brüder hatte mich wiedergefunden! Das letzte Mal hatte ich ihn 1935 gesehen, als er unser Haus verließ, um eine Frau in einem entfernten Dorf zu heiraten.

Ganz langsam las ich den Brief und konnte die Worte kaum aufnehmen. Immer wieder sah ich Shlomos Gesicht vor mir, die Umrisse seiner großen Augen, seine lange, gerade Nase. ›Eliezer ist auch hier‹, las ich. ›Er und seine Frau leben nicht weit entfernt.‹

Ich lehnte mich gegen die Wand neben den Briefkästen. Tränen rannen mir über das Gesicht und tropften auf das Papier. Zwei meiner Brüder waren wieder in mein Leben getreten. In unserer Wohnung suchte ich mir ein ruhiges Plätzchen am Fenster des Eßzimmers, wo Jacob und seine kleine Schwester Marlene mich nicht stören würden, und las den Rest des Briefes in aller Ruhe:

Meine Frau und meinen Sohn habe ich in Auschwitz verloren, aber ich habe wieder geheiratet. Sie heißt Sylvia, und wir führen ein gutes Leben.

Rosas Töchter Emma und Magda haben aus Schweden geschrieben und mir deine Adresse gegeben. Ich war so erleichtert zu erfahren, daß du und Esther leben und ihr wohlauf seid. Herman und Tamaras drei Söhne haben auch überlebt und sind alle hier in Israel.

Es würde mich und Sylvia sehr glücklich machen, wenn du uns einmal besuchen kämst. Unser Haus steht dir und deiner Familie jederzeit offen. Wir warten auf dich.

Als Meyer später aus dem Schneidersalon kam, zeigte ich ihm den Brief. »Ich wünsche mir sehr, daß du hinfliegen könntest«, sagte er. »Ich habe niemanden mehr. Aber du. Ich wünschte, du könntest sie besuchen.«

»Ich werde sie besuchen«, erwiderte ich. »Nicht jetzt. Wir haben zuwenig Geld. Aber irgendwann werde ich hinfliegen.«

Und nun, dreizehn Jahre später, saß ich in einem Flugzeug und schnallte mich zur Landung auf dem Flughafen von Tel Aviv an. In wenigen Minuten würde ich mit Shlomo und Eliezer vereint sein und sie nach fast dreißig Jahren wieder in die Arme schließen. Ich konnte kaum glauben, daß es tatsächlich geschehen sollte.

Während das Flugzeug allmählich sank und das blaue Meer immer näher kam, fragte ich mich, ob ich sie wohl zwischen all den Leuten auf dem Flughafen finden würde, ob sie mich finden würden. Schließlich setzte das Fahrwerk auf, holperte ein, zwei Mal, und das Flugzeug rumpelte über die Landebahn, während mein Magen vor Aufregung flatterte.

Ich stieg aus, ging durch die lange, tunnelartige Rampe und stieg die Stufen zum Terminal hinauf. Oben angekommen, sah ich eine große Gruppe Menschen, die meisten von ihnen recht groß, in der Mitte des Terminals stehen und erwartungsvoll auf die ankommenden Passagiere blicken. *Da muß eine wichtige Person im Flugzeug gewesen sein*, dachte ich. *Vielleicht eine Berühmtheit. Ich frage mich, warum ich niemanden erkannt habe.*

Dann fing mein Herz wild zu klopfen an. Herman stand mitten unter diesen Leuten. Niemand hatte mir gesagt, daß auch er überlebt hatte. Er mußte es sein! Noch immer sah er aus wie unser Vater – groß und mit hellem Haar, das in der Sonne glänzte. Ich erkannte ein zweites Gesicht – Shlomo! Und neben ihm Eliezer! All die anderen Menschen schienen zu ihnen zu gehören. Plötzlich wurde mir klar, daß diese Menschenmenge auf mich wartete, daß all diese Leute wegen mir gekommen waren. In irgendeiner Weise waren sie alle mit mir verwandt – nach so vielen Jahren hatte ich endlich wieder eine Familie!

Herman lief auf mich zu. »Tante Seren! Tante Seren!« rief er.

»Warum nennt er mich ›Tante‹?« wunderte ich mich laut. Dann nahm er mich in die Arme.

»Ich bin Miksha«, sagte er und drückte mich fest an sich. »Erinnerst du dich an mich? Ich bin so froh, dich zu sehen.«

Ich hatte mich getäuscht – dies war Hermans ältester Sohn, der mich im Arm hielt. Aber er sah genauso aus wie Herman, als ich ihn das letzte Mal gesehen hatte.

Dann begrüßte mich Eliezer, der auch noch genauso war, wie ich ihn in Erinnerung hatte – still, ruhig. »Willkommen«, sagte er leise und sah mir in die Augen.

Ich begrüßte seine Frau und seine Töchter, dann Herman und Tamaras andere Söhne Ernie und Joseph, die beiden Söhne von Berta und Morris, ihre zwei Ehefrauen, Kinder und Enkel. Schließlich ließ ich mich von Shlomo in den Arm nehmen, dachte an meinen Vater und ließ den Tränen, die in meinen Augen aufgestiegen waren, freien Lauf.

»Nun bist du also da«, sagte Shlomo.

»Ja! Ja! Warum weine ich eigentlich? Ich bin hier!«

Er hielt mich noch einen Augenblick fest. »Du siehst gut aus«, sagte er dann und wischte sich seine eigenen Tränen aus den Augen. »Ich freue mich so sehr, daß du gekommen bist.«

Shlomo und seine Frau Sylvia nahmen mich mit in ihr Haus. Alle anderen folgten, machten es sich in Wohnzimmer und Garten gemütlich, aßen, lachten und lernten einander neu kennen. Sylvia war eine hübsche junge Frau, die fortwährend Schokoladenkuchen, Apfelkuchen und dunkles Brot mit Käse auftischte, während wir uns unterhielten. Wenn ich einige Zeit mit einem Neffen oder dessen Frau geredet hatte, kam schon der nächste und wollte sich mit mir unterhalten.

»Seren«, sagte Joseph und zog mich an sich. »Ich wußte, du würdest eines Tages kommen, so wie ich wußte, daß du den Krieg überlebst. Weißt du noch, wie ich dich immer gefunden habe? Weißt du noch, daß ich dein Foto in meinem Schuh mit mir herumgetragen habe?«

»Oh, Joseph«, antwortete ich und legte die Hände um sein schönes Gesicht, in dem Hermans Freundlichkeit und Tamaras Frohsinn zu erkennen waren. »Ich habe dich nie vergessen. Niemals!«

»Du bist immer noch meine liebste Tante«, sagte er. »Glaubst du mir das?«

»Ja, ja. Ich glaube dir.«

»Gut! Übermorgen, nachdem du dich ein wenig ausgeruht hast, werde ich dich mit meinem Wagen abholen, und wir machen eine Stadtrundfahrt, ja?«

Ich nickte und fing wieder an zu weinen.

Schnell kam Eliezer und hielt mir ein Taschentuch hin. Er sah mich mit feuchten Augen an, sagte aber nichts. Trotz der Tränen mußte ich lachen. »Eliezer«, sagte ich, »du bist noch immer ein *la ceas o lingurita* … ein Teelöffel jede Stunde. So viele Worte schenkst du uns nämlich. Weißt du noch, daß Mama dich immer so nannte?«

»Ja ...«, erwiderte er leise und blickte über meinen Kopf hinweg auf all die Leute. »Wie war dein Flug?« fragte er dann.

»Ich konnte es kaum aushalten. Es hat so lang gedauert! Aber sag, Eliezer, wie geht es dir?« fragte ich. »Ich habe oft an dich gedacht. Du bist immer mein liebster Bruder gewesen. Ich war so stolz auf dich, als wir zusammen zur Schule gingen.«

Wieder wandte er den Blick ab und starrte eine Weile in die Dämmerung. Schließlich sagte er in seiner langsamen, vorsichtigen Art: »Ich denke nicht an die Vergangenheit – niemals! Ich lebe in der Gegenwart. Ich habe eine gute Stelle im Landwirtschaftsamt. Ich arbeite gern mit den Bauern, zeige ihnen, wie sie bessere Ernten bekommen, wie sie ihre Tiere gut pflegen. Es ist ein ruhiges Leben. Meine Frau und ich sind mit zwei Töchtern gesegnet worden, Judith und Rivka ...«

»Sie sind wunderbar!« unterbrach ich ihn. »Und sie haben geheiratet und euch bereits Enkel geschenkt!«

»Ich bin zufrieden«, sagte er leise. Dann stand er auf und ging fort. Jahrelang hatte ich mich gefragt, was mit meinen Brüdern und Schwestern geschehen war, die nicht überlebt hatten, und ich war sicher, daß Shlomo und Eliezer mehr wußten als ich. *Vielleicht wird Shlomo mir alles erzählen*, dachte ich.

Irgendwann weit nach Mitternacht ging schließlich jeder nach Hause und versprach, mich in den zwei Wochen meines Aufenthalts oft zu besuchen. Erschöpft fiel ich ins Bett und konnte vor Aufregung überhaupt nicht schlafen. All diese Menschen waren meine Familie. Noch nie im Leben hatte ich mich so umsorgt gefühlt.

Am Morgen saßen Shlomo und ich beim Frühstück zusammen. Er hatte von seinem Managerposten in einem *Moshav*, einem kooperativen Dorf, Urlaub genommen, damit er für mich Zeit hatte. Das rührte mich sehr, denn ich hatte mich eigentlich immer Eliezer nähergefühlt. Vielleicht wären Shlomo und ich uns als Kinder viel nähergekommen, hätte unser Vater ihn nicht mit acht Jahren auf die *Yeshiva* geschickt.

Nun saß er mir gegenüber am Tisch, lächelte und stellte Fragen, die jeder Bruder seiner Schwester stellen könnte, ohne Rücksicht darauf, daß wir uns fast dreißig Jahre nicht gesehen und in dieser Zeit so viele Verluste erlebt hatten.

»Wie geht es Meyer?« fragte er. »Ich hoffe gut.«

»Ja, gut«, antwortete ich. »Er arbeitet sehr hart. Jeden Morgen, wenn er seine Schneiderei aufschließt, steht bereits ein Kunde davor.«

»Das ist gut. Und die Kinder?«

»Jacob ist fast siebzehn und Marlene dreizehn. Du solltest sie sehen! Sie ist so hübsch wie unsere Mutter. Ich habe sie Marlene genannt, nach ihr... Oh, da fällt mir ein, daß ich dir ja ein Geschenk mitgebracht habe, von uns allen. Das habe ich gestern ganz vergessen, dir zu geben.« Ich sprang vom Tisch auf, lief in mein Schlafzimmer und kehrte mit dem Geschenk zurück.

»Du mußtest mir aber nichts mitbringen«, sagte Shlomo, als ich es ihm gab. »Ich wollte dich sehen. Ich brauche nichts, nur dich … daß du wieder bei unserer Familie bist.«

»Es ist doch nichts Besonderes! Mach es auf.«

Langsam wickelte er das Geschenk aus. Nach und nach kam ein Schlafanzug zum Vorschein – erst die schwarzen Streifen, dann die weißen Zwischenräume. Er gab mir das Päckchen zurück. »Hier«, sagte er leise. »Gib ihn jemandem, der ihn gebrauchen kann. Ich brauche ihn nicht. Ich habe alles, was ich brauche. Du bist hier. Das ist schön.«

Plötzlich fiel mir ein, daß ich ihm einen Schlafanzug mit Streifen mitgebracht hatte. Sicher hatte er einen ähnlichen in Auschwitz getragen, in dem Moment, als seine Frau und sein Sohn in die Öfen geschickt wurden. Beim Einkauf hatte ich gar nicht daran gedacht; es war ein Pyjama gewesen, den ich mir hatte leisten können.

»Es tut mir leid«, sagte ich. »Ich habe nicht nachgedacht!« Ich nahm ihm das Geschenk wieder ab. »Bitte verzeih mir.«

»Ist schon gut«, erwiderte er. »Wirklich, ich brauche nichts.«

»Shlomo«, begann ich da, weil ich nicht länger warten konnte. »Hast du je erfahren, was mit Mama passiert ist? Wurde sie auch in ein Lager gebracht?«

Hastig erhob er sich und ging zur Küchentür. »Ich habe Sylvia versprochen, daß ich heute morgen für sie einkaufe«, sagte er, öffnete die Tür und hielt noch einmal inne. »Es tut mir leid, ich kann deine Fragen nicht beantworten, Seren.« Dann verließ er das Zimmer.

Sylvia, die auf der Küchentheke Brotteig geknetet hatte, kam zu mir. »Er will nicht über die Vergangenheit sprechen«, erklärte sie. »Auch mir hat er nur sehr wenig erzählt. Ich weiß, daß er seine Frau und seinen Sohn verloren hat, aber das ist alles. Er bat mich, keine Fragen zu stellen, also lasse ich es.«

»Aber es gibt so viele Dinge, die ich wissen möchte. Wenn Shlomo nicht darüber reden will, werde ich ihn natürlich nicht fragen. Aber wer wird es mir erzählen?«

»Irgend jemand wird es tun. Du wirst sehen.« Sie stand auf. »Jetzt muß ich weiterbacken. Ehe wir uns versehen, ist Sabbat.«

»Warum backst du soviel? Du wirst dich noch überanstrengen! Bitte tu es nicht wegen mir!«

»Warte nur bis Sonnabend«, meinte sie lächelnd.

Am Samstag merkte ich bald, was Sylvia gemeint hatte. Schon früh am Morgen, als wir noch beim Frühstück saßen, kamen die ersten Gäste. Der Besucherstrom riß den ganzen Tag über nicht ab. Es kamen Frauen und Männer, die einst in unserer Region von Siebenbürgen gelebt hatten – Geschäftspartner meines Vaters, Freundinnen meiner Schwestern, Nachbarn, Klassenkameraden meiner Brüder. Ich war wieder ein ›Tuvel-Mädchen‹, umringt von Familie und Freunden.

Als ich so inmitten der Leute stand und oftmals gleichzeitig lachen und weinen mußte, kam eine kleine, ältere Frau auf mich zu, mit feinen grauen Locken unter dem dunkelblauen Kopftuch. »Bitte verzeihen Sie mir«, sagte sie. »Ich weiß, daß Sie hier Ihre Familie um sich haben. Ich wollte nur eben guten Tag sagen und dann wieder gehen.« Sie hielt inne und sah auf ihre Hände, die sie einige Male faltete und wieder löste. »Ich bin mit Ihrer Mutter zur Schule gegangen«, sagte sie dann. »Sie war eine liebe Freundin …« Ihre Stimme erstarb. Sie tätschelte zweimal meine Hand und wandte sich zum Gehen.

»Warten Sie«, rief ich und legte ihr meine Hand auf die Schulter. Sie drehte sich wieder um, und ihre Augen waren feucht. Ich zog sie in die Arme und hielt sie fest, als würde ich meine Mutter noch einmal umarmen. »Danke, daß Sie gekommen sind«, sagte ich. »Danke für alles.«

Am nächsten Abend saßen Joseph und ich am Eßtisch zusammen. Ich war von den vielen Besuchen schon ganz erschöpft, aber ich wollte die Gelegenheit nutzen, endlich allein mit ihm zu sprechen. »Joseph«, begann ich, »da sind so viele Einzelheiten über den Krieg, die ich nicht weiß.

Die ganzen Jahre lang war ich in Kanada und wußte nichts. In ihren Briefen schreiben Shlomo und Eliezer nur über das Wetter. Darf ich dich fragen? Wirst du es mir erzählen?«

Er nahm meine Hand. »Meine Frau und ich müssen in wenigen Minuten aufbrechen, tut mir leid. Aber jemand wird es dir erzählen.«

»Sehe ich dich wieder?«

»Natürlich.«

Später in der Nacht blieben nur noch Miksha und ich im Wohnzimmer übrig – alle anderen waren längst schlafen gegangen. Da ich spürte, daß er geblieben war, um mit mir zu sprechen, rückte ich meinen Sessel näher an ihn heran, beobachtete mit ihm das Feuer im Kamin und wartete.

»Ich dachte, daß du wohl ein paar Fragen hast«, sagte er nach einer Weile, sah mich an und lehnte sich zurück.

»O ja«, erwiderte ich. »Ich dachte schon, ich dürfte niemanden mehr fragen.«

»Für Onkel Shlomo und Onkel Eliezer ist es sehr schwer, über das zu reden, was sie durchgemacht haben. Sie haben versucht, den Krieg und die Jahre danach zu vergessen. Aber du hättest Onkel Shlomo in Zypern sehen sollen! Er hat alle jüdischen Schulen auf der Insel eingerichtet.«

»Shlomo war das? Davon wußte ich nichts! Erzähl mir alles!«

Miksha lachte und goß sich Tee nach. »Ich habe das alles Stückchen für Stückchen erfahren ... ein bißchen hier, ein bißchen da. Ich weiß, daß Onkel Shlomo wie wir alle in ein Arbeitslager gebracht wurde und dann nach Auschwitz, aber ich weiß nicht genau, wann. Seine Frau und sein Sohn wurden später geholt. Onkel Eliezer war auch in Auschwitz, nachdem die ungarische Armee ihn aufgegriffen hatte, einige Zeit, nachdem er desertiert war.«

»Daran kann ich mich noch erinnern. Wir hatten solche Angst, daß sie ihn fangen und erschießen würden.«

»Ich glaube, die beiden haben sich dort gesehen, konnten aber nicht zusammenbleiben. Nach dem Krieg reiste Onkel Shlomo zu eurem Haus in Valea Uzului, um zu sehen, ob jemand zurückgekommen war, wie mein Bruder Joseph. Aber er fand niemanden ... nur das leere, geplünderte Haus. Also fuhr er wieder fort und ging heimlich an Bord eines Schiffes Richtung Palästina. Onkel Eliezer tat dasselbe, aber auf einem anderen Schiff. Beide Schiffe wurden aufgehalten und die Passagiere nach Zypern gebracht. Dort beteiligte sich Onkel Shlomo sofort an der Verwaltung aller jüdischen Gefangenen und richtete Schulen für die Kinder ein. Er war auf der *Exodus*, dem Schiff voller Kinder, das wochenlang im Hafen festlag, bis es schließlich nach Palästina auslaufen durfte.«

»Shlomo hat das organisiert? Ich hätte es wissen müssen! Er kümmerte sich immer um alles. Er und meine Schwester Zipporah stritten sich ständig, weil sie sich so ähnlich waren. Beide wollten immer alles beaufsichtigen.«

»Ich kann mich nur schwach an sie erinnern, aber ich glaube, sie war sehr hübsch.«

»Sie war ... ach, sie war so lebenslustig! Ich konnte sie nicht retten. Ich wollte es, aber ich konnte nicht. Sie wurde erschossen, mußt du wissen.«

»Ja, Joseph hat es mir erzählt. Es ist nicht gut, sich schuldig zu fühlen. Ich konnte Mama und Papa auch nicht retten. Ich war im Gefängnis, als man sie holte.« Er nahm meine Hand und hielt sie fest.

»Du siehst deinem Vater Herman so ähnlich. Hat dir das schon mal jemand gesagt?« fragte ich.

»Ja … schon oft. Unser ältester Sohn ist nach ihm benannt. Ich wünschte, du könntest ihn kennenlernen. Er ist beim israelischen Militär.«

»Warst du im Krieg 1948 schon hier?«

»Ja, wir haben gekämpft.«

»Ihr alle?«

»Ja, für Israel. Auch im Krieg 1956.«

»Hast du je erfahren, was mit deinen Eltern passiert ist?« wollte ich wissen.

»Sie wurden aus dem Ghetto in Reghinal-Sasesc abtransportiert, wahrscheinlich 1944. Ich war schon viel früher verhaftet worden, ehe sie das Ghetto einrichteten, und nach Budapest gebracht worden. Emma und ich waren im selben Gefängnis. Einmal sah ich dich und Esther, als ihr Emma besuchen kamt.«

»Miksha«, sagte ich und sah in seine blauen Augen. »Ich habe die Jacke deiner Mutter gesehen, die ich ihr einmal genäht hatte – in Ravensbrück. Eines Morgens stand ich zum Abzählen in der Reihe, und da sah ich sie an einer Frau, die gerade aus Auschwitz gekommen war. Ich hätte die Jacke überall erkannt.«

Miksha senkte den Blick, und als er mich wieder ansah, sagte er leise: »Danke, daß du mir das erzählst. Ich wußte immer, daß das mit ihr geschehen ist, aber einen kurzen Augenblick lang habe ich mich ihr nähergefühlt als je zuvor seit dem Krieg.«

Ein Schweigen entstand zwischen uns.

»Miksha«, sagte ich endlich. »Jetzt muß ich wissen, was mit meiner Mutter war. Jeder, den ich frage, weicht mir aus. Niemand will es mir erzählen. Aber ich weiß, daß du etwas weißt.«

Miksha holte tief Luft. »Alfred war damals erst siebzehn, aber er hat alles gesehen. Niemand will darüber sprechen, weil es so schrecklich war – für deine Mutter und für Alfred.

Eines Tages kamen die Soldaten und umstellten alle, die noch im Dorf verblieben waren. Das können nicht mehr viele gewesen sein. Sie gaben ihnen Schaufeln und befahlen, eine lange Grube zu graben, zwei Meter tief und einen Meter fünfzig breit. Sobald die Grube fertig war, wurden sie alle erschossen – außer deinem Vetter, der sich im Wald versteckt hatte.«

Dieser Junge war nun ein erwachsener Mann. Er war vor dem Morden geflohen und hatte Zuflucht in einer Klosterschule gefunden. Schließlich schickte man ihn nach Israel, wo er einige seiner Verwandten wiedertraf und seinen Namen in Jacob änderte. Wie wir alle hatte er hart daran gearbeitet, sich in seiner neuen Heimat zurechtzufinden. Er hatte mich begrüßt, ohne ein Wort darüber zu verlieren, was er gesehen hatte. Ich war sicher, er würde erleichtert sein, daß Miksha es mir nun erzählt hatte.

Miksha schwieg. Wir beide kannten die Wahrheit. Er umschloß meine Hand so fest, daß mir die Finger schmerzten, aber ich zog sie nicht weg. Wir saßen lange Zeit einfach nur da, starrten ins Feuer und ließen die Tränen unsere Gesichter hinunterrinnen.

»Ich denke jeden Tag an meine Mutter und meinen Vater«, sagte ich schließlich. »Ich vermisse und liebe sie so sehr. Wenn ich ihnen nur ein letztes Mal hätte sagen können, wie sehr …«

»Sie wissen es. Da bin ich sicher«, antwortete er und küßte mich auf die Wange.

Als die zwei Wochen meines Besuchs vorüber waren, zwei der schönsten Wochen in meinem ganzen Leben, verließ ich sie wieder – all meine Brüder, Schwägerinnen, Neffen,

Nichten, Cousins und Cousinen – und versprach, bald mit Meyer und meinen Kindern zurückzukehren. Ich sah sie am Flughafen stehen, so wie bei meiner Ankunft, und dachte: *Wie kann ich sie nur verlassen? Ich habe meine Familie wiedergefunden!* Ich winkte ein letztes Mal und stieg ins Flugzeug.

EPILOG

Oben: Seren, Jacob und Esther; Meyer und Esthers Ehemann Sigmund dahinter. Dieses Foto wurde kurz nach ihrer Emigration aus Deutschland in Montreal aufgenommen.

Unten: Saras Familie in Israel, irgendwann in den Fünfzigern: Serens Neffe Miksha steht links außen; ihre Halbschwester Berta als fünfte von links; Serens Brüder Shlomo und Eliezer stehen in der Mitte, als vierter und fünfter von rechts.

1980

Viele Jahre lang konnte ich nicht an den Krieg denken. Jedesmal, wenn ich die Augen schloß – vor allem, als wir noch in Deutschland waren –, tauchten die Bilder dieser geisterhaften Skelette vor mir auf, die durch den Regen liefen, nachdem unser Zug bombardiert worden war.

Bei meinem zweiten Besuch in Israel erfuhr ich, daß Shlomo und Eliezer in einem der hinteren Waggons gewesen waren, im selben Zug wie ich! Vielleicht ist das der Grund, warum dieser Alptraum mich weiterhin verfolgte. Meine Brüder waren nur wenige Meter von mir entfernt gewesen, aber wir hätten einander nicht erkannt, selbst wenn wir uns gesehen hätten. Meine Brüder waren diese Skelette gewesen.

Als die Jahre vergingen und ich auch noch Mutter eines kleinen Mädchens wurde, kümmerte ich mich fast ausschließlich um meine beiden Kinder. Wenn das eine nicht krank war, war es das andere. Nachts, wenn die Kinder schliefen, nähte ich aber auch weiterhin Kleider. Als die beiden älter wurden, machte ich mein eigenes Geschäft auf. Ich wäre verrückt geworden, wenn ich nichts mehr zu tun gehabt hätte. Meinen Kindern und meiner Arbeit werde ich immer dankbar sein.

Auf Esther, Ellen und mich bin ich eigentlich recht stolz. Wir ließen uns weder zu Selbstsucht noch Verzweiflung hinreißen. Dann wiederum hatten wir in vielen

Dingen einfach auch nur Glück. So vielen wurde ganz plötzlich ihr Leben genommen. Wir hatten Glück, daß wir leben durften, wie kläglich auch immer.

Ich arbeite, genieße das Zusammensein mit meinem Mann und meinen Kindern, besuche Esther und Ellen und ihre Familien so oft es geht. Im Jahr 1960 durften wir aus Kanada auswandern und zogen nach Chicago in die Nähe von Esther, Sidney und ihren zwei Söhnen. Ellen und ihr Mann leben in Philadelphia, wo ihr ältester Sohn Student in einer *Yeshiva* ist. Wenn sie mich besuchen kommen, sitzen wir an unserem Eßtisch, lassen die schmutzigen Teller einfach stehen und erinnern uns.

»Ich sehe dich immer noch vor mir, wie du mit deinem schwarzen Topf auf dem Kopf im Lager herumspaziert bist!« sagt Esther dann.

»Oh, daran habe ich erst letzte Woche gedacht«, schaltet sich Ellen ein. »Ich konnte mich vor Lachen kaum halten!«

»Und ich habe tatsächlich keine Bombe auf den Kopf bekommen, oder?« sage ich.

»Nein«, stimmen sie mir zu, und wir lachen wieder.

Dies sind einige der Dinge, die Meyer und ich niemals mehr tun: in langen Schlangen anstehen, Metallgeschirr benutzen, Rüben essen, Bücher oder Filme zum Thema Holocaust lesen oder ansehen oder überhaupt gewalttätige Filme ansehen. Der Vietnamkrieg machte mich fast krank. Ich konnte es nicht ertragen, Nachrichten zu sehen, ehe er vorbei war. Ansonsten leben wir ein friedliches Leben.

Das schönste ist, daß wir nun auch ein Enkelkind bekommen haben. Unserem Sohn Jacob und seiner Frau Linda wurde letzten Dezember ein *Chanukkah*-Baby geschenkt: ein Mädchen mit Namen Rebeccah. Ich bin vermutlich die leidenschaftlichste Großmutter, die es je gab, singe jüdische Lieder und klatsche stundenlang vor der Kleinen in die Hände. Ich kann gar nicht genug von ihr bekommen! Die anderen meinen, sie hätte die gleichen Augen wie ich – voll Abenteuerlust und Neugierde. Sie ist ein wunderbares und herzerfrischendes Geschenk nach so vielem, nach all den Jahren. Ich bin glücklich, wenn ich nur ihre Hand halten kann.

NACHWORT

Von Marlene Tuvel Bernstein

Im Jahr 1967 war ich siebzehn und in meinem zweiten Jahr der High School. Ich hatte mich für einen besonders schwierigen Kurs über orientalische Geschichte eingeschrieben. Am Ende einer Stunde teilte der Lehrer uns mit, er wolle in den nächsten drei Sitzungen je sechs Schüler (von fünfundzwanzig) willkürlich auswählen, die dann ihre Hausarbeiten der Klasse vorlesen sollten. Die Vorstellung, meine Arbeit vor der gesamten Klasse vortragen zu müssen, erfüllte mich mit solchem Entsetzen, daß ich am Vorabend des Kurses immer nervöser wurde.

Kurz nach dem Abendessen stellte meine Mutter sich an die Spüle und wusch die Teller ab, während ich wie ein Häuflein Elend am Eßtisch saß. »Du hast ja gar nichts gegessen, bist du krank?« fragte sie verwundert, da ich sonst einen gesunden Appetit zeigte. Es kostete mich einige Überwindung, ihr von der Ankündigung meines Lehrers zu erzählen und daß dies der Grund für meine schreckliche Nervosität war. »Wenn ich morgen aufgerufen werde, sterbe ich!« sagte ich, wie man das als typisches High-School-Mädchen eben so sagt. Sara drehte sich zu mir um, sah mich an und lächelte. Leise und ruhig sagte sie: »So leicht stirbt man nicht, weißt du.«

Viele Jahre lang war ich nicht in der Lage, das Manuskript meiner Mutter zu lesen, obwohl es ständig in mehrfacher Ausfertigung und staubbedeckt im obersten Regal meiner Büchersammlung lag. Da ich mit zwei Überlebenden des Holocaust als Eltern aufgewachsen war, mied ich wohl unbewußt alle Dinge, die mit diesem Thema zu tun hatten – Bücher, Filme, Zeitungsartikel, Museen, Vorträge, Fernsehsendungen und so weiter. Verwandte oder nahestehende Freunde, die das Manuskript gelesen hatten, meinten immer wieder, sie könnten gar nicht fassen, daß ich es nicht kenne. Doch es war im Grunde nur allzu verständlich.

Erste Vorbereitungen für das Manuskript traf meine Mutter Anfang der Achtziger, vermutlich 1981. Sie schrieb einen kurzen Entwurf, an dem sie sich orientieren wollte, und während sie abends in ihrem Nähzimmer arbeitete, sprach sie über verschiedene Abschnitte dieses Entwurfs auf Band. Ob dies als abschließender Akt der Katharsis gedacht war, wie sie selbst behauptete, oder als unvergängliches Zeugnis für ihre Nachkommen, darüber läßt sich streiten.

Mein Vater, Meyer Bernstein, hatte vier Jahre lang das Grauen von Auschwitz überlebt. Er war in Polen geboren, auf die *Yeshiva* gegangen und hatte vorgehabt, Rabbi zu werden. Nach Kriegsausbruch zog man ihn in die polnische Armee ein, seine Einheit wurde von den Deutschen besiegt, und er geriet in Kriegsgefangenschaft. Da auch die Soldaten nach Religion, politischer Überzeugung und Nationalität getrennt wurden, kam er in ein Konzentrationslager. Man könnte wohl mit einigem Recht behaupten, daß Seren und Meyer unter anderen Lebensumständen kein Paar geworden wären, aber als Überlebende des Holocaust erkannten sie sofort, daß sie etwas Entscheidendes verband.

Im nachhinein scheint es offensichtlich, daß meine Mutter nur jemanden heiraten konnte, der wie sie selbst solch grausame Erfahrungen gemacht und überlebt hatte. Selbst in ihrer Rolle als Ehefrau widmete sie sich voll und ganz der Aufgabe, die Menschen in ihrer Obhut zu beschützen und zu versorgen. Mein Bruder und ich machten oft Späße darüber, wie sehr sie unseren Vater verhätschelte, als wäre auch er noch ein Kind – sie umsorgte ihn, schirmte ihn von unangenehmen Erfahrungen und schlechten Nachrichten ab und bediente ihn von vorn bis hinten. Ihre Rolle als treusorgende Beschützerin hatte sie im Verlauf der Lagerzeit so sehr verinnerlicht, daß sie kein Stück davon aufgeben konnte.

Als Kinder wissen wir nur wenig oder gar nichts über das Familienleben anderer und nehmen automatisch an, daß alle Familien so sind wie unsere eigene. Die ›Lager‹, von denen meine Eltern und ihre Freunde erzählten, waren für mich als kleines Mädchen etwas gewesen, das alle Erwachsenen irgendwann durchmachen mußten. Ich kam zu dem Schluß, daß alle Erwachsenen solch grauenvollen Gefangenenaufenthalt erdulden mußten, etwa wie einen Initiationsritus, eine Art Reifeprüfung. Wie schrecklich, ein Erwachsener zu sein, dachte ich oft. Und der Stadtteil, in dem ich als Kind lebte, bestand zum Großteil aus Überlebenden, so daß meine Eltern auch keine Freunde oder Nachbarn hatten, die nicht in einem Konzentrationslager gewesen waren. In meiner Welt waren alle Erwachsenen Überlebende des Holocaust.

Wenn diese Erwachsenen zu Besuch kamen, belauschten mein Bruder und ich oft ihre Gespräche und Geschichten über den Krieg. Im nachhinein ist es schwer vorstellbar, daß die Befreiung meiner Eltern und der ganze Holocaust erst vier oder fünf Jahre vorbei gewesen waren, als ich zur Welt kam. Umso erstaunlicher ist es, daß ihre Geschichten so häufig von Gelächter begleitet waren. Wie sonderbar Erwachsene doch sind, dachte ich, wenn ich dabei auf dem Schoß meines Vaters oder meiner Mutter saß, ihr Lachen hörte und gleichzeitig die Tränen in ihren Augen sah.

Nach meinem College-Abschluß kaufte ich mir einen gelben VW-Käfer. Es war ein aufregender Moment, als ich an einem sonnigen Tag Anfang Juni in mein erstes und brandneues Auto stieg. Stolz fuhr ich damit zum Haus meiner Eltern und hupte laut, als ich in ihrer Einfahrt stand. Sofort trat meine Mutter aus der Tür, winkte und lächelte. Ich ging zu ihr und fragte: »Na, wie findest du ihn? Ist doch niedlich, oder?«

»Ja, er ist wirklich niedlich«, sagte sie nachdenklich mit ihrem rumänischen Akzent, »aber eines verstehe ich nicht. Wenn du schon ein deutsches Auto kaufen mußtest, warum dann ausgerechnet ein gelbes?« Sie sagte das mit einem leicht gequälten Lächeln. Zuerst begriff ich gar nicht, was sie damit meinte. Vielleicht dachte sie, kleine Autos müßten immer rot sein oder so etwas. Erst als mir allmählich einfiel, welche Erfahrungen sie mit dem gelben Davidsstern gemacht hatte, machte ich innerlich ein betretenes ›Ups!‹ – und das noch ziemlich lange Zeit.

Denn ich sollte über ihre Bemerkung immer wieder nachdenken, solange ich diesen Wagen besaß – wenn ich ihn beim Parkplatz-Service abgegeben hatte und den Bediensteten bat, meinen »gelben Volkswagen, bitte« zu bringen; wenn ich in der Werkstatt den »gelben Volkswagen, bitte« abholte; oder als ich nach einem Einbruch bei der Polizei Anzeige erstattete: »Oh, es ist ein gelber Volkswagen.« Und viele Jahre später, als ich per Telefon die Verkaufsanzeige bei der Zeitung aufgab, dachte ich noch bei mir ›gelber Davidsstern zu verkaufen‹, während die freundliche Dame den Text notierte.

Wie hätte eine andere Frau mit Saras Vergangenheit reagiert, wenn ihr Kind ein gelbes deutsches Auto gekauft hätte? Hätte sie sich geweigert, darin zu fahren, wäre sie verärgert gewesen oder hätte geweint? Wer weiß? Meine Mutter jedenfalls fuhr oft in diesem Wagen mit, und das Thema wurde nie wieder erwähnt, obwohl ich wußte, daß auch sie immer wieder daran dachte, wenn ich vor ihrem Haus damit auftauchte. Im Sommer nach meinem Schulabschluß fuhr sie sogar die ganze Strecke von Chicago nach Philadelphia mit mir, um ihre Freundin Ellen zu besuchen, die mit ihr und Esther die Lager überlebt hatte. Der Begriff ›Freundin‹ hatte für sie alle eine ganz andere Bedeutung, als die meisten von uns sich je vorstellen können. Ich hatte ein wenig Angst vor Ellens Reaktion auf mein leuchtend gelbes Auto, mit dem wir an einem Freitagnachmittag kurz vor Sonnenuntergang – glücklicherweise also kurz vor Beginn des Sabbats – in ihrem vornehmen Vorort von Philadelphia eintrafen.

Ellen hatte ebenfalls einen Überlebenden geheiratet, dessen Onkel, ein amerikanischer Staatsbürger, für sie hatte bürgen können. Sie zogen in den Süden von Philadelphia und kauften einen kleinen Tante-Emma-Laden mit Geld, das sie von diesem Onkel geliehen bekamen. Als die Wirtschaftslage sich in den späten Fünfzigern und frühen Sechzigern verschlechterte, konnten sie sich halten, kauften einige andere solcher Läden auf und wohnten weiterhin in der düsteren kleinen Wohnung über ihrem ersten Geschäft.

So war es bei vielen der Überlebenden üblich, auch in meiner alten Nachbarschaft in Kanada: man wohnte im selben Haus, in dem man auch sein Geschäft hatte, ob es nun ein Lebensmittelladen, eine Schneiderei, Uhrmacherei oder ein Schönheitssalon war. Schließlich aber verkauften sie all die kleinen Läden und kauften ein paar neue, sehr große Supermärkte in einem ›noblen‹ Vorort.

Als Sara und ich sie besuchten, wohnten Ellen, Sidney und ihre drei Söhne in einem großen, modern ausgestatteten Haus. Der jüngste Sohn, der damals etwa vierzehn war, befand sich gerade mitten in seiner Ausbildung an der *Yeshiva* und widmete sich fast ausschließlich dem Studium der Thora und des Talmud sowie dem täglichen Gebet. Ellen selbst lebte nach streng orthodoxem Glauben. An einem Sabbat bei ihr zu Hause erlebte man alte jüdische Traditionen wie in Osteuropa. Vom Sonnenuntergang am Freitag bis zum Sonnenuntergang am Sonnabend ging niemand ans Telefon, und das elektrische Licht wurde nur durch Zeitschaltuhren angestellt (selbst die Lampe im Kühlschrank wurde herausgedreht, damit sie beim Öffnen nicht aufleuchtete). Das Auto blieb in der Garage, und der Kontakt mit bestimmten Metallen wurde vermieden, da Metall sowohl Kriegswaffen als auch Handel und Wirtschaft repräsentierte (der Kopf des Haustürschlüssels wurde in ein spezielles Lederetui geschoben). Obwohl meine Mutter in einem religiösen Haushalt aufgewachsen war, hatten ihre Kriegserfahrungen dazu geführt, daß sie als Erwachsene weniger auf die Einhaltung religiöser Vorschriften achtete. Und bei diesem Besuch bei Ellen zeigte sie mir gegenüber ihre Skepsis bezüglich Religiosität und insbesondere bezüglich des Judentums recht deutlich.

Während die Familie am Sabbatmorgen den Gottesdienst besuchte, spazierten meine Mutter und ich durch die malerischen Straßen des kleinen Vororts. (»Let's take a little *shpatzier*«, sagte Sara oft in der warmen Jahreszeit nach dem Abendessen oder an sonnigen Morgen nach dem Frühstück.) »Weißt du«, begann sie, »ich verstehe dieses ganze religiöse Getue bei Leuten wie uns eigentlich nicht.« ›Leute wie uns‹ war ihre Umschreibung für die Überlebenden der Konzentrationslager. »Für das Recht, ein Jude zu sein, habe ich inzwischen wirklich genug bezahlt. Wem sollte ich also noch etwas beweisen? Muß ich wirklich ein religiöser Jude sein, um ein guter Jude zu sein?«

Zuerst dachte ich nur ganz naiv, sie beziehe sich auf das Dilemma, ein religiöser Jude in Amerika zu sein, aber dann, nachdem wir eine Weile schweigend weitergegangen waren, sagte sie: »Manche Leute, wie Ellen, wurden nach der Befreiung sehr, sehr religiös. Sie glauben, daß ein jüdischer Gott ihnen dabei half, den Alptraum der Lager zu überleben, und daß sie Gott den Rest ihrer Tage dafür durch Religiosität danken müssen. Ich aber nicht. Ich denke: wie konnte irgendein Gott solch schreckliche Dinge geschehen lassen, solche Unmenschlichkeit von Menschen gegenüber Menschen, egal welchen Glaubens? Wie kann ich nach alledem, was ich gesehen habe, ein frommer Jude sein?«

Ihre Worte überraschten mich, denn sie hatte immer einen koscheren Haushalt geführt und vor jedem Passahfest voller Hingabe geputzt und gekocht. Jeden *Yom Kippur* hatte sie gefastet, es uns Kindern allerdings nicht erlaubt. »Ich habe in meinem Leben genug gefastet, so daß ihr in eurem Leben niemals fasten müßt!« sagte sie am Morgen des *Yom Kippur* häufig. Und als hätte sie meine Gedanken gelesen, fuhr sie jetzt fort: »Weißt du, manche Dinge tut man einfach, weil es bequem ist oder aus Gewohnheit, so daß es komisch wäre, sie nicht mehr zu tun, wie etwa Milch nicht mit Fleisch zu mischen oder Passah zu feiern.

Aber diese religiöse Besessenheit ... Vielleicht sind diese Leute bessere Juden als ich oder vielleicht wissen sie etwas, das ich nicht erkennen kann. Aber ich bin sicher, falls sich herausstellen sollte, daß sie recht haben und ich nicht, oder daß es wirklich eine Hölle gibt, daß die dann nicht so schlimm sein kann im Vergleich zu dem, was ich durchgemacht habe. Also muß ich mir keine Sorgen machen.«

In solchen Momenten hatte sie die außergewöhnliche Gabe, das Thema zu wechseln, als hätte sie es nie angesprochen.

»Komm«, sagte sie und nahm meine Hand, als wäre ich immer noch fünf Jahre alt. »Da ist eine Eisdiele. Wir kaufen uns jetzt jede ein Eis, und ich möchte so ein grünes mit diesen kleingehackten Nüssen drin.« Pistazieneis war ihre Lieblingssorte.

Für gewöhnlich war jeder Spaziergang mit Sara eine emotionale Achterbahnfahrt, oft mit einem überraschenden Ende. Die meiste Zeit jedoch war sie ein sehr fröhlicher und positiver Mensch, was mich immer wieder aufs neue verblüffte und was ich erst jetzt so langsam zu begreifen beginne. Es war ihr Optimismus, der jegliche depressive Stimmung meinerseits sofort in ein Schuldgefühl verwandelte. Man konnte sich in ihrer Gegenwart einfach nicht deprimiert oder auf sonst eine Weise unglücklich fühlen, denn was war schon mein Unglück im Vergleich zu ihren Erlebnissen?

Als ich Ende zwanzig war, kauften meine Eltern ein kleines Ferienhäuschen in St. Petersburg, Florida. Dort verbrachten sie die Zeit der ungemütlichen Chicagoer Winter, und ich besuchte sie gern und häufig. Ich konnte mich dort so richtig verwöhnen lassen, denn meine Mutter gluckte immer noch um mich herum, als wäre ich ein kleines Kind. »Komm, setz dich hin«, sagte sie morgens und schenkte mir Kaffee ein, goß etwas Sahne dazu und rührte Zucker hinein. Dann machte sie mir das Frühstück, fragte aber nie, was ich wollte, sondern gab mir, was sie dachte, daß ich essen müßte: zwei Rühreier mit Butter, Toast mit Himbeermarmelade und Butter oder *Bagels* mit Frischkäse und geräuchertem Fisch. »Wie wäre es mit einem kleinen Stück Kuchen, den dein Vater heute morgen gekauft hat? Du bist viel zu dünn!« fuhr sie dann fort. Wenn ich ablehnte, ließ sie ihren Standardsatz los: »Weißt du was? Zu Hause kannst du Diät halten, aber hier wird gegessen!«

Nach dem Frühstück machten wir meist einen langen Spaziergang am Strand. Einmal erzählte ich ihr von einem typischen Verabredungsproblem, wie man es als Single-Frau hin und wieder hat. »Tja«, meinte sie nach einigem Nachdenken, »was soll ich dir dazu sagen? Ich weiß nicht, was du tun kannst. Als ich in deinem Alter war, dachte ich darüber nach, wie ich die nächste Nacht überlebe. Was weiß ich schon von solchen Dingen?«

Sie bückte sich und hob eine Muschel auf, die sie mir entgegenstreckte. »Sieh mal, ist die nicht schön? Ist es nicht erstaunlich, daß es so etwas gibt? Wenn du richtig große und schöne finden willst, mußt du so gegen fünf oder sechs Uhr früh hierherkommen, weißt du. Dann ist der Strand voll mit schönen Muscheln. Aber es gibt hier viele Leute, die sich durch den Verkauf von Muscheln ihren Lebensunterhalt verdienen, also mußt du mit ihnen herkommen. Oder du schläfst dich einfach aus, und wir kaufen welche. Dann nimmst du ihnen nicht ihr Geschäft weg und kannst auch noch ausschlafen, und alle sind glücklich.« Das war eines von den Gesprächen, die sie so selbstverständlich führte, als verglichen wir die Vor- und Nachteile zweier Kaffeesorten. Sie dachte immer an die Konsequenzen einer Handlung, egal wie klein oder unbedeutend sie zu sein schien. Jede Aktion führte zu einer Reaktion, die unvorhergesehene Konsequenzen haben könnte. Man mußte also immer gewappnet sein, mußte immer vorausdenken!

Viele Jahre, nachdem ich aus dem Haus war, machte mir ihre Fähigkeit zum Optimismus schwer zu schaffen, denn sie behielt ihn auch angesichts ihres bevorstehenden frühzeitigen Todes. Das war nur wenige Wochen vor meiner Hochzeit, einem von Sara lang erwarteten Ereignis. Ich war fast vierunddreißig und immer noch nicht verheiratet – für eine jüdische Frau mit meinem Hintergrund höchst ungewöhnlich. Bei meiner Mutter, Nichtraucherin, wurde Lungenkrebs diagnostiziert, der sich bereits in ihrem ganzen Körper ausgebreitet hatte. Ihr Onkologe bezeichnete es als »eine der tückischen Krankheiten, die wir so oft bei Überlebenden der Konzentrationslager finden«. Sie war erst fünfundsechzig Jahre alt. Die Hochzeitszeremonie war besonders schwierig für mich, da ich wußte, daß sie kurze Zeit später sterben würde. Wir alle, die wir wußten, wie zäh sie sein konnte, sind bis heute davon überzeugt, daß nur ihr Wille, mich verheiratet zu sehen, sie diese letzten und kritischen Wochen am Leben hielt.

Der Rabbi, der meinen Mann und mich getraut hatte, war ein guter und enger Freund meiner Mutter geworden. Ihr Leben und ihre Charakterstärke faszinierten ihn sehr, und er besuchte sie in ihren letzten Wochen täglich im Krankenhaus. Ihr frühzeitiger Tod war angesichts des Elends, das sie überlebt hatte, eine Ironie des Schicksals. »Wie kann sie jetzt so optimistisch sein, so frei von Bedauern? Es muß doch schrecklich frustrierend sein, eines der schlimmsten Ereignisse der Weltgeschichte überlebt zu haben und jetzt so früh sterben zu müssen«, sagte ich einmal zum Rabbi, als er aus ihrem Zimmer kam.

Wir setzten uns draußen in den Gang und unterhielten uns flüsternd. Nach einer Weile meinte der Rabbi: »Wissen Sie, ich fragte Ihre Mutter, ob sie in ihrem Leben etwas bereue, ob sie Angst habe oder das Gefühl, etwas unerledigt zu lassen.«

»Was hat sie Ihnen gesagt?« fragte ich und konnte mir ihre Antwort beim besten Willen nicht vorstellen. Ich war neugierig, hätte mich aber nie getraut, selbst zu fragen.

»Nun … als ich sie fragte, ob sie Angst habe«, erwiderte der Rabbi sehr bedächtig, »fragte sie mich zurück: ›Wovor soll ich denn Angst haben? Es gibt nichts, wovor ich Angst habe, außer vor Hunden. Vor Hunden hatte ich schon immer Angst.‹ Sie sagte auch, sie bereue nichts und habe immer versucht, das richtige zu tun, ein guter und tugendhafter Mensch zu sein. Sie habe das Gefühl, in ihrem späteren Leben produktiver gewesen zu sein als die meisten Leute, die sie kenne. Ihre Mutter sagte, ihr Leben sei wie ihr Nähen gewesen – sie habe es geschafft, aus nichts etwas zu machen. Das einzige, was ihr leid tue, sei die Tatsache, daß sie Ihren Kindern keine Großmutter sein kann, aber sie wisse, daß Sie eine gute Mutter sein werden, weil sie Ihnen beigebracht habe, was im Leben wichtig ist.«

Wir saßen eine Zeitlang ruhig da und tranken den lauwarmen Krankenhauskaffee. Dann stand ich langsam auf und ging in ihr Zimmer. Sie döste leicht, öffnete aber die Augen, als ich mich zu ihr aufs Bett setzte. Wir hielten uns an der Hand, und sie sagte: »Weißt du, ich werde nicht mehr allzu lange da sein, und jetzt, wo ich hier so liege, fallen mir ein paar Geheimnisse ein, die ich dir schon früher hätte erzählen sollen.«

»Zum Beispiel?«

»Nun, zum Beispiel ...« – sie wurde sehr ernst – »sagen wir mal, du kochst eines Tages Hühnersuppe und probierst sie und denkst: Hm, sie schmeckt noch nicht richtig ... nicht wie bei meiner Mutter. Was mache ich nur? Und ich sage dir jetzt, was du machst, und wenn du dann irgendwann später einmal Hühnersuppe für dich und Larry und die Kinder kochst, wirst du immer an mich und unser Gespräch heute denken, während du am Herd stehst.« Sie holte tief Luft und fuhr fort: »Wenn ich die Suppe abschmecke und sie noch nicht kräftig genug ist, füge ich einen Spritzer Zitronensaft hinzu. Und denk daran, daß du nicht zuviel Wasser auf das Huhn gießt. Alle nehmen immer viel zuviel Wasser, und deshalb können so wenig Leute eine richtig gute Hühnersuppe kochen. Also, du wirst immer daran denken, was ich dir heute erzählt habe, ja?«

Sie drückte meine Hand und lächelte schwach, während ihr die Augen bereits wieder zufielen. Ihre Finger waren trocken und kühl – nicht kalt, nicht warm, sondern kühl. Sie schlief wieder ein, und ich ging aus dem Zimmer zu meiner neuen Wohnung, meinem neuen Ehemann. Es war das letzte Mal, daß ich sie sah.

Erst jetzt, beim Schreiben dieses Nachworts über Seren Tuvel, meine Mutter, erinnere ich mich an so viele der kleinen alltäglichen Dinge, die für mich als Kind zweier Überlebender des Holocaust zu einer Kindheit, einer Jugend und einem Erwachsenenleben führten, das nicht gerade typisch amerikanisch ist.

Beim Überleben denken wir an lebensbedrohliche Situationen, an kurzzeitige, intensive Krisen: das Überleben eines Flugzeugabsturzes, das Überleben in einem Rettungsboot ohne Nahrung und Wasser über zwei

Wochen, fünf Tage Eingesperrtsein in einer verschütteten Höhle. Sich eine verlängerte Version vorzustellen – vier Jahre der körperlichen und seelischen Entmenschlichung –, verändert unsere Einstellung gegenüber jenen, die Tag für Tag die Konzentrationslager überlebten.

Nur wenige haben das Phänomen des seelischen Überlebens am eigenen Leibe erfahren. Meine Mutter wurde oft gefragt: »Wie haben Sie nur so lange überlebt, wo so viele gestorben sind?« Größtenteils denken diese Menschen nur an das körperliche Überleben und ziehen geistige Stärke und emotionales Durchhaltevermögen und die Rolle der Hoffnung bei der Bewältigung solch grausiger Erlebnisse nicht in Betracht – das Überleben mit intakter Seele also. Eine der Eigenschaften, die meine Mutter zu einem ungewöhnlichen Menschen machte, war ihre Fähigkeit, ehrlich und aus vollem Halse zu lachen sowie Vergnügen und Freude zu empfinden. Zwar wäre es falsch zu sagen, daß sie durch ihre Erlebnisse keine Narben davongetragen hatte, doch die Bitterkeit, die sie empfinden mochte, entwickelte sich nie zu Zynismus. Natürlich blieb sie ihr Leben lang eine Skeptikerin, doch ich glaube, daß dies einer ihrer naturgegebenen Charakterzüge war, der ihr sogar half zu überleben.

Die Tatsache, daß sie in der Lage war, eine ›richtige‹ Mutter zu werden, finde ich sehr bemerkenswert nach dem, was wir über ihre Erfahrungen in den Lagern wissen, und dem, was ich als Mutter zweier eigener Kinder nun selbst weiß. ›Posttraumatisches Streßsyndrom‹ war ein Begriff, der in ihrer Welt nicht existierte. Die Gedanken über ihre Erlebnisse und deren Auswirkungen waren nicht nur Teil ihres eigenen täglichen Lebens, sondern griffen auch auf meines über. Als Kinder verspürten wir deshalb oft ein Gefühl der Unzulänglichkeit – wir konnten nichts tun, um den Schaden wieder gutzumachen, der ihr zugefügt worden war, um ihr die Chancen wiederzugeben, die ihr für immer genommen worden waren. Schlimmer noch, wir konnten nie einschätzen, welche Situation möglicherweise eine schlechte Erinnerung in ihr hervorrief.

Vor nicht allzu langer Zeit, auf einem kurzen Winterurlaub in Idaho, ging ich früh morgens mit meinem Jagdhund spazieren. Es hatte Alarm gegeben, daß die Elche sich aufgrund der Futterknappheit näher an den Wohngebieten aufhielten und aggressiv wurden. Während ich so spazierenging, blieb mein Hund plötzlich stehen und fing an zu knurren. Auf einmal wurde mir bewußt, daß ich die ganze Zeit über den Straßenrand, die Bäume, die ganze Umgebung mit den Augen nach einem möglichen Schutz abgesucht hatte für den Fall, daß eine gefahrvolle Situation entstand.

Der Hund knurrte, weil er etwa zehn Meter entfernt einen Elch entdeckt hatte, doch meine Wahrnehmung und Planung war schon viel eher in Gang gesetzt worden als jetzt bei seiner Warnung – tatsächlich von dem Moment an, da wir das Haus verließen. In diesem Augenblick nun mußte ich an meine Mutter denken und erkannte, daß es in meinem Leben bei der täglichen Reaktion auf andere Menschen, auf meine Kinder und auf jegliche Ereignisse selbst jetzt, so viele Jahre später noch, kaum etwas gibt, das nicht von ihren unterschwelligen Lehren beeinflußt war: Sei immer vorbereitet, plane immer voraus, verlaß dich auf niemanden außer dich selbst, verhalte dich unauffällig und sei immer wachsam.

Anmerkungen

Zur deutschen Ausgabe

Sara Tuvel Bernsteins Erinnerungen sind ein persönliches Dokument, in dem die historischen Ereignisse aus der Perspektive der Betroffenen ausschnitthaft aufscheinen. Da dies ein wesentliches Charakteristikum des Textes ist, wurden alle Begriffe und Bezeichnungen so wiedergegeben, wie sie die Autorin aus der Erinnerung niedergelegt hat. Die Unmittelbarkeit der Darstellung bleibt damit erhalten. Einige der verwendeten Begriffe bedürfen aber einer knappen Kommentierung.

1 Die Autorin spricht hier und im folgenden von der »ungarischen Nationalgarde«. Dabei handelt es sich um die allgemeine ungarische SS, die sogenannten »Pfeilkreuzler«.

2 Dieser Begriff ist historisch nicht zutreffend. Zur Bewachung des »Südostwalls« zwischen Ungarn und dem Burgenland waren Verbände des Volkssturms oder SS-Verbände im Einsatz.

3 Hier handelt es sich um den oberbayerischen Ort Weilheim.